国家社科基金社团活动资助项目（项目编号：21STB074）成果

『中国共产党建党一百周年与闻一多的道路』学术研讨会论文集

主编 陈建军 庄桂成 陈国恩

武汉大学出版社
WUHAN UNIVERSITY PRESS

图书在版编目(CIP)数据

“中国共产党建党一百周年与闻一多的道路”学术研讨会论文集/陈建军,庄桂成,陈国恩主编.—武汉：武汉大学出版社,2023.10
ISBN 978-7-307-23916-6

Ⅰ.中… Ⅱ.①陈… ②庄… ③陈… Ⅲ.①中国共产党—党史—文集 ②闻一多(1899-1946)—人物研究—文集 Ⅳ.①D23-53 ②K825.6-53

中国国家版本馆 CIP 数据核字(2023)第 165055 号

责任编辑:蒋培卓　　责任校对:李孟潇　　版式设计:马　佳

出版发行：**武汉大学出版社**　(430072　武昌　珞珈山)
(电子邮箱：cbs22@ whu.edu.cn　网址：www.wdp. com.cn)
印刷：武汉邮科印务有限公司
开本:720×1000　1/16　印张:32.25　字数:446 千字　插页:1
版次:2023 年 10 月第 1 版　2023 年 10 月第 1 次印刷
ISBN 978-7-307-23916-6　定价:165 .00 元

目　录

开幕式致辞(一)

毛　卉

(江汉大学)

各位专家、学者，各位代表：

大家上午好！

值此盛夏，骄阳似火，群贤毕至，少长咸集。我们在美丽的江汉大学，共同举办“中国共产党建党一百周年与闻一多的道路”学术研讨会，不仅具有重要的政治意义和理论意义，而且具有非同寻常的历史意义和现实意义。首先，我谨代表江汉大学对研讨会的召开表示热烈祝贺！向各位专家学者和代表的到来，表示热烈欢迎和衷心的感谢！

众所周知，闻一多先生是中国现代著名诗人、学者和民主斗士。他的曲折足迹，代表着中国近现代知识分子寻求真理、努力前进的道路。闻一多的道路，是近现代进步知识分子的道路。在中国共产党走过百年风雨历程之际，我们在江汉大学举办这一学术研讨会，既是对历史的回顾与总结，更是对未来的展望。

江汉大学位于两江交汇、九省通衢的武汉，作为一所省市共建的综合性大学，是湖北“双一流”建设的“国内一流学科建设高校”，是湖北省唯一一家既有博士点，又有国家重点实验室和全职院士的省属高校。江汉大学中国语言文学学科是“楚天学者设岗学科”，拥有一级学科硕士学位授权点。2022 年，汉语言文学专业获批国家级一流本科专业。江汉大学武汉语言文化研究中心是湖北省教育厅人文社会科学重点研究基地，长期以来都非常重视对武汉乃至湖北地区作家作品和地方文化的研究，闻一多作为从湖北走出去的文化名人，是我们江汉大学人文领域重点关注和研究的对象。

习近平总书记强调，“以文化人，更能凝结心灵；以艺通心，更易沟通世界”，“中国人民历来具有深厚的天下情怀，当代中国文艺要把目光投向世界、投向人类”。这为新时代文艺研究提出了新的更高要求，同时也为江汉大学办好人文学院，努力发展中国语言文学学科和汉语言文学专业，指明了努力的方向和目标。希望这次学术研讨会坚持以马克思主义唯物史观为指导，深化对闻一多的文艺、学术和政治思想的研究，为加快构建中国特色新文科学科体系、学术体系、话语体系而不懈探索和大胆创新。

最后，预祝本次研讨会举办圆满成功，取得丰硕成果！祝与会的专家学者身体安康！工作顺利！

谢谢大家！

开幕式致辞(二)

陈建军

(中国闻一多研究会)

尊敬的毛卉校长，各位嘉宾，各位专家、学者：

上午好！

非常感谢大家出席今天的学术研讨会。

2021年，是中国共产党建党一百周年。经全国哲学社会科学工作领导小组批准，在武汉大学陈国恩先生的主持下，中国闻一多研究会申请的“中国共产党建党一百周年与闻一多的道路”学术研讨会，获得国家社科基金学术社团主题学术活动学术会议类立项。

闻一多的道路，是现代进步知识分子的道路。以闻一多为代表的知识分子接受了现代民主思想的洗礼，经过社会实践，逐渐地认识了中国共产党，并最终靠近中国共产党，接受中国共产党的领导，积极投身于民主解放斗争，为中国新民主主义革命的胜利作出了重要贡献。闻一多的道路，昭示着中国共产党为人民的本质及其强大的感召力。因此，在中国共产党建党一百周年之际，举办“中国共产党建党一百周年与闻一多的道路”学术研讨会，既是对历史的回顾与总结，也是对未来的展望与期待，具有重要的理论价值和现实意义。

本次学术研讨会的主题是“中国共产党建党一百周年与闻一多的道路”，具体的议题主要包括六个方面：一是共产党的人民本位思想与闻一多道路；二是新民主主义革命与闻一多的思想发展；三是爱国主义传统中的闻一多；四是传统文化与闻一多的人格信仰；五是古今融通视野中的闻一多诗学与新诗；六是现代学术传统与闻一多的国学研究。

2021 年 12 月，会议通知发出后，得到了众多专家、学者的大力支持，陆续收到会议论文四十余篇。这里，特别应该提到已经去世的闻黎明先生。闻黎明先生是提交会议论文的最早的一位，他的论文题目是《我与〈闻一多年谱长编〉》。《闻一多年谱长编》被公认为是闻一多研究的一部经典著作，是研究闻一多的一部必备的工具书。闻黎明先生在文中谈到了编撰《闻一多年谱长编》的缘起、体例和目标，详细介绍了搜集闻一多研究资料的过程和细节。这大概是闻黎明先生生前撰写的最后一篇文章，会收入公开出版的会议论文集中。

本次学术研讨会原计划在 2022 年 4 月举行，由于受新冠肺炎疫情影响，延期举行。为了保证会议顺利召开，组委会经过慎重考虑，决定本次学术研讨会采取线下和线上相结合的方式进行。武汉本地的专家、学者可以参加线下会议，外地专家、学者原则上参加线上会议。

本次学术研讨会由中国闻一多研究会、中国现代史学会、闻一多基金会和江汉大学联合主办，由江汉大学人文学院和江汉大学武汉语言文化研究中心共同承办。闻一多基金会一如既往地支持中国闻一多研究会，也为本次学术研讨会提供了无偿资助。在庄桂成院长的组织和带领下，江汉大学人文学院和江汉大学武汉语言文化研究中心的师生做了大量的筹备工作，为本次学术研讨会的顺利举行提供了有力保障。

值得一提的是，本次学术研讨会之所以能够顺利举行，还得益于中国闻一多研究会学术委员会的全力支持和精心指导。中国闻一多研究会学术委员会由上一届理事会会长、副会长以及在闻一多研究上有突出贡献的专家组成，对新一届理事会真正起到了“传帮带”和保驾护航的作用。

总之，在各方力量的支持下，相信本次“中国共产党建党一百周年与闻一多的道路”学术研讨会能够取得圆满成功。

谢谢！

开幕式致辞(三)

吴晓东

(北京大学)

尊敬的陈国恩会长，尊敬的陈建军会长，尊敬的庄桂成副会长，尊敬的各位线上线下的老师：

大家好!

热烈祝贺“中国共产党建党一百周年与闻一多的道路”学术研讨会胜利召开，并对各个主办方和承办单位江汉大学表示由衷的敬意。主办方的陈国恩会长和陈建军会长让我代表中国闻一多研究会讲几句话，我其实也是中国闻一多研究会的一员，也为此感到无上的荣光。在中国现代文学研究界，如鲁迅、郭沫若等各大作家命名的研究会中，我最愿意加入的是闻一多研究会。闻一多研究会是卓有建树的研究会，历届会长，尤其是前届会长陈国恩教授奠立了学会的会格和卓越的传统，也必将由现任会长陈建军教授领衔的新一届研究会发扬光大。我为身为闻一多研究会的一员感到非常自豪，也因为闻一多先生在中国现代作家中是独一无二的，差不多是绝无仅有的集作家、诗人、学者、教师、知识分子、战士、民主斗士和爱国主义英烈诸多身份于一身的民族英雄。如果中国像法国那样设立先贤祠，那么闻一多先生有资格第一个进入。这次大会设计的核心议题更是集中凸显了闻一多的道路；凸显了闻一多道路的方向感；凸显了现代中国知识分子的共同选择以及爱国进步知识分子接受现代民主思想的洗礼，投入为民主和解放的斗争、为新民主主义革命胜利作出重要贡献的历史足迹。这次研究会设计的具体的议题非常精准地概括了闻一多在现代史乃至20世纪中国现代传统中突出的、独一的、他人无法替代的贡献，也最完整地涵盖了闻一多各种贡献的方方面面。刚才陈建军会长已经介绍了，比如人民本位思想与闻一多道路，新民主主义革命与闻一多的思想发展，闻一多与爱国主义传统，传统文化与闻一多的人格信仰，古今融通视野中的闻一多的诗学与新诗贡献，还有现代学术传统与闻一多的国学研究。这些议题在呈现闻一多历史贡献的丰富性的同时也凝聚出了一个整体性的闻一多形象。

可以预见，这将是一次载入史册的盛会！最后，预祝大会圆满成功！

谢谢大家！

开幕式致辞(四)：闻一多的诗学精神传统

王泽龙
(华中师范大学)

闻一多是中国现代知识分子的一个精神符号和人格标杆。他的浪漫主义现代诗学品格，是闻一多留给我们的一份宝贵的现代诗学遗产。

首先，闻一多的诗学精神就是张扬时代精神，关注社会改造的现代精神品格。20世纪20年代上半期，旧的诗歌规范被破坏后，期待新的诗学秩序的建设，闻一多的新诗学理论就是现代诗学重构的一个重要内容。对闻一多理论思考，我们较多发掘他对“五四”现代文学传统的反思，却较少看到他与“五四”前期在总体思想观念上的一致性。从他对郭沫若《女神》的推崇，《死水》对腐败现实的抨击中，可以发现闻一多诗学张扬时代精神、关注社会改造的现代品格。中国现代诗歌对传统的真正转换，最集中体现在“五四”白话新诗体现的一种新的精神气象，一种冲破传统束缚后的自由品质、民主思想、青春气象、创新精神，这个时期闻一多的浪漫主义诗歌精神品格与郭沫若的《女神》是一致的。闻一多评价郭沫若《女神》充满了力与动的精神与品格，这正是中国传统文化与古代诗歌最缺乏的精神力量与诗歌品质，上述特征是20世纪“五四”时期最具有现代特征的思想品格与美学元素。

其次，闻一多诗歌现代品质就是率真的抒情人格，正是鲁迅标举的“率真行诚，无所掩抑”的摩罗诗人的现代精神，它与传统的抒情诗歌有着鲜明的区别。我们读闻一多的《太阳吟》(太阳啊，刺得我心痛的太阳！/又逼走了游子底一出还乡梦，/又加他十二个时辰底九曲回肠！）、《一个观念》（五千年的记忆，你不要动，/如今我只问怎样抱得紧你……/你是那样横蛮，那样美丽！）、《发现》（我来了，我喊一声，迸着血泪，/“这不是我的中华，不对，不对！”/……我追问青天，逼迫八面的风，/我问，拳头擂着大地的赤胸，/总问不出消息；我哭着叫你，/呕出一颗心来，你在我心里！）、《祈祷》、《一句话》、《洗衣歌》等，从诗歌韵律与情绪的流转中，时刻感受到有一团火在诗人心里燃烧，一个胸怀宽广、心忧社稷、改造旧山河的青年诗人的赤子之心与浩然正气，他的诗歌带来了中国诗歌新的现代思想气象，这一些都是传统诗歌所不具有的现代思想品格。闻一多对现实的批判中，也时常对自己作无情解剖，《口供》中自白：“我不骗你，我不是什么诗人”，“可是还有一个我，你怕不怕？——/苍蝇似的思想，垃圾桶里爬”。在《玄思》中写道：“我这荒凉的脑子/在黄昏底沉默里，/常迸出些古怪的思想，/仿佛同些蝙蝠一样。”古怪的思想像黑色的蝙蝠，在黄昏的天空，兜着圆的、扁的一个又一个圈子——固执地飞翔。我们看到的是一个苦闷生命在思想纠结中的茫然无向与执着探寻。

闻一多的理想主义不是古代浪漫主义诗人的忠君爱国，而是建立在现代知识分子人格独立立场上，追求真理与正义、民主自由思想为一体的现代理想主义诗学，《红烛》《太阳吟》《心跳》《荒村》《天安门》《飞毛腿》等诗歌中都有鲜明体现。他不畏强权，抗拒浊流的壮举，是他现代诗学品格最光辉的闪耀。

闻一多的自由精神与率真品质的现代诗学精神，与闻一多新格律诗学是怎样的关系呢？我们认为他在为现代诗歌思想表达探索一条适合现代汉语诗歌表现的外部形式——一种中西互适、古今打通、内外融洽的现代艺术，不是简单地回到古代格律传统，也不是简单地向外拿来。他想象中的新诗是中西结合的“宁馨儿”。他提倡的有相对规范的新格律，并没有限制他诗歌情感的自由表达，他向英语诗歌借鉴的音节节奏、韵律组合形式，是与现代汉语双音节相匹配的，结合了传统对称韵律形式的改造，创建的是一种中西艺术互涉兼容的新形式。我们读他的诗歌，发现依然保持了现代白话语言的流畅，具有自然变化又有和谐的乐感，基本脱离了传统格律诗歌的单一固定的音韵限制与陈旧气息。中国新诗的艺术探索还在路上，怎样建构与新诗自由精神一致的新形式，需要我们继续思考实践。

闻一多在1931年之后，基本放弃了新诗创作，但是他一直关注新诗的建设。西南联大学生到达昆明后的1938年，学生刘兆吉为成立南湖诗社向他请教，他建议诗社要以研究新诗、写新诗为主。① 在西南联大期间，1943年他编选了《现代诗钞》，从中可以看到他对新诗关注现实品格、表现真率性情诗歌品质价值的首肯。选诗最多的诗人艾青11首、穆旦11首，徐志摩12首、陈梦家10首，还有他专门推举的青年诗人田间的抗战诗歌6首，一部分七月派诗人杜谷、鲁黎、侯唯动、力扬、艾漠等的作品，可以说选本体现了他对前期新诗价值观的坚守。他在1938年与学生一起步行西迁途中，对学生说："《红烛》《死水》那样的诗过时了，我自己也不满意，所以这几年来，没有再写诗。国难期间，没有活力，没有革命气息的作品，不要介绍给青年人。"②闻一多在选诗中的某种转变，也体现在他对具有西方现代主义诗歌倾向诗人的较多关注，20世纪三四十年代现代派诗人较多作品入选，共195首，其中具有现代派作风的70首，约占入选总数的38%。闻一多最后发表的诗作《奇迹》(1931年)等，也透露了他诗歌观念向现代主义诗风的某一些转变。

我们今天重提闻一多诗学精神传统，突出新诗关注现实、标举自由民主、率真创新的新诗品格与精神气象，希望对改变目前新诗境界日渐狭隘，诗歌精神趋于贫弱的现象有一点警醒的意义。

---

① 《闻一多年谱长编》，湖北人民出版社1994年版，第551页。
② 《闻一多年谱长编》，湖北人民出版社1994年版，第535页。

研讨会学术总结：闻一多研究大有可为

陈国恩

（武汉大学）

各位学者，女士们、先生们：

大家好！

“中国共产党建党一百周年与闻一多的道路”学术研讨会，经过一天紧张热烈的讨论，将要圆满结束了。

首先，我要代表与会学者感谢江汉大学文学院的领导、师生为会议的顺利举办所作出的贡献，你们辛苦了。由于新冠肺炎疫情的影响，这次研讨会延期到今天召开，采取线上线下结合的方式，大家都感觉到了，效果很好。这除了技术进步所提供的保障外，主要还是与会各位学者共同努力的结果。因此，我还要代表会议筹备组感谢各位学者的热情参与，你们的支持是推动闻一多研究不断取得新成绩的根本保障。

根据研讨会议程的安排，我讲几句，就说四点意思，谈不上总结，请批评。

一、在闻一多研究史上，这次研讨会所取得的成绩可以概括为“点的突破”与“面的拓展”。

点的突破，是指在中国共产党成立一百周年这一特殊时刻，我们聚焦于闻一多的思想发展与新民主主义方向的问题，提出了闻一多的道路与中国共产党关系这一重大课题。收到的论文中，有多篇文章从不同的侧面来探讨这一问题，有不少创见。这是以前不曾集中讨论的，我们深化了对闻一多思想转变的性质、特点及其重大意义的认识。大家在以下基本点上取得了共识：闻一多从诗人、学者到民主斗士，是一个爱国主义者所走过的道路。闻一多的思想突变起始于抗战后期他对原来的国家观念的扬弃，但他的思想变化并没有离开爱国主义的思想主线。他从"人民本位"立场上认同了中国共产党的新民主主义方向，他更爱这个国家了，更爱正在苦难中坚持斗争的可爱的人民。他的斗争精神，在为人民的民主与和平的新中国而奋斗的中国先进知识份子中具有代表性，光照千秋。

面的拓展，是指研讨会的不少论文虽然还是以前比较多见的选题，比如闻一多的新诗创作、诗学思想、古代文化研究等，但老话题中有新发现，是对以前闻一多研究成果的发展。也有一些论文则是新的选题，比如闻一多的诗歌选本，闻一多的诗学思想与中外诗歌经验。许多论文写得相当扎实，可以看到研究者怀着对闻一多的敬意，以严谨的学风来思考传统选题中的新意义，从而丰富了闻一多研究的内容，提高了闻一多研究的水平。

二、这次学术研讨会，是在中国闻一多研究会理事会刚刚换届以后召开的，具有承前启后的意义。中国闻一多研究会第六届理事会工作十年，在去年底改选。新一届的理事会做的第一项重要工作，就是举办今天这次研讨会。这次研讨会 2022 年 6 月由国家社科基金立项，本应该在去年底或今年初召开，延期到今天，筹备组做了大量工作。大家看到的是，今天参加研讨会的线上线下学者，绝大多数都是年轻人，这标志着中国闻一多研究会的前景光明，大有可为。我自己也曾年轻过，先是协助我老师一辈的中国闻一多研究会理事会的工作。2009 年底，我接任研究会的会长，迄今已经十余年。前后将近二十年，研究会的工作得到国内外闻一多研究者的支持。今天在场的一些学者，就曾长期支持我的工作，因而今天借这个机会，向大家表示衷心的感谢。闻一多研究队伍的年轻化，是研究工作发展的需要，也是研究工作取得新的成绩的根本保证。

三、这次研讨会后，我们将循先例出版会议论文集。中国闻一多研究会一向坚持出版每一次国际性或者全国性学术研讨会的会议论文集，这在全国同类学术团体中，可能是绝无仅有的。我们要把这一优良传统保持下去，把闻一多研究的成果集中起来，作为一份留给后人的精神财富，于传承之中，使闻一多研究逐渐形成自己的传统，发挥更大的影响。

为此，有请各位在研讨会后抓紧论文的定稿。我们近期将会联系每一位作者，提供论文集的编辑规范，请大家在截稿期前，将定稿发到指定邮箱。感谢您的支持。

四、说一点闻一多研究的前景。我认为"闻一多"是一张国家名片，又是一个学术经典。这是闻一多的新诗创作以及学术研究的重要贡献所决定的，更是闻一多的典型性以及他在中国现代史上的重大影响所致。闻一多的新诗创作代表20世纪20年代后半期新诗的一个重要方向。他的诗论独标一帜，体现了新诗自律性的艺术要求，影响深远。他后来转向学术研究，在古代神话、楚辞、唐诗及现代诗歌的研究方面取得了杰出的成就。这中间，还有不少问题需要深入研究。

更重要的是，闻一多在中国现代史上具有重大影响。中国现代作家和诗人中，除了鲁迅，闻一多是非常独特的一位。鲁迅对中国现代史的影响，源自他的创作和文化斗争与中国现代史的深刻联系。许多关于鲁迅的话题以及争论，不只是学术问题，在许多时候是重大的政治问题，是一些历史阶段的政治斗争的重要构成要素。闻一多的独一无二的重要性则在于，他作为一个具有正义感和历史使命感的现代中国知识分子，在寻找中国的民族独立和人民解放的道路上，用自己的生命所书写的壮烈的爱国主义篇章，深深地影响了中国现代史上一个重要的历史时刻。简言之，他作为一个知识分子而殉难，改变了当年中国的人心向背，进一步使国民党的统治人心尽失，唤醒了民众，加速了国民党统治的崩溃。这一点，闻黎明教授做过深入研究，极具说服力。

闻一多又是一个丰富而厚重的存在。正像我们为本次研讨会所设计的议题——共产党的人民本位思想与闻一多道路、新民主主义革命与闻一多的思想发展、爱国主义传统中的闻一多、传统文化与闻一多的人格信仰、古今融通视野中的闻一多诗学与新诗、现代学术传统与闻一多的国学研究等所提示的那样，“闻一多”涉及了一些重要甚至是重大的课题。他与中国历史紧密联系在一起，他是一个内容丰富的故事，又是一个内涵深刻的哲理。闻一多作为连通古今文学与文化的中间环节，他作为知识分子的一种典型人格，他的爱国主义思想的丰富性、复杂性及其变化的深刻性，都是意义重要而内容丰富的课题。因此，研究闻一多其实也是研究中国现代史，研究中国现代政治史，研究中国现代的中外文化交流史，研究中现代知识分子的心史，研究历史与文学的关系，研究历史与文学的互动经验。也可以说，研究闻一多，也是在参照着当下的中国，研究我们当下的中国人，在研究我们自己。

从我所比较了解的近二十年来中国闻一多研究会的工作，我深深感到，经过我们老师辈以来两三代人努力，通过一次次国际的全国性的闻一多研讨会，特别是由这些研讨会的论文汇编起来的六七本会议论文集所支撑的学术传统，已经昭示闻一多的研究正在不断地向纵深推进，正在逐渐呈现出自己的独特风格。

闻一多研究，大有可为！

要为人类作出“最伟大的贡献”的闻一多

商金林
（北京大学）

1927 年 5 月 21 日，闻一多在《时事新报·学灯》发表新诗《贡献》：

红灯下我陪你们醉酒，
沙发上我敬给你们两支香烟，
我陪着你们坐车子，走路，吃饭，
仿佛—天天我也有我的贡献。

给你们让着路，点着头，
你们打扮好了，我替你们惊羡，
你们跟来了，我抛下一只铜板——
不要误会了这就是我的贡献。

有时悲哀抓着了我的心，
能为人类的苦痛捏一把汗，
得能哭得像婴孩，在一刹那间——
这刹那间才是我最伟大的贡献！

这首诗中的“你们”可能就是新月派的朋友们，虽说也“陪你们醉酒”“敬给你们两支香烟”“陪着你们坐车子，走路，吃饭”，但请“不要误会这就是我的贡献”。闻一多想的是如何“能为人类的苦痛捏一把汗”，而不是文人的小圈子；他坚守的是鲜明的是非观和爱憎观，而不是庸俗的哥们义气。闻黎明和侯菊坤编撰的《闻一多年谱长编》中介绍说：

> （闻一多1927年8月）返沪后，同人起议筹办新月书店，先生虽为其中一员，但并不积极。时，梁实秋、余上沅、张嘉铸、潘光旦、饶孟侃、罗隆基、刘英士等友人都在一起，他们对先生的印象是“总是栖栖皇不可终日”。（梁实秋《谈闻一多》，第78页）。①

这“并不积极”和“总是栖栖皇不可终日”，也能说明闻一多与新月派同仁有着“和而不同”的一面。1931年11月19日徐志摩因飞机失事罹难，几乎所有的悼念文章都把徐志摩说成“最完美的人”，甚至说：“不仅新文艺运动以来的作家，比不上他，就是把从前的文人算上，也无出其右的。”沈从文在《死了一个坦白的人》中赞美徐志摩“光明如日头，温柔如棉絮，/美丽眩目/如挂在天上雨后新霁的彩虹”②。在《他》中称徐志摩“是一个无仇敌而有朋友的人”，“他永远总是过分的年青、热心、富于感情”③。徐志摩是闻一多较亲近的人之一，按说应该有所表示。但闻一多闻讯后只是与杨振声、梁实秋、赵太侔等人一起去“请沈从文去济南打探究竟”④，没有写悼念文章。他跟胞弟闻家驷说：“徐志摩那么浪漫，叫我说什么好呢？”⑤把徐志摩界定为“浪漫”的诗人，不愿意人云亦云地说些颂扬的话。这就是闻一多，与他那率真而豪放性格相对应

① 闻黎明、侯菊坤编：《闻一多年谱长编》，湖北人民出版社1994年版，第345页。

② 《沈从文全集》第15卷，北岳文艺出版社2002年版，第201页。

③ 《沈从文全集》第15卷，北岳文艺出版社2002年版，第202页。

④ 闻黎明编著：《闻一多年谱》，群言出版社2014年版，第207页。

⑤ 笔者1988年春访闻家驷。

的，是他作为一个学者应有的严谨和认真。

就“派别”而论，20世纪30年代的闻一多应该隶属于“京派”，“京派领袖”周作人的名声赫赫。郁达夫在《〈中国新文学大系·散文二集〉导言》中说：周作人“湛然和蔼”，“头脑比鲁迅冷静，行动比鲁迅夷犹”，“而周作人的理智的固守，对事物社会见解的明确，却是谁也知道的事情”，“周作人的理智既经发达，又时时加以灌溉，所以便造成了他的博识；但他的态度却不是卖智与炫学的，谦虚和真诚的二重内美，终于使他的理智放了光，博识致了用。他口口声声在说自己是一个中庸的人，若把中庸当作智慧感情的平衡，立身处世的不苟来解，那或者还可以说得过去；若把中庸当作了普通的说法，以为他是一个善于迎合，庸庸碌碌的人，那我们可就受了他的骗了”①。郁达夫在《回忆鲁迅》中则说：“凡是认识鲁迅，认识启明及他的夫人的人，都晓得他们三个人，完全是好人；鲁迅虽则也痛骂过正人君子，但据我所知的他们三人来说，则只有他们才是真正的正人君子。”②可闻一多对周作人则有过猛烈的抨击。朱自清1935年9月9日日记中记有：

> 赴杨(振声——引者注)之宴会。闻一多指责周作人之虚伪态度。他认为周急于出名，却又假装对社会漠不关心。闻称之为“京派流氓”。诚然，周之人生态度确有某些矛盾之处，他不会做如其宣称之引退。不管怎样，他承认自己性格中的这些矛盾之处。一致性是颇难达到之完美典模。③

闻一多在宴会上指责周作人虚伪，“认为周急于出引名，却又假装

① 《郁达夫文集》第6卷，花城出版社、生活·读书·新知三联书店香港分店1983年版，第273~274页。

② 陈子善、王自立编注：《回忆郁达夫》，花城出版社1982年版，第28页。

③ 《朱自清全集》第9卷，江苏教育出版社1997年版，第380~381页。

对社会漠不关心”，是“京派流氓”，语惊四座。

郁达夫的《〈中国新文学大系·散文二集〉导言》，写于1935年4月，与闻一多骂“京派流氓”几乎是同时的。《回忆鲁迅》在上海《宇宙风乙刊》(1939年3月至8月)和同年新加坡的《星洲日报半月刊》(1939年6月至8月)连载，此时的周作人已经落水。与那些一味吹捧周作人的“苦雨斋门生”不同的是，郁达夫也是鲁迅的知己，对鲁迅有过最真挚而热烈的颂扬。“没是伟大的人物出现的民族，是世界上最可怜的生物之群；有了伟大的人物，而不知拥护，爱戴，崇仰的国家，是没有希望的奴隶之邦”，就出自郁达夫的《怀鲁迅》①。郁达夫将周氏兄弟并举，都尊奉为是“真正的正人君子”，这只能说明郁达夫的天真和善良。而闻一多怒斥周作人是“京派流氓”，则说明闻一多的敏锐和犀利。与痛骂周作人相对应的是，闻一多对鲁迅是真诚地礼赞和颂扬的。

1936年10月，鲁迅逝世之后，反动当局不准人们悼念这位伟人，闻一多不避风险，毅然参加了清华文学会主持召开的鲁迅追悼会，并讲了话。他说：“鲁迅先生死了，除了满怀的悲痛之外，我们还须以文学史家的眼光来观察他。我们试想一下，在中国文学史上的人物中支配我们最久最深刻，取着一种战斗反抗的态度，使我们一想到他不先想到他的文章而先想到他的人格的，是谁呢？是韩愈。唐代的韩愈跟现代的鲁迅都是除了文章以外还要顾及到国家民族永久的前途；他们不劝人作好事，而是骂人叫人家不敢作坏事。他们的态度可以说是文人的态度，而不是诗人的态度，这也就是诗人与文人的不同之点。”②闻一多对鲁迅的这些评价，当然是不够的。但是，作为一位“新月诗派”诗人，在自己的学生面前如此赞扬鲁迅的战斗精神，肯定他“骂人叫人家不敢作坏

① 《怀鲁迅》载于《文学》1936年第7卷第5号。

② 赵俪生：《鲁迅追悼会记》，《清华副刊》1936年第45卷第1期。

事”，肯定鲁迅“骂人”骂得对，这是要拿出极大的勇气的。闻一多还引用了陆游悼杜甫的诗句“文章垂世自一事，忠义凛凛令人思”，来表达对鲁迅的敬仰和哀思。

这之后，随着对鲁迅的理解越来越深入，闻一多对鲁迅的评价越来越高。1944 年 10 月 19 日，闻一多参加了西南联合大学与云南大学联合举办的鲁迅逝世八周年纪念晚会，地点在云南大学至公堂。到会者有大、中学生，职业青年，文化界人士，共四千余人，闻一多在大会的发言中说，鲁迅“是中国的圣人”，“但他却不是中国的孔圣人”，“孔子是拉着时代后退的，鲁迅则是推着时代向前进!”孔子的一生只努力于封建制度之维持，而鲁迅却以“揭破旧中国的脸”为主要任务，后期的鲁迅积极指示了并迎接了新中国的诞生。“时间愈久，越觉得鲁迅先生伟大，今天我代表自英美回国的大学教授，至少我个人，向鲁迅先生深深地忏悔!”闻一多“语意沉重，每个字吐得匀慢而清楚，声音里充满了恳挚的热情，略微停顿一下又继续说下去……”他说鲁迅“奠定了今天中国文艺道路，然后再看看从英美回来的贡献些什么成绩呢?我真惭愧!”甚至说自己过去一度停留在“英美有闲阶级文学的小圈子里”，“为英国作家所囿，致创作及欣赏方法都盲从做了与中国读者凿枘不相入的英国作家的奴隶”①。

闻一多在几千名学生面前毫不掩饰地说自己过去是“错了”，这个“自己”决不只是他“个人”，而是像他那样的一批留美留英的“海归”，包括像梁实秋、徐志摩、陈西滢在内的“新月派文人”。闻一多在大庭广众中“深深地忏悔”，说自己过去是“错了”的时候，“他自然已经是‘对的’了”。他的这个“顿悟”，促使他成为鲁迅所说的那种人：敢笑、敢哭、敢怒、敢骂、敢说别人所不敢说的话，展示出了现代文化阵营中最可贵的“磅礴率真之气”！从这个意义上说，闻一多和鲁迅二人先后

① 详见《鲁迅活在青年心里——八周年忌日晚会杂掇》，《云南晚报》1944 年 10 月 20 日；尚土：《痛忆闻师》，《人物杂志》1947 年 9 月 15 日第 2 年第 9 期。

辉映，同其伟大！

朱自清称颂闻一多是“唯一的爱国诗人”。“爱国”，可以说是闻一多生命的哲学。无论何时何地，他心中总是系念着“中国的山川，中国的草木，中国的鸟兽，中国的屋宇——中国的人”。1927 年 5 月 20 日，闻一多在《时事新报·学灯》上发表了一首诗，题名《心跳》。诗中写了一组对立的意象：温馨恬静的小家庭与动荡不安的大世界。开篇就用复沓的诗句写“灯光”“桌椅”“书香”“好茶”以及“温柔的妻子”“受哺的小儿”和“大儿的鼾声”，烘托着一种恬静悠游的情境。可正当人们以为诗人真的要感谢“这神秘的静夜，这浑圆的和平”的时候，话锋一转，恬静的“歌声”立马变成了对黑暗的“诅咒”：

静夜！我不能，不能受你的贿赂。
谁稀罕你这墙内尺方的和平！
我的世界还有更辽阔的边境。

“我的世界还有更辽阔的边境”这一闪光的诗句，类似鲁迅的“无穷的远方，无数的人们，都和我有关”。而紧接着“我的世界还有更辽阔的边境”的，就是“能为人类的苦痛捏一把汗”，坚信能为人类作出“我最伟大的贡献”，这壮美的诗句见于 1927 年 5 月 21 日发表的新诗《贡献》。

也有一些好心人说闻一多过于“诗人气质”，缺乏“政治智慧”。而他们所谓的“政治智慧”，恰恰正是闻一多最可贵之处。闻一多具有知识精英最强烈的社会担当意识，重是非，轻利害。在是非漩涡中绝不混淆是非；学术研究勇于自我修正；立场站队毫不避讳和遮掩；关键时刻挺身而出，需要挺身而出时便舍身赴汤蹈火。

1946 年 7 月 11 日晚，民盟昆明负责人李公朴教授遭到暗杀。反动派扬言“第二个便是闻一多”。许多好心人都劝闻一多躲一躲，回避一下。闻一多则镇定自若地说：“假如因为反动派的一枪，就都畏缩不前，放下民主工作，以后谁还愿意参加民主运动，谁还信赖为民主工作的人?”①记得鲁迅在整理瞿秋白遗稿《海上述林》时说过“心中好象捏了一团火”，看到李公朴遇害，闻一多心中也“象捏了一团火”，熊熊燃烧起来。

7月15日，闻一多在云南大学礼堂主持报告李公朴殉难的经过，面对特务的猖狂捣乱，拍案而起，慷慨宣誓：“我们不怕死，我们有牺牲的精神，我们随时像李先生一样，前脚跨出大门后脚就不准备再跨进大门!”闻一多的这《最后一次演讲》，是闻一多学问道德和人格生命的结晶。他那种单纯的美，庄严的美，那种毫不退缩，撞碰刀山的精神和洪水似的生命力，简直是一首气势浩荡而富于高潮性的最光彩的诗章。在恶劣的现实面前，闻一多与敌人展开“短兵相接”的肉搏战，用“朗诵”“政治演讲”这些“武器”，和敌人作殊死搏斗的“白刃”战，“说话做事没有一点遮回”，“让热情奔放到政治的警惕性以外”，预示出为了争取民主，争取自由，“他将倾泻出他的全部生命”的崇高的人格。有人天真地惋叹：“闻先生要是稍微沉默一下，是可能渡到安全地带的”，可“良知”不允许他“稍微沉默”，时代和民族都需要在这个转折点上有人能“赤膊上阵”、不讲“策略”，“绝对地鄙视那‘明哲保身’哲学而将‘威武不能屈’的精神发挥到顶点，为民族增光，为懦夫添耻!”②

毛泽东说鲁迅的“骨头最硬”，又说我们应该写“闻一多颂”。鲁迅让我们感受最深的是他的“韧性”，一辈子都在打“壕堑战”。闻一多让我们感受最深的是他的“刚性”，“很公开的说和做”，“情感最奔放也最热烈”，表现出来的是他“伟大的忘我精神”。鲁迅生前谈“国家民族”谈得很多，他一辈子都在思考“国民性”。相对说来，闻一多谈得更多的是他“个人”，例如他说“诗人的天赋是爱，爱他的祖国，爱他的人民”。

① 高真：《一多牺牲前后纪实》，《闻一多纪念文集》，生活·读书·新知三联书店1980年版，第383页。

② 张奚若：《一多先生死难一周年纪念》，《闻一多纪念文集》，生活·读书·新知三联书店1980年版，第105页。

鲁迅一辈子都在“启蒙”，闻一多一辈子都在“示范”。鲁迅说他是“为敌人”而活着，闻一多则是为“人民”而献身。鲁迅的“启蒙”带有“听将令”的色彩，闻一多“示范”更多的是他个人的选择，是能为人类作出“最伟大的贡献”这一庄严誓言最完美的演绎，用鲜血和生命，用一个“圣洁的灵魂”来宣告一个时代的结束，召唤一个新的时代的来临！

闻一多抗战后期思想发展的历史逻辑

陈国恩

(武汉大学)

闻一多从诗人、学者到民主斗士，是一个爱国主义者所走过的道路。他从推崇新诗的幻象、提倡新格律诗，到交口称赞田间是"时代的鼓手"，赞美鼓的情绪"疯狂，野蛮，爆炸着生命的热与力"①；从推崇中华古老文明，到痛斥"儒家、道家、墨家"是"偷儿、骗子、土匪"②；从坚持"国家至上"、忠臣于艺术，到20世纪40年代宣称"人民至上"，强调"最后的胜利永远是属于人民的"③，他的思想发生了重大变化。有学者提出后期闻一多思想的特点，一是他决心为共产主义奋斗终身，二是他努力学习马列主义和毛泽东著作，自觉地改造世界观，三是他相信历史是人民创造的，四是他为人民的解放事业不惜牺牲个人的一切，由此确认"闻一多虽然组织上没有入党，是一位非党民主人士，但实际上他的政治思想已经达到了无产阶级革命者的高度"④。

不过我们也可以换一个思路，把闻一多的思想变化纳入爱国主义的

---

① 闻一多：《时代的鼓手——读田间的诗》，《闻一多全集》第2卷，湖北人民出版社1993年版，第201页。

② 闻一多：《关于儒·道·土匪》，《闻一多全集》第2卷，湖北人民出版社1993年版，第377~378页。

③ 闻一多：《五四运动的历史法则》，《闻一多全集》第2卷，湖北人民出版社1993年版，第406页。

④ 韦英：《论闻一多一九二五年以后的政治思想》，《江汉论坛》1985年第9期。

逻辑，从爱国主义思想本身的发展来研究他，这或许会有新的可能性，那就是重视闻一多作为一个先进知识分子与他所从属的知识分子群体的联系，突出他在为人民的民主与和平的新中国而奋斗的事业中的代表性。从爱国主义历史逻辑，而不是离开爱国主义思想主线来考察闻一多生命之旅的后期思想变化，笔者认为更切合闻一多的思想实际，也更能体现闻一多思想发展的历史意义及其重大影响。

一、闻一多思想发展的统一性在他的爱国主义

闻一多从青年时代起，就是一个坚定的爱国主义者。他在清华接受了基督教思想的影响，这与他从中国传统文化中得到的滋养融合在一起，形成了他性格中沉潜坚定的一面，也使他与“五四”时期许多激进的革命民主主义者，比如郭沫若等彻底反传统的态度有所不同。用他的话说，他与郭沫若的不同在于：“《女神》的作者对于中国，只看到他的坏处，看不到他的好处。他并不是不爱中国，而他确是不爱中国底文化。我个人同《女神》底作者底态度不同之处是在：我爱中国固因他是我的祖国，而尤因他是有他那种可敬爱的文化的国家；《女神》之作者爱中国，只因他是他的祖国，因为是他的祖国，便有那种不能引他的敬爱的文化，他还是爱他。”①闻一多说得非常清楚，他是因为爱祖国，所以爱祖国的一切，包括爱它古老的文化。

闻一多早年求学清华，他在写给父母的信中表达了这种发乎灵魂深处的爱国情怀：“近来家内清吉否？念念。连接二哥、五哥来函，人事俱好，祈念垂虑。山东交涉及北京学界之举动，迪纯兄归，当知原委。殴国贼时，清华不在内，三十二人被捕后始加入，北京学界联合会要求释放被捕学生。此事目的达到后，各校仍逐日讨论进行，各省团体来电

① 《〈女神〉之地方色彩》，《闻一多全集》第2卷，湖北人民出版社1993年版，第121页。

响应者纷纷不绝，目下声势甚盛，但傅总长、蔡校长之去亦颇受影响。现每日有游行演讲，有救国日刊，各举动积极进行，但取不越轨范以外，以稳健二字为宗旨。此次北京二十七校中，大学虽为首领，而一切进行之完密、敏捷，终推清华。国家至此地步，神人交怨，有强权，无公理，全国瞢然如梦，或则敢怒而不敢言。卖国贼罪大恶极、横行无忌，国人明知其恶，而视若无睹，独一般学生敢冒不韪，起而抗之，虽于事无大济，然而其心可悲，其志可嘉，其勇可佩！所以北京学界为全国所景仰，不亦宜乎？清华作事，有秩序，有精神，此次成效卓著，亦素所习练使然也。”①

为什么如此壮怀激烈？因为“我是中国人”，没有任何别的道理可讲。《我是中国人》这样写道：

我是中国人，我是中国人，
我的心里有尧舜底心，我的血是荆轲聂政底血，
我是神农黄帝的遗孽。我的智慧来得真离奇，
他是河马献来的馈礼；我这歌声中的节奏，
原是九苞凤凰的传授。我心头充满戈壁底沉默，
脸上有黄河波涛底颜色，泰山底石溜滴成我的忍耐，
峥嵘的剑阁撑出我的胸怀，我没有睡着！我没有睡着！

因为爱祖国，而爱祖国的一切，坚定不移。

长期以来，对闻一多早年参与发起成立大江会及信奉国家主义，存在不小的争议。21 世纪以来，人们开始更多地正视大江会的国家主义包含了爱国主义的内容。留美的一些清华学生是因为爱国家，特别是面对受列强欺凌的贫弱的祖国，怀着一种舍我其谁的社会责任感而奔走呼

① 闻一多：《致父母亲》，《闻一多全集》第 12 卷，湖北人民出版社 1993 年版，第 17 页。

号，他们的心情就像《大江会章程》宣布的："中华人民谋中华政治的自由发展，中华经济的自由抉择，及中华文化的自由演进"；它的历史使命是"本大江的国家主义，对内实行改造运动，对外反对列强侵略"；目前的首要任务为"暂时偏重反对列强侵略与鼓励民气"。① 就闻一多与大江会以及国家主义思想的关系而言，只要看几个事实，便不难理解其实质。上引闻一多《我是中国人》的诗，就发表在 1925 年 7 月 15 日《大江季刊》第 1 卷第 1 期，表明闻一多是以爱国主义的立场参与大江会活动的。他的《七子之歌》，发表在 1925 年 7 月的《现代评论》上，也正是他积极参加大江会活动的时期。《七子之歌》中的"澳门"一章，在澳门回归前夕被谱成歌曲，唱响大江南北，风靡世界，从一个新的时代背景上强劲地彰显了诗歌真挚的爱国主义情怀。那种哀伤而热切的旋律，借助童声，把一个游子对母亲的依恋和思念表达得淋漓尽致，让每一个中华儿女感动不已。闻一多表达的，就是一个游子对母亲的依恋和思念，不带任何杂质。

闻一多前期的思想，以留美回国为分界发生了重要的变化。留学美国时期，他看中国是鲜花一样的美："我要赞美我祖国底花！我要赞美我如花的祖国！"(《忆菊》)他向太阳呼告："太阳啊，慈光普照的太阳！往后我看见你时，就当回家一次；我的家乡不在地面乃在天上！"(《太阳吟》)回国后，闻一多发现政治黑暗，人民生活在水深火热之中。他极度失望："我来了，我喊一声，迸着血泪，/'这不是我的中华，不对，不对！'"他写出了《死水》，表达了对现实的彻底否定。他开始质问："请告诉我谁是中国人，/谁的心里有尧舜的心，/谁的血是荆轲聂政的血，/谁是神农黄帝的遗孽。"(《祈祷》)但在决绝的态度中，依然是他对祖国的一腔热血；在强烈的质疑中，依然是对真正的中国精神的执着和怀念。万变不离其宗，他对祖国的爱一如既往。

深入考察闻一多这种看似矛盾思想的逻辑，可以发现他所理解的

① 《大江会章程》，《大江季刊》1925 年 11 月 15 日第 1 卷第 2 期。

“中国”是一个理想与现实多重纠结的矛盾复合体。人们心目中的“祖国”，本有三种形态：一是“应然”的祖国，二是“可能”的祖国，三是“实在”的祖国。前两种是想象的“祖国”，与实在“祖国”对应。不过“应然的祖国”偏重于理想，而“可能的祖国”则是在理性指导下预测其未来的可能。闻一多是一个诗人，他心心念念的中国，是“应然”中国与“实在”的中国的矛盾统一体，缺失政治家对“可能”的中国的那种理性分析和预期。他的思想发展，一个根本动力，就是来自他心目中的“应然”中国与“实在”中国的矛盾运动。

20世纪20年代中期他思想的变化，是因为他回国后目睹军阀混战、政治黑暗的现实，理想与现实发生了猛烈碰撞，基于他心目中的“应然”中国的理念，向“实在”的中国发出了强烈的抗议。他40年代更为重大的思想变化，同样地是因为他心目中的“应然”中国与他看到的“实在”中国的矛盾，当然是更为严重的历史冲突，即他看清了两个方面的真相，一是国民党政府抗战不力，在军事上遭到了一连串的严重挫败，丧失大片国土：

> 溃退和失地是真不能避免的吗？不是有几十万吃得顶饱，斗志顶旺的大军，被另外几十万喂得也顶好，装备得顶精的大军监视着吗？这监视和被监视的力量，为什么让他们冻结在那里？不拿来保卫国土，抵抗敌人？原来打了七年仗，牺牲了几千万人民的生命，数万万人民的财产，只是陪着你们少数人斗意气的？又是给谁开的玩笑！几个月的工夫，郑州失了，洛阳失了，长沙失了，衡阳失了。现在桂林又危在旦夕，柳州也将不保，整个抗战最后的根据地——大西南受着威胁，如今谁又能保证敌人早晚不进攻贵阳，昆明，甚至重庆？到那时，我们的军队怎样？还是监视的监视，被监视的被监视吗？到那时我们的人民又将怎样，准备乖乖的当顺民吗？①

① 闻一多：《组织民众与保卫大西南——民国三十三年昆明各界双十节纪念大会演讲词》，《闻一多全集》第2卷，湖北人民出版社1993年版，第387~388页。

二是他看到了国民党当局在大后方实行特务统治，人民陷于水深火热之中：

> 三十四年八月，日本正式投降，全国欢欣鼓舞，以为八年来重重的苦难，从此结束。但是不出两月，便在一月三日，云南省政府突然改组，驻军发生冲突，使无辜的市民饱受惊扰，而且遭遇到并不比一次敌机的空袭更少的死伤。昆明市民的喘息未定，接着全国各地便展开了大规模的内战。人人怀着一颗沉重的心，瞪视着这民族自杀的现象。昆明，被人们欣羡和期望着的昆明，怎么办呢？是的，暴风雨是要来的，昆明再不能等了，于是十一月二十五日晚，西南联合大学、云南大学、中法大学和英语专修学校等四校学生自治会，在西南联大新校舍草坪上，召开了反对内战呼吁和平的座谈会，到会者五千余人，似乎反动者也不肯迟疑，在教授们的讲演声中，会场四周，企图威胁到会群众和扰乱会场秩序的机关枪，冲锋枪、小钢炮一齐响了，散会之后，交通又被断绝，数千人在深夜的寒风中踯躅着，抖颤着。昆明愤怒了！①

显而易见，闻一多是一以贯之地执着于他“应然”中国的理念而向“实在”中国的反动派发出了怒吼。直至《最后一次演讲》，他壮怀激烈地宣告：“我们不怕死，我们有牺牲的精神，我们随时像李先生一样，前脚跨出大门，后脚就不准备再跨进大门！”他表达了与国民党当局的彻底决裂。他的彻底决裂的态度背后，是他对心中“应然”中国的真爱：“历史赋予昆明的任务是争取民主和平，我们昆明的青年必须完成这任务！”②民主和平的中国，是闻一多从青年时代起始终不渝地追求的梦

① 闻一多：《一二·一运动始末记》，《闻一多全集》第2卷，湖北人民出版社1993年版，第433~434页。

② 闻一多：《最后一次的讲演》，《闻一多全集》第2卷，湖北人民出版社1993年版，第450页。

想！他上下求索，最后为这个梦想奉献了宝贵的生命。

二、思想突变开始于他对原来国家观念的扬弃

闻一多前后思想的统一性在他的爱国主义，不是说他的爱国主义思想前后没有变化。恰恰相反，他的爱国主义后来被赋予了新的历史内容，发展到了一个新的阶段，标志着闻一多思想面貌的焕然一新。

变化，开始于他的国家观念。目睹国民党统治的腐败与日趋反动，闻一多的国家观念发生了深刻的变化。在《五四历史座谈》一文中，他回顾自己早年的思想时说：“‘五四’时代我受到的思想影响是爱国的，民主的，觉得我们中国人应该如何团结起来救国。‘五四’以后不久，我出洋，还是关心国事，提倡 Nationalism，不过那是感情上的。”①那时他的爱国主义，主要是把中国当成一个文化的中国来爱，其思想基础就是“中国是中国人的中国”，哪怕国内有新旧思潮之分，但每一个人在爱国这点上说，应该不分彼此，大家都来爱。这明显是受到他早年在清华接受的基督教信仰的影响，实为一种博爱的思想。闻一多后来特别强调：“我的基督教的信仰已失，那基督教的精神还在我的心里烧着。”②所谓基督教的精神，主要就是一种执着地为崇高目标献身的精神，反映了闻一多从年轻时起已确立了一种愿为崇高理想而献身的人格。到1944年的《五四历史座谈》，闻一多的思想变化主要还是在文化方面的，他说：“我念过了几十年的《经》书，愈念愈知道孔子的要不得，因为那是封建社会底下的，封建社会是病态的社会，儒学就是用来维持封建社会的假秩序的。他们要把整个社会弄得死板不动，所以封建社会的东西全是要不得的。我相信，凭我的读书经验和心得，他是实在要不得的。

① 闻一多：《五四历史座谈》，《闻一多全集》第2卷，湖北人民出版社1993年版，第367页。

② 闻一多：《致梁实秋》，《闻一多全集》第12卷，湖北人民出版社1993年版，第159页。

中文系的任务就是要知道他的要不得，才不至于开倒车。”①文化观念上的彻底反传统，是他政治上扬弃原来的国家观念的先导。两年后 1946 年的《八年的回忆与感想》，他的反思就直奔政治主题了：

> 抗战对中国社会的影响，那时还不甚显著，人们对蒋委员长的崇拜与信任，几乎是没有限度的……只觉得那真是由于一个英勇刚毅的领导，对于这一个人，你除了钦佩，还有什么话可说呢！有一次，我和一位先生谈到国共问题，大家都以为西安事变虽然业已过去，抗战却并不能把国共双方根本的矛盾彻底解决，只是把它暂时压下去了，这个矛盾将来是可能又现出来的。然则应该如何永久彻底解决这矛盾呢？这位先生认为英明神圣的领袖，代表着中国人民的最高智慧，时机来了，他一定会向左靠拢一点，整个国家民族也就会跟着他这样做，那时左右的问题自然就不存在了。现在想想，中国的“真命天子”的观念真是根深蒂固！可惜我当时没有反问这位先生一句：“如果领袖不向平安的方向靠，而是向黑暗的深渊里冲，整个国家民族是否也就跟着他那样做呢？”②

众所周知，西安事变的第二天，闻一多在清华的课堂上愤怒声讨张、杨的“胡闹”。他认为元首身系国家的安危，一个带兵的军人可以领兵“叛乱”，那是祸害中国。这也是他上文所说的“对蒋委员长的崇拜与信任，几乎是没有限度”的那个意思。两年后的 1946 年，他则坚决地否定了“中国的‘真命天子’的观念”。这一否定，标志着闻一多从思想上已把国家与统治集团严格地区分了开来。国家是国家，统治集团是统治集团，两者不能划等号，反动的统治集团尤其不能代表国家。

---

① 闻一多：《五四历史座谈》，《闻一多全集》第 2 卷，湖北人民出版社 1993 年版，第 367~368 页。

② 闻一多：《八年的回忆与感想》，《闻一多全集》第 2 卷，湖北人民出版社 1993 年版，第 428~429 页。

思想上把国家与国民党的统治集团严格区别开来，是因为国民党的政治腐败，特别是消极抗战、积极反共的倒行逆施，造成了对日抗战在军事上的全面溃败。在闻一多的心目中，国民党由此失去了它统治中国的正当性与合法性，国民党所代表的那个“国”在他心中已经死了。对于闻一多来说，这一变化的重要性，集中地表现为他更深沉地爱着这个国家——爱着正在经历苦难的中国，爱着在水深火热中挣扎的中国人民，而且因为人民生活的水深火热中，他越来越感到悲愤，他把悲愤转化成了对国民党反动统治的越来越强烈的控诉与批判。

在闻一多的这一思想转变中，“五四”精神起着重要作用，同时也标志着闻一多在他的思想发生重大变化后他爱国主义的内涵依然在逻辑上保持了前后的一致。在《五四运动的历史法则》一文中，他这样写道：

> 从二十六年前的“五四”到今天，恰是螺旋式的进展了一周。一切都进步了。今天帝国主义的退出，除了实际活动力量与机构的撤退，还有不平等条约的取消，中国人卖身契的撕毁。这回帝国主义的退出是正式的，至少在法律上，名义上是绝对的，中国第一次，坐上了“列强”的交椅。帝国主义进一步的撤退，是促使或放纵封建势力进一步的伸张的因素，所以随着帝国主义的进步，封建势力也进步了。战争本应使一个国家更加坚强，中国却愈战愈腐化，这是什么缘故？原来腐化便是封建势力的同义语，不是战争，而是封建余毒腐化了中国。今天政治、经济、社会、文化的腐化方面，比二十六年前更变本加厉，是公认的事实。时髦的招牌和近代化的技术，并不能掩饰这些事实。①

中国的越战越腐化，是因为“封建余毒腐化了中国”。这正是闻一

① 闻一多：《五四运动的历史法则》，《闻一多全集》第2卷，湖北人民出版社1993年版，第404~405页。

多进入40年代后一改“五四”时期对中国传统文化的推崇，开始痛斥“儒家、道家、墨家”是“偷儿、骗子、土匪”的现实依据。

在《八年的回忆与感想》中，他又说：“《中国之命运》一书的出版，在我一个人是一个很重要的关键。我简直被那里面的义和团精神吓一跳，我们的英明领袖原来是这样想法的吗？‘五四’给我的影响太深，《中国之命运》公开的向‘五四’宣战，我是无论如何受不了的。”①《中国之命运》，是抗战进入1943年后，蒋介石委托陶希圣执笔、以蒋介石名义发表的小册子。它鼓吹“一个主义、一个政党、一个领袖”，提出“中国从前的命运在外交……而今后的命运，则全在内政”，把三民主义说成是“国民革命不变之最高原则”“民族复兴唯一正确之路线”，因而其他党派要放弃各自的主张。文化上，它片面宣扬中华民族的所谓“固有的德性”“中国人的思想、中国人的精神、中国人的情感、中国人的品性”，认为西方文化的入侵破坏了中国原有的优越伦理和宗族社会组织。这是一种专制独裁的思想，服务于国民党的专制独裁的统治。它与闻一多所坚守的“五四”的民主、自由的精神与理想格格不入。

闻一多这一时期参与中国民主同盟的活动，就是围绕反内战、争民主的政治斗争。1945年，他成为中国民主同盟会委员兼云南省负责人、昆明《民主周刊》社长。一二·一惨案发生后，他投身爱国民主运动。在为“一二·一”四烈士所撰碑文中，他这样写道：

> “一二·一”是中华民国建国以来最黑暗的一天，但也就在这一天，死难四烈士的血给中华民族打开了一条生路。从这天起，在整整一个月中，作为四烈士灵堂的联大图书馆，几乎每日都挤满了成千成万扶老携幼的致敬的市民，有的甚至从近郊几十里外赶来朝拜烈士们的遗骸。从这天起，全国各地，乃至海外，通过物质的或

① 闻一多：《八年的回忆与感想》，《闻一多全集》第2卷，湖北人民出版社1993年版，第431页。

精神的种种不同的形式，不断地寄来了人间最深厚的同情和最崇高的敬礼。在这些日子里，昆明成了全国民主运动的心脏，从这里吸收着也输送着愤怒的热血的狂潮。从此全国的反内战、争民主的运动，更加热烈的展开，终于在南北各地一连串的血案当中，促成了停止内战，协商团结的新局面。

愿四烈士的血是给新中国的历史写下了最初的一页，愿它已经给民主的中国奠定了永久的基石！如果这愿望不能立即实现的话，那么，就让未死的战士们踏着四烈士的血迹，再继续前进，并且不惜汇成更巨大的血流，直至在它面前，每一个糊涂的人都清醒起来，每一个怯懦的人都勇敢起来，每一个疲乏的人都振作起来，而每一个反动者都战栗的倒下去！

四烈士的血不会是白流的。①

从这碑文中，我们已经可以听到半年后他在《最后的演讲》发出的呐喊的声音。

在民盟的主要成员中，闻一多的思想代表着最为激烈的那一部分。1945 年 5 月，国民党第六次全国代表大会通过了将于 11 月 12 日召开由其一手包办的“国民大会”的决定。这一决定程序上要提交 7 月 7 日召集的四届一次国民参政会讨论。中共看透了蒋介石的把戏，6 月 16 日中共中央负责人声明不出席此次国民参政会，表示抵制。民盟中央的一些人认为各政党的团结很重要，民盟中央领导人黄炎培、冷遹、左舜生、章伯钧决定赴延安说服中共代表参加这次国民参政会。消息传到昆明，云南民盟一致反对，认为民盟中央不应替国民党做说客。他们派人持函赶往重庆，但反对没有取得预期效果。云南民盟就决定向社会公开他们的态度，发表了《昆明文化界致国民参政会电》。这个电文，前后

① 闻一多：《一二·一运动始末记》，《闻一多全集》第 2 卷，湖北人民出版社 1993 年版，第 435 页。

的三份底稿均有闻一多参与。其中初稿为罗隆基起草，闻一多修改；二稿为闻一多钢板刻印，落款为6月28日；三稿为闻一多在油印稿上再做修订，并附有146人签名。这三份底稿，是闻黎明教授在时为中国历史博物馆档案室查找到资料时偶然发现。闻黎明认为，以“只要救火不管什么人都可以共事”的态度加入民盟的闻一多，在对待怎样“救火”的步骤、程序等具体问题上，与民盟中的三党三派并不完全一致。闻一多在与华岗的接触和参加西南文化研究会的学习讨论中，接受的是共产党的主张，而不是在民盟中占主流地位的“第三条道路”，因此在民盟领导层出现“不偏不倚”态度时，闻一多坚决反对，在民盟的“左中右”三种倾向中，他明显属于“左”的阵营。①

这实际就是闻一多与国民党彻底决裂后的决不妥协的斗争态度。

三、从“人民本位”立场认同新民主主义方向

闻一多开始与国民党势不两立的斗争，是因为他认清了国民党统治集团不能代表国家，他选择了站在人民的立场。

其实在早年参与发起大江会的时期，闻一多的思想已经包含了“人民”的元素。据梁实秋说，1924年夏天在芝加哥大学附近的一家小旅馆内，罗隆基、何浩若、闻一多、时昭瀛、潘光旦、张心一、王化成、吴文藻以及在前往哈佛途中路过芝加哥的梁实秋等二十多人，正式成立“大江会”。在这次会上，决定创办季刊，并确立了“大江会的国家主义”的基本理念：

> 第一，鉴于当时国家的危急的处境，不愿侈谈世界大同或国际主义的崇高理想，而宜积极提倡“国家主义”(nationalism)：就是“国家”应在政党之上，执政者应超脱个人权位与政党利益，应以

① 闻黎明：《闻一多与中国民主同盟》，《黄冈师范学院学报》2020年第1期。

> 国家与人民的利益为施政的理想。第二，鉴于国内军阀之专横恣肆，应厉行自由民主之体制，拥护人权。第三，鉴于国内经济落后人民贫困，主张由国家倡导从农业社会进而为工业社会，反对以阶级斗争为出发点的共产主义。①

梁实秋记忆中的大江会宗旨之第二、三条，实际是这些青年从国家主义的立场表达对底层民众的同情以及卫护底层民众的基本权利。闻一多早期许多反映底层民众生活、表达其深切同情的诗歌，都是这种思想的艺术体现。当然，闻一多与大江会的大多数成员当年没有弄清楚“人民”概念的阶级内涵，他们主要是从抽象意义上把它等同于“全民”，所以从超越了特殊利益的政党立场的国家主义观点来看，就要反对“以阶级斗争为出发点的共产主义”。

国民党统治的反动本质的日益暴露，使闻一多越来越清楚地看到了国民党政府不能代表国家。1944 年 7 月，他发表《越战越强》，表示抗战初期的中国是以“不怕败”的决心在抵抗。开罗会议以后，“自己讳言失败，同时也禁止旁人言失败”，大概也是一种“置之死地而后生”的办法。可是当他看到衡阳战役的报道用了“愈战愈强”的标题时，他“气昏了”：

> 我相信在自由中国，每一个良善的中国人，当初既是抱了拼命的决心，胜也要打，败也要打，今天还是抱定这决心，胜也要打，败也要打，何况国际的客观环境已经好转，谁又是那样的傻子，情愿让它“功亏一篑”呢？所以你如果多多给我们报道些自身的缺点，那只会增加我们的戒惧心，刺激我们的努力。你以为我们真是那样“闻败则馁”的草包吗？你若那样想，便把我们看同汪精卫之流了，你晓得那是侮辱别人的人格吗？

---

① 梁实秋：《谈闻一多》，台湾传记出版社 1967 年版，第 48 页。

闻一多对政府开始感到失望，不过此时他还是从民众与政府一致的立场上来表达抗战的决心，认为“抗战是大家的抗战，国家是大家的国家”。① 到了1944年10月，他看到国民党军队一连串的大溃败，他发表了《组织民人与保卫大西南》，开始从人民与政府对立的观点来思考抗战的前景：

> 昆明在国际间“民主堡垒”的美誉，我们从今更要努力发扬民主自由的精神。哪一天我们的美梦完成了，我们从黑暗中造出光明来了，到那时中国才真不愧四强之一。强在哪里？强在我们人民，强在我们人民呀！今天政府不给人民自由，是他不要人民，等到那一天，我们人民能以自力更生的方式强起来了，他自然会要我们的。那时我们可以骄傲地对他说：“我们可以不靠你，你是要靠我们的呀！”那便是真正的民主！我们今天要争民主，我们便当赶紧组织起来，按照实现那个美梦的目标组织起来，因为这组织工作的本身便是民主，有了这个基础，我们便更有资格，更有力量来争取更普遍的，完整的和永久的民主政治。②

闻一多看清了中国作为反法西斯阵营的世界“四强”，强在我们人民，而政府不给人民自由。这表明，此时的闻一多认为国民党政府已经失去了正统，人民与这个政府处于对立的地位。人民要组织起来，实现自己的“更普遍的，完整的和永久的民主政治”。

1945年5月，闻一多为纪念“五四”而专门写了《人民的世纪——今天只有“人民至上”才是正确的口号》。在这篇文章中，他响亮地喊出了“人民的世纪”，认为“今天只有‘人民至上’才是正确的口号”：

① 闻一多：《愈战愈强》，《闻一多全集》第2卷，湖北人民出版社1993年版，第383页。

② 闻一多：《组织民众与保卫大西南——民国三十三年昆明各界双十节纪念大会演讲词》，《闻一多全集》第2卷，湖北人民出版社1993年版，第390页。

> 有一个观念得先弄明白，那便是多年来人们听惯了那个响亮的口“国家至上”，国家究竟是什么？今天不又有人说是“人民的世纪”吗？假如国家不能替人民谋一点利益，便失去了它的意义，老实说，国家有时候是特权阶级用以巩固并扩大他们的特权的机构。假如根本没有人民，就用不着土地，也就用不着主权。只有土地和主权都属于人民时，才讲得上国家，今天只有人民至上，才是正确的口号。①

闻一多的立足点完全转到人民的立场上来了。他强调国家并不等于人民，认为今天的国家与人民是对立的：“今天情形和二十六年前，恰好是个反比例，国家在四强之一的交椅上，总算出了从来没有出过的风头，人民则过着比战前水准更低的生活。英美不但治外法权自动取消，而且看样子美国还非管中国收复失地不可。八年抗战，中国国家的收获不能算少，然而于人民何所有？老百姓的负担加重了，农民的生活尤其惨。”他以坚定的口吻写道：“今天我们期待着的‘五四’是一个比二十六年前更坚强更结实的‘五四’，我们要争取民主的国家，因为这是一个人民的世纪呀！”②

人的思想变化，一般是受环境的影响，同时又受到思想的启发，二者通过内因起作用。闻一多目睹国民党统治的腐化，也听闻中国共产党积极抗日，带领人民开展反内战、争民主的斗争。在这一鲜明的事实对比中，共产党人华岗等人对闻一多的思想转变起了重要的催化作用。华岗是1944年受中共南方局派遣到昆明做龙云联络工作的，他为了在知识分子中开展统战工作，成立了一个名为“西南文化研究会”的团体。

---

① 闻一多：《人民的世纪——今天只有“人民至上”才是正确的口号》，《闻一多全集》第2卷，湖北人民出版社1993年版，第407页。

② 闻一多：《人民的世纪——今天只有“人民至上”才是正确的口号》，《闻一多全集》第2卷，湖北人民出版社1993年版，第408~409页。

他通过云南大学教授楚图南、尚钺邀约闻一多，闻一多很高兴表示参加，并当即介绍吴晗、潘光旦、曾昭抡等加入。西南文化研究会侧重学术问题的讨论，后逐渐涉及时事与中国共产党的政策。吴晗回忆说："在这些会上，我们初步知道中国社会两头小中间大、统一战线政策、个人和集体的关系等等道理。以后我们又得到《论联合政府》、《新民主主义论》、《论解放区战场》等党的文献和《新华日报》、《群众》等刊物，如饥似渴地抢着阅读，对政治的认识便日渐提高了。"①

参加西南文化研究会对闻一多的政治生活具有重要的意义。闻黎明认为，闻一多想参加共产党的念头就是这时产生的。"这个想法曾经告诉过华岗、张光年等人，也正因如此，罗隆基、潘大逵邀请闻一多参加民盟时，闻一多表示'如果要加入组织，就参加共产党'。不过，华岗、张光年都对他说如果加入共产党就会被戴上红帽子，也就发挥不了作用了。听了这话，闻一多才下决心加入民盟。"②后来，闻一多和几位青年人在云南民盟的民主周刊社谈及这个问题时，他现身说法："以前我们知识分子都多少带着洁癖，不过问政治；现在却是政治逼着我们不得不过问它了。这也[就]是说，我们是应该参加政治活动的。在中国当前的政治情势中，要参加有组织有纪律的政治活动，只有参加共产党或民盟。有些人没有勇气参加共产党，因为那种战斗生活是异常艰苦的。又有些人还不了解共产党，因为反动派在各方面封锁得太严苛了。在这种情势下，我们参加民盟，在争取民主的斗争实践中锻炼，逐步改造自己，提高自己，也是很好的。"③

显而易见，在内外因素综合作用下，闻一多对中国共产党的态度发生了根本改变。他放弃了作为独立知识分子不容易放弃的"群而不党"的观念，在"人民本位"的思想基础上认同了中国共产党提出的新民主

① 吴晗：《拍案而起的闻一多》，《人民日报》1960年12月1日第8版。

② 闻黎明：《闻一多与中国民主同盟》，《黄冈师范学院学报》2020年第1期。

③ 凌风：《回忆闻一多同志》，《光明日报》1950年7月15日《民盟殉难先烈纪念特刊》。

主义方向。这个方向，在闻一多看来，就是建设为人民自由、民主的新中国。他说：“过去我只晓得抽象地爱国，不知爱什么国，甚至曾错误地认为国家主义就是爱国主义，现在我知道国家主义是反动的，爱国只能是爱新民主主义的国，现在为新民主主义而奋斗，将来为社会主义、共产主义而奋斗。”①可以说，闻一多确立了人民本位的国家观念，标志着他的爱国主义思想发展到了一个崭新的阶段。在这个阶段，他的爱国主义的政治追求与中国共产党的新民主主义方向达成了一致。

结　语

肯定闻一多在政治上认同了中国共产党的新民主主义方向，是一回事，如何评价他的政治认同又是一回事。历史评价的困难，在于采取什么样的标准，从哪种角度出发，要总结什么样的经验，达成何种目的。笔者据以上的材料以及分析，认为闻一多对新民主主义方向的认同，是他始终不渝的爱国主义思想发展的一个必然结果，表现了他在历史曲折中对祖国、对人民越来越深沉博大的爱，表达了他从历史发展视野对新的中国的热切期待。他的人民观，偏向底层民众的基本权利，这与他早期崇尚民主、平等和自由的思想一脉相承，但不得不说，这与共产党人的阶级斗争学说和思想还是有着根本性区别的。闻一多更来不及了解中国共产党的政治建设、组织建设、思想建设的具体要求。他主要的是出于一个具有良知的中国知识分子对黑暗现实的愤慨，致力于反对国民党的腐败、独裁的统治，反对内战，要求和平，而认同新民主主义方向，当然还没有把这种认同上升到阶级斗争的高度，认识到那是一个阶级推翻另一个阶级的一场彻底革命。这种差异带有根本的性质，也是一般民主人士与中国共产党人的根本不同所在。

① 何善周：《千古英烈，万世师表》，王子光、王康编：《闻一多纪念文集》，北京三联书店1980年版，第264页。

历史经验告诉人们，这方面的差异和不同所可能产生的问题，有待于新民主主义革命在向社会主义革命和建设前进的过程中不断的社会实践来探索，从中总结经验，寻找到民主党派与共产党人合乎历史发展所需要的在中国共产党领导下，长期共存、互相监督的途径和方法。闻一多如果没有殉难，他当然有可能加入中国共产党，有可能把思想提高到一个共产党人的水平。但历史不能假设，一个人的未完成的历史同样不宜假设。历史的实践存在多种的可能性，一切并非注定，而是历史的展示。

这一历史的定律，对闻一多来说格外地重要。这也就是说，依照爱国主义思想发展的逻辑，把闻一多视为爱国的进步知识分子、坚定的民主主义者经由不断探索，最终认同了中国共产党的新民主主义方向的一个突出代表，是合乎历史理性的。这更能体现闻一多在他那个时代的进步知识分子中的代表性，彰显闻一多精神丰富的历史意义，凸显闻一多在中国现代历史上的重要地位！

闻一多的“恋旧情结”及其爱国主义情怀

许祖华

（武汉工程科技学院）

闻一多作为一位新时代的诗人、学者，在建设中国新文化与新文学的过程中，他的心态既是开放的，又是恋旧的，他既在理智上认同西方文化与文学，将西方文化与文学包含的科学、人文精神作为中国现代社会的时代精神大力提倡，并以此指导自己的诗歌创作、文学批评和学术研究，为现代中国文化、文学的建设作出了杰出的贡献，又在感情上深深地眷恋中国固有文明的金光异彩，并从中国文化本位出发，在自己的诗歌创作中激情昂扬地赞颂中华民族四千年的华胄，在杂感、论文、专著、书信中，用自己独特的智慧，天才地钩沉、阐释了民族文化典籍的种种神韵、美意、真趣，用赤子的真情，表达了对民族文化的深深眷恋，显露了自己文化心态中的“恋旧”情结。他的这种恋旧情结不仅生动地折射出了中国新文化与新文学构建的某些内在规律，而且直接地显露了闻一多的爱国主义情怀。

本文将以闻一多的诗歌、杂感、论文、专著、书信为主要依据，着重探讨闻一多眷恋中国固有文化的恋旧情结。本文所使用的“情结”(Complex)概念，主要借鉴于分析心理学家荣格的阐释，“是关于观念、情感和意象的综合体”。

一

中华民族的精神文化源远流长，这些文化遗产对20世纪追求现代化的中国人来说，曾经是被猛烈批判的对象，尤其在“五四”时期引进西方文化和文学的过程中，反传统，几乎成为先驱们建构新文化与新文学的历史、逻辑起点。闻一多作为“五四”时期的新诗人，却似乎是一个例外。他不仅没有乘这股时代思潮去反传统，相反，却在清华读书时就以一个“东方老憨”的热情呼吁：“振兴国学，扬吾菁华。”在新文学迅猛发展的时候，他又提出“新文学兴起后，旧文学亦可并存”①的观点，还在1920年发表的《冬夜评论》中，运用儒家传统的“哀而不伤”的美学原则评价新诗集《冬夜》的一些诗篇，认为一些诗歌的情感流泻有些过火，有背“哀而不伤”的中和原则，影响了诗歌的思想的精致与艺术的美好境界，而有些诗歌的诗句“写的极佳，可谓‘哀而不伤’”②，值得赞赏。1922年，在给父母的书信中更是如此直接地说：“我堂堂华胄，有五千年之政教、礼俗、文学、美术，除不娴制造机械以为杀人掠财之用，我有何多后于彼(西方——引者注)哉。”③

不过，闻一多的这种“恋旧情结”固然缠绕在中国传统文化上，但中国传统文化，包括精神文化，并没有得到他的全面青睐，从闻一多所恋的内容来看，他青睐的主要是中国传统精神文化中“德”与“美”的文化。

所谓“德”文化，意即处理人与人之间关系的行为准则，它包括向内的修身、养性和向外的治国平天下。闻一多对这种传统精神文化的青

① 闻一多：《律诗底研究》，《闻一多研究四十年》，清华大学出版社1988年版，第58页。

② 闻一多：《冬夜评论》，《闻一多全集》第3卷，开明书店1948年版，第172页。

③ 闻一多：《闻一多书信集》，群言出版社2014年版，第29页。

睐，不仅直接显示了自己“恋旧情结”的价值取向，而且显示了自己的爱国主义情怀。

先看向内的修身、养性。闻一多至少在三个方面显露了自己对传统“德”文化中自我修养的重视。

首先是青睐中国传统德文化的人品内容，并以此作为标准评价现实和历史中的人物。1935年，他在《悼玮德》一文中，开篇就指出玮德是“一个不好炫耀，不肯盘剥自己的才力的青年作家”，在肯定玮德谦虚而勤奋的品质之时，表露了自己“重德”、重自我修养的价值取向。其次是对“贫贱不能移，富贵不能淫，威武不能屈”人格的赞赏。这在他创作的长诗《李白之死》中表现得最为充分。这首诗，既写了李白为追求“可望而不可即的明月”，蹈水而死的故事，更着力描绘了李白那藐视权贵的傲然情操和痛恨丑恶的叛逆性格。其三是自我解剖与反省的身体力行。孔子在阐述自我修养时曾说过每日“三省吾身”的话，这种“省”的行为也就成了中国传统文人修身必不可少行为，而“省”的意识也就成为中国传统文人修身的重要准则和中国德文化的重要内容。1933年9月29日，闻一多在给友人饶孟侃的信中对自己的个性进行了解剖和反省。他说：“我近来最痛苦的是发现了自己的缺陷，一种最根本的缺陷——不能适应环境。因为这样，向外发展的路既走不通，我就不能不转向内走。在这向内走的路上，我却得着一个大安慰，因为我实证了自己在这向内的路上，很有发展的希望。”①这些自我解剖与反省的话，既反映了闻一多坦荡的襟怀，也直接反映了他与中国传统德文化中自我修养意识的一脉相承。当然，一脉相承并不等于是完全相同。闻一多注重向内的自我修养，既是“恋旧情结”的具体表现，更是时代意识启示的结果，（而最终则与“家国情怀”联系在一起了。固然云：修身、齐家、治国、平天下，揭示的是修身与为家、为国的关系，要为家国，必得修身。）从时代意识来看，闻一多认为，现代社会是个人主义的社会，

① 闻一多：《闻一多书信集》，群言出版社2014年版，第311页。

“我们自己现在是个人主义社会里的一员”，“我以为不久的将来，我们的社会一定会发展成为 Society of Individual，Individual for Society（社会属于个人，个人为了社会）的”①，而要使个人能“为社会”有所作为，完善自身就是顺理成章的人生追求了。这可以说是闻一多在时代意识鼓动下追求自我修养的思想逻辑。他也正是依顺着自己这种思想逻辑，既显示了自己的恋旧情结，也表达了自己的爱国主义情怀。从上面的论述来看，他眷恋中国传统德文化中自我修养的内容，都既与自己所处的时代背景和社会需要密切相关，也与自己的家国情怀及爱国主义思想关系紧密。他赞赏玮德的品格，正因为这种品格既是时代与社会需要的，也是为国、为家必备的主体条件；他歌颂李白的情操，不仅是因为李白的情操是传统文人和现代文人都应该具备的宝贵的人格内容，而且也是正直的知识分子们为国为家的精神基础；他反省自己“不能适应环境”，则不仅表明了在黑暗的社会，一个不愿沉沦的诗人、学者、战士上下求索的心声，而且直接彰显了闻一多为社会服务，实现自我价值的爱国主义情怀。

在闻一多向外的恋旧情结中，他青睐的“德”文化的内容主要体现在两个方面，一个是赞赏那些有“中国本位文化的风度”的人物；一个是赞扬那些“舍身取义”的伟杰。这两个方面的内容，反映了闻一多治国平天下的两种爱国主义意识：一种是弘扬中国文化的意识；一种是“为人民”的意识。

何谓“中国本位文化的风度”？按闻一多的解说，这种“风度”的内核就是对中国文化崇高的责任感与深情的眷恋，它在规范上虽然隶属于中国传统的德文化，但这种德文化较之向内的自我修身的德文化，则更具有现实的社会意义，也更充分地体现了闻一多的爱国主义情怀。闻一多既用这种中国本位文化的风度看待与评价别人，也用其自律与自勉。1935 年，他在《悼玮德》一文中将玮德放在“国家的躯体残毁到这样，国

① 闻一多：《闻一多全集》第 3 卷，开明书店 1948 年版，第 47 页。

家的灵魂又在悠久的文化的末路中喘息”的时代背景下，指出：“玮德的标格，我无以名之，最好借用一个时髦的话语来称它为‘中国本位文化’的风度。”①直接地肯定了玮德最可贵的一种品质，这就是，在中华文化危机的时刻，“铁肩担道义”的品质，这种品质不仅过去需要，在弘扬中华传统文化的现代同样需要，而且似乎更为重要。因此，与其说闻一多是在用中国传统德文化的一种标准——“中国文化本位的态度”赞赏玮德的“标格”，显示自己的恋旧情结，不如说闻一多是在新文化与新文学建设、发展时期，提出了一个如何对待中国传统文化的大问题，并用自己的方式揭示了关于这个大问题的答案，这就是，要弘扬传统文化，首先就要有对传统文化的责任感，有了责任感，才有可能实现弘扬传统文化的目的，否则，只能走向两个极端：全盘否定或全盘肯定，而这两种极端的态度，都无疑是对传统文化的毁灭。从闻一多自己对中国传统文化的态度来看，他自己也是具有这种“中国本位文化的风度”的人物，他不仅具有这种“风度”，而且还用自己对中国传统文化研究的实绩，赋予这种“风度”以科学的方法论的意义。郭沫若曾在《闻一多全集序》中指出：“他（闻一多）是为了要批判历史而研究历史，为了要扬弃古代而钻进古代里去刳它的肠肚的。他有目的地钻了进去，没有忘失目的地又钻了出来。”②郭沫若的评价，可以说，不仅肯定了闻一多为弘扬中国传统文化所作出的杰出贡献，而且肯定了闻一多“中国文化本位的风度”的主张。

在闻一多赞赏的“舍身取义”的伟杰中，最让人难忘的是屈原。屈原不仅是一位伟大的诗人，也是一位“治国平天下”的伟大爱国主义者，他同时是中国“德”文化的典范与化身。闻一多在众多文章中赞扬过屈原的大德高行，尤其在《人民的诗人——屈原》一文中，他全面地分析

① 闻一多：《悼玮德》，《闻一多研究四十年》，清华大学出版社1988年版，第71页。

② 郭沫若：《闻一多全集序》，《闻一多全集》第1卷，开明书店1948年版，第5页。

了屈原能成为人民诗人的原因。其中他认为"最使屈原成为人民热爱与崇敬的对象的，是他的'行义'"，这种"行义"的举动，就是屈原的死，这是屈原德行的最高境界。在闻一多看来，屈原的这种"行义"之举，是屈原为人民的最崇高的壮举，"如果对于当时那在暴风雨前窒息得奄奄待毙的楚国人民，屈原的《离骚》唤醒了他们的反抗情绪，那么屈原的死，更把那反抗情绪提高到爆炸的边沿"①。由此，闻一多得出结论："屈原是中国历史上唯一有充分条件称为人民诗人的人。"②闻一多的这一结论以及相应的论述，可以说是从屈原的人格中，发现了中国传统德文化的民主性精华：人民本位。

闻一多对中国传统美文化的眷恋，表现在诸多方面，从门类看，主要包括对中国画与中国诗的赞美；从层次看，则包括对中国传统艺术形式与艺术精神的钟情与强调。

1922 年 7 月，闻一多赴美留学，他的目的主要是学习西方绘画。可是，在美国颇具名气的芝加哥美术学院学了仅仅半年，他的艺术兴趣就发生了变化，1923 年 2 月 10 日，他在写给弟弟的信中发出了这样的疑问："我现在着实怀疑我为什么要学西洋画，西洋画实没有中国画高。我整天思维不能解决。那一天解决了我定马上回家。"③同时，随着自己艺术兴趣的转移，闻一多的一些行为也发生了让他的朋友们感到"莫名其妙"的变化，最为典型的是，一天，他带他的几个朋友逛芝加哥的博物馆和艺术馆，他在给梁实秋的信中说："我不引他们久看西洋画，而到有中国底美术品之处，我总对他们讲解赞叹，他们莫名其妙了。"④闻一多的艺术兴趣为什么会发生这样的变化呢？除了显而易见的

① 闻一多：《人民的诗人——屈原》，《闻一多全集》第 1 卷，开明书店 1948 年版，第 260 页。

② 闻一多：《人民的诗人——屈原》，《闻一多全集》第 1 卷，开明书店 1948 年版，第 261 页。

③ 闻一多：《闻一多书信集》，群言出版社 2014 年版，第 51 页。

④ 闻一多：《闻一多书信集》，群言出版社 2014 年版，第 229 页。

现实刺激(如，在美国期间亲历的美国的种族歧视)之外，根本的原因是闻一多的恋旧情结与爱国主义情怀使然。闻一多曾如此表白：“我决意归国后研究中国画，并提倡恢复国画以推崇我国文化。”①他将研究中国画、倡导恢复国画，进行推崇本国文化的工作，不仅道出了他放弃学习、研究西洋画，转向中国画的内在动机，也直接地道出了他青睐中国画的爱国主义情怀。

闻一多对中国诗歌的青睐直接表现在对《楚辞》与唐诗的研究方面。《楚辞》是闻一多研究时间最长，成果也最丰富的一部经典。他之所以对这部经典情有独钟，从学术因由来看，是因为闻一多认为《楚辞》是古代中国文学作品解读中“三种困难都具备的一部古书”，通过对它的诠释和研究，能廓清很多问题，更能“替爱好文艺而关心我们自己的文艺遗产的朋友们，在读这部书时，解决写困难”。从艺术因由来看，闻一多认为：“中国文学有两个截然不同的传统，一个是《诗经》，一个是《楚辞》”②。《诗经》是中国现实主义文学传统的源头，《楚辞》则是中国浪漫主义文学传统的源头，它们都是中国传统美文经典。闻一多固然对《诗经》给予了相当的青睐，但出于个人的审美趣味和时代的需要，闻一多对《楚辞》倾注了更多的心血。闻一多倾心研究《楚辞》的两个因由，不仅反映了闻一多深入骨髓的恋旧情结，而且反映了他对中国文学由衷的热爱，或者说，他精心研究《楚辞》本身，就是其爱国主义情怀的表现。

至于闻一多对唐诗的研究与其恋旧情结及爱国主义情怀的关系，就更为明显了。早在20世纪20年代，他就以自豪之言尽情讴歌：“神州不乏他山石，李杜光芒万丈长！”在20世纪40年代《文学的历史动向》

① 闻一多：《闻一多全集》第3卷，开明书店1948年版，第33页。

② 闻一多：《楚辞校补引言》，《闻一多全集》第2卷，开明书店1948年版，第224~225页。

一文中，闻一多曾经指出：唐朝，“那是一个诗最发达的时期”①，而李白与杜甫又是“诗中的两曜”②，他们的诗歌代表着唐代诗歌所达到的最高境界。闻一多研究唐诗，赞美李白、杜甫，与其说是因为闻一多自己的兴趣使然，不如说是其恋旧情结与爱国主义情怀使然，因为，他本来就是一个中国优秀传统文化的守护者与弘扬者，也是一位爱国主义的斗士。

闻一多的恋旧情结及其爱国主义情怀，不仅表现在对中国美文化中的具体艺术门类的研究、弘扬与赞美方面，也直接地表现在对中国美文化的艺术精神与艺术风格的青睐方面。他曾在《悼玮德》中说：“谈到文学艺术，则无论新到什么程度，总不能没有一个民族的本位精神存在于其中。”③他这里所说的“本位精神”，就是中国文学艺术的“艺术精神”，闻一多青睐中国艺术的什么“本位精神”呢？

首先是艺术的教育精神。1943 年闻一多在《屈原问题》一文中曾经指出：“屈原的功绩，就是在战国时代进步的艺术效果之基础上，恢复了‘诗经’时代的教育意义，那就是说，恢复了‘诗经’时代艺术的健康性，而减免了它的质朴性。从奴隶制度的粪土中不但茁生了文学艺术，而且这文学艺术里面还包含着了作为一切伟大文学艺术真实内容的教育意义。”正是从这里出发，闻一多认为：“《离骚》之堪‘与日月争光’”，并将《离骚》放在中国文学发展的历程中进行考察，高度称赞：“从来艺术就是教育，但艺术效果之高，教育意义之大，在中国历史上，这还是破天荒第一次”④。闻一多如此赞赏《离骚》在教育意义方面的成就，固然与闻一多作为一个浪漫主义诗人的艺术倾向有关，但更重要的是因为

① 闻一多：《文学的历史动向》，《闻一多全集》第 1 卷，开明书店 1948 年版，第 202 页。

② 闻一多：《闻一多全集》第 3 卷，开明书店 1948 年版，第 154 页。

③ 闻一多：《悼玮德》，《闻一多研究四十年》，清华大学出版社 1988 年版，第 72 页。

④ 闻一多：《屈原问题》，《闻一多全集》第 3 卷，开明书店 1948 年版，第 256 页。

他热爱中国艺术所保有的这种教育精神。

其次是“恬静之美”。闻一多认为中西艺术精神最明显的差异就是，西方的艺术精神是“动”的、“力”的美，而东方的艺术精神则是“静”的美。他在《女神之地方色彩》中认为，《女神》作者正是因为太“富于西方的激动地精神”而对于“东方的恬静底美当然不大能领略”了。正因为作家不能领略东方的恬静之美，所以，创作的诗歌不仅失去了应有的“地方色彩”，也直接影响了诗歌的艺术价值和审美价值。闻一多就这样在批评中昭示了自己对东方艺术精神的“恬静之美”的眷恋之情。

那么，闻一多青睐中国美文化怎样的风格呢？那就是情景交融构造意境的风格。他曾在《英译李太白诗》中谈到中国古代诗歌的风格时曾说：“你读这诗仿佛是在月光底下看山水似的。一切的都蒙在一层银雾里面，只有隐约的形体，没有鲜明的轮廓；你的眼睛看不准一种东西，但是你的想象可以告诉你无数的形体。”①中国古代诗歌的这种风格，正是由中国诗歌情景交融的意境构成传统形成的。闻一多不仅在众多的理论文章中表露了对中国文学意境构造的艺术风格的青睐，而且他自己的诗歌，特别是《红烛》中的诗歌，也大多遵循了这种风格构造的方式。这些诗歌主要不是用如实描绘的手法表达情感，也主要不是直抒胸臆，而是在情景交融中构成意境，用富于暗示的意象，表达爱憎之情。这种艺术风格的形成，与闻一多对中国传统的艺术风格的青睐、眷恋有很大的关系，这也正是闻一多诗歌民族风格的一个方面。

二

闻一多在新时代之所以眷恋中国传统文化，主要是出于三个目的：一个是爱国；一个是救国；一个是建立新文学的民族风格。这三个目

① 闻一多：《英译李太白诗》，《闻一多全集》第3卷，开明书店1948年版，第162页。

的，既外在地决定了闻一多恋旧情结的所指对象，也内在地决定了闻一多恋旧情结的爱国主义意义。

闻一多在《女神之地方色彩》一文中曾满怀深情地说：“我爱中国固因他是我的祖国，而尤因他是有他那种可敬爱的文化的国家。”正是在这样一种情怀的引导之下，闻一多的恋旧，无处不充满了爱国的意味。1923年2月，他在给友人梁实秋的信中说：“我所作的《长城下之哀歌》。这是我悲恸已逝的东方文化的热泪之结晶。”①纵观闻一多的诗歌创作，那些富有文化意味的诗歌，可以说，都是其爱国情怀的结晶。同样，那些爱国主义的诗篇，又往往满蓄着恋旧的情怀。这既是闻一多诗歌创作的一大特色，也是闻一多的恋旧情结与其爱国主义情怀的特有联系。

这种将爱国与眷恋中国传统文化，特别是优秀的中国传统文化连接在一起的诗歌创作思路，不仅使其诗歌的主题得到了升华，而且赋予其诗歌厚实的中国文化韵味和悠久的艺术魅力。至于闻一多诗歌的民族风格，仅仅从内容上看，也已经是力透纸背了。这也许正是闻一多爱国与恋旧两种情怀互相融通的一个显然的艺术报偿吧。当然，闻一多爱国情怀有一个形成与发展的过程，在这个过程中，由于其情怀旨趣不同，因此，其恋旧的情结也呈现出不同的价值内容。20世纪20年代，闻一多的爱国情怀处于初级阶段，其爱国情怀的旨趣较为朴素甚至幼稚，对中国文化，他没有进行应有的精华与糟粕的剔析，而一味地赞赏以中国为代表的东方文化的“韵雅”和“绝对的美”。到了后期，随着时代的变化，这种局面完全得到了改观。

闻一多恋旧情结与其救国目的的关系，也是非常密切的，从一定意义上说，闻一多恋旧情结的形成，本身就是救国目的的产物。

20世纪初期，中国正面临着亡国灭种的深重危机，于是，救国，也就成了众多先进中国人的共识，闻一多也不例外。闻一多选择了自己

① 闻一多：《闻一多书信集》，群言出版社2014年版，第243页。

救国的内容与途径，这个内容就是救中国文化，按闻一多上面的论说来看，他所要就的中国文化，主要是精神文化，不是物质文化；这个途径就是通过救文化救国。闻一多认为：“文化之征服甚于他方面之征服百千倍之。”①闻一多之所以选定文化救国的途径，是因为在他看来，只有文化（特别是精神文化）才能真正达到改造社会、改造人进而达到改造国家、救国家的目的。他曾经说：“艺术可以……促进人类的友谊，抬高社会的程度”，“艺术确是改造社会底急务，艺术能替个人底生计保险”。② 闻一多救中国精神文化的内容，正是形成闻一多恋旧情结的直接原因。按照闻一多的思想逻辑，要救中国的精神文化，首先就要对中国自己的精神文化有一种信仰，在“五四”时期，闻一多提出：“当恢复我们对旧文学的信仰”，就是由这种救文化、救国意识孕育出来的观念。这种观念的指引下，恋旧，就不仅是可能的，也是必然的、必需的。由此，我们也就能够理解，为什么闻一多在“五四”反传统的思潮下，逆潮流而行了。当闻一多将自己的恋旧情结建立在这样一个伟大的目的之上以后，他的恋旧情结也就有了一种崇高而神圣的意味与价值，从而使闻一多的恋旧与“五四”时期封建复古派的恋旧有了根本的区别。这区别在于：闻一多是为了救国而张扬传统文化，复古派则是为了维护自己对传统文化的特权而叫嚣复古；闻一多是为了维护传统中国文化在世界文化中的地位而呼唤恢复对传统中国文化的信仰，而复古派则是为了反对新文化而保古。到了后期，闻一多不仅用更科学的方法为救中国文化作出了卓越的贡献（这直接体现在他对中国古籍的整理与研究方面），而且，直接参加到以实际行动救国的革命活动之中，这一切，都是他救国思想的必然结果。

闻一多对文化救国这一途径的选择，既直接促成了他救中国精神文化意向的形成，也构成了他眷恋传统文化情结的相关内容。从这一途径

① 闻一多：《闻一多全集》第3卷，开明书店1948年版，第33页。

② 闻一多：《律诗底研究》，《闻一多研究四十年》，清华大学出版社1988年版，第361页。

选择的逻辑来看，由于闻一多强调精神文化如文学艺术，是治社会、安人心、救国救民的强大武器，他当然就要对精神文化给予特别的青睐，而闻一多认为，就精神文化来看，东方的文化优于、美于西方的文化，所以，当他发现东方文化有被西方文化征服之危险的时候，他挺身而出高呼：“杜渐防微之责，舍我辈谁堪任之！”也当然是他自身思想合乎情理的表现。而闻一多的恋旧情结，就在这一基础上形成。闻一多选择的文化（主要是精神文化）救国这一途径虽然有着明显的唯心主义倾向，但拳拳爱国之心，耿耿报国之志，仍使其文化救国这一途径以及形成的相应心态获得了值得肯定的价值。

闻一多恋旧情结与其建立中国新文学的民族风格的关系，也是十分密切的，其意义更是深远的。

作为一位杰出的诗人，从“五四”时期开始，闻一多就与众多新文化与新文学的先驱们一样，曾不可遏制地张扬向西方文化，特别是文学学习的主张，但是，与此同时，也是从“五四”开始，闻一多也一直主张和追求新文学的民族化，闻一多认为，要创造中国的新文学，除了向西方学习之外，更“应了解我们东方底文化”①。1923年，在写出了《女神之时代精神》之后，他又写出了与之相反的评论文章《女神之地方色彩》，通过对《女神》这部典型的现代新诗集中所表现出的背离中国文学传统的倾向的批评，指出了“五四”以来新诗“过于欧化”的弊端，并动情地质问：“我们的中国在哪里？我们四千年的华胄在哪里？哪里是我们的长江，黄河，昆仑，泰山，洞庭，西子？又哪里是我们的‘三百篇’，‘楚辞’，李、杜、苏、陆？”②表达了对中国文化重要组成部分的文学传统深深的眷恋之情。1928年以后，闻一多作为一位学者，虽然对中国传统文化的认识有了一个质的飞跃，并抱着批判、革新的态度自觉地研究中国传统文化，做了“杀蠹虫的芸香”，但对中国新文学民族

① 闻一多：《闻一多研究四十年》，清华大学出版社1988年版，第303页。
② 闻一多：《闻一多全集》第3卷，开明书店1948年版，第196页。

化的追求并没有放弃，其恋旧情结也并没有解开，1935 年，他在《悼玮德》一文中说，诗歌，“技术无妨西化，甚至可以尽量的西化，但本质和精神却要自己的。我这主张也许有人要说便是‘中学为体，西学为用’。对了，我承认我对新诗的主张是旧到和张之洞一般”①。这可以说是典型的“闻一多的恋旧情结”在文学主张中的生动表现。

闻一多的这些观点不仅直接昭示了文学要民族化的重要性，而且从文化对人的天然制约性的规律中水到渠成地引出了文学民族化的必然性。因此，我们也就可以窥见为什么闻一多在新的时代深情地恋旧的原因了。他之所以恋旧，其中一个重要的积极原因，就是为了建设新文学，而他希望建设的新文学，按他的说法，是既不同于中国古已有之文学，也不同于“欧化的文学”，而是以中国文学精神为本位，又汲取了外来文学营养的“宁馨儿”。闻一多建设新文学的目的及提出的新文学民族化的主张，既深化了他恋旧情结的内容，又扩大了他恋旧情结的意义。

三

闻一多固然对中国传统文化表现出了浓厚的眷恋之情，但闻一多毕竟是时代的“战士”，在眷恋中国传统文化中，他并不是一味地沉迷于其中，早期的闻一多虽然对中国传统文化的态度不像后期那样具备了清醒的理智和科学的方法，但对传统文化的反省倾向，还是很鲜明的。在《死水》诗集的《一个观念》一诗中，闻一多就写道，“五千多年的记忆”，“是那样的横蛮，那样的美丽!”显示了对中国传统文化既爱又恨，既眷念又反省的态度。1922 年 8 月，他在给友人的信中也曾写道：“美国人审美底程度是比我们高多了。讲到这里令我起疑问了，何以机械与

① 闻一多：《悼玮德》，《闻一多研究四十年》，清华大学出版社 1988 年版，第 171 页。

艺术两个绝不相容的东西能够同时发达到这种地步呢？我们东方人这几千年来机械没有弄好，艺术也没有弄好，我们的精力到底花到哪里去了呢？”①到了后期，闻一多则将早期已经形成的这种疑问和包含了很浓的感情因素的感性认识，升华为了一种理性的思考，对中国传统文化的反省更为自觉，也更为深刻了。

闻一多对中国文化的反省，也仍然是盘绕在精神文化的层面。他反省得最多的则主要是儒家文化与国民性。而对这两个方面的反省，闻一多的后期比前期，做得更自觉，取得的成绩也更大。

1944 年 5 月 3 日，闻一多在《五四历史座谈》中说了一段著名的话，他说：“我念过了几十年的经书，愈念愈知道孔子的要不得，因为那是封建社会底下的，封建社会是病态的社会，儒学就是用来维持封建社会的假秩序的。他们要把整个社会弄得死板不动，所以封建社会的东西全是要不得的。我相信，凭我的读书经验和心得，他是实在要不得的。中文系的任务就是要知道他的要不得，才不至于开倒车。”②正是由于对中国文化的弊端有了清醒的认识，1943 年的时候，闻一多在给著名诗人臧克家的一封信里说：“经过十余年故纸堆中的生活，我有了把握，看清了我们这民族，这文化的病症，我敢于开方了。”③这个“方”就是“革命”。

作为对以儒家为代表的中国传统文化反省的又一个积极成果，是对中国国民性的批判。这种批判闻一多主要基于两个立足点：一个是儒家文化对中国国民性的影响；一个则是西方人的性格。前一个立足点构成了闻一多批判国民性的文化内容；后一个立足点构成了闻一多憧憬的理想的国民性的内容。闻一多在《从宗教论中西风格》一文中曾说过一段不无偏激的话：“中西风格的比较？你拿什么跟人家比？你配？尽管你

---

① 闻一多：《闻一多书信集》，群言出版社 2014 年版，第 177 页。

② 闻一多：《五四历史座谈》，《闻一多全集》第 3 卷，开明书店 1948 年版，第 9 页。

③ 闻一多：《闻一多书信集》，群言出版社 2014 年版，第 349 页。

那一套美丽名词，还是掩不住那渺小，平庸，怯懦，虚伪，掩不住你的小算盘，你的偷偷摸摸，自私自利，和一切的丑态。你的孝悌忠信，礼义廉耻，和你古圣先贤的什么哲学只令人作呕，我都看透了！”①而反观西方人，闻一多禁不住赞美道，他们“不是对付的，将就的，马马虎虎的，在饥饿与死亡的边缘上弥留着的活着，而是完整的，绝对的活着，热烈的活着——不是彼此都让步的委屈求全，所谓‘中庸之道’式的，实在是一种虚伪的活，而是一种不折不扣的，不是你死我活，便是我死你活的彻底的，认真的活——是一种失败在今生，成功在来世的永不认输，永不屈服的精神。这便是西洋人的性格”②。闻一多对西方人性格的赞赏，正表明了他对一种理想的国民性的认同，这种理想的国民性，就是“永不认输，永不屈服的精神”。而这种精神在本质上又是与中国儒家的“中庸之道”和伦理哲学完全不同的。从闻一多对中国文化的这种反省中，我们也似乎可以理解闻一多为什么只青睐中国文化中具有民主性倾向的“德”文化（如人民本位文化）与“美”文化了。因为，在他看来，只有这部分文化是“韵雅”的、“绝对”的、“彻底”的，是能够与西方优秀的文化相比的。从这里我们也可以看出，闻一多的恋旧情结，虽在早期存在一些偏颇，但整体上仍是科学的、爱国的。

事实上，闻一多的恋旧情结，不仅仅是科学的、爱国的，而且对于中国现代文学的发展来说，其积极的意义和价值还是独一无二的。

“五四”时期，当新文化与新文学的先驱们高举反传统的大旗向中国传统文化和文学宣战的时候，当新文学同仁们全力追求文学的现代品格的时候，当众多的新文学作品以西方文学为楷范进行营造的时候，当中国传统文学和文化被知识阶层冷落的时候，只有闻一多这个新诗人大声激呼：“当恢复我们对于旧文学的信仰”，“我们不要被叫嚣犷野的西

---

① 闻一多：《从宗教论中西风格》，《闻一多全集》第3卷，开明书店1948年版，第30页。

② 闻一多：《从宗教论中西风格》，《闻一多全集》第3卷，开明书店1948年版，第29页。

人吓倒了”！凭借清醒的理智捍卫了中国传统文化与文学应有的地位。随后，又在《女神之地方色彩》中提出了建设新文学的正确方法：“它不要做纯粹的本地诗，但还要保存本地的色彩，它不要做纯粹的外洋诗，但又尽量地吸收外洋诗的长处；他要做中西艺术结婚后产生的宁馨儿。”在“五四”新文学兴起与发展期间，特别是在新文学兴起的初期，我们找不出第二个新文学的同仁如闻一多一样如此执着地强调新文学与中国传统文化与文学的密切关系，也找不出另有人如闻一多这样科学、全面地阐述了新文学在发展过程中汲取民族文化与文学营养的必然性与必要性。只有闻一多这样做了。这正是闻一多为新文学的健康发展作出的不可磨灭的杰出贡献。站在这样一个背景下看闻一多的“恋旧”，我们当然不能不首肯其积极的意义与价值。同样，从整个中国现代文学发展的规律来看，闻一多执着的恋旧，特别是对中国文学民族风格的眷恋，更切合了中国现代文学发展的规律。

闻一多思想的“变”与“不变”

叶　林

（湖北今日艺术研究院）

闻一多思想博大精深，具有很强的现代理念和历史意识。主要内容涵盖了文学艺术、学术、政治等领域，其丰富性、广泛性、深刻性、超前性、融合性，以及独异性、批判性，作为中国文化发展的一种精神资源，毫无疑问极其宝贵尤其值得发掘和百倍珍惜。

一

闻一多思想是“变”与“不变”的对立统一，是功利性与超功利性的对立统一，是历史与现代的对立统一。

闻一多研究绕不过三次重大转变，即文艺思想、学术思想以及政治思想的转变。毫无疑问具有里程碑式的意义，因为这三种转变最终指向人民性的价值选择，这就解决了文艺、学术以及政治是为什么人服务的根本性的问题。闻一多思想的转变与中国共产党的宗旨是高度一致的，也就是为人民服务。当然闻一多思想前后分期的重大转变，并没有掩盖闻一多思想阶段性的重大变化的意义和价值。比如，中国新诗发展史上的有效起点就是由闻一多确定的。前期诗学理论从旧体诗到自由体诗再到新格律诗，创造了新诗理论的巅峰之作，即完整的新格律诗理论。我认为这个理论的意义和价值在当今以及将来会越来越清楚地体现出来。

诗与非诗的区分，正是格律这个重要元素的存在。格律的有无与格律的宽严具有根本性的区别。因而，阶段性的转变与整体性的转变虽不可同日而语，但价值和意义同样不可低估。闻一多研究不仅要高度重视“变”的一面，“不变”的一面同样不可小视。

李乐平在《闻一多与古今中外作家比较研究综论》中有一段精彩的论述，不妨摘录如下：

> 闻一多之所以在中国现代文学史上是个复杂但却伟大存在，是因为他在诗作诗论方面，既横向借鉴西方精华，又纵向继承东方传统，提出中西艺术结合并亲身实践，创作出无愧时代的诗篇。当然，如果将闻一多和古今中外作家比较，他的伟大远不止于此，而更因他的三个转变和一个坚守：他文艺思想的转变，由前期誓作艺术忠臣转变为后期愿做人民忠臣；政治思想的转变，由前期崇奉国家主义转变为后期追求民主主义；学术研究方法的转变，由最初的求真求美研究，转变为后期求真求美而更强调求善研究，终于发展成替人民鼓与呼的“斗士”。古今中外文学史上，鲜有集诗人、学者和“斗士”于一身者，更没有任何一位作家像闻一多这样前后反差如此之大。这缘于其始终坚守人格的高洁和伟大，在争求民主为人民利益不怕牺牲生命这方面，当属无与伦比的最独特景观，他蘸着自己的血液，成就其人生的伟大诗篇。这就终让他成为“史的诗”抑或“诗的史”。①

三个转变和一个坚守，是闻一多研究中得出的经典的结论，已成为基本的常识。我想在此基础上进一步延伸和发挥。闻一多思想的“变”与“不变”是体现在多方面的。这一对矛盾的演变具有多样性。如前所

① 李乐平：《闻一多与古今中外作家比较研究综论》，《山东社会科学》2016年第6期。

述，文艺思想演变的阶段性上，出现过两次重要的转向。前期从旧体诗到自由体诗，再从自由体诗到新格律体诗，经过否定之否定的发展路径，闻一多成为新格律诗理论的奠基者，并且提出了“今时此地”诗学的卓越见解，现引用如下：

> 我总以为新诗竟至是“新”的，不但新于中国固有的诗，而且新于西方固有的诗。换言之，它不要做纯粹的本地诗，但还要保存本地的色彩，它不要做纯粹的外洋诗，但又尽量地吸收外洋诗底长处；它要做中西艺术结婚后产生的宁馨儿。我以为诗同一切的艺术应是时代底经线，同地方底纬线所编织成的一匹锦，因为艺术不管它是生活底批评也好，是生命底表现也好，总是从生命产生出来的，而生命又不过时间与空间两个东西底势力所遗下的脚印罢了。在寻常的方言中有“时代精神”同“地方色彩”两个名词，艺术家又常讲自创力(originality)，各作家有各作家底时代与地方，各团体有各团体底时代与地方，各不皆同，这样自创力自然有发生的可能了。我们的新诗人若时时不忘我们的“今时”同我们的“此地”，我们自会有了自创力，我们的作品自既不同于今日以前的旧艺术，又不同于中国以外的洋艺术。这个然后才是我们翘望默祷的新艺术了！①

这段话出自《〈女神〉之时代精神与地方色彩》，写于1922年12月，闻一多提出的艺术见解是天才的而又符合艺术规律的：文学艺术的建设既要肯定又要否定，既要继承又要发展，既要吸收又要鉴别。可以说，闻一多的文艺观规划出了新诗建设的远景和科学的现实路径。由此可见，闻一多在新诗发展的早期阶段，目光远大，头脑清醒，为中国新诗

① 闻一多：《〈女神〉之地方色彩》，《闻一多全集》第2卷，湖北人民出版社1993年版，第118~119页。

的建设和发展作出了不可磨灭的贡献。

无论是整体性转变，还是阶段性转变，闻一多思想的内在逻辑是非常清晰的，那就是统一于爱国主义和"五四"精神。闻一多思想的这两条主线是稳定的、不变的。

二

下面具体论述闻一多思想的演变。

1. 闻一多诗学理论和戏剧思想的转变

闻一多的文艺思想丰富多彩，前后的变化是显而易见的。前期强调艺术性，后期重视人民性和现实性。前期强调文艺的超功利性，后期则重视文艺的社会功利性。无论诗学理论、戏剧思想还是其他艺术主张基本如此。就诗学理论来说，前期倡导"纯诗"和"三美"的新诗主张，注重的是"效率论"，后期重视诗歌的"价值论"，高度关注诗歌的大众化，这分别从《诗与批评》《五四与中国新文艺》中得到较为充分的体现。"不仅如此，后期闻一多还提出弹性说和'非诗化'观点，认为诗歌可以有无限包容的内容和形式，新诗的发展要少像诗或者不像诗。闻一多的这些主张打破了'纯诗'的观念，体现了闻一多诗学探索中的时代性和创新意识，是其诗学思想在新时代不断拓展变化的表现。但必须注意，闻一多后期这种带有现实主义色彩的诗学并不是对其前期'纯形'诗学的完全否定，而是由前期诗学发展而来。经过自我调整与拓展，闻一多前期诗学中或隐或显的功利观念、现实关怀、多元意识得以延续，并被赋予新的内容，与他新的诗学观点结合在一起，彰显了闻一多后期诗学的独特魅力。"①

① 李海燕、陈国恩：《从纯诗突围而来的现实主义——论闻一多后期诗学观》，《江汉论坛》2017年第4期。

就戏剧思想来说，前期追求艺术的“纯形”，反对各种社会问题的干预，包括思想在内。1926年，闻一多在《戏剧的歧途》中写道：“就讲思想这个东西，本来同‘纯形’是风马牛不相及的，但是那一件文艺，完全脱离思想，能够站得稳呢？……但是文学专靠思想出风头，可真是没出息了。何况这样出风头是出不出去的呢？……不错，在我们现在这社会里，处处都是问题……但是我们可知道真正有价值的文艺，都是‘生活的批评’；批评生活的方法多着了，何必限定是问题戏？……老实说，这种戏，我们宁可不要。”①可见早期的闻一多认为思想和“纯形”是不搭界的，戏剧的艺术性高于一切。1945年《“新中国”，给昆明一个耳光罢》一文的发表，标志着他从为艺术向为人民的戏剧观的转变。文章称赞新中国剧社，“是我知道的大后方第一个能把握人民现实生活的话剧团体。在这意义上，它不但指示了中国戏剧工作的新道路，而更要紧的是表现了中国知识分子的新觉悟，因此，也就真能名副其实的象征了‘新中国’。”②他指出“新中国”“认识了人民，热爱着人民，觉醒了的知识分子！不但戏剧，而且‘行行出状元’，只要认识人民，每一个知识分子，都是一个可能的天才和英雄”③。从这里可以看出，闻一多将戏剧与人民现实生活联系起来，高度强调戏剧的人民性。

闻一多的文艺观及其演变，是闻一多思想的一个重要组成部分，它的意义和价值是巨大的。

2. 闻一多政治思想的转变

一般认为，闻一多政治思想的转变始于1943年，这一年蒋介石的《中国之命运》在昆明发表。这部著作诋毁“五四”精神，否定民主自由，

---

① 闻一多：《戏剧的歧途》，《国剧运动》，新月书店1927年版，第55页。

② 闻一多：《新中国，给昆明一个耳光罢》，《闻一多全集》第2卷，湖北人民出版社1993年版，第334页。

③ 闻一多：《新中国，给昆明一个耳光罢》，《闻一多全集》第2卷，湖北人民出版社1993年版，第334页。

实质上主张强化专制统治。闻一多在《八年的回忆与感想》中说："《中国之命运》一书的出版，在我个人是一个很重要的关键。我简直被那里面的义和团精神吓了一跳，我们的英明领袖原来是这样想法的吗？五四给我的影响太深，《中国的命运》公开地向五四宣战，我是无论如何受不了的。"①因此1943年不仅成为闻一多政治思想的转折点，而且对于整个知识分子群体来说，心态已经发生了重大转变。"蒋介石作为国民党政权的象征和中心，在1943年后期已失去了中国知识阶层的信任和忠诚。"②

1945年，《人民的世纪》发表标志着闻一多人民至上政治思想的正式形成。抗战后期，他开始反思和批判前期国家至上的政治观。"国家究竟是什么？今天不又有人说是人民的世纪吗？假如国家不能替人民谋一点利益，便失去了它的意义。老实说，国家有时候是特权阶级用以巩固并扩大他们的特权的机构。"

"国家并不等于人民"③。抗战后期他大量阅读了《共产党宣言》《家庭、私有制和国家的起源》《国家与革命》等马列主义经典著作，学习了《新民主主义论》《延安文艺座谈会上的讲话》等毛泽东著作。对现实的深刻洞察，对前期政治主张的反思和批判，对经典著作营养的吸收，使得闻一多从感性上和理性上树立了正确的人民观。

闻一多前期的政治思想总的来说是赞成资本主义民主共和制度的，对于共产主义民主认识不清。经过现实的教育和不断探索，最终接受了新民主主义和马克思主义，实现了政治思想的重大转变。

3. 闻一多学术思想的转变

闻一多取得的学术成就，令人叹为观止。他的学术研究不仅融入了

---

① 闻一多：《八年的回忆与感想》，《闻一多全集》第2卷，湖北人民出版社1993年版，第43页。

② 许纪霖：《激情的归途》，《读书》1998年第10期。

③ 张恩和、张洁宇：《闻一多：从国家主义到民主主义——一个真正爱国者的思想轨迹》，《清华大学学报(哲学社会科学版)》2003年第18期。

现代意识，借鉴了西方文艺理论，运用了现代科学方法论，而且在众多的研究对象方面，有很多重要的发现。前期的研究对于中国古代文学和文化是充满敬仰和赞颂的，后期则充满了反思和批判精神。

抗战后期，由于国民党政权的日益腐朽，闻一多的政治观发生了重大的变化。他的学术思想实现了人民立场的转变，对于中国传统文化有了不同以往的全新的认识和判断。他写了大量的杂文，如《复古的空气》《家族主义与民族主义》《从宗教论中西风格》等，反映出从诗人、学者向民主战士转变的思想。

在《家族主义与民族主义》一文中，闻一多对中国传统文化的重要代表儒家思想以及道家、墨家思想进行了剖析，并作出了深刻有力的批判，他指出，中国传统文化“以家族主义为中心，一切制度，祖先崇拜的信仰，和以孝为核心的道德观念等等，都是从这里产生的”①。认为维护了封建专制，阻碍了历史的发展。并且借此批判国民党反动政权的倒行逆施。这些与前期的认识产生了根本性的变化。

作为中国近现代杰出的学者，毫无疑问，闻一多具有标本性意义。我非常赞同学者刘殿祥的深刻论述，认为闻一多的学术个性表现在四个方面。“一是在知识结构、学术素养和学术研究上，中西兼备，古今贯通，既有学术对象的细致深入的微观研究，又有对整个文学史、文化史的宏观研究，在具体对象上不粘滞而不断变换着研究对象，在宏观研究上不空疏而有扎实的具体研究为基础。”②这表明闻一多具有广阔的学术视野和深厚的研究功底。“二是作为诗人的诗意化思维和学者的严谨朴实相结合，对中国诗歌美的鉴赏建立在实事求是的文本、文字、词义的求真考据学基础上，在典籍考据学中压抑不住的诗人激情不时地溢之言表。”③这表明理论思维和形象思维的高度统一，一般的学者和诗人是很

① 闻一多：《家族主义与民族主义》，《闻一多全集》第2卷，湖北人民出版社1994年版，第356页。

② 刘殿祥：《闻一多国学研究特征论》，《江汉论坛》2017年第4期。

③ 刘殿祥：《闻一多国学研究特征论》，《江汉论坛》2017年第4期。

难做得到的。“三是经过长期的学术研究，闻一多几乎穿透了中国文学史和中国文化史，不仅在他整个学术研究历程中贯穿着历史意识，而且从根本上表现出他作为一个历史学家的鲜明特征。”①这种历史意识难能可贵，可以更清楚地认识事物的本质。“四是现代国学研究的目的是什么？闻一多通过研究实践最后在思想上作了有个性的回答：国学研究的出发点和最终目的是超越国学而做‘杀蠹的芸香’！这是闻一多国学研究的思想归宿。”②这一点是闻一多学术思想演变的灵魂。可贵之处在于发现了善的价值，从此由前期“为学术而学术”转变到“为人民服务”的立场上来。

以上分别从文艺思想、学术思想以及政治思想等方面论述了闻一多思想的演变。总的来说，文艺思想从前期的艺术至上转变为后期的人民至上；学术思想由前期的求真求美研究转变为后期求真求美而更强调求善研究；政治思想从前期的国家主义转变为后期民主主义。然而，前后思想也不是决然分开的，是你中有我，我中有你，自然发展的一个过程。

三

在“不变”方面，爱国主义精神以及五四运动科学与民主的精神始终贯穿于其思想转变的全过程。闻一多进行诗歌创作和研究是出于强烈的爱国主义情怀；政治思想的探索以及学术研究的动力同样是来自于爱国主义。“五四”精神已深入骨髓，闻一多之所以成为民主斗士是与自由民主的价值观分不开的。他的文艺观和学术观无论前期还是后期都或多或少受了“五四”精神的影响，这是毋庸置疑的。就这方面来说，闻一多思想无论怎样演变，爱国主义和“五四”精神却始终存在，这就是

① 刘殿祥：《闻一多国学研究特征论》，《江汉论坛》2017年第4期。
② 刘殿祥：《闻一多国学研究特征论》，《江汉论坛》2017年第4期。

闻一多思想“不变”的一面。

除此之外，“不变”还体现在其他方面，具有多样性和复杂性。比如闻一多的文艺思想就其整体而言，虽然后期有转向人民性的现实主义一面，但他的诗学理论并非厚此薄彼，而是全面的不可分割的整体，基于个人生命体验的生命诗学，是自由的，又是自觉承担了使命的。也就是说，自由和使命这一对矛盾统一于生命诗学的基础之上，就这一点而言，前期和后期是没有变化的。

也就是说，“变”中有“不变”的一面。

闻一多的三种思想虽然有区别，但不是决然分开的。他的研究对象是中国古代文学和古典文化，这就决定了文艺思想与学术思想是相通的，又由于文艺和学术的意识形态属性，又决定了与政治思想是不可分割的。三种思想是你中有我，我中有你，相互渗透，相互联系，相互作用。“变”中有“不变”，“不变”中有“变”，在对立统一中运行。只有辩证地把握闻一多思想的演变，才能更好地为当下社会发展服务。

毫无疑问，如前所述闻一多思想的转变最终指向人民性的价值选择，这决不是偶然的。表明闻一多对新民主主义革命道路的认同，对中国共产党的认同，对马克思主义的认同。

“戴着脚镣跳舞”：传统文化与闻一多的人格建构

黄晓华

（湖北大学）

闻一多的一生，经历过多次转变，如其好友罗隆基所言：“一多是善变的，变的快，也变的猛。”①根据闻一多几次转变，人们也便将其光辉的一生分成了“诗人、学者、斗士”三个阶段。然而，正如朱自清所言：“闻一多先生为民主运动贡献了他的生命，他是一个斗士。但是他又是一个诗人和学者。这三重人格集合在他身上，因时期的不同而或隐或现。大概从民国十四年参加《北平晨报》的诗刊到十八年任教青岛大学，可以说是他的诗人时期，这以后直到三十三年参加昆明西南联合大学的五四历史晚会，可以说是他的学者时期，再以后这两年多，是他的斗士时期。学者的时期最长，斗士的时期最短，然而他始终不失为一个诗人；而在诗人和学者的时期，他也始终不失为一个斗士。”②也就是说，闻一多的三重人格始终同时并存，而其人生中的三个阶段，只是同一人格结构在不同时期的不同表现。然而，由于闻一多个性鲜明的转变，使得他人格的内在一致性反而被人忽视。

---

① 闻黎明、侯菊坤：《闻一多年谱长编》下卷，上海交通大学出版社 2014 年版，第 671 页。

② 朱自清：《开明版〈闻一多全集〉序》，《闻一多全集》第 12 卷，湖北人民出版社 1993 年版，第 442 页。

闻一多这种人格的外在突转与内在统一的特殊形态，与传统文化有着密切关联。作为一个童年受传统文化熏陶，少年离开家乡到清华学校接受现代教育，青年留学美国的现代知识分子，闻一多可以在一个更大的参照系中认识传统文化的复杂性，由此形成其独特的人格结构——“戴着脚镣跳舞”①。传统文化的美使得他始终保持着诗人“跳舞”的激情，传统文化的真激发他作为学者考证“脚镣”的兴趣，而传统文化的善则激励他作为斗士“戴着”因袭重负前行。尽管在不同时期这三重人格表现出不同的侧重点，但这三重人格始终贯穿了他的一生。

一、戴着脚镣“跳舞”：传统文化与诗人的审美执着

传统文化的美征服了闻一多，“东方底文化是绝对地美的，是韵雅的。东方的文化而且又是人类所有的最彻底的文化”②，对传统文化的美的服膺，造就了闻一多人格的重要侧面，那就是一种审美的人生态度。他这种以传统文化为根底的审美人格，在同时代人那里就获得了广泛认同，“闻氏似乎有着一个东方的灵魂，天然憎恶欧美的物质文明”③。这种审美趣味使得他无论是用画笔，还是用文字，或者用生命，都在不停地发现美，品鉴美，创造美，从而成为一个真正的诗人。

在清华园上学期间，他受到司达尔与里格卡特两位美国教师的影响，热爱上了美术，后来留学美国时也选择美术专业，但他的兴趣却不在西洋美术，而是中国美术。对西洋美术的涉猎，赋予了他比较的视野，但他得出的结论却是“西洋画实没有中国画高”，因为“中国人贱视

① 闻一多：《诗的格律》，《闻一多全集》第2卷，湖北人民出版社1993年版，第137页。

② 闻一多：《〈女神〉之地方色彩》，《闻一多全集》第2卷，湖北人民出版社1993年版，第123页。

③ 苏雪林：《论闻一多的诗》，许毓峰等编：《闻一多研究资料》下，北岳文艺出版社1986年版，第518页。

具形美术”“这种观念太高，非西人(物质文化的西人)所能攀及”①。尽管闻一多认为中国当下的美术不过是“中国的偏枯腐朽的艺术底僵尸”②，然而，“唐宋之美术之发达据西人之考据真是无可比伦”③。随着对传统文化认识的深化，他也意识到“其实国画之好，有些也是我们自己在吹嘘”④，对传统美术也不是一味推崇就好，“艺术也要看那种，正如思想和文学一样，它也有封建的与现代的，或复古的与前进的(其实也就是非人道的与人道的)之别”⑤。但对传统美术认识的深化，并没有脱离对美的重视这一基点。哪怕是在宣传中，也需要注意艺术与美。“宣传不得法，起码是枉费精力，甚至徒然引起一些不需要的副作用。或者更严重的反作用。宣传之不可无技巧，犹之乎作战之不可无器械，器械出于科学，技巧基于艺术。”⑥在一定程度上，这种观点与早期的“提倡美术就是尊重人格”⑦论依旧相通。

闻一多不仅认为传统美术高于西洋美术，甚至认为传统诗歌也超出西洋诗歌。在他看来，中国就是诗的国度，不仅在普及范围上远超外国，“诗之普遍诚未有如中国者。在中国几乎无处没有诗”⑧，而且在

① 闻一多：《致闻家驷》，《闻一多全集》第12卷，湖北人民出版社1993年版，第146页。

② 闻一多：《征求艺术专门的同业者底呼声》，《闻一多全集》第2卷，湖北人民出版社1993年版，第15页。

③ 闻一多：《致闻家驷》，《闻一多全集》第12卷，湖北人民出版社1993年版，第145页。

④ 闻一多：《冯法祀战地写生画展观后感》，《闻一多全集》第2卷，湖北人民出版社1993年版，第242页。

⑤ 闻一多：《画展》，《闻一多全集》第2卷，湖北人民出版社1993年版，第203页。

⑥ 闻一多：《宣传与艺术》，《闻一多全集》第2卷，湖北人民出版社1993年版，第189页。

⑦ 闻一多：《建设的美术》，《闻一多全集》第2卷，湖北人民出版社1993年版，第3页。

⑧ 闻一多：《致闻家驷》，《闻一多全集》第12卷，湖北人民出版社1993年版，第145页。

艺术成就上也超过外国。中国的律诗“是中国诗底艺术底最高水涨标。他是纯粹的中国艺术底代表。因为首首律诗里有个中国式的人格在”①，“英诗‘商勒’颇近律体，然究不及”②。哪怕是在中国缺乏的史诗门类上，闻一多也试图拉齐中外差距。他认为《诗经》作为中国最早的诗歌总集，标志着“歌”与“诗”的合流，“知道诗当初即是史，那恼人的问题‘我们原来是否也有史诗’也许就有解决的希望”③。也正是受传统诗歌的启发与影响，闻一多提出了著名的三美主张，“诗的实力不独包括音乐的美(音节)，绘画的美(词藻)，并且还有建筑的美(节的匀称和句的均齐)”④，并且用如椽大笔进行了创作实践，扛起“新格律诗”的大旗，将浓郁的激情注入整饬的诗行，在诗歌领域展现了自己“戴着脚镣跳舞”的高超技艺。

也正是因为对生命的激情的肯定，闻一多作为诗人的社会身份虽然没有贯穿一生，但他的诗人气质却贯穿一生。在他生命的后期，他也意识到传统诗歌的局限性以及它对现代诗歌的不良影响：“旧文学中最好的是诗，而现在作诗的人渐渐地有意无意地复古了。现在卞先生(之琳)已经不作诗了，这是他的高见，作新诗的人往往被旧诗蒙蔽了渐渐走向象牙塔。”⑤但他并不认为只有写诗才是诗人，相反，那些用生命写的诗才是真诗，那些用生命写诗的人才是真正的诗人。“拜伦最完美，最伟大的真诗也就是这一死。所以我们觉得诸志士们三月十八日的死难

① 闻一多：《律诗底研究》，《闻一多全集》第10卷，湖北人民出版社1993年版，第159页。

② 闻一多：《律诗底研究》，《闻一多全集》第10卷，湖北人民出版社1993年版，第159页。

③ 闻一多：《歌与诗》，《闻一多全集》第10卷，湖北人民出版社1993年版，第15页。

④ 闻一多：《诗的格律》，《闻一多全集》第2卷，湖北人民出版社1993年版，第141页。

⑤ 闻一多：《新文艺与文学遗产》，《闻一多全集》第2卷，湖北人民出版社1993年版，第216页。

不仅是爱国，而且是最伟大的诗。”①因此，中国传统的仁人志士，都成为他成为一个真正的诗人的养料。“我是中国人，我是支那人，/我的心里有尧舜底心，/我的血是荆轲聂政底血，/我是神农黄帝底遗孽。”②也正是在这个意义上，闻一多认为屈原的怀沙自沉是他进行个人搏斗的最后的最“凶猛的武器”，体现出他作为“一个为争取人类解放而具有全世界历史意义的斗争的参加者”③的战斗精神，由此从而成为“一个真正的人民诗人”④。也正是因为对这种生命激情与战斗精神的肯定，闻一多高度评价了田间的诗歌，“这些都不算成功的诗，(据一位懂诗的朋友说，作者还有较成功的诗，可惜我没见到。)但它所成就的那点，却是诗的先决条件——那便是生活欲，积极的，绝对的生活欲。它摆脱了一切诗艺的传统手法，不排解，也不粉饰，不抚慰，也不麻醉，它不是那捧着你在幻想中上升的迷魂音乐。它只是一片沈着的鼓声，鼓舞你爱，鼓动你恨，鼓励你活着，用最高限度的热与力活着，在这大地上”⑤。而他的《最后一次的演讲》可以说就是他用自己生命谱写的一首伟大的真诗，最集中最强烈地展现着他对生命与诗歌的理解与实践，“保证了《新月》诗人的闻一多成为了人民诗人的闻一多”⑥。

① 闻一多：《文艺与爱国——纪念三月十八》，《闻一多全集》第2卷，湖北人民出版社1993年版，第134页。

② 闻一多：《我是中国人》，《闻一多全集》第1卷，湖北人民出版社1993年版，第233页。

③ 闻一多：《屈原问题——敬质孙次舟先生》，《闻一多全集》第5卷，湖北人民出版社1993年版，第27页。

④ 闻一多：《人民的诗人——屈原》，《闻一多全集》第5卷，湖北人民出版社1993年版，第28页。

⑤ 闻一多：《时代的鼓手——读田间的诗》，《闻一多全集》第2卷，湖北人民出版社1993年版，第201页。

⑥ 郭沫若：《开明版〈闻一多全集〉序》，《闻一多全集》第12卷，湖北人民出版社1993年版，第440页。

二、戴着“脚镣”跳舞：传统文化与学者的真相考掘

“可爱者不可信，可信者不可爱。”①这组矛盾不仅经常体现在不同哲学流派之间，而且体现在传统文化的不同侧面之间。传统文化的美固然可爱，但其背后隐含的真则可能不那么可爱。传统文化不仅可以是一种欣赏对象，而且可以是一种现实力量。真正具有影响的传统文化，是还活在当下的传统文化。闻一多通过自己的亲身体验感受到了传统文化作为“脚镣”的现实。这种感受也激发着闻一多的求真兴趣，培养出闻一多的学者人格。

早在父母的包办婚姻中，闻一多就感受到传统文化对人性的桎梏。“我之此次归娶，纯以恐为两大人增忧。我自揣此举，诚为一大牺牲。”②然而，随着时间流逝，他甚至发现这种桎梏也可以产生出一种病态的“美”：“他们削破了我的皮肉，/冒着险将伊的枝儿/强蛮地插在我的茎上。/如今我虽带着瘿肿的疤痕，/却开出从来没开过的花儿了。”③这种对“花”与“疤痕”并存的真切感受，在一定程度上激发了他对传统文化多重属性的深层思考，进而考证传统文化的美背后隐含着“疤痕”样的真。生活的教训使得他明白，不能脱离一个人生活的具体语境去理解人，更不可能脱离具体语境去理解文化。只有通过自己设身处地、感同身受地进行可能的语境还原，才可能把握艺术的真相、人物的真相，以及思想的真相。

---

① 王国维：《自序二》，《王国维全集》第14卷，浙江教育出版社2009年版，第121页。

② 闻一多：《致父母亲》，《闻一多全集》第12卷，湖北人民出版社1993年版，第25页。

③ 闻一多：《红豆·三十》，《闻一多全集》第1卷，湖北人民出版社1993年版，第116~117页。

由此，他带着深切的历史同情感，用“‘《诗经》时代’的眼光读《诗经》”①，揭示美背后隐含的人性的真相。其《诗经的性欲观》可以说是这方面的代表作。“可是让我们一般平淡无奇的二十世纪的人(特别是中国人)来读这一部原始的文学，应该处处觉得那些劳人思妇的情绪之粗犷，表现之赤裸！处处觉得他们想的，我们决不敢想，他们讲的，我们决不敢讲。我们要读出这样一部《诗经》来，才不失那原始文学的真面目。……用研究性欲的方法来研究《诗经》，自然最能了解《诗经》的真相。其实也用不着十分的研究，你打开《诗经》来，只要你肯开诚布公读去，他就在那里。自古以来苦的是开诚布公的人太少，所以总不能读到那真正的《诗经》。”②闻一多认为读古书首先面对的难题是“先作品而存在的时代背景与作者个人的意识形态，因年代久远，史料不足，难于了解”③，因而始终强调传统诗歌研究的“社会学”④视野。解读《诗经》如此，解读楚辞、唐诗同样如此。

对传统诗歌解读，应该抛开“功利”“道学”甚至“科学”⑤的有色眼镜，才能发现人性的真相，对传统人物的理解，更是需要撩开政治的帷帐，才可以显出历史的真相。早期闻一多就认为，许由之所以让天下，只不过因为得天下之后“不惟不享天下之乐，而且有同天下之忧”⑥，

---

① 闻一多：《匡斋尺牍》，《闻一多全集》第3卷，湖北人民出版社1993年版，第215页。

② 闻一多：《诗经的性欲观》，《闻一多全集》第3卷，湖北人民出版社1993年版，第169~170页。

③ 闻一多：《楚辞校补》，《闻一多全集》第5卷，湖北人民出版社1993年版，第113页。

④ 闻一多：《风诗类钞甲》，《闻一多全集》第4卷，湖北人民出版社1993年版，第456页。

⑤ 闻一多：《匡斋尺牍》，《闻一多全集》第3卷，湖北人民出版社1993年版，第214页。

⑥ 闻一多：《二月庐漫纪(续十三)》，《闻一多全集》第2卷，湖北人民出版社1993年版，第277页。

而后人将后世皇帝能享的福，嫁接到了原始社会，由此凸显许由的高洁，这种出于政治目的的古今错位，遮蔽了古人真面目。许由如此，屈原也是如此。闻一多认为“忠臣的屈原是帝王专制时代的产物”①，是一种政治运作与宣传，而真正写《离骚》的屈原，应该是班固眼中的形象：“屈原露才扬己，竞乎危国群小之间，以离谗，然数责怀王，怨恶椒兰，愁神苦思，强非其人，忿怼不容，沉江而死，亦贬絜狂狷景行之士。”②因为这才“与他的时代风气正相合”③。

诚然，“一切真历史都是当代史”④，一切真正的传统文化也可以说是当代文化。要想了解传统文化的真相，不仅需要对其当时的发生语境进行还原，更需要考察其当代形态。与传统诗歌或传统名人相比，对当代人日常生活影响更为广泛深远的，显然是所谓的“典籍”或者说传统主流思想。但在闻一多看来，这些思想也是被扭曲得最为厉害的，因此不仅要摘掉眼镜，揭开帷幕，甚而需要“正面文章反面看”⑤，才可能发现思想的真相。

无论是对传统诗歌的还原性解读，还是对传统人物的同情性重构，还是对传统思想的现代性批判，都展示出闻一多作为学者的深厚的学术积累，敏锐的学术眼光，坚定的求真意志，其学术研究揭示了传统文化作为“脚镣”存在的一面，同时也折射出他不同流俗的斗士精神。

---

① 闻一多：《读骚杂记》，《闻一多全集》第5卷，湖北人民出版社1993年版，第5页。

② 闻一多：《读骚杂记》，《闻一多全集》第5卷，湖北人民出版社1993年版，第4页。

③ 闻一多：《读骚杂记》，《闻一多全集》第5卷，湖北人民出版社1993年版，第5页。

④ ［意］贝奈戴托·克罗齐：《历史学的理论和实际》，傅任敢译，商务印书馆1982年版，第2页。

⑤ 陈子展：《正面文章反面看》，《申报·自由谈》1933年3月13日。

三、"戴着"脚镣跳舞：传统文化与斗士的伦理承担

由于闻一多对传统文化可爱的美与残酷的真的双重性的清醒认识，使得其人格形成相对稳定的结构，一方面，传统文化可爱的"美"使得他虽然接受清华学校的现代教育，并且留美三年，但他始终拒绝"全盘西化"，甚至成为一个"文化国家主义者"；另一方面，对传统文化残酷的真的清醒认识，使得他始终不曾成为"国粹主义"论者。这种对传统文化多重性的清醒认识，使得他对传统的伦理观念也同样一分为二看待，从而成为一个更加彻底的现代人。他将从孔子那儿学到"当仁不让"①作为自己的行事准则，在感受到"脚镣"的桎梏的同时，主动"戴着"脚镣，承担起个体的历史责任，成为一个立场坚定的"斗士"。然而，闻一多也赋予了"当仁不让"以完全的现代内涵，在继承"不让"的斗士精神的同时，以现代的独立人格、爱国主义与民主政治改造传统的"仁"，从而获得全新的斗士武器。

这种"当仁不让"的"斗士"精神，贯穿了他的一生，并且不断向前发展。在清华园上学期间，他就将现代独立人格嫁接到传统"士"之上。"士生今日，人格之高下，当以舆论之荣辱判之；而舆论予夺之衡，必以有益于人群与否为准；凡一切独善其身之说，皆斯世之蟊贼也。"②他不仅在理论上强调现代独立人格的意义，更重要的是他始终也在践行着自己的理论。闻一多在清华学校毕业时发生的"罢考"事件，可以说是闻一多"斗士"锋芒展现的第一个高光时刻。他作为"罢考"的重要参与者之一，始终站在斗争的第一线，被学校"自动退学"后，坚决"不因别

① 闻一多：《致父母亲》，《闻一多全集》第12卷，湖北人民出版社1993年版，第29页。

② 闻一多：《名誉谈》，《闻一多全集》第2卷，湖北人民出版社1993年版，第250页。

人卖人格底机会，占一丝毫便宜，得一丝毫好处”①，因为“贪此小惠而遗玷终身，君子不为也”②。为此，他与罗隆基等人联合发表《取消留级部令之研究》，从“污辱人格”“捏造罪名”“滑头手段”“威压政策”③等四个方面反驳部令。通过这种坚持正义，反对不公的实际斗争，闻一多践行了自己的“当仁不让”。

随着个体与时代的发展，闻一多的“当仁不让”也逐渐扩大视野，由自己遭遇的不公，逐渐放大到国家与民族遭遇的不公，使其所当之“仁”具有了更广大更深远的内涵，而其“不让”也就具有了更强烈更切实的意义。在五四运动期间，闻一多就明确表示“二十世纪少年当有二十世纪人之思想，即爱国思想”④，出国留学后，其所受的民族歧视，更使他意识到国家振兴的重要性。而他从来都是坐言起行，言行一致的人，这也就促使他再次充当了“斗士”角色。在美留学期间，他认为“当今中国有急需焉，则政治之改良也”⑤，因此参与发起国家主义团体“大江会”，回国后又加入国家主义团体联合会。虽然他在这一时期所走的道路存在偏差，其“文化的国家主义”明显存在空想性质，“文化乃国家之精神团结力也，文化摧残则国家灭亡矣，故求文化之保存及发扬，即国家生命之保存及发扬也”⑥。这种救国路径虽然有着空想成分，甚至由此而出现“道德救国”的倾向，“我辈之志愿，尤在养成中华人民

---

① 闻一多：《致父母亲》，《闻一多全集》第12卷，湖北人民出版社1993年版，第28~29页。

② 闻一多：《致父母亲》，《闻一多全集》第12卷，湖北人民出版社1993年版，第28页。

③ 闻一多：《取消留级部令之研究》，《闻一多全集》第2卷，湖北人民出版社1993年版，第335~336页。

④ 闻一多：《致父母亲》，《闻一多全集》第12卷，湖北人民出版社1993年版，第19页。

⑤ 闻一多：《致家人》，《闻一多全集》第12卷，湖北人民出版社1993年版，第203页。

⑥ 《大江会宣言》，转引自闻黎明、侯菊坤：《闻一多年谱长编》上卷，上海交通大学出版社2014年版，第270页。

为牺牲气节，咸知国家的利害为利害，国家的荣辱为荣辱”①，但其目标却至大至正：“我们所认定要宣传与实施的国家主义乃：‘中华人民谋中华政治的自由发展，中华人民谋中华经济的自由抉择，中华人民谋中华文化的自由演进’。”②同时，他对个体责任的强调，更是凸显出其家国情怀。“我辈得良好机会受高深教育者当益有责任心。我辈对于家庭、社会、国家当多担一分责任。”③闻一多是这样主张，也是这样实践，以至于他在参加国家主义期间，也勇于充当一线“斗士”。

闻一多的这种爱国精神，推动他生命后期最猛烈的一转，那就是加入民盟，成为一名真正的“民主斗士”。在这期间，闻一多始终不改身体力行的“斗士”本色，“故享自由若为我辈之权利，则争自由即为我辈之义务。明乎权利义务之不可须臾离，则居今之世，我辈其知所以自处矣”④。要实现真正的“民主政治”，需要每个个体都意识到自己的责任，行使自己的权力，尤其是对“劳心者”的监督权。“事情是别人弄糟的，诚然，但也得咱们让他们那样做。你晓得吗？咱们不但纵容了他们，你还包庇了他们，然而咱们有种种方法替你自己卸责——从最愚蠢的到最巧妙的方法，这里不必细数。是羞涩，还是胆小，你是麻木不仁，还是别人神经过敏，是你没有高见，还是生来就是遗憾的天阉！这毕竟是一切问题的根本。一句话，问题还是在咱们自己身上。”⑤为了践行自己的主张，闻一多再次冲上了斗争的最前线，不仅针对传统发声，

① 《北京国家主义团体联合会缘起》，转引自闻黎明、侯菊坤：《闻一多年谱长编》上卷，第274页。

② 《大江季刊·发刊词》，转引自闻黎明：《闻一多传》（增订本），人民出版社2016年版，第117页。

③ 闻一多：《致家人》，《闻一多全集》第12卷，湖北人民出版社1993年版，第203页。

④ 闻一多：《致闻亦博》，《闻一多全集》第12卷，湖北人民出版社1993年版，第393页。

⑤ 闻一多：《答〈正义报〉问》，《闻一多全集》第2卷，湖北人民出版社1993年版，第396页。

“经过十余年故纸堆中的生活，我有了把握，看清了我们这民族，这文化的病症，我敢于开方了”①，而且针对现实发声，在不同场合积极宣扬“只有‘人民至上’才是正确的口号”②，最后用自己的生命为自己“斗士”生涯画上一个巨大的感叹号。

传统文化作为古代中国人所创造并流传至今的精神产品的总和，不仅包括多种形态，而且包含多种性质，同时不断发展变化。如何认识、甄别、吸收、改造传统文化，是每个身处传统之中的中国人的重要任务，也是其人格完形的重要前提。与鲁迅、沈从文等人一样，闻一多的一生也是追求真善美的一生，然而，由于他与传统文化的不同关系，其人格结构表现出不同的个性特征。首先，对传统文化以美为初始点的认知路向，奠定了闻一多个性化人格结构的基础。与鲁迅等人以真为基点、沈从文等人以善为基点不同，闻一多以美为基点，由美启真、由真向善，对传统文化的理解路向不同，由此形成的人格结构也就不尽相同。其次，对传统文化持续深入的探讨，推进了闻一多人格的完善发展。闻一多毕生都在以现代观念对传统文化进行观照，不断深化了对传统文化的理解，使得其人格要素中的相关成分更加精纯，其人格由此不断完善发展，表现出不断奋进的人生姿态。最后，对传统文化与时代需要之间关系的准确把握，造就了闻一多人格“多变”“善变”的外在特征。闻一多始终紧贴时代脉搏，站在时代前沿，把握传统文化现代转化的侧重点与可能性，调整价值排序，切换社会身份，其由诗人而学者而斗士的角色转换，都是为了更好地服务时代需要。

“其实一个民族的‘古’是在他们的血液里，像中国这样一个有悠久

① 闻一多：《致臧克家》，《闻一多全集》第12卷，湖北人民出版社1993年版，第380页。

② 闻一多：《人民的世纪——今天只有“人民至上”才是正确的口号》，《闻一多全集》第2卷，湖北人民出版社1993年版，第407页。

历史的民族，要取消它的‘古’的成分，并不太容易。”①对于所有的现代人而言，不管愿不愿意，自不自觉，都要承担过去的宿命，问题在于如何更好地开创未来。闻一多一辈子“戴着脚镣跳舞”，知行合一，言行一致，以自己的生命实践展示了一条传统文化现代转型的可行路径，也揭示了一条现代人格建构的可行路径。

① 闻一多：《复古的空气》，《闻一多全集》第2卷，湖北人民出版社1993年版，第355页。

闻一多与中国“士”文化精神

黄 健

（浙江大学）

1946年7月15日，云南昆明，云南大学召开追悼李公朴先生大会，闻一多主持会议，在李公朴夫人发言后，闻一多拍案而起，满腔悲愤地发表演讲，大声说道：“正义是杀不完的，因为真理永远存在！……我们不怕死，我们有牺牲的精神！我们随时像李先生一样，前脚跨出大门，后脚就不准备再跨进大门！”①会后，他又参加了记者招待会，回答了记者提问。然而，在回家途中，遭到特务暗杀，一颗罪恶的子弹向他飞来，他倒在了血泊之中。

这不是电影片段，而是真实的历史镜像。集诗人、学者、斗士于一身的闻一多教授，用鲜血和生命践行了他的誓言，谱写了他理想人格的光辉。从精神品格维度来看，闻一多的道义之举，洋溢着一种人间正气的道义，闪烁着中华精神文化传统的光芒，是中国“士”文化传统的现代延续与体现。余英时曾指出：“中国史上的‘士’，大致相当于今天所谓的‘知识分子’，但两者之间又不尽相同……无可争辩的，文化和思想的传承与创新自始至终都是士的中心任务。”②所谓“士”，一般指的是以读书人，大致相当于（但不等同于）现在通常所说的知识人，或知

---

① 闻一多：《最后一次演讲》，《闻一多全集》，生活·读书·新知三联书店1982年版，第581页。

② 余英时：《士与中国文化》，上海人民出版社1987年版，第1页。

识分子为主体的阶层。在中华文化语境中，“士”是文化的传承、创造和传播的主体，且更多的是精神文化传统的坚守者和传承与传播主体。人类在创造物质文化的同时，也产生了相应的精神文化。在这当中，就包括了人的价值观，人生观和世界观，乃至宇宙观念。其中，人生理想，人格理想、人的道德品格、心理素养、精神面貌、行为哲学、审美观念等，都属于精神文化范畴。精神文化是人的精神品格特征，孕育人的精神家园，决定人的精神状态、精神生活、精神本质，体现人的本质属性和力量。中华精神文化是中华文化的重要形态，而“士”文化是中华精神文化的重要内容。受中华文化规约，“士”文化所表现出来的，往往就是中华民族的精神品格、价值观念、人生理想和人格风范等精神意识形态。从古到今，这是贯穿在中华文化，中华精神文化中的一条红线，尤其是在“士”的阶层，表现得更为突出，更为鲜明。无疑，从这个维度来说，闻一多的道义之举，显示的就是这种鲜明的中华精神文化，特别是“士”文化的价值特征。

一

闻一多出生在一个书香门第家庭，从小受到的是中华文化传统的教育，一向有着良好的中华文化素养。从他的道义之举来看，其中所体现出来的就是贯穿他的精神血脉之中的中国“士”文化传统和精神。

在中华文化语境中，“士”文化推崇讲风骨，重操守，坚守道义。《论语》中记载，子贡问曰：“何如斯可谓之士矣?”子曰：“行己有耻，使于四方，不辱君命，可谓士矣。”曰：“敢问其次。”曰：“宗族称孝焉，乡党称弟焉。”曰：“敢问其次。”曰：“言必信，行必果，硁硁然小人哉！抑亦可以为次矣。”曰：“今之从政者何如?”子曰：“噫！斗筲之人，何足算也?”①很显然，孔子，或者说是儒家所指的“士”，用今天的话来

① 朱熹集注：《论语·子路》，中华书局2006年版，第120页。

说，就是那些推崇高尚的人格，讲究做人原则，服务社会，奉献人生，坚持真理，维护正义的文化人。“士”的原本意义是指专志道业而真正有学问的人士。老子称之为：“古之善为士者，微妙玄通。”《说文解字》中对“士”的解释是：“士，事也。数始于一，终于十，从十一。孔子曰：‘推十合一为士’。”简言之，传统的“士”是以家国之公共事业为己任的人士，也即人们常说的推崇以天下为己任的人士。其特点是推崇个体必须坚持社会公共事务之担当，以维护道统，构建秩序，讲究公平，坚持正义之道。《论语·泰伯》曰：“士不可以不弘毅，任重而道远。仁以为己任，不亦重乎？死而后已，不亦远乎？”①其意说的就是“士”总是以仁为己任，弘扬坚毅的精神，具有宽广、坚韧的品质，肩负重任，在漫漫征途中，实现“仁”的理想。纵观中华文化的发展历史，“士”的弘毅精神，既是一种坚持道义之举的坚毅品格，也是一种光大中华文化的人格风范。

闻一多有着深厚的中华文化情怀。1935 年在撰写《悼玮德》一文中，他认为，“士”的所作所为，都当坚持“中国本位文化的风度”的观点。他指出：“玮德的标格，我无以名之，最好借用一个时髦的话语来称它为‘中国本位文化’的风度。”接着，他又以文学艺术为例指出：“谈到文学艺术，则无论新到什么程度，总不能没有一个民族的本位精神存在其中。”尤其是在“国家的躯体残毁到这样，国家的灵魂又在悠久的文化的末路中喘息着”②的年代，坚守和弘扬中华文化本位风度和精神，在闻一多看来，这是“士”的使命所在，是“士”要坚守的道义。在抗战时期大后方的昆明，闻一多以全民抗战为例，指出：“抗战是我们自己要求的，为抵抗敌人的侵略而流血流汗，我们甘心情愿。……我们明白了，于是从一个民族的自卫战争中，孕育出一个民族自救的运动来了。民主运动是民族战争的更高一级的发展，更高的发展是由于更深的体念和更

① 朱熹集注：《论语·泰伯》，中华书局 2006 年版，第 66 页。

② 闻一多：《悼玮德》，《北平晨报》1935 年 6 月 11 日《玮德纪念专刊》。

深的觉悟。”①在他心中，无论是如何的艰难困苦，一个民族不能丢掉本族的文化精神，这是一个民族之精魂所在，一国之灵魂所系，是一个民族文化的精神要义所为。对于“士”来说，任何时候都不能放弃对民族文化精神的传承与弘扬。只有不解的坚持和坚守，方能在民族危亡之际，抵御外敌，克服困难，完成弘扬民族文化和民族复兴的伟业。

中华文化所推崇的“士”，多是那些捍卫国家和民族利益而有浩荡之气的文化人士，从中所形成的精神文化特点，凸显的就是以恪守“仁”之道，以天下为己任的弘毅精神。对个人、个体而言，所坚守的是人之为人的德性，以养上对天，下对地，对列祖列宗的人之为人的“浩然正气”。对国家、民族而言，所坚持的是民族大义和社会公平、公正和正义，以培育“士”的战胜一切艰难困苦的精神力量。所以，在中华文化史上，倡导“养天地正气，法古今完人”，一直都是“士”人的人生追求和道德理想。如孔子就主张：“志士仁人，无求生以害仁，有杀身以成仁”；② 孟子主张，“士”在生死存亡关头，当“舍生而取义”③。这样，“士”方能立于天地之间，“其为气也，至大至刚以直，养而无害，则塞于天地之间。其为气也，配义与道；无是，馁也。是集义所生者，非义袭而取之也。行有不慊于心，则馁矣”④。从小受中华文化的教育和影响、熏陶，闻一多对这种“士”的精神是十分推崇的。他在论律诗时解释“中国”一词，就指出：“我国地大物博，独据一洲。在形势上东南环海，西北枕山，成一天然单位；在物产上，动植矿产备具，不须仰给于人而自赡饱。故吾人尝存满足观念；吾人之人生观则为保守主义，盖自谓生活低享乐，吾已尽有十分，无可复求者矣。我国又

① 闻一多：《昆明的文艺青年与民主运动》，《今日文艺》1946年上半年刊。
② 朱熹集注：《论语·卫灵公》，中华书局2006年版，第142页。
③ 孟子：《孟子·告子》，吉林文史出版社2007年版，第145页。
④ 孟子：《孟子·公孙丑》，吉林文史出版社2007年版，第33页。

尝自称‘中国’，以为天下文化尽在于此；四境之外，无美无善，不足论也。”①并认为，中国律诗的诞生和演化，与中华文化、中华精神文化有着紧密的关联。在他看来，是中华文化孕育了中华之“士”的精神，形成“士”文化传统。在青岛的山东大学和后来的西南联大讲唐诗时，他就十分注重结合“士”的精神来进行讲述。他认为，中国诗歌史上有三个伟大的诗人，分别是庄子、阮籍和陈子昂。他指出，中国人在文化上永远留着庄子的烙印，以逍遥的方式，展示人的自由本质。而在论述魏晋时期的阮籍时，就认为在他身上始终洋溢着“士”的精神，不拘礼法，不阿谀奉承，坚守“士”的操守。同样，在论述唐代诗人陈子昂时，闻一多也是注重从“士”的角度来予以评述。他赞同清代诗人陈沆对陈子昂的评价，认为陈沆说陈子昂乃“心迹终始，日月争光矣”，是“千古卓见”，不只是为陈子昂“雪了巫”，而是高扬了“士”的理想。因此，他的诗“古今独步，几乎众口一词，无人否认”②，体现出了“士”的操守和精神。

中华文化“道”的精神，是流淌在“士”的精神血液。余英时在分析孔子论“道”的特点时曾指出，“士”的精神文化信念，就是“强调知识分子所当考虑的乃是‘道’的得失而不是个人的利害”③。“士”谋“道”轻“利”，也不计物质上的贫穷，如孔子所说的那样，“不义而富且贵，于我如浮云”，而是胸怀大志，矢志不渝，执着追求精神信念，恪守“道”的原则。从“士”的文化传统上来看闻一多的道义之举，可以说，是与中国“士”文化精神有着内在联系，同时，他又赋予了“士”的精神文化以现代的价值内涵。

① 闻一多：《律诗底研究》，转引自季镇淮主编：《闻一多研究四十年》，清华大学出版社 1988 年版，第 55 页。

② 孙党伯、袁謇正主编：《闻一多全集》第 6 卷，湖北人民出版社 1993 年版，第 40 页。

③ 余英时：《士与中国文化》，上海人民出版社 1987 年版，第 37 页。

二

受中华文化传统规约，“士”的文化奉行的是儒家讲究的“孝、悌、忠、信、礼、义、廉、耻”之主张，也即是将所谓的“八德”，以作为“士”观人、律己的标准，作为“士”的理想人格。许倬云在论述“士”与中国文化的关系时指出：“中国文明体系中，有一批胸存普世关怀的士或儒生，在朝在野，用进退藏，这批儒生、士大夫遂成为中国社会上长期存在的知识分子，为中国文化的传承与开展而尽力。”①正因为“士”是中国文化精神的传道者，所以，“士”无论是对自身，还是对他人，对其人格操守的要求都非常高。因此，在中华文化价值体系中，特别是在中国精神文化价值体系中，“士”大多是指那些有傲骨、气节和操守的文化人士，而非那些虽读书作文，却厚颜无耻，阿谀献媚的文人，则不能被称之为“士”，要称“士”的话，也多常常被称为“士林败类”。从精神品格上来说，“士”的理想人格所奉行的多是“富贵不能淫，贫贱不能移，威武不能屈”②的大丈夫气概，多是坚持“至大至刚”的浩然正气。闻一多秉持了“士”的文化精神和理想人格传统，如同他远古的先辈同乡屈原一般，将理想人格作为自己人生的精神向度，并予以认真的践行。他曾高度评价唐朝大诗人杜甫，称他为“中国有史以来第一个大诗人，四千年文化史中最庄严、最瑰丽、最永久的一道光彩”③。在他看来，杜甫之所以能够在诗歌创作上取得卓越成就，与他所坚持的理想人格有关。或者说，追求和坚持理想人格，也是杜甫诗歌创作的鲜明特色。像他的忧国忧民，他的关心民间疾苦，他的人格操守等，都融入了他的诗歌创作，使他在盛世唐朝也能够深刻地体悟到民间的疾苦，看到了盛唐将会出现由盛而衰的势头，进而在“穷年忧黎元，叹息肠内热”

① 许倬云：《中国文化的发展过程》，贵州人民出版社2009年版，第18页。
② 孟子：《孟子·滕文公》，吉林文史出版社2007年版，第72页。
③ 闻一多：《唐诗杂论》，武汉大学出版社2008年版，第119页。

中，将他的人格操守，社会责任感、使命感和担当精神，都十分鲜明地表现出来了。闻一多充分地注意到了杜甫诗歌创作的这个特点。在深入的研究中，他发现了杜甫的人格操守对他的诗歌创作所形成的影响，所以，他才会对杜甫作出如此高的评价。事实上，闻一多在自己的诗歌创作中，也是自觉地以杜甫为榜样，凸显出他对理想人格的追求。仅以他的《红烛》为例，就可以看出这一点。

创作于1923年的《红烛》，是闻一多第一部诗集《红烛》的序诗，也是他的诗歌代表作。他选择“红烛”为意象，将自己对理想人格的追求和企盼，为人生奉献的情操等精神元素赋予其中，得以集中展示。诗歌引唐朝著名诗人李商隐诗句“蜡炬成灰泪始干”为开篇，点以“红”为“烛”鲜明标识，在“是谁制的蜡——给你躯体？/是谁点的火——点着灵魂？/为何更须烧蜡成灰，/然后才放光出？”的叩问中，审视内心，剖析自我，既歌颂“红烛”牺牲自己、点亮光明的可贵精神品格，也表达自己对以这种精神品格为内核的理想人格的赞美与向往：“红烛啊！/你心火发光之期，/正是泪流开始之日”，“请将你的脂膏，/不息的流向人间，/放出慰藉底花儿，/结成快乐的果子！”，“你流一滴泪，灰一分心。/灰心流泪你的果，/创造光明你的因。/红烛啊！/‘莫问收获，但问耕耘。’”全诗将“红烛”形象关联自我，关联理想人格，意在向世人表明，自己的一生都要把“红烛”精神作为自己的理想人格和人生宗旨，一生都将去努力地践行它、完善它。事实上，他一生不仅是这样做的，最终也是以自己的鲜血和生命完成了对以“红烛”精神为内核的理想人格的完美诠释，并为这首诗作了最好的脚注，赋予了这首诗的特殊意义，成为他形塑理想人格的一种精神向度。

理想人格是人生的一种价值尺度。以先贤屈原的人格意义而言，他留给后世的不仅仅在于他的诗歌，同时也更在于他是“士”的人格范式的奠定者，是理想人格精神源流的开创者。从这个意义上来说，作为“士”的人格典范及其精神源流，屈原在文化史上的价值和意义，应大于他在诗歌史，或文学史上的贡献和地位，而这也正是中华民族在过端午节时，为什么要以赛龙舟和裹粽子的方式来纪念他的原因。尽管民俗学家对端午节的起源，对赛龙舟和裹粽子的民俗考证，有不同的说法，但依然不能抹杀人们在内心向屈原型的理想人格及其高尚性，表达崇敬的情感和精神向往。作为学者，闻一多当然要比一般人更加认识屈原，了解屈原。从西南联大诗词课等西南联大通识课程所收录的闻一多编写的讲义内容来看，他在给学生讲述屈原缘何成为人民热爱与崇敬的对象时，就说过屈原的成就主要的还不是他的文采，而是他对理想人格的践行。虽然在学术见解上，在认识观念上，闻一多的屈原研究，其观点前后有些变化，如他一开始称屈原是“吟着美人香草的爱国诗人”①，后来又说：“真正的屈原，汉人还能看的清楚。班固说，屈原露才扬己，竞乎危国群小之间，以离谗贼，然数责怀王，怨恶椒兰，愁神苦思，强非其人，忿怼不容，沉江而死，亦贬挈狂狷景行之士。这才是《离骚》的作者，但去后世所谓忠君爱国的屈原是多么辽远，说屈原是爱国而自杀的，说他的死是尸谏，不简直是梦呓嘛。”②再后来，他又指出屈原是“人民的诗人”③，等等，这些都不妨碍他对屈原精神品格和坚持理想人格的认定与崇敬。因为在屈原身上始终都有“士”的精神展现，而那就是他理想人格的写照，也是他为后世所尊敬、所效法的根本原因所在。

如果说人的肉身，或人的现世性，是“有限”的，也无绝对的意义，那么，在闻一多看来，肉身要获得生命意义的建构，就必须要在“有限”中去寻找“无限”，即要在生命的实践中，不懈地寻找“无限”的生命意义，以充分地支持“有限”的人生，并将理想人格作为生命价值的重要内涵，这样才能使人生最终超越“有限”而获得“无限”，超越相对而获得生命的绝对意义，让精神永远定格在理想人格所规定

① 闻一多：《长城之下哀歌》，《大江季刊》1925 年第 1 期。

② 闻一多：《读骚杂记》，《益世报 · 文学副刊》1935 年 4 月 3 日第 5 期。

③ 闻一多：《人民的诗人——屈原》，《闻一多全集》，生活 · 读书 · 新知三联书店 1982 年版，第 259 页。

的高度上，实现生命的价值完满和自由超越。如他在《最后一次演讲》中所说，及其后来所践行的那样，他相信“真理永存”，且做好“后脚就不准备再跨进大门”的牺牲心理的准备，这些都说明了他持守的人生观和价值观，就充分地展示出了他的理想人格。不论是“士可杀，不可辱”，还是“众人之诺诺，不如一士之谔谔”，“士”的意义，最终也都是落在理想人格层面上，体现出“士”以天下为怀，忧以天下的价值理念。因为源自心灵真诚和坚持人性善美的理想人格，其精神法则始终是建立在人性公正、公平和正义的意义层面上。它永远高于肉身生命，高于物质财富，高于现世生活，即便于事无补，但也始终值得用生命为代价去坚守，去践行，去发扬光大。它服从于自我心灵的需要，满足于自我心灵的需求，也是人活着的最终价值和意义所在。所以，无论是屈原，还是闻一多，追求“士”的理想人格，这才是他们对于后世的意义所在，对于中国文化史，中国精神文化史的意义所在。

三

传承文化，或者说是传道，是“士”的使命，是“士”从事的主要工作。孔子曾说：“士志于道”，其意很明确，指的就是“士”始终是以传道为使命，为工作的主要内容。如果从职业的角度来说，“士”的职业，当是今天所说的“做学问”，对历史、文化等典籍文献进行整理和学术研究，从中梳理出“经国大业”之“道”，服务天下，服务苍生。

闻一多选择的职业是大学教师，所从事的是教书和学术研究。从《闻一多全集》所收录的学术著作和文章来看，闻一多一生著述丰富，涉及历史、文化、文学等多个领域，对神话、《周易》、《楚辞》、《诗经》、诸子散文、唐诗等方面展开研究，功底深厚，精细深刻，见解新颖、独到，在中国历史、文化史、文学史、学术史等多个领域颇有建树，颇有影响。据《闻一多传》①记载，闻一多到武汉大学任教后，就决心结合中国历史和文化的特点，致力于中国古典文学的研究，并将此项学术研究作为他的志向和职业。该传记详细地再现了闻一多当年专心从事学术研究工作的情形，展示了他当年撰写《楚辞校补》《唐诗杂论》《古典新义》等研究中国古典文学和文化的所花的功夫，描述了他到武大任教后，先是从唐诗为开始，再往上溯到汉魏六朝的诗歌，再到《楚辞》，到远古经典，一路艰辛，一部部“校补”著述，便赫然而出，然后，再写出《古典新义》这部具有独到学术见解的著作。在描述他写《唐诗杂论》的情形时，该传记写他常常头发凌乱，目不窥园，足不下楼，兀兀穷年，沥尽心血，有时甚至忘了吃饭，一个又一个大的四方竹纸本子，写满了密密麻麻的小楷，如群蚁排衙，最终是经过几年的辛苦，将研究心得凝结而成《唐诗杂论》。又据梁实秋的回忆，闻一多到了武汉大学任教后，改变了原先那种泛论式的文章写作，而做起以考证、考据为主的研究工作，如开始做杜甫年谱的考证工作。他的《少陵先生年谱会笺》的第一部分，就发表在武汉大学《文哲季刊》上。后来，又在《新月》杂志上又发表了《杜甫》一文的未完稿。梁实秋认为，闻一多的这种改变，表明他不再是用以前的那种时评式，或诗人的那种即兴式的方式来论述历史和文化、文学，评论历史人物，评价诗人，而是改以严谨的考证、考据的方式，进行严肃、严谨的系统研究，以体现学术研究的严肃性和客观公正性。② 事实上，收入闻一多《神话与诗》中的各篇文章，尤其是最为后人所称道《伏羲考》，就体现出了他的学术研究工作的严肃态度和严谨精神。从学术研究上来说，虽然他的考证、考证，所得的结论并非绝对正确，也并非成为定论，如他的最用力，也最受争议的《伏羲考》，学术界也有许多不同看法。然而，他的学术研究，无论是态度，还是方

① 参见闻黎明：《闻一多传》(增订本)，人民出版社 2016 年版。

② 梁实秋：《谈闻一多》，台北传记文学出版社 1987 年版，第 79 页。

法，以及认识观念，则都是为学界所认可的，也是为之敬佩的。王瑶曾说他虽“醉心于训诂考据之学”，但“这些只是他治学的准备和途径，他与清代朴学家根本不同，他的视野要开阔得多”①。闻一多的学术研究，善于结合中国历史和文化的特点，从训诂和史料考证和考据方面着手，分别从《诗经》《楚辞》《周易》《庄子》等涉及历史源头和文化根性等经典文献中，探求远古社会的生活境况，展示远古先人的生活理念和生活方式，以给后人能有诸多的启示。而他选择研究神话，如《高唐神女传说》和《伏羲考》等，也是为了探求中华民族的文化起源，力图勾勒出其演化的图谱，发现蕴含其中的规律特征。

闻一多的学术研究工作，既是纯学术性的，也是灌注了他的理想人格精神的，内蕴着他的人生观、世界观和价值观。朱自清在为他的著作写序时就明确指出：“他是一个斗士。但是他又是一个诗人和学者。这三重人格集合在他身上，因时期的不同而或隐或现。……学者的时期最长，斗士的时期最短，然而他始终不失为一个诗人，而在诗人和学者的时期，他也始终不失为一个斗士。”②三重身份，三重人格都是集于一身的，并不能任意分割。这三重元素统一在他身上，使得他将学术研究既是作为一种职业，一项研究工作，也更是将其作为了一种志业，成为终身从事的事业。他的人格，他的观念，他的理想，全都蕴含在其中，成为他的职业标识和精神写照。

马克斯·韦伯在论及学术作为一种志业时指出：“无论是谁，只要他是一名正直的教师，他的首要职责就是教会他的学生承认‘令人不舒服的’事实，我是指那些相对于他们的党派观点而言不舒服的事实。”对于纯学术研究来说，为探寻研究对象的特性和规律特征，所要求的就是研究者尽量排除主观的事先认定，遵循客观规律，发现真理，探索真理，也即是马克斯·韦伯所说的那种抛弃“党派”观点的

① 王瑶：《念闻一多先生》，《中国现代文学研究丛刊》1987年第1期。

② 朱自清：《唐诗杂论·序》，闻一多：《唐诗杂论》，武汉大学出版社2008年版，第1页。

“不舒服的事实”，也即客观事实，内含客观的规律或真理。然而，马克斯·韦伯同时又指出：“在实践方面，一个人基于对价值问题的考虑，可以采取这样或那样的立场。……如果有人采取了如此这般的立场，那么根据科学的经验，他要想在实践中贯彻自己的信念，必须也采取如此这般的手段。”①这也就是说，即便是在纯学术研究中，为探寻客观真理而排除主观事先认定，也不可能完全不要人的价值观及其从中所起的信念作用。因为在他看来，价值毕竟是呈“多元性”的，是会渗透到学术研究工作中的，相应的价值会引导学术研究朝着客观事实、规律和真理的方向行进。显然，从这个维度来看闻一多所从事的学术研究工作，就不难发现他在将学术作为志业时，同样也是寄寓了他的精神信念，在尊重历史的客观事实基础上，也考虑了相关的价值问题。譬如，上文说的他对“伏羲”所作的考证，透过那细致、扎实的材料运用和分析论证，在还原客观事实的基础上，就表明了他正本清源的价值理念，以及为探寻华夏民族文化源头的价值理想。又譬如，他对杜甫的研究，在厘清杜甫的生平事迹和创作情形的基础上，还原出了杜甫的真实形象，并运用诗人的想象和语言予以具体的描述，写出了杜甫请二十多岁时“便开始了他的飘流的生活”，中年之后则是“快意的游览，便象羽翮初满的雏凤，乘着灵风，踏着彩云，往濛濛的长空飞去……”②显然，撇开他的表述语言运用特点不论，就可以看出他对杜甫的诗人生活的一种钦佩态度。所以，即便闻一多一度宣称是要在“故纸堆内讨生活”，但他对中国历史、文化、文学的研究，是基于他的价值认定的。他曾在《论振兴国学》一文指出：“吾国汉唐之际，文章彪炳，而郅治跻于咸五登三之盛。晋宋以还，文风不振，国势披靡。洎乎晚近，日趋而伪，亦日趋而微。维新之士，醉心狄鞮，幺幺古学。学校之有国文一科，只如告朔之饩羊耳。

① ［德］马克斯·韦伯：《学术与政治》，冯克利译，外文出版社 1997 年版，第 26、31 页。

② 闻一多：《杜甫》，《新月》1928 年第 1 卷第 6 期。

致有心之士，三五晨星，欲作中流之柱，而亦以杯水车薪，多寡殊势，卒莫可如何焉。呜呼！痛孰甚哉！痛孰甚哉！”①可见，闻一多在把学术作为志业时，是有着他鲜明的价值理想的，而这也恰恰就是他对中国“士”文化传统的一种继承和弘扬。

一个以学术为志业的人，除了要有强烈的探索精神外，还要具备热情、责任感和判断力的精神品格特质。从闻一多的学术研究情形来看，他都是完全具备这种精神品格特质的。尽管他曾自嘲是在“讨生活”，然而，这既是他的职业兴趣所在，也是他以此为志业的精神品格特质所在。因为选择以此为终身的志业，对现代知识分子来说，无论是传道授业解惑，还是从事纯学术研究，都意味着要求能够真正地摆脱各种精神的束缚，以自由的精神，发现真理，探寻真理，并传播真理，使真理得以发扬光大。陈寅恪在撰写《王静安先生纪念碑记》一文中指出：“先生之著述或有时而不章，先生之学说或有时而可商，唯此独立之精神，自由之思想，历千万祀，与天壤同久，共三光而永光。”②无疑，学者的学术建树，或许会有不同的评定，甚至是会被否定，被超越，但为追求真理，探索真理，坚持真理，特别是从中所展示出来的“独立之精神，自由之思想”，则是永远值得后人敬佩和继承弘扬的。这才是真正的“士”的精神，“士”的品格，“士”的文化传统。王国维是这样，闻一多也是这样，古往今来的真正的学者，真正的“士”，都是这样。正是从这个特定的维度上来考察和审视，可以说，闻一多是现代中国的一位真正的“士”，一位对中国“士”文化传统和精神的继承和弘扬的现代之士。

① 闻一多：《论振兴国学》，《清华周刊》1916年5月第77期。

② 陈寅恪：《陈寅恪全集》下卷，台北里仁书局1979年版，第1439页。

传播学视域下的闻一多及其爱国主义精神

王丹鹰

（中国新闻社）

闻一多是著名的诗人、学者和民主斗士，这个总体的评价与定位已是人们的共识。但闻一多的一生又是丰富多彩的，除了人们熟知的上面三个定位，在他47年短暂的生命旅程中，在诸多领域都作过卓有成绩的探索与实践。在以往的研究中，人们已较多注意到他在绘画、篆刻以及戏剧活动方面所表现出的才赋。此外，闻一多一生都在从事教育事业，他不仅是一名教师，而且是一名深受学生爱戴和尊重的导师。对闻一多教育思想和教育实践的研究，近些年也渐渐多了起来。然而，闻一多一生还参加过许多出版物的编辑、创办，也有过新闻采编经历，发表过许多杂文和演讲，有着丰富的社会传播实践活动，在闻一多一些论及出版物、宣传乃至文学、艺术的文章中，很多论述与观点实际上也涉及了传播学领域的课题，以往我们从传播学的角度对闻一多的研究似乎比较少一些。本文试对闻一多的传播实践活动及其相关的理论观点做一些初步的梳理和探讨，希望能为未来的研究抛砖引玉。

一、闻一多传播实践活动的三个时期

从清华读书时期直到牺牲，闻一多一生从事过许多社会传播实践活动，根据传播方式与内容侧重的不同，我们可以将这些传播活动分为三个时期。第一个时期，从清华读书到留美回国；第二个时期，从留美回国到抗战爆发；第三个时期，从抗战爆发到牺牲。

尽管这三个时期的传播活动在方式与内容上有所不同，但从始至终我们可以看到同一个底色——对祖国和祖国文化的热爱。

1. 以清华园为中心的早期传播活动

闻一多早期的社会传播实践活动，主要集中在学生时代的清华园里。这一时期，闻一多参加了清华校内多种刊物的编辑、撰稿工作，担任过《辛酉镜》《清华学报》总编辑、《清华周刊》集稿员主席、《清华周刊》文艺栏主席、清华学生会评议部新闻科副主任等，在清华诸多校内刊物的编辑和学生新闻活动中发挥着较为重要的作用。

闻一多从参与社会传播活动之初就十分重视传播的社会作用，他主动运用校内各种传媒工具，积极发声，批评学校和学生中的各种问题，正如郭道晖、孙敦恒在《清华学生时代的闻一多》一文中所说：“闻一多作为学生会的成员和周刊的编辑、集稿员，十分重视这两个实现学生自治和言论自由的工具。他在周刊上接连发表了许多抨击不良校风和改良学校校政的文章。”①

不仅如此，他还在文章中阐述对于社会、文学、艺术、美学等诸多领域的态度与观点。这些文章和观点虽非对“传播”的专门研究，但其中不少观点不仅与诞生于20世纪初的传播学理论有着某种契合，也体现出闻一多对传播和传播规律的认识与把握，无疑具有传播学意义。

例如他在《课余一览》第一期第二号上发表的《名誉谈》中，提出“舆论予夺之衡，必以有益人群与否为准”，反映了青少年时期闻一多对舆论的作用及其应有的价值取向的科学认识。他在为《辛酉镜》撰写的发刊词中，阐明编印主旨为“纪吾学，志吾修，而藉云自镜耳”并详细论

① 郭道晖、孙敦恒：《闻一多青少年时代诗文集·代序》，云南人民出版社1983年版。

述了办刊的方针与编辑体例等，体现了其最初的传媒理念。他在《清华周刊》发表的《出版物底封面》，不仅对《清华周刊》某一期的封面设计提出了批评，并开宗明义地表示："我要批评的不只《周刊》，凡我所见的目前社会上底出版物(专指杂志之类)都在内。"在这篇文章中，被点名"批评"的杂志有23个之多。可见他此刻对传媒与传播的关注程度。

我们来看一下他在文中为讨论问题列出的大纲的一部分：

(一)出版物底封面图案底价值。

(甲)主体的。

1. 美的封面可以引买书者注意。

2. 美的封面可以使存书者因爱惜封面而加分地保存本书。

3. 美的封面可以使读者心怡气平，容易消化并吸收本书底内容。

(乙)客体的。

1. 美的封面可以辅助美育。

2. 美的封面可以传播美术。此外还有别种的直接的或间接的经济价值，不胜详述。

……

尽管是对杂志封面设计的探讨，但从传播学角度看，文章实际上探讨了媒介的审美创造，审美功能与意义，媒介的审美鉴赏乃至传播技巧、传播效果以及二者之间的关系等多个传播学领域的问题，特别是运用了心理学、美学、教育学的方法与视角，使其论述具有了传播美学、传播心理学意义，体现出闻一多传播理念的科学性与超前性。

他在《清华周刊》上发表的《清华周刊革新底宣言》，则明确提出了批评性言论应遵循的五个原则：

言论还是要保存批评底精神。不过批评须守着这五个条件：

1. 鼓励善良批评不专是揭短。同学之间，过固然要规，善也要劝。以后有鼓励我校各种良风美德的言论，我们特别欢迎。

2. 注意建设批评是方法，建设是目的；我们因为要建设，便不得不先批评。所以我们以后特别欢迎有建设计画的批评。

3. 务避愤激批评是不得已的事；我们对于受批评的人或事，应抱一种爱惜的同情，我们的态度要和平公正。偏重感情，反蔽理性；个人攻击，徒起争端。以后凡是这类的言论，我们一概拒绝。

4. 力矫浮夸先洞晓事实底真相，解透其所以然，才下断语，这样的断语便有价值。我们以后对于浮夸失实的批评也一概拒绝。

5. 删除琐碎批评是样兵器，他的锋锐不可轻试。批评若用到寻常琐碎的事上，便成杀鸡用牛刀了。所以我们以后专收容讨论重大切要的问题底言论。

对这五个原则，闻一多虽然没有进一步展开论述，但已清晰、完整地体现了他对批评性言论的本质性把握，这些观点对于今天的新闻媒体和“言论家”们仍然具有启发性和适用性。

综观闻一多这一时期发表的《出版物底封面》《清华底出版物与言论家》《清华周刊革新底宣言》《清华周刊底地位——一个疑问》等文章，青年闻一多对媒介的观察与批评已涉及传播性质、传播功能、传播过程、传播技巧、传播效果以及传播美学、传播心理学等诸多传播学领域问题，而这时传播学还刚刚诞生，严格意义上讲，还没有成为真正的独立学科，正如郭庆光所说：“在20世纪20年代以前并没有人专门研究传播问题，许多学者只是从各自的学科关心出发，附带性地对传播现象做了某种程度的考察。”①虽然闻一多这一时期以及后来的一些相关论述，亦属于“附带性地对传播现象做了某种程度的考察”。但梳理这些观点，不仅在传播学上具有研究和现实意义，也让我们看到，闻一多也是现代

① 郭庆光：《传播学教程》，中国人民大学出版社2011年版，第247页。

中国较早从美学、心理学、教育学、社会学等角度考察传播现象者之一。

离开清华以后，闻一多很长一段时间较少涉足传媒领域，但对清华校内的刊物仍保持着关注，而1925年1月3日，在纽约的清华1921级留美级友的新年聚餐会，闻一多更是记录了此次聚会的情形并发表在《清华周刊》上。此文刊登时名为《一九二一级纽约重聚会》①，是一篇十分生动的新闻稿，全文只有三百三十多字，但新闻要素齐全，信息量大，结构完整、巧妙，生动有趣而又余味无穷，是一篇耐人品读的新闻佳作。

2. 留美回国—抗战前的传播活动

1926年4月，留美回国不久，闻一多即与几位友人在《晨报》副刊上创办了一个"专门发表诗与诗评的专刊"②——《诗镌》。闻一多是刊物的主要撰稿人之一，并为《诗镌》画了刊头。至此，闻一多与传媒再续前缘。

虽然由于各种原因，《诗镌》只出了11期，但它在当时还是产生了较大的影响，在理论与创作上对倡举新格律诗发挥了很好的传播作用，为中国新诗的繁荣与发展起到了积极和不容忽视的推动作用。

继《诗镌》之后，闻一多又和朋友们在《晨报》副刊上办起了《剧刊》。

以《诗镌》和《剧刊》为标志，闻一多的传播实践活动进入第二个时期。与早期主要以校内刊物为平台不同，这一时期则主要参与创办面向社会公开发行的正式出版物，借助大众传媒宣传自己和群体的创作与理论主张，在内容上则偏重于诗歌、戏剧与学术的探讨和鼓吹。

除《诗镌》和《剧刊》外，他还先后参与过《新月》月刊、《清华学报》

① 《闻一多全集》第2卷，湖北人民出版社2020年版，第680页。

② 闻黎明、侯菊坤：《闻一多年谱长编》，上海交通大学出版社2014年版，第290页。

的编辑工作，出任清华大学出版委员会委员，参与创办《学文》月刊，担任清华大学中国文学会出版的《语言与文学》的主编等。通过这些媒体，有效宣传了他和同道们“对文艺的主张和希望”。

3. 宣传抗战与追求民主—闻一多后期的传播活动

抗日战争的爆发，使一度专注于诗歌和学术研究的闻一多对时局有了更多的关注，他开始接连在媒体上发表文章，阐述观点，针砭时弊。特别是到昆明以后，他写了大量“批判封建士大夫思想意识、反对蒋介石独裁的杂文，发表讲演，朗诵别人战斗的诗篇，并且象鲁迅那样，用自己胸中炽热的火种，去点燃下一代人心中的火炬”①。

1939 年 2 月，他在昆明《益世报》上发表了《宣传与艺术》。这是了解闻一多传播理念的一篇重要文章。文章批评了国民党抗战宣传的“不得法”，主张宣传工作要讲技巧，不能只是标语口号。他指出：“回顾抗战以来我们宣传的工作实在难令人满意。我们所有的宣传似乎大部分还不离口号标语，文字的宣传固然是放大的口号标语，即音乐图书戏剧各部门亦何莫非变相的口号标语？大致说来，从事这种工作的人似乎只顾宣泄自己的感情，而不知道如何将它传达给别人，所以结果只有宣(或竟是喧)而无传，于是多数的宣传品便成为大家压惊壮胆的咒语符箓，数量尽管多，内容却不必追究了。总之，我们的宣传品徒有形式而缺乏内容，其原因则在做宣传工作的人热情有余，技巧不足”，而“宣传之不可无技巧，犹之乎作战之不可无器械”。在这里，他明确将“宣”与“传”区别为两个不同的概念，强调了社会传播必须重视传播技巧，反对标语口号式的宣传。

他并对宣传的技巧作了具体论述：“首先在宣传工具的选择上，太重视文字，就是错误，须知文字根本是一种叙事与说理的工具，在感动

---

① 赵宝煦、闻山：《闻一多导师和新诗社、阳光美术社》，《闻一多纪念文集》，生活·读书·新知三联书店 1980 年版，第 330 页。

的功能上，它须经过一段较迂缓的过程，因此它的效用便远不如音乐图书戏剧来得迅速而直捷。对于识字阶级，文字宣传的力量已经有限，何况我们绝大多数的民众是文盲，文字对他们，根本无效呢？既然我们宣传主要的对象是一般，尤其是农村的民众，而大部分宣传品的影响恰恰是达不到他们，这是何等严重的矛盾！便就现今已有的文字宣传而论，我们似乎将宣传的意义看得太窄。符箓式的标语，对于知识稍高的人们，不久已是一种侮辱吗？关于抗战理论的文字，不已经成为'抗战八股'吗？报纸上的新闻，不是常常被认为'宣传'，意思说是假的吗？这些工作我们做得不少了，虽则其效果有多少毕竟是疑问。"

对于宣传技巧与宣传效果的研究，是传播学研究的重要内容，闻一多的《宣传与艺术》虽非传播学专著，但他对于宣传的重视和发表的意见，除了具有政治和社会意义以外，无疑也具有传播学上的重要意义。

颇具现实意义的是，闻一多提出："我所谓宣传，在文字方面，是态度光明而诚恳的文艺作品，在形式上它甚至可以与抗战无大关系，但实际能激发我们敌忾同仇的情绪，它的手段不是说服而是感动，是燃烧，——它必须是一件艺术作品。"习近平总书记一再强调要讲好中国故事，而怎样讲好中国故事，是包括新闻宣传在内的所有涉及传播的领域都在不断探索的课题，闻一多上述论述，为我们提供了一把有益的钥匙。

从传播学角度而言，闻一多这篇文章研究的是政府大众传播效果，而传播效果的研究"为传播学特别是大众传播学的诞生奠定了基础，并构成了它的一个主要领域"①。闻一多从传播效果入手，显然抓住了传播的核心问题。而闻一多在文中提道："在我们特殊情形之下，文字宣传究不如那'不落言诠'的音乐图书戏剧等来得有效。在情绪传播的迅速上，音乐是再好没有的了。我们的宣传工作在这方面正大可有为。"

---

① 郭庆光：《传播学教程》，中国人民大学出版社2011年版，第176页。

这一观点与中国共产党在抗战中充分运用音乐、戏剧等普通民众特别是工农喜闻乐见的形式来动员民众、宣传抗战的成功做法不谋而合。

以《宣传与艺术》为标志，闻一多的传播活动进入新的时期。他在这一时期的传播活动体现出下面几个特点：

第一，在内容上凸显两大主题：宣传抗战、针砭时弊；反独裁、反内战、争民主。

闻一多在这一时期撰写了许多杂文，从学者的角度，以他深厚的学术积淀为依托，并开始运用辩证唯物主义和历史唯物主义的观点，针砭时弊，宣传抗战，呼唤民主。收入《闻一多全集》的杂文，绝大部分属于上述内容。限于篇幅，这里就不详加阐述了。

1944 年 12 月 9 日，民盟云南省支部机关刊物《民主周刊》创刊，闻一多一直是其主要负责人之一，并在白色恐怖最严重的时候出任社长①。《民主周刊》在反独裁、反内战的民主运动中，发挥了重要的舆论作用，闻一多在其中的领导作用是巨大的。

1946 年 5 月，闻一多参与筹备民盟云南省支部机关报《民主报》，这是闻一多一生最后参与筹办的出版物。甚至他的牺牲也与这份刊物有关，他不顾白色恐怖，坚持晚一些离开昆明，是考虑到民主运动和民盟工作的需要，特别是李公朴遇刺后，有诸多后事需要料理，而创办《民主报》是民主运动和民盟工作的重要组成部分，他曾经对人说，这个报不办起来我就不走。②

第二，传播形式更加多样。除了借助大众传媒发声，参与出版物的创办、管理、策划、编辑等工作，闻一多这时还经常为进步青年创办的刊物题词、题写刊头等，并亲自参加进步青年的活动，指导、鼓励他们通过办刊、办报、举办社团活动等各种方式开展反独裁、反内战的民主

① 1945 年 8 月，闻一多出任民主周刊社社长，同年 12 月，吴晗接任社长，1946 年 5 月，吴晗离开昆明，闻一多再次出任民主周刊社社长。

② 闻黎明、侯菊坤：《闻一多年谱长编》，上海交通大学出版社 2014 年版，第 892 页。

活动。

例如1944年4月9日，由西南联大进步学生组织的新诗社诞生，闻一多被学生们邀请担任新诗社的导师。联大学生赵宝煦、闻山在《闻一多导师和新诗社、阳光美术社》一文中回忆："按西南联大训导处规定，学生集社活动要有教授'指导'，如果出了什么问题，要教授负责。这本来是国民党'聪明的'党棍们发明的一种'防火'措施，但没想到，闻一多当导师，却专门到青年里头放火——这个火后来越烧越大，从祖国西南角烧起，烧到了北平。"从学生们深情的回忆中，可以看到面对白色恐怖，闻一多不仅敢于宣传，而且善于宣传。

在闻一多的指导下，新诗社不仅在联大产生了很大的影响，而且将影响扩大到了社会上。赵宝煦、闻山回忆说："许多校外的同学、公务人员、中学教员、报馆编辑、记者，也带着他们的诗来参加朗诵会，成了新诗社的社员。我们开过几次千人以上的朗诵会，闻先生和大家一起朗诵，他卓越的朗诵艺术才能经常把群众的热情推向高潮。"

投身民主运动以后，闻一多还常常运用讲演的方式宣传和推动民主运动，在特定的时代与环境下，这样的口头宣传比文字更加有效。闻一多的讲演在当时的昆明，特别在青年中产生了广泛而深刻的影响，对于宣传、推动昆明的民主运动发挥了重要的作用。而"最后一次讲演"是闻一多最为著名的一次讲演，它是撕开白色恐怖的一道闪电，也是闻一多大众传播活动的辉煌顶点，更是他为祖国、为民主无惧牺牲、拍案而起的英雄乐章，其巨大影响一直延续至今，并将与他的英名同垂不朽。

闻一多此时还将诗歌作为口头宣传的利器。赵宝煦、闻山在上述文章中回忆道："闻先生在他生命的后期，越来越用力发挥诗鼓舞群众、组织群众的作用。国民党叫嚷'闻一多煽动青年'，最怕闻先生'煽动'。而闻先生却越来越多地在课堂上、在广场上'煽动'。他朗诵共产党员——艾青和田间——的诗，而且还加以讲解，大赞田间是'时代的鼓手'"。

传播与社会变革是传播学具有重大意义的课题，在昆明的民主运动中，闻一多堪称宣传鼓动的大家，研究闻一多在民主运动中发表文章、讲演等一系列传播行为、传播技巧、传播效果，是研究传播与社会变革关系的极有价值的窗口，也有助于我们进一步认识闻一多在昆明民主运动中所发挥的作用和他为推动民主运动所作出的巨大贡献。

同样值得重视的是，在反内战、争民主的社会传播活动中，闻一多十分重视团结和争取中坚力量，他的观点和有关表述对我们今天做好对外传播仍然是宝贵的财富。

抗战胜利后，闻一多和吴晗“决定办一个刊物，为中间色彩的教授提供一个园地”①。据负责此事的王康回忆，为了让该刊能够团结更多的知识分子，闻一多嘱咐他：“至于内容，只要不反动都可以登，多让中间的人说话。开始应稍稍稳重些。不然会把老好先生吓跑的。这些人都是难得的人才，要尊重爱护他们，尽量争取团结这几个大学的老先生。”②

当年《高原》的编辑欧小牧在《我和闻一多先生》中也回忆，1946 年 6 月，闻一多对他谈到办刊的意见时表示，“作风无妨稍轻松，只要无毒就可以”，“死硬派用不着争取，同情我们的也用不着争取，倒是中间阶层，动摇不定的，急需要争取”。③

闻一多的这些观点是非常可贵的，团结大多数，争取中间色彩的人群，在我们今天的对外传播中仍是应被遵循的原则，也是符合中国共产党统一战线工作的本质与根本任务的。

---

① 闻黎明、侯菊坤：《闻一多年谱长编》，上海交通大学出版社 2014 年版，第 799 页。

② 闻黎明、侯菊坤：《闻一多年谱长编》，上海交通大学出版社 2014 年版，第 799 页。

③ 闻黎明、侯菊坤：《闻一多年谱长编》，上海交通大学出版社 2014 年版，第 918 页。

二、闻一多传播活动中的爱国主义主线

从清华园到西南联大，在不同时期，闻一多社会传播活动的特点不同，但始终体现出强烈的社会责任感与深厚的爱国主义思想情感，而这二者实际上是互为因果、密不可分的。

从他在清华园中第一次从事刊物编辑工作中，我们就已看到这种强烈的社会责任感。1914 年，他在《课余一览》第一期第二号上发表的《名誉谈》中，热情赞扬了先秦至汉唐的英雄豪杰和士大夫们的积极进取、建功立业的精神，批判了宋明以来“尚知足而绝希望，重保身而戒冒险，主退让而斥进取”的风气，并以岳飞“莫等闲，白了少年头，空悲切”激励清华同学，体现出积极进取，挥斥方遒的少年意气。

1916 年，他在《清华周刊》发表《论振兴国学》，对清华学生中存在的只重视与留学相关的西学课程，忽视甚至轻视国学课程的现象进行了批评。在此后发表于《清华周刊》的《中文课堂底秩序底一斑》，以及为《辛酉镜》“课艺”“艺林”两部分分别撰写的序言等文章中，均赞美了中华文明，强调了应重视国学、国文，有着与《论振兴国学》类似的观点，体现出闻一多早期的文化爱国主义思想。

1917 年 6 月，与时昭涵合著的《童子军》，虽为介绍童子军而作，但处处流露着爱国情感：“童子军者，所以练习童子之爱国心，及他种美德也。”“吾人尽知人人皆当爱国，然知爱国而不能为国尽力者，是人体之徒具形骸，而无筋骨也。既知爱国，则当随地为国尽力，尽力之道，无论巨细轻重，皆足以表其爱国之热诚也。”

而闻一多在清华读书时期最有代表性的爱国行动，就是积极投入五四运动，其中最为人乐道的是“五四”当晚，闻一多连夜手书岳飞的《满江红》贴于学校食堂门口。这既是爱国激情的自然迸发，也是一种自发的宣传鼓动意识。

在整个五四运动期间，闻一多主要从事的都是文字宣传工作。他

在给父母的信中写道：“现校内办事机关曰学生代表团，分外务、推行、秘书、会计、干事、纠察六部……男与八哥均在秘书部，而男责任尤重。”①梁实秋在《“才情未尽”闻一多》中也回忆说：“一多在这潮流里当然也大露头角。但是他对于爱国运动，热心是有的，却不是公开的领袖。”他“埋头苦干，撰通电、写宣言、制标语，做的是文书的工作”。

五四运动爆发次日上午，清华“高、中两科科长及各级级长、各会社负责人共57人集会，讨论如何配合城里的爱国运动。先生以《清华学报》中文编辑和‘新剧社’副社长身份参加会议，并担任临时书记，负责记录。晚上，全校同学大会。会后组织了清华学生代表团。先生与罗隆基担任临时书记”②。闻一多被推选为代表团成员，并整理出《清华学生代表团开会记录》，“它是清华同学这天活动的最早记载”③。

6月16日，全国学生联合会在上海大东旅馆召开成立大会，闻一多与罗隆基等人作为清华代表与会并参加会务工作。6月27日，全国学联召开本届第一次临时干事会。会上讨论了出版日刊问题，闻一多参加日刊股工作，并担任日刊编辑。为了日刊工作，闻一多推迟了回家的计划，他在给家人的信中写道：“闭会后日刊仍继续出版，以资鼓吹，诸友谆谆劝留，责任所在，义不容辞，故乐集尚遥遥无期也。”④

1920年，闻一多在《清华周刊》上发表《旅客式的学生》，对毫无责任感的“自视为学校的旅客”的学生和“天地者万物之逆旅”的观点给予了尖锐的批评：

---

① 闻一多：《致父母亲》，《闻一多全集》第14卷，湖北人民出版社2020年版，第6290页。

② 闻黎明、侯菊坤：《闻一多年谱长编》，上海交通大学出版社2014年版，第72页。

③ 闻黎明、侯菊坤：《闻一多年谱长编》，上海交通大学出版社2014年版，第72页。

④ 闻一多：《致闻家骢》，《闻一多全集》第14卷，湖北人民出版社2020年版，第6293页。

“中国有一位文学家讲，‘天地者万物之逆旅’。呸！这是什么话？中国的文化底退步，就是这般非人的思想的文学家底罪孽。”“我们生到这个世界来，这个世界就是我们的。我们的天性叫我们把这个世界造成如荼似锦的，所以我们遇着事，不论好坏，就研究，就批评，找出缺点，就改良。这是人的天性，没有这种天性，人不会从下等动物进化到现在的地位，失这种天性，社会退化到本来的地位。”“我们是社会的一分子，学校是社会的一种组织，我们应该改良社会，就应从最切近的地方——我们的学校做起点。学校是我们的家——不是我们的旅馆。”“对于学校，我们不负责任，谁负责任呢？有人自视为世界的旅客，就失了做人的资格，有学生自视为学校的旅客，就失了做学生的资格。”

读着这样的文字，会使我们不禁联想到毛泽东1919年在《湘江评论》创刊词中发出的豪言壮语：“天下者，我们的天下；国家者，我们的国家；社会者，我们的社会；我们不说，谁说？我们不干，谁干？”虽然毛泽东的格局更大，气魄更大，但二者体现出的都是“五四”时期进步青年的精神面貌，都是“国家兴亡匹夫有责”的精神传承。

1920年前后，清华学校放映的电影一度充斥着诲淫诲盗的不健康内容，对此，他在《清华周刊》发表《黄纸条告》一文进行了批评。

潘光旦后来在《清华初期的学生生活》中回忆说：“几个河南同学……不知通过甚么方式与条件，一面从城里搞到了片子，一面取得了学校的同意，借用当时的礼堂……居然一周一次地开业放映起来。”片子的内容很多“非奸即盗，充满着极不健康的刺激与诱惑，但学校始终不管”，“最后，我们一个爱管些闲事的小团体，其中包括闻一多先生，终于忍不住的出头管了一下。我们利用《清华周刊》和其它方法，一面主张非带有教育意义的影片不得上演，一面发动同学对诲淫诲盗的今天所称的黄色片子，共同抵制，来逼使这一家学生商人不得不改换另一路质量的片子。小小的运动算是成功了”。①

① 《文史资料选辑》第31辑，中华书局1962年版，第92~93页。

“20世纪初至30年代末是传播效果研究的初级阶段，也是大众报刊、电影、广播等媒介迅速普及和发展，人们对它们的社会作用和影响力既寄予高度期待又感到深深担忧的时期。”①闻一多此时显然已注意到电影作为当时的新媒体对社会的影响力，并有意识地利用大众传播的“社会规范强制功能”，将放映“诲淫诲盗”影片的失范社会行为公之于众，予以谴责。包括前面提到的《旅客式的学生》等，都体现出闻一多这种高度的社会责任感和借助大众传播的社会功能来倡导正确的社会规范与公共道德的自觉意识。

除了五四运动期间，闻一多早期传播实践活动中，另一个爱国情感集中体现的时期是他留美回国的初期。

1925年，闻一多满怀对祖国的思念和未来的憧憬回到祖国，但一下船就遇到“五卅”惨案发生，这给闻一多带来强烈的刺激。他很快把在美国时写下的《七子之歌》《爱国的心》《洗衣曲》《我是中国人》等充满强烈爱国情感的诗歌拿出来连续发表在《现代评论》上，《醒呀》是其中发表的第一首诗。他在诗后的跋中说：“这些是历年旅外因受尽帝国主义的闲气而喊出的不平的呼声……目下正值帝国主义在沪汉演成这种惨剧……我把这些诗找一条捷径发表了，是希望他们可以在同胞中激起一些敌忾，把激昂的民气变得更加激昂。”70多年后，在澳门回归祖国的历史性时刻，作曲家李海鹰将闻一多《七子之歌》中的澳门篇谱写成歌曲，传唱遍祖国的大江南北，闻一多的爱国精神再次感染着无数国人。当年他曾说过：“在情绪传播的迅速上，音乐是再好没有的了。我们的宣传工作在这方面正大可有为。”如今，他的爱国主义精神，他的爱国诗歌，在音乐与歌声中得到了广泛的宣传与传承，也再次证明了他对传播的深刻理解。

1926年4月1日，闻一多参与创办的《晨报·诗镌》创刊。这本是一个“纯文艺”的刊物，但“碰巧”创刊于“三一八”惨案之后，这激起了

① 郭庆光：《传播学教程》，中国人民大学出版社2011年版，第177页。

诗人们特别是闻一多的激愤，于是《诗镌》的创刊号便成为纪念“三一八”专号。闻一多在创刊号上发表了杂文《文艺与爱国——纪念三月十八》和诗歌《欺负着了》。在《文艺与爱国——纪念三月十八》中，闻一多写道：“《诗刊》的诞生刚刚在铁狮子胡同大流血之后，本是碰巧的，我却希望大家要当他不是碰巧的。我希望爱自由、爱正义、爱理想的热血要流在天安门，流在铁狮子胡同，但是也要流在笔尖，流在纸上。”他热烈地赞颂着历史上爱国的诗人和诗人的爱国：“也许有时仅仅一点文字上的表现还不够，那便非现身说法不可了。所以陆游一个七十衰翁要‘泪洒龙床请北征’，拜伦要战死在疆场上了。所以拜伦最完美、最伟大的一首诗，也便是这一死。所以我们觉得诸志士们三月十八日的死难不仅是爱国，而且是伟大的诗。我们若得着死难者的热情的一部分，便可以在文艺上大成功；若得着死难者的热情的全部，便可以追他们的踪迹，杀身成仁了。因此，我们就将《诗刊》开幕的一日最虔诚的献给这次死难的志士们了！”

闻一多最终真的追寻爱国先辈的足迹“杀身成仁了”，在他生命的后期，积极投身民主运动，最终用鲜血和生命成就了他一生最“伟大的诗”，书写了最壮美的爱国主义诗篇。

在闻一多社会传播活动的后期，几乎所有的活动都是围绕着民主运动进行的，处处闪耀着爱国主义的光芒。

1943 年，在中国人民艰苦抗战中，闻一多偶然读到了解放区诗人田间的诗，他兴奋地说：这是诗吗？这不是鼓的声音吗！随即，他把这诗拿到开学后第一节唐诗课上朗诵给学生们听，并称赞作者是时代的鼓手。他在随后写成的《时代的鼓手——读田间的诗》一文中大声呼唤：“当这民族历史行程的大拐弯中，我们得一鼓作气来度过危机，完成大业。这是一个需要鼓手的时代，让我们期待着更多的‘时代的鼓手’的出现。”

“一二·一”惨案发生后，闻一多在《一二·一运动始末记》中愤然写道：“愿四烈士的血是给新中国历史写下了最新的一页，愿它已经给民主的中国奠定了永久的基石！如果愿望不能立即实现的话，那么，就让未死的战士们踏着四烈士的血迹，再继续前进，并且不惜汇成更巨大的血流，直至在它面前，每一个糊涂的人都清醒起来，每一个怯懦的人都勇敢起来，每一个疲乏的人都振作起来，而每一个反动者战栗的倒下去！”

而当1945年4月闻一多写下《五四运动的历史法则》一文时，已在自觉地运用马克思主义的观点来认识、分析中国的社会与现实，其爱国主义思想已经超越了早年的文化爱国主义，有了政治上的升华。

在整个昆明民主运动中，闻一多始终走在前面，他以他的笔，他的口，他的行动，忘我地、奋不顾身地宣传着民主的精神，无情揭露、抨击着国民党统治的腐败、黑暗。一个文人，一介书生，一位钟情于书斋生活、不喜过问政治的学者，参加了民盟，接受了中国共产党的主张和领导，义无反顾地投身于民主运动，并最终为之献出生命，其最根本的原因，就是流淌在闻一多血液中的深厚的、强烈的爱国主义思想和情感。这条爱国主义的红线，贯穿闻一多社会传播活动的始终，他并以生命和鲜血对爱国主义做了最崇高的诠释与永恒的传播！

闻一多的政治选择和学术思想流变

刘殿祥

（山西大同大学）

现代政治和现代学术之间存在着复杂的关系。政治和学术的歧变既反映到闻一多的学术研究中，也体现在他的精神世界里。现代政治以不同的形式深刻地影响了闻一多的学术研究，现代学术在不同的构成中都留下了闻一多学术研究的深刻印记。特定的政治生态在玉成一时代学术繁荣的同时也可能毁灭已经繁荣起来的学术，闻一多的学术研究同样和当时的政治现实纠结在一起，混乱的政治促使他走进了学术研究的象牙之塔，但最终政治毁灭了他生命，同时也毁灭了他的学术生命。政治对闻一多学术研究的客观影响（包括正面的和负面的）和最终的结果已经是无可更改的历史，而现代政治生态和现代学术语境的共生关系典型地映射在他的学术世界里，却能够给我们以意味深长的思考。

一

一个学者是否取得学术成就及学术成就的大小取决于多种因素，既有主观因素如天性禀赋、志趣愿望、学养积累、勤勉程度、识见能力、思维能力等，又有客观的如时代要求、现实条件、学术环境以及种种保障或破坏学术研究的因素。应该说，闻一多具备了作为成功学者的主观条件，天资的聪慧是一方面，更重要的是闻一多的志趣所在，集中在诗歌、文学和文化上，终生几乎就生活在诗歌中、生活在文学中、生活在文化中，从创作诗歌到学术研究，矢志不渝，尤其勤勉有加。少年时即博览群书、好学深思，奠定了扎实的国学修养基础，为他成年后的国学研究进行了必要的知识准备和学术积累。诗歌创作不仅强化了他的人生感悟、社会体验和现实思考，而且进一步提升了他的诗歌审美境界，带着诗人的敏感进行的学术研究使闻一多成为一个诗人型学者；精神长期遨游于中国的历史文化和文化历史中，又赋有了一种史家意识，一方面在学术上成就了闻一多作为文学史家的学术身份，另一方面使他的国学研究渗透了浓郁的历史感并总是以历史原则研究国学，这使闻一多成为一个鲜明的历史学家型的学者；在人生体验的基础上有对人生的深入思考，无论是现代诗歌创作还是古代诗歌研究都能够在诗中见出思想，历史文化中本就蕴涵着丰富的思想，文化历史的学习和研究过程中更以他自觉的反思意识而体现自我独立的文化思想，凡此都体现出闻一多作为思想家的品格，他同时也是一个思想家型学者。这些都可以是闻一多在学术研究上得天独厚的主观要素，使他能够在学术上大有可为。具备了“英雄”的禀赋后，就须有“用武之地”，所以，作为学者，与主观条件几乎同样重要的是需要学术研究的客观保障。

从学术研究的客观条件看，闻一多所在的学术环境却不尽是有利的，既有保障和促进他学术发展的有利因素，也有阻碍和破坏他学术顺利展开的不利因素。闻一多客观的学术条件包括时代文化背景、政治社会局势、现实生活环境、学术人文氛围、现代学术格局等层面。

一个人的生存和发展既会嘉惠于时代，又会受制于时代，人最不能选择的是自己所在的时代。闻一多生于清末，长于从辛亥革命到新文化运动时期，学术成就于 20 世纪三四十年代。从时代文化背景看，闻一多的学术研究更多的是受益于这个时代的。这是中国历史发生剧烈变化的时代，是新旧文化转型的时代，是从社会到观念趋于现代化的时代。辛亥革命从政治上推翻了封建王朝，新文化运动从文化上破坏了封建道统，从废除读经到以现代思想自由地研究中国典籍，是辛亥革命和新文化运动带给学术研究的最大成果。尤其是新文化运动作为一场伟大的文化思想解放运动，将压抑几千年的中国读书人的精神彻底地解放开来而赋有了现代知识分子的意识。新文化运动提供了一个自由的思想空间，知识分子的职业化使他们具有了相当的独立精神。闻一多生逢其时，伴随着中国文化的转型，自我也完成了精神的转型，从清末所受传统教育转向接受现代教育。与现代其他知识分子一样，闻一多已经形成的传统知识结构和精神结构在新文化运动中发生了裂变，注入了科学、民主、自由、平等、个性解放、社会进步、国家富强等全新的知识、思想、思维方式、价值观念，取代了“子曰诗云”的知识结构、取代了“学而优则仕”“光宗耀祖”“升官发财”的价值追求、取代了“三刚五常”“忠孝节义”“存天理，灭人欲”等伦理道德观念，打破了封闭、保守、僵化、落后的思维定势和精神状态，成为一个具有独立意识和现代精神的完全区别于古代读书人的现代知识分子。正是新文化运动彻底打破了专制主义文化的一统天下，为文化思想的自由选择开辟了广阔的空间，为各种文化思想的传播和接受提供了最大的可能性和现实性，也为个人的思想选择和学术选择提供了最大的可能性和现实性。闻一多固然深好中国传统文化并深受中国古代学术史的影响，但从整体精神和具体学术的价值取向上是决定于新文化运动的文化思想原则的。新文化运动后形成的中国现代文化思想氛围和学术格局引领了闻一多在自我学术事业上的拓展和深入，更为他的学术研究提供了有益的文化背景和有利的学术环境的保证。具体可以从两个方面看，一是从文化思想的解放角度，闻一多的学术得益于新文化运动开辟的广阔的现代文化空间和多元的现代文化思潮。这使他可以自由地选择自己的学术研究观念、学术研究对象、学术研究视角、学术研究方法。思想的自由带来学术观念的解放，不必如传统学术“代圣人立言”、为封建道统服务而可以在客观认知其真面目基础上施行现代视角的反思与批判；无须仅仅限于研究儒家经典而可以扩展到中国文化的各个层面，即使研究儒家经典也可以无所顾忌地挑战其神圣地位而分出精华与糟粕；学术视角和学术方法均可以多元化，既不必故步自封，也无须循规蹈矩，尽管闻一多多运用传统朴学方法，但目的不在朴学本身，主要是以现代视角还原经典，以求更准确地认知传统典籍。如果没有辛亥革命的政治变革和新文化运动的思想解放，闻一多不可能成为一个现代学者，即使从事学术研究，至多也是一个亦步亦趋清代乾嘉学派的一般考据家而已，不会有大的学术创新，学术研究意义自然不会有现代性。这不独闻一多如此，所有现代学者无不嘉惠于现代文化背景和自由的现代文化空间。当然，支撑如此文化空间的背后是社会政治的变革和当时的社会政治现实，包括清末科举制度的废除为现代文化和学术的发展提供了职业化的可能和保证。这构成了时代给予闻一多学术的第二方面有利保障，即现代大学兴起后带来了学术的职业化，学院环境为现代学人从事学术研究提供了依托，闻一多的学术研究自然亦得益于现代学院环境。传统读书人不仅思想依附于封建道统，而且人身亦依附于封建体制，学的目的在求仕，读经应举是正统的人生道路，学而优则仕。学术在科举制度主宰读书人的封建时代不过是应举的附庸和致仕后的业余雅兴。学术的独立是从现代开始的，思想的独立是一方面，尤其还有现实意义上的独立，那就是随着现代大学的勃兴，学院体制为学术研究提供了职业的保障。学术研究和学院教职合二为一，学院成为学术研究重镇。闻一多留学归来后即主要进入学院，正是在学院里开始自己的学术研究生涯，最初虽然辗转几所大学任教，但基本没有脱离学院环境，尤其任教于清华大学后，更长期稳定而得以专心致志于学术研究。这样，从整体的时代文化背景而言，客观上为闻一多学术事业提供发展的机遇。

二

如果说现代多元化的自由文化空间促进了闻一多的学术研究，那么这个时代的社会政治局势却给予闻一多学术更复杂的影响，其中最主要的是不利影响甚至毁灭性的打击。当我们高度赞美新文化运动开创的现代思想解放和文化繁荣局面时，往往忽略了与此相伴随的社会现实的动荡混乱局势。实际上，现代文化的繁荣恰恰是建立在极度动荡的社会环境中。闻一多从开始学术研究到他学术生命的终结，其学术研究也是在极度动荡的社会环境和极端混乱的政治局势中进行的。思想的自由和政治的混乱、文化的繁荣和社会的动荡在现代中国奇妙地结合在一起，其间的关系自是非常复杂，无论是否存在因果关系，但相互的影响是不可否认的。至少，政治层面的社会动荡对于学术研究的影响是显而易见的，特别是对于学者个人平静生活和基本的研究条件造成了极大的破坏，对于闻一多而言，更为之付出了生命的代价。

就闻一多有限的生命历程中，他所在的现代中国一直处于动荡不宁中。从总体上，闻一多所在时代至少有四种类型的政治情态和社会状况影响了他的学术研究。第一，辛亥革命后延续几十年的军阀混战使中国长期处于战乱之中，从旧军阀混战到新军阀混战，造成了社会文明的巨大破坏，长年累月的战争使民众的生命和财产毫无保障，民生凋敝，难民成群，流离失所，“荒村”连片。闻一多《死水》诗集中的《心跳》《荒村》《天安门》就或直接或间接地揭露了军阀混战的罪恶。正如他在《心跳》中所反映的，一方面是他所营造的自我学术研究的氛围，所有的是“墙内尺方的和平”，在“神秘的静夜”里伴随他的是“古书的纸香”“一杯酒，一本诗，/静夜里钟摆摇来的一片闲适”，但另一方面，在“更辽阔的边境”里，充满“战争的喧嚣”“四邻的呻吟”“寡妇孤儿抖颤的身影”，“战壕里的痉挛，疯人咬着病榻，/和各种餐具在生活的磨子下”“听，又是一阵炮声，死神在咆哮”。矛盾的意象表现出中国现代社会文化主体与客观现实的对立。面对这“墙内尺方的和平”和“更辽阔的边境”这两个世界，何去何从？闻一多面临着选择。本来，军阀混战的现实极不利于学术研究的开展，但闻一多事实上在现实面前自觉无能为力后，退归到学院和书斋中，在“战争的喧嚣”中埋首国学典籍、苦心经营自己的国学世界了。第二，从近代开始延续到现代的帝国主义横行无忌，与反动政府沆瀣一气，对中国的肆意掠夺和残酷屠杀加剧了现代中国的动荡和苦难，更激起中国人民坚贞不屈的反抗浪潮。军阀混战的现实造成了中国的内不统一，帝国主义的肆虐造成了中国的外不独立，加上政治当局的专制腐败，使得中国千疮百孔、惨不忍睹。闻一多从就读清华学校后就感受到国家遭受帝国主义国家压榨的屈辱，出国留学后更深刻地感知了帝国主义国家的本质，回国后针对中国现实、带着对帝国主义国家的激愤，创作了一系列惊心动魄的爱国诗歌。所有这些感受和认识，转化到文化思想上形成了他的“文化上的爱国主义”思想，落实到学术研究上致力于中华民族几千年文化历史和历史文化的研究。闻一多的国学研究在相当程度上是受到帝国主义国家欺凌的刺激而要弘扬“美”“韵雅的”民族文化，以激发民族的自豪感。从现实的角度，国家受制于帝国主义国家统治而出现的社会动荡实在不利于学术研究，但对于闻一多而言，从文化思想和学术研究自身却具有了一种精神上的激发功能，从诗歌创作的激扬爱国热情到国学研究的高扬“文化上的爱国主义”，是他针对帝国主义侵略的一贯精神取向。第三，内忧外患引发了日本帝国主义的入侵，抗战爆发更深刻地影响了闻一多的现实生活、思想变化和学术研究。当然，抗战的影响是全国性的，不独闻一多受到影响。我们主要从抗战作为客观的国家局势看对闻一多学术研究的多方面作用。抗战爆发前闻一多已经在清华大学任教五年，清华园优越的生活和学术环境保障了他在学术上的精进，这个阶段闻一多已经制订了庞大的国学研究计划并按部就班地展开了研究。但“七七”事变打破了他优越平静的生活状态，打断他优雅从容的学术研究状态，也破坏了他的学术研究计划，从学术上这是给他最大的影响。在枪炮声中他首先逃离即将沦陷的北平(闻一多是 7 月 19 日离开北平的)，从此开始了颠沛流离的生活。从北平到武汉，从家乡到长沙，在长沙临时大学短暂停留后参加了从长沙到昆明的徒步转移，直到定居昆明西南联大才基本恢复了研究。抗战初期的时局变化造成了他研究的停顿，也提供给他一次人生选择的机会，或从书斋中走出来参与到现实的抗战运动中，或继续已经成为习惯的学术研究生涯。闻一多最终选择了延续学术研究的生活方式，如他谈到在南岳的生活时说："南岳是个偏僻的地方，报纸要两三天以后才能看到，世界注意不到我们，我们也就渐渐不大注意世界了，于是在有规则性的上课与逛山的日程中，大家生活又慢慢安定下来。半辈子的生活方式，究竟不容易改掉，暂时的扰动，只能使他表面上起点变化，机会一来，他还是要恢复常态的。"①现在看来，在当时国土沦陷、抗战形势极端严峻的现实面前，包括闻一多在内的这些教授们却过着与世隔绝的世外桃源式的"有规则性的"生活，确有不可思议之处。虽然局势紧张，但闻一多尚沉浸于学术研究世界中，苦心孤诣于能够继续国学研究生涯，整个抗战时期几乎都在国学研究世界中。抗战之于闻一多学术研究的影响事实上反而是有限的，无非是"暂时的扰动"和特定研究资料的匮乏，而没有从根本上动摇他的学术研究信念和改变他的人生道路及生活方式。抗战胜利后，闻一多这样说到政治与学术的关系："这两年来，同学们对学术研究比较冷淡，确是事实，但人们因此而悲观，却是过虑。政治问题诚然是暂时的事，而学术研究是一个长期的工作。有些人主张不应该为了暂时的工作而荒废了永久的事业，初听这说法很有道理，但是暂时的难关通不过，怎能到达那永久的阶段呢？而且政治上了轨道，局势一定安下来，大家自然会回到学术里来。"②针对学生而言，实则是闻一多的夫子自道，反映了他当时的思想认识。他希望政治是暂时的，希望政治能够上"轨道"，安定下来专心于学术研究。从根本上影响他学术研究的第四种政治情态和社会状况是民主与专制之间的斗争，这几乎贯穿了二十世纪前半叶，贯穿了闻一多人生历程和学术研究历程。辛亥革命前后中国的各种政党风起云涌，二十年代后壮大起来并主宰中国社会政治命运的是国民党和共产党，政权的争夺以革命的形式和战争的手段异常激烈地进行着，民主与专制的斗争伴随了流血

① 闻一多：《八年的回忆与感想》，《闻一多全集》第2卷，湖北人民出版社1993年版，第428页。

② 闻一多：《八年的回忆与感想》，《闻一多全集》第2卷，湖北人民出版社1993年版，第431~432页。

和牺牲。闻一多在正式开始学术研究之前曾经参加过国家主义派别的“大江会”，参与过一些属于国家主义政治派别组织的政治抗议活动。随着北伐战争的胜利和国共两党关系的破裂，闻一多退守进学术的象牙之塔中，在随后十几年中不再闻问政治。但抗战胜利后，针对国民党政权的腐败和一党专制，闻一多又开始闻问政治，有最初的闻问发展到实际地参加到反专制、争民主的斗争中，所依托的政党组织是民盟，在参加民盟活动的过程中倾向于共产党革命而猛烈地抨击国民党政权。前期参与党派政治活动的结果是离开政治转向了学术研究，后期参与党派政治活动的结果是偏离学术再次介入政治活动，前者当然有利于闻一多在学术研究上的有所作为，而后者不可否认地有损于学术研究，不仅如此，闻一多的介入政治后，以其激烈的反专制、争民主的斗争招致枪杀，同时也就毁灭了他的学术生命。闻一多在政治上的业绩自有政治标准的评价，但从学术研究而言，毁灭的不仅仅是他的学术生命，受到重创的是整个中国现代学术。闻一多之死的影响也不仅仅是政治上的，尤其在学术上和文化上赋有别样的深远影响。

总体的政治局势和社会动荡体现在具体的政治运动和政治事件中，闻一多一方面从整体上感知了现代中国社会的特征，另一方面主要在一系列政治事件中具体认知了中国社会的动荡和混乱，由此而调适着自我的人生选择和学术发展。而他也主要是在影响现代中国的一系列具体的政治运动和政治事件中受到直接影响，其生活、思想和学术研究随之发生着变化。辛亥革命发生时，闻一多尚是少年，但已经开始关注到这场变革，而到五四运动时，闻一多已经是积极的参与者。这两场政治运动以其在中国的伟大进步意义也推动了闻一多精神的进步和发展。但随后的社会政治现实却带给他的更多是精神的打击、理想破灭的痛苦、对民族前途和国家命运的忧虑，具体到学术研究上，现实社会情状更给予他复杂的影响。在现代纷繁的政治运动中，直接影响到闻一多生活、思想和学术的具体政治事件前期有“五卅惨案”“三一八惨案”“四一二政变”，后期有“一二·一运动”和李公朴被暗杀事件。巧合的是，闻一多留学回国时正逢“五卅惨案”发生，他是于1925年6月1日到达上海的，一回国见到的就是同胞被杀的血迹！据和闻一多同船回国的戏剧家余上沅回忆：“我同太侔、一多刚刚跨入国门，便碰上五卅的惨案。六月一日那天，我们亲眼看见地上的碧血。一个个哭丧着脸，恹恹地失去了生气，倒在床上，三个人没有说一句话。在纽约的雄心，此刻已经受过一番挫折。”①不到一年，闻一多在北京又亲历了“三一八”惨案，也正在他创办《诗镌》、提倡新格律诗运动的同时。惨案的现实反映在诗歌中，创作了诗歌《天安门》《唁词——纪念三月十八日的惨剧》《欺负着了》揭露帝国主义和发动军阀的残暴并歌颂了青年的爱国精神。“三一八惨案”仅仅过了一年，闻一多亲历了北伐战争②，又亲历了国共两党关系破裂的“四一二”政变。回国后的短短两年，闻一多从上海到北京，从武汉又到上海，两年间经历了现代中国政治最为动荡、变革最为剧烈的时期。这些事件对他个人现实生活的影响仅仅是一个方面，重要的是影响到他的精神和诗歌创作，特别影响到他的学术选择。闻一多在美国留学时曾经在强烈的思家念国情感支配下创作了一系列激情澎湃的爱国诗歌，热切地歌颂和赞美祖国，在《忆菊》中将祖国想象为如花一样的美丽，“我要赞美我祖国底花！/我要赞美我如花的祖国！”但祖国并不如他想象的那么理想那么美，甫一回国就遭遇“五卅惨案”，给他重大的精神打击，“我来了，那知道是一场空喜”，在失望中发现“这不是我的中华，不对，不对！”如花的祖国原来不过是“噩梦”、是“恐怖”、是“噩梦挂着悬崖”(《发现》)，是“一沟绝望的死水”。理想破灭、热情消退、精神苦闷带来诗歌风格的沉郁内敛、凝练厚重、诗律精严。创办艺术剧院以提倡国剧运动、发起新格律诗运动以规范新诗形式、参与国家主义派别的政治活动以求国家的独立和统一，这些艺术理想和政治理想

① 参见闻黎明：《闻一多年谱长编》，湖北人民出版社1994年版，第266页。

② 1926年2月，闻一多曾到武汉参加了国民革命军的北伐工作，担任北伐军政治部艺术股股长。据章伯钧回忆，闻一多亲自绘制有反军阀的壁画。参见闻黎明《闻一多年谱长编》第340页。

都随着一系列的政治惨案而破灭，所以，闻一多无可奈何地感叹道：“秩序不在我的能力之内!”(《闻一多先生的书桌》)自己的能力在哪里呢？他最终发现，自己的能力是在古典学术研究中，在考据学的古籍整理中，在古代文化“秩序”的重新厘定中！由此，闻一多从“外”向“内”转，转向古典学术研究、转向国学研究，在国学研究中寄寓自我文化情怀。社会政治的动荡促使他逃避进学术的“象牙之塔”中，以极端压抑的情感致力于古籍考据学，反“因祸得福”而在国学研究上取得了成就，如他在致友人的信中所说：“我近来是最痛苦的是发见了自己的缺陷，一种最根本的缺陷——不能适应环境。因为这样，向外发展的路既走不通，我就不能不转向内走。在这向内走的路上，很有发展的希望。因为不能向外走而逼得我把向内的路走通了，这也可说是塞翁失马，是福而非祸。”①现实政治的恶化非但没有激起作为现代诗人的闻一多的抗争意志，反而将他推向了远离现实社会的国学研究领域。“向内转”的精神取向落实到学术研究上的古籍选择实际也意味着他在思想上的“向后转”，这使他一度在精神上脱离现代社会返归到了古代世界。这里不排除闻一多服从自我生存意志并在“故纸堆”中求得精神苟安的避世心理。客观地说，从一个现代知识分子与现实社会的关系而言，闻一多放弃直面现实社会而选择“故纸堆”研究标明了他在现实面前的退却，意味着他同时放弃了作为一个现代知识分子应该具备的战斗意志，这与古代士子们在乱世中的消极退隐、避世以全身有一定的相似性或相通的地方。从此，现代诗歌史上失去了一个热情的诗人，但在现代学术史多了一个优秀的学者，从诗人到学者的转变也意味着闻一多从一个现代知识分子到一个传统考据学家的转变。在最是不利于学术研究的社会政治环境中，闻一多在长达十几年的时间反而专心致志于学术研究并能够取得相当的成就，根本在于他远离了社会政治和动荡现实。

---

① 闻一多：《致饶孟侃》，《闻一多全集》第12卷，湖北人民出版社1993年版，第265页。

经过一系列政治事件的影响后，闻一多最后通过三个层面与险恶的社会政治实现了“隔绝”。一是外在的学院环境，学院的“四墙”隔断了“战争的喧嚣”和“生活在磨子下”的“各种惨剧”，在相对封闭的学院环境中维持住了平静的书斋生涯；二是显在的“故纸堆”的整理和研究，“古书的纸香”吸引他沉浸其中而忘掉了现实的痛苦，“故纸堆”闷熄了他艺术的灵光，消解了他曾有的战斗意志，也消磨着他的生命；三是内在的偏于消极退隐、苟且避世的精神取向从根本上阻隔了与现实社会的联系，这使他满足于“一杯酒，一本诗”和“静夜里钟摆摇来的一片闲适”①。这三方面实际也构成了学术研究的机制，是学术研究所最适宜的环境和精神状态，而之于闻一多来说，这三方面也是社会现实给他生活和思想的影响结果，在他并不期遇的因果关系中选择了最终远离社会斗争、远离时代现实的国学考据学研究。可以看出，闻一多之所以转向学术研究，其中一方面非常重要的原因是因为如“五卅惨案”“三一八惨案”“四一二政变”等政治事件所构成的政治现实导致的，而他之所以能够在从三十年代到四十年代在国学研究上专心致志、有所作为是因为远离了政治，在自觉地不与政治现实发生关系的前提下营造出了自我处身于学院环境中的书斋学术环境。但抗战的爆发打破了“文化古城”北平的平静，打破了北大、清华等学院的围墙，搅乱了闻一多已经陶醉其中的书斋生活，尤其搅乱了闻一多沉浸于“故纸堆”考据学的心灵的平和。如果说战乱中和在颠沛流离的生活中闻一多尚坚守着国学研究事业，那么到抗战后期由于种种原因，闻一多一改长期不予闻问政治的状态，开始积极地介入政治活动了。而一当他介入政治事件、参与政治运动时，

① 这里是引闻一多诗歌《心跳》中诗语。《心跳》创作于 1927 年 5 月，正是闻一多人生发生转折的时候，但诗歌中所表现的思想是要从“墙内尺方的和平”转向“更辽阔的边境”，不想满足于“静夜”的“和平”和“闲适”，而要直面“战争的喧嚣”和“生活在磨子下的各种惨剧”。这首诗在《死水》集的艺术结构中承先启后，引出了后面描写现实的诗歌。但从闻一多此后的人生选择和漫长的书斋生涯看，他恰恰反其道而行之，返归到了“墙内尺方的和平”，长期满足于“古书的纸香”和静夜的“闲适”了，直到抗战后期才重新践履《心跳》的心志。

学术研究事实上就会受到冲击而难以为继。闻一多在后期参与政治活动后，固然仍然坚持国学研究并开拓了新的研究领域如神话学研究、文学史研究、文化思想研究，但他更多的精力还是投向了现实政治运动。从具体的政治事件影响看，“一二·一惨案”和李公朴被暗杀事件直接影响到闻一多，如同前期的“五卅惨案”和“三一八惨案”直接影响他的精神转向一样。如果说前期的政治事件促使他躲进了国学研究以求精神的苟安，那么抗战后期则同样因为政治局势的变化，闻一多拍案而起参加了民主斗争。“一二·一惨案”发生时，闻一多身临其境，作为主要力量参加了清华大学和民盟的抗议活动。“一二·一惨案”使他想起当年的“三一八惨案”，他说：“鲁迅先生说发生三一八惨案的民国十五年三月十八日是中华民国最黑暗的一天，他不知道还有更黑暗更凶残的日子是民国三十四年十二月一日！段祺瑞的卫兵是在执政府前向徒手学生开枪，十二月一日的昆明是大队官兵用手榴弹和刺刀来进攻学校！凶残的程度更进了一步，这是白色恐怖吗？这是黑色恐怖！”①闻一多在1946年2月特为四烈士撰写了碑文，详细记录了“一二·一”惨案的始末，更明确指出“‘一二·一’是中华民国建国以来最黑暗的一天”②，与鲁迅当年的指斥“三·一八”为“民国以来最黑暗的一天”遥相呼应。正是“一二·一惨案”的刺激，使闻一多几乎全身心地投入现实政治斗争，学术研究退居其后，而这个时候距离他生命的终点仅仅有半年多时间。在“一二·一”后的半年多时间里，闻一多为现实腐败痛心疾首、为专制政治激愤怒吼、为民主斗争呼号奔走，学术反而成为点缀。直接影响到闻一多生命的是李公朴被刺杀事件。7月11日李公朴被暗杀后，闻一多即身临险境，他在7月13日尚为李公朴死难题词③。7月15日参加李公朴死难报告会，发表了《最后一次的讲演》后被国民党特务枪杀

① 《闻一多先生在一二·一惨案座谈会上的演词》，参见闻黎明、侯菊坤：《闻一多年谱长编》，湖北人民出版社1994年版，第932页。

② 闻一多：《一二·一运动始末记》，《闻一多全集》第2卷，湖北人民出版社1993年版，第435页。此文镌刻在昆明四烈士墓座上。

③ 闻一多的为李公朴死难的题词为：“斗士的血不是白流的。反动派：你看见一个倒下了，可也看得见千百个继起的人？”

而殒命。当然，李公朴被暗杀直接引起了闻一多的牺牲仅仅是表面现象，国民党专制政治统治的恐怖程度和闻一多当时政治活动的激烈程度都达到了尖锐化的对立，他的牺牲自有其不可避免的历史必然性。就闻一多而言，政治已经不仅仅是影响他学术研究的问题，更造成了他学术生命的毁灭。

现代中国由军阀混战、帝国主义欺凌、抗日战争、政党纷争以及一系列政治事件等构成的整体社会动荡状态对闻一多的学术研究影响以异常复杂和曲折的形式表现出来，既有阻滞和毁灭其学术研究的一面，也有反而促进他学术研究的一面。其影响主要不在学术研究内容本身，主要在于他的精神感受和学术思想随着社会政治的变化而变化着，走过了一条矛盾而曲折的人生道路、思想轨迹和学术之路。因为社会的动荡和政治的险恶，闻一多在精神失望中寄托于国学古籍研究而作出了巨大的国学研究业绩；因为抗战的爆发，闻一多被迫颠沛流离，虽然坚持学术研究，但条件所限，难以在学术上按计划如愿以偿而作出更可观的成就；因为抗战后政治的腐败和专制，闻一多无法心安理得于平静从容的学术研究，起而抗争，结果牺牲了自己的生命，终结了学术事业。从社会政治角度看闻一多的学术研究，社会政治竟以如此悖谬的方式影响着闻一多的学术研究，这大约是闻一多自己都始料未及、生前所没有意识到的。学者与社会政治的二难纠葛之于学术的得失利弊在整个现代学术史上真是一言难尽，意味深长。

三

如同整个现代思想的相对自由和文化的相对繁荣建立在现代社会政治的动荡环境中一样，学术研究的繁荣基础也是有赖于在动荡混乱的现实环境中相对平静的学术环境的营造。营造这一现代学术环境的主体是如闻一多这样的群体现代知识分子，他们在新文化运动及其后的文化自由空间中、在战乱不断的社会环境中、在变幻莫测的政治运动中造成了适宜文化发展的学术环境和氛围，按照时代顺序大致可以分为三种，闻一多基本上一直处身于这三种类型的文化环境和学术氛围中。一是二十世纪二十年代北洋军阀政府统治时期的以北京为中心的学术环境，包括新文化运动时期在内的整个二十年代，不仅新文学繁荣昌盛，而且在学术特别在国学研究上蒸蒸日上，呈现出一片浓郁的学术研究氛围。二是三十年代国民党政府统治时期，北京失去都城地位，反而可以疏离政治而发展文化和学术事业，即进入北平“文化古城”时期，以北京大学、清华大学及其他各大学为依托的学院派学术文化高度繁荣；同时在国民党政治专制和文化专制统治下，以上海为中心的文化反抗风起云涌，形成了影响深远的左翼文化和学术环境。三是抗战爆发后在大后方营造出的文化中心和学术环境，从抗战初兴的武汉到战时陪都重庆，从西南联大所在地昆明到抗战后期的桂林和香港，包括解放区的延安，都成为抗战时期的文化和学术中心，这种多中心的格局保证了战争时期中国现代文化和学术的延续、发展及进一步的繁荣。

文化与学术环境随着政治变革和战争影响而发生位移，但无论时间的变迁还是空间的转移，文化和学术主体则一以贯之，如鲁迅连接了新文化运动时期的启蒙文化语境和三十年代的左翼文化语境，闻一多贯穿了从二十年代北京文化环境到三十年代北平“文化古城”氛围再到战时昆明的文化和学术环境，包括延安文化在相当程度上亦融进了从二十年代到三十年代的各种文化环境和学术氛围因素。当然，任何文化环境和学术氛围都不会是一个或几个知识分子所能够造成，但群体的知识分子在不同时间和空间中齐心协力于文化和学术，却可以众志成城，构造成超越社会动荡局势的良好文化环境和学术氛围。上述文化环境和学术氛围既属于整个时代和社会结构的组成部分，但同时又与动荡社会局势相对立，因而形成现代社会政治局势和现代文化学术氛围既统一又对立的两种态势。

在第一种的统一态势中，因为文化和学术属于时代和社会的组成部分，所以社会政治局势以不以知识分子的意志为转移的强大力量左右着文化的发展和学术的走向，主宰着文化生态和学术氛围，影响着学者的现实生活进而影响到个人学术研究的发展。置身于书斋中的学者不可能对战争枪炮声充耳不闻，战争和政治强权总是在震动着学院环境的平静；尤其抗战的爆发将学院学术环境置换为战争场所，“皮之不存，毛将附焉?”加上从北洋政府到国民党政府的政治恐怖和文化专制政策，都在侵扰着知识分子的文化事业和学术研究生态，都在吞噬着文化思想的自由和学术研究的独立。

在第二种的对立态势中，一方面，新文化运动后知识分子的自由思想和独立精神日益成熟，敢于和社会政治的黑恶势力进行抗争，从反抗北洋军阀政府到反对国民党的专制主义统治，现代史上知识界的斗争意志和实际的抗争运动可圈可点者甚多，主体文化思想的自由和学术研究的独立造成了文化环境和学术氛围与恶劣社会政治局势的对立；另一方面，也不排除读书人本性的避世心理和求静愿望支配下的自觉或不自觉地对自由和独立的追求，有意或无意地远离了喧嚣的社会和险恶的政治，群体的追求落实到现代社会文化所提供的学院环境中，因而共同造成了学院派的文化环境和学术氛围。这种学院化的文化学术生态环境即斗争的结果，如北京大学的曾经宣布独立于教育部，清华发生过两次“三赶校长”的事件，这都是在争取办学的自主性和学术研究的独立性；同时也是相当一部分学者退隐的结果，只要当局不干涉教学和学术研究，读书人们就乐得逍遥而沉浸于独立的文化世界中，这其实意味着社会责任的另一种形式的放弃，学术独立和退隐人生、避世意识结合在一起，客观上确实形成了学术的独立，而这种独立在一定程度上是以退隐人生为形态和避世意识为机制的。这样，闻一多所在的现代文化环境和学术氛围在与社会政治局势的对立中从属于现代社会整体结构中，为闻一多转向学术研究后的专心致志于国学研究提供了必要的研究环境。这里所说的两种社会政治局势和文化学术氛围态势的形成机制和过程在闻一多的人生、学术和精神中都有所表现，对于社会政治局势，他有过斗争也有过妥协，积极进取的人生遭遇打击后退回到学院和书斋，随着学术人生的展开其精神也一度退后到古代文化世界中，进入二十年代后已经成熟的学术文化生态中开始了自我的国学研究。

这里我们重点看闻一多所在的主要以学院环境为主的学术氛围。闻一多的文化人生从学术视角在时间上可以分为求学阶段的学养积累时期、从诗歌创作到学术研究的转变时期、专注于学术研究时期。求学阶段姑且不论，在1925年6月结束留学生活回国后，闻一多就基本置身于学院环境中、置身于现代学术语境中，（当然也置身于现代文学史特别是现代诗歌史中）开始了诗歌创作和学术研究并举、从诗歌创作转向学术研究的时期。闻一多在1926年前后一般予人的印象似乎就是创作诗歌、发起和领导新诗形式运动。其实，诗歌活动仅仅是他生活的一个方面，与此同时他也参加一些社会政治活动。而更为重要的是，诗歌创作和诗歌活动在当时并不成为一种职业，不足以养家糊口，闻一多必须觅得一份安身立命的职业，这是他结束学业后最迫切的需要。于是，在学院任教并从事学术研究成为当时最现实的选择。由此，闻一多进入了学院文化环境，渐渐开始转向学术研究。但闻一多最初的职业道路并不顺利，直到1932年任教于清华大学之前，他一直在动荡不宁的职业奔波中，从北京到上海，从南京到武汉，从青岛又返到北京，七年时间易地六次，频频失业，赋闲在家时间好几次都长达几个月。① 其颠沛流离、朝不保夕之状和恓惶不安、焦虑苦闷之情自是可以想见，既饱尝寻找工作的艰难，又备感不断失业的痛苦，一腔辛酸，压抑心底，成为他

① 闻一多1925年6月回国后，先是通过徐志摩介绍受聘于北京的“国立艺术专门学校”，但不几个月就因为校内人事倾轧和选举校长风潮而辞职，勉强延至暑假，正式离开了艺专（1925年9月—1926年7月）。1926年暑假回家，工作已无着落，直到秋冬之际，应友人潘光旦邀约到吴淞国立政治大学担任训导职务，也不过几个月，年底因女儿病而回老家。再次赋闲几个月后，1927年初应邓演达邀约往武汉短暂地担任过北伐军总政治部艺术股股长，因为不惯军中政治生活，仍然回到吴淞政治大学，但4月北伐军封闭了该大学，闻一多再次失业。后经朋友介绍到南京土地局任职，但时间极短。直到1927年8月，经与南京东南大学文学院院长宗白华商谈，受聘为新组建的南京第四中山大学外文系主任和副教授，到1928年秋，也仅一年。1928年秋参与武汉大学筹办并任文学院院长，仍然因为人事问题于1930年6月辞职。嗣后往青岛大学担任文学院院长和中文系主任，至1932年6月辞职。最后于1932年9月才基本固定于清华大学教职。

全新且深刻的人生体验。这种精神感受比较充分地表现在他这个时期的诗歌创作中，特别是《死水》诗集，多阴冷悲苦之作。以上职业的奔波和不断的失业打击都对他从诗歌到学术以及学术研究产生了巨大的影响，即在以后的学术研究过程和学术研究成果中都积淀和体现了这些现实人生经验和人生体验。这是一个艰难的人生过程，是一个痛苦的精神过程，正是在这一过程中，闻一多选择了学院、选择了学术、选择了国学研究，尽管这个选择过程比较漫长而且曲折。职业的选择过程也是学术专业的选择过程，闻一多在北京艺专教授美术史课，在南京第四中山大学和武汉大学教授英美诗歌，直到从青岛大学开始才完全教授中国古代文学。尽管闻一多对古代文学的研究在此之前就已经开始，但尚没有成为他的术业专攻对象。而且，从北京艺专到南京第四中山大学，从武汉大学到青岛大学，闻一多都担任了行政领导职务，行政事务和性格志趣的冲突一直伴随着他，尤其是人事纠葛每每令他狼狈不堪，几次为此而被迫辞职。① 这个时期尽管处身于学院环境，但仍然彷徨于现实人生与学术研究之间，就学术研究而言，实际上一直徘徊于学术边缘而尚未

① 闻一多前期任教的几个学校都因为他担任行政职务而屡起事端，或因人事矛盾或因学潮而辞职。在北京艺术专门学校时担任教务长，因为校长人选问题而去职；担任武汉大学文学院院长时，有因为学潮中受到攻击而辞职，实则是受到人事倾轧和排挤；在青岛大学时，仍然是因为学潮中受到学生攻击而辞职(参见闻黎明、侯菊坤编：《闻一多年谱长编》，湖北人民出版社 1994 年版，第 305~306、386、424~426 页；季镇淮：《闻一多先生年谱》，《闻朱年谱》，清华大学出版社 1986 年版；梁实秋：《谈闻一多》，方仁念编：《闻一多在美国》，华东师范大学出版社 1985 年版，第 155~156 页)。所有这些事端都与他担任行政职务有关，所以，闻一多从青岛大学辞职后决心不再担任任何行政职务，直到西南联大时代理朱自清任清华中文系主任，亦是几经劝说，勉强上任，在致朱自清信中坦陈心迹，亦及于此前经历，他说：之所以不敢应允，“理由实甚简单，平生顽直之性，见事往往失之偏宕，不能体谅对方立场。见事偏宕，虽千虑一得，不无独到之处，然不能体谅对方，结果必归失败。……曩者屡试屡败，此兄之所熟知者，此其一。又素性脱略，生活习惯，漫无纪律，读书时心力所注，辄一切皆忘，以此任事，疏失尤多。此亦曩日之经验，然积习已深，恐此生无法移易也，此其二”(《闻一多全集》第 12 卷，湖北人民出版社 1993 年版，第 364 页)。

进入学术的中心地带。这当然一方面是因为闻一多在学术研究上刚刚起步，仍然籍籍无名，另一方面，他所就职的北京艺专、武汉大学、青岛大学都是刚开始筹办，这三所学校的筹办闻一多都参与并成为主要力量。草创时期的学校既无深厚的学术底蕴，自然也谈不到有多浓郁的学术气氛。学校尚处于学术的边缘地带，闻一多也受其影响而基本尚未完全介入现代学术语境。所以，闻一多在这几所大学任教时期，既是他从诗歌创作转向学术研究的时期，也是他在学术研究方向的选择时期，即使已经身在学院环境，所在学院的边缘地位和他自己陷身于学校草创时期的繁杂事务，使其未能够与现代学术界发生更为密切的联系。直到进入清华大学，闻一多才真正找到了学术研究中的自我和自我学术的真正依托，才在清华大学浓郁的学术氛围中开始了稳定的国学研究生涯，才真正开始进入国学研究领域和中国现代学术格局。

现代政治和学术歧变中的闻一多在其全部国学研究中贯穿着诗人、文学史家和现代思想家的特性，体现为从“诗”到“思”的“史”的过程，出发点是诗歌，经过漫长的研究历程，归宿点为国学思想上的“杀蠹的芸香”！

闻一多在经过了从诗人到学者、从学者到民主斗士的转变后，在国学研究和文化思想上更从学者转变为“杀蠹的芸香”，其全部文化人生历程可以描述为“从诗人到‘杀蠹的芸香’”。

闻一多是从中国文化和学术史走出的国学中的“杀蠹的芸香”！

闻一多与抗战文艺

庄桂成　赵亚琪

（江汉大学）

闻一多是我国现代文学史上的著名诗人、学者和民主斗士，他的一生经历坎坷，特别是抗日战争时期，颠沛流离，辗转去了云南昆明，任教于西南联大。闻一多在文学上成就卓越，同时又具有深厚的爱国情感，因此，他对当时抗战文艺发表了许多真知灼见，也为抗战文艺作出了重大贡献。

一、这是一个需要鼓手的时代

在西南联大期间，闻一多抗战热情高涨，组织排演了抗日话剧《祖国》。《祖国》是一部多幕话剧，由西南联大外文系陈铨教授改编。剧本描写一位大学教授，不顾个人安危和旧日恩怨，和学生、工人一起抗击敌人，最后为祖国壮烈牺牲。这是部鼓舞全国军民英勇抗日的话剧，排练时武汉、广州已经失守，汪精卫已逃往河内并发出臭名昭著的艳电，成为可耻的大汉奸，闻一多等人带着抗战必胜的信念和对汉奸极大的愤怒排练话剧。1939 年 2 月 18 日，《祖国》在昆明最大的剧场新滇大舞台公演，现场观众齐呼“打倒日本帝国主义”！闻一多“设计的布景也取得很好效果，特别是配以灯光，用黄色体现第一幕中的忠勇，用蓝色表现

第四幕的悲惨，虽然地点没有变，却把感情突出了”①。《祖国》连演八天，盛况空前，给春城注入战斗的活力，渝沪等地纷纷登出了演出消息和剧照。

闻一多亲自组织排练的抗日话剧大获成功，但并不是当时所有的话剧都是这样，有些话剧虽然题材属于抗日，却不能吸引和打动观众。闻一多自己就曾在一篇文章《宣传与艺术》里谈过：

> 最近我看过一个剧团的公演，在最末一幕终了时，几个游击队正在和敌人苦撑，青天白日旗忽然从山后飘扬起来，随着一阵救亡歌曲的声音，援军到了，幕下了，幕后歌声仍然不断，并且愈加激荡了，想必舞台上全体人员都加入了。这时，我满以为台下全体观众也会响应起那“起来，不愿做奴隶的人们！”多么伟大！全堂六七百人一齐怒吼起来，那点经验的教育作用，不要胜过千百篇痛哭流涕或激昂慷慨的论说或演辞吗？然而幕下了，台下一阵喧哗，散戏了。我急得直跺脚。②

为什么会出现这样的情况？闻一多认为这是宣传不够普及与深入的一个实例。他以田间的诗歌为例，认为这是一个需要鼓手的时代。

> “多一颗粮食，
> 就多一颗消灭敌人的枪弹！”
>
> 听到吗
> 这是好话哩！

---

① 心丁：《观〈祖国〉演出后》，《云南日报》1939年2月10日。

② 闻一多：《宣传与艺术》，《闻一多全集》第2卷，湖北人民出版社1993年版，第190~191页。

听到吗
我们
要赶快鼓励自己底心
到地里去!

要地里
长出麦子;

要地里
长出小米;

拿这东西
当做
持久战的武器。

(多一些!
多一些!)

多点粮食
就多点胜利。

——田间《多一些》

闻一多认为，田间的这些诗句里，没有“弦外之音”，没有“绕梁三日”的余韵，没有玩任何“花头”，只是一句句质朴、干脆、真诚的话，简短而坚实的句子，“就是一声声的鼓点，单调，但是响亮而沉重，打入你耳中，打在你心上”①。同时，闻一多还分析了田间的诗歌《人民

① 闻一多:《时代的鼓手——读田间的诗》,《闻一多全集》第 2 卷，湖北人民出版社 1993 年版，第 199 页。

底舞》，他认为，田间的这些诗，虽然都不算非常成功的诗，但它所成就的那点，却是诗的先决条件——那便是生活欲，积极的，绝对的生活欲。“它摆脱了一切诗艺的传统手法，不排解，也不粉饰，不抚慰，也不麻醉，它不是那捧着你在幻想中上升的迷魂音乐。它只是一片沈着的鼓声，鼓舞你爱，鼓动你恨，鼓励你活着，用最高限度的热与力活着，在这大地上。”①闻一多认为，在这民族历史行程的大拐弯中，我们得一鼓作气来渡过危机，完成大业。这是一个需要鼓手的时代，期待着更多的“时代的鼓手”出现。至于琴师，乃是第二步的需要，而且目前我们有的是绝妙的琴师。

鼓手与琴师，是闻一多对抗战时期两种不同风格写作者的形象比喻。他认为，鼓这种韵律的乐器，是一切乐器的祖宗，也是一切乐器之王。音乐不能离韵律而存在，它便也不能离鼓的作用而存在。鼓象征了音乐的生命。诗与乐一向是平行发展着的，正如从敲击乐器到管弦乐器是韵律的音乐发展到旋律的音乐，从三四言到五七言也是韵律的诗发展到旋律的诗。音乐也好，诗也好，就声律来说，这是进步。可痛惜的是，声律进步的代价是情绪的萎顿。在诗里，一如在音乐里，从此以后以管弦的情绪代替了鼓的情绪，结果都是“靡靡之音”。闻一多认为，“这是感觉的愈趋细致，乃是感情愈趋脆弱的表征，而脆弱的感情不也就是生命疲困，甚或衰竭的征兆吗？”②因此，闻一多从学理的层面，论证了在抗战的特殊时期，需要激励斗志的“鼓声”，箫声和琴声配不上流血与流汗的工作。

当然，鼓声也不能全是口号，诗歌是如此，戏剧也是如此。闻一多就曾讲述过这样一个故事：“听说某处开伤兵慰劳会，演了一出话剧，伤兵认为是对他们的侮辱，把演员打了。平情而论，抗战以来，戏剧真

① 闻一多：《时代的鼓手——读田间的诗》，《闻一多全集》第2卷，湖北人民出版社1993年版，第201页。

② 闻一多：《时代的鼓手——读田间的诗》，《闻一多全集》第2卷，湖北人民出版社1993年版，第197页。

够努力的了。可惜的是愈努力愈感觉‘剧本荒’。把仅有的剧本，一堆堆的口号，勉强搬上台，导演者十九又不能尽其责。在这剧作家与导演家两头不得力的苦境之中，真辜负了不少的好演员。”①抗战转入持久战阶段后，唤起并组织民众以期达到真正的全面抗战，是当时最主要的任务，而实施这项任务的首要步骤就是宣传。闻一多认为，“宣传不得法，起码是枉费精力，甚至徒然引起一些不需要的副作用。或者更严重的反作用。宣传之不可无技巧，犹之乎作战之不可无器械。器械出于科学，技巧基于艺术”②。对于抗战文艺中宣传与艺术的关系，闻一多的观点是，它首先必须是一件艺术品，在形式上甚至可以与抗战无大关系，但它实际上能激发我们同仇敌忾的情绪，其手段不是说服而是感动，是燃烧。

二、原始和野蛮是我们的需要

什么样的文艺有助于抗战？对那些充满着原始和野蛮力量的文字，“如诗人 Robert Lindsey 在《刚果》中，剧作家 Eugene O'Neil 在《琼斯皇帝》中所描写的，那非洲土人的原始的鼓，疯狂，野蛮，爆炸着生命的热与力”③，闻一多是非常推崇的，他认为这些都为抗战文艺所需要。

临时大学由长沙迁往昆明的途中，闻一多指导学生采集民歌。刘兆吉同学采集了两千多首，后来选编成《西南采风录》，闻一多、黄钰生、朱自清都为这本书写了序。闻一多在序中对此事也作了记录：“正在去年这时候，学校由长沙迁昆明，我们一部分人组织了一个湘黔滇旅行

① 闻一多：《宣传与艺术》，《闻一多全集》第 2 卷，湖北人民出版社 1993 年版，第 191~192 页。

② 闻一多：《宣传与艺术》，《闻一多全集》第 2 卷，湖北人民出版社 1993 年版，第 189 页。

③ 闻一多：《时代的鼓手——读田间的诗》，《闻一多全集》第 2 卷，湖北人民出版社 1993 年版，第 201 页。

团，徒步西来，沿途分门别类收集了不少材料。其中歌谣一部分，共计二千多首，是刘君兆吉一个人独力采集的。他这种毅力实在令人惊佩。现在这些歌谣要出版行世了，刘君因我当时曾挂名为这部分工作的指导人，要我在书前说几句话。”①闻一多对这些采风所录诗歌产生了极大兴趣，本打算下番功夫把它好好整理一下，但因种种关系终未实行。后又打算将他个人对这材料的意见先详尽写出来，作为整理工作的开端，结果又一再因事耽延而没有实现。虽然既没有好好整理，也没有写出详尽的意见，但这并不影响闻一多对采风所得的这些诗歌的高度评价。他在序言中摘引了《西南采风录》中的几首民歌：

吃菜要吃白菜头，
跟哥要跟大贼头，
睡到半夜钢刀响，
妹穿绫罗哥穿绸。

火烧东山大松林，
姑爷告上丈人门，
叫你姑娘快长大，
我们没有看家人。

马摆高山高又高，
打把火钳插在腰，
那家姑娘不嫁我，
关起四门放火烧。

① 闻一多：《〈西南采风录〉序》，《闻一多全集》第2卷，湖北人民出版社1993年版，第194页。

民间文学是广大人民自己的语言艺术，它是最古老的文学，有悠久的历史和优秀的传统；又是最有群众性的文学，始终受到亿万人民的热爱。鲁迅曾经盛赞民间文学，认为“乡民的本领并不亚于大文豪”①。事实上，来自民间的《诗经·国风》和乐府民歌都是我国古典文学的典范之作，无数优秀的民间文学作品都集中了群众的智慧。正如民间文学学者段宝林所说，“我国历史上的重要文学形式，不管是四言诗、五言诗和七言诗，还是词、曲和戏曲、小说，几乎都无例外源于民间文学之中”②。然而，由于几千年来劳动人民处在被压迫的悲惨境地，他们的文艺创作常常受到压制和迫害，他们口头创作的民间文学作品不能得到及时的记录和公正的评价，因此闻一多在西迁昆明的途中，正是看到了民间诗歌的独特价值和地位，特地指导学生对我国西南地区的民歌进行收集和整理，而且他认为民歌中所蕴含的“原始”和“野蛮”，正是当时抗战所需要的一股重要精神力量。

你说这是原始，是野蛮。对了，如今我们需要的正是它。我们文明得太久了，如今人家逼得我们没有路走，我们该拿出人性中最后最神圣的一张牌来，让我们那在人性幽暗角落里蛰伏了数千年的兽性跳出来反噬他一口。打仗本不是一种文明姿态，当不起什么“正义感”“自尊心”，“为国家争人格”一类的奉承。干脆的，是人家要我们的命，我们是豁出去了，是困兽犹斗。如今是千载一时的机会，给我们试验自己血中是否还有着那只狰狞的动物，如果没有，只好自认是个精神上“天阉”的民族，休想在这地面上混下去了。③

中国是一个历史悠久的礼仪之邦，自夏、商时期就讲“礼”，儒家创始人孔子对周代的礼制就十分推崇，并以“复礼”为一生的志业，在

① 鲁迅：《偶成》，《鲁迅全集》第5卷，人民文学出版社1957年版，第164页。

② 段宝林：《中国民间文学概要》，北京大学出版社2002年版，第1页。

③ 闻一多：《〈西南采风录〉序》，《闻一多全集》第2卷，湖北人民出版社1993年版，第195页。

他看来，理想的社会是“为政以德”“为国以礼”。闻一多认为，中国就是文明得太久了，在民族生死存亡的关键时刻，我们必须迸发出人性中的“原始”和“野蛮”，与敌人作殊死搏斗，这样才能保家卫国。因此，1939 年 7 月，闻一多致信曹禺“现在应该是演《原野》的时候了”，还说演出《原野》就是要斗争要反抗，表示自己要为该剧做舞台美术设计。①

《原野》是曹禺继《雷雨》《日出》后的又一力作，它描写民国初年北洋军阀统治时期，农民所处的万分痛苦、想反抗而又找不到出路的状况是，全剧围绕有杀父夺地之恨的仇虎，表现其要复仇的强烈冲突心理，深刻地反映了伦理道德、封建迷信观念对人性的摧残和吞噬。1939 年 8 月 16 日，曹禺第一次亲自导演的《原野》在昆明新滇大戏院正式公演。闻一多特地为演出撰写了《说明书》。《说明书》中有这样一段话：这剧“蕴蓄着莽苍浑厚的诗情，原始人爱欲仇恨与生命中有一种单纯真挚的如泰山如洪流所撼不动的力量，这种力量对于当今萎靡的中国人恐怕是最需要的吧！”②《原野》起初演出了九天，虽时正逢连日大雨，但仍天天满座。话剧《原野》之所以如此受当时观众的喜爱，正如闻一多在演出《说明书》中所言，原始人爱欲仇恨与生命中有一股单纯真挚的“洪荒之力”，这种“原始”和“野蛮”的力量，正为当时抗战中国所迫切需要。

三、让文艺回到群众中去

对于抗日这场伟大的战争，闻一多在文字中多有书写。他经常与朋友们关心着时事，谈论着战局，在《八年的回忆与感想》中他写道：“记得教授们每天晚上吃完饭，大家聚在一间房子里，一边吃着茶，抽着

① 参见田本相：《曹禺传》，北京十月文艺出版社 1988 年版，第 253 页。

② 闻黎明、侯菊坤：《闻一多年谱长编》下册，上海交通大学出版社 2014 年版，第 508 页，

烟，一边看着报纸，研究着地图，谈论着战事和各种问题。”①据闻一多说，那时的教授和一般人一样只有着战争刚爆发时的紧张和愤慨，没有人想到战争是否可以胜利。既然被迫得不能不打，只好打了再说。他们认为这样的战争一发生，全国都应该动员起来。因此，在文艺上也是如此，闻一多要求让文艺回到群众中去，从而发动广大人民群众起来抵抗日本帝国主义。

这时新兴阶级的代言人——学生、小市民——便起来了，对外他们要求打倒帝国主义，以求本阶级的解放，对内打倒军阀，以求民主政治的发展。不管他的阶级性如何，这个运动需要广大群众的支持，领导阶级的眼光不得不放到群众里去，因此，他们必运用一种新的宣传方式以表达他们的思想，进而唤醒群众的斗争情绪，这个方式就是白话文，以及用白话文表现的中国的旧的写实主义的文学。②

闻一多认为，中国新文艺运动应该随着中国社会发展而发展，或者是说，中国新文艺应该彻底尽到它反映现实的任务。中国需要崭新的文艺形式和内容，要让文艺回到群众那里去，去为他们服务。他要求，我们的文艺下乡，进工厂，而且在他看来，目前最恰当的文艺形式是朗诵诗和歌剧。同时，还需要与其他部门配合才能收到更大的效果，这个其他部门指电影、漫画等。当然，此时的闻一多已开始具有强烈的阶级意识，要求文艺回到群众中去，让群众利益战胜少数人的特权，但同时，他也是要求文艺回到群众中去，从而发动群众彻底战胜日本帝国主义。

对于文艺为什么要回到群众中去，闻一多在给友人薛诚之诗集《三盘鼓》所写的序言中，也作过解释。薛诚之在西南联合大学执教期间，受闻一多的影响，积极从事文学创作，1944 年昆明百合出版社出版他的诗集《三盘鼓》(该诗集初拟名《仙人掌》，出版时改为《三盘鼓》)。闻

① 闻一多：《八年的回忆与感想》，《闻一多全集》第 2 卷，湖北人民出版社 1993 年版，第 427 页。

② 闻一多：《五四与中国新文艺》，《闻一多全集》第 2 卷，湖北人民出版社 1993 年版，第 230 页。

一多在序言中写道：“从来中华民族生命的危殆，没有甚于今天的，多少人失掉挣扎的勇气也是事实，这正是需要药石和鞭策的时候。今天诚之这象征搏斗姿态的‘仙人掌’，这声言 For the worried many 的诗集的问世，是负起了一种使命的，而且我相信也必能完成它的使命，因为这里有药石，也有鞭策。”①在中华民族生死存亡的关键时刻，有人麻木了，有人绝望了，有人妥协了，甚至有人投降了。因此，闻一多认为，文艺应该回到群众中去，如药石和鞭策一样，给人以警醒。

文艺为什么会起到“药石和鞭策”的作用？闻一多曾在评论文章《诗与批评》中，作过相关阐释。他说：“我们念了一首诗，一定不会是白念的，只要是好诗，我们念过之后就受了他的影响：诗人在作品中对于人生的看法影响我们，对于人生的态度影响我们，我们就是接受了他的宣传。诗人用了文字的魔力来征服他的读者，先用了这种文字的魅力使读者自然地沉醉，自然地受了催眠，然后便自自然然地接受了诗人的意见，接受了他的宣传。”②当然，诗歌宣传最后的效果如何，闻一多认为诗人是不问这个的，“诗人在作品里所表示的意见是可靠的吗？这是不一定的，诗人有他自己的偏见，偏见是不一定对的。好些人把诗人比做疯子，疯子的意见怎么能是真理呢？”③因此，有人持一种观点：诗是不负责的宣传。但是，闻一多认为，我们为了诗的光荣存在而辩护，所以不能不要求诗的宣传作用是负责的，是有益于社会的。

中国要打赢抗日这场战争，除了动员和发动本国人民，还需要争取世界各国爱好和平的人民的支持，这样，就必须要让国外人民了解真实的中国。但是，闻一多认为，当时国外对中国的了解是不真实的，中国

---

① 闻一多：《〈三盘鼓〉序》，《闻一多全集》第 2 卷，湖北人民出版社 1993 年版，第 228 页。

② 闻一多：《诗与批评》，《闻一多全集》第 2 卷，湖北人民出版社 1993 年版，第 217 页。

③ 闻一多：《诗与批评》，《闻一多全集》第 2 卷，湖北人民出版社 1993 年版，第 217 页。

文艺对抗战时期的中国的宣传是远远不够的。他借一个美国朋友的话语，认为通过文艺在美国宣传中国的只有三个人，即胡适之、林语堂和赛珍珠，而这三个人都没有达到理想的要求：

> 外国朋友的确很想了解中国。譬如今天来看我的另一位美国朋友对我说：我来到中国，为的要看看活着的中国人民。他说现在在美国替中国说话的有三个人：一个是落了伍的胡适之；一个是国际文艺的投机家林语堂；一个是感伤的女人赛珍珠。他们的文章，都不能表现中国的真实。他说他每回读到林语堂的文章，描写中国农民在田里耕作时如何地愉快，以及中国的刺绣，磁器如何地高贵……，他就很生气地把这位林博士的著作撕毁了掷到墙角里去。我听到这里，感激地向他伸出手来，我说：你是我所遇到的少有的美国人！①

胡适是著名文艺理论家，他的《文学改良刍议》是倡导文学革命的第一篇文章，其提出的文学改良“八事”开创了一个时代，胡适1938至1942年出任驻美大使。林语堂是现代著名作家，早年留学美国、德国，获哈佛大学文学硕士，莱比锡大学语言学博士。1935年后，在美国用英文写《吾国与吾民》《风声鹤唳》《孔子的智慧》《生活的艺术》等文化散文。赛珍珠是在中国生活了近40年的美国人，她创作了描写中国农民生活的长篇小说《大地》(The Good Earth)，1932年凭借这部作品获得普利策小说奖，后又获得美国历史上第三个诺贝尔文学奖。1934年，赛珍珠告别中国，回美国定居。胡适、林语堂和赛珍珠都是当时的著名文学家，为什么他们的作品不能真实地反映“活着的中国人民”，不能宣传真实的中国？闻一多认为，“如无冲锋经验而描写前线冲锋的故事，

① 闻一多：《论文艺的民主问题》，《闻一多全集》第2卷，湖北人民出版社1993年版，第225页。

因体验的不真切，写出的也一定没有力量。——这是一个生活与写作的老问题”①。因此，他要求文艺回到群众中去，作家要深入生活之中，这样才能写出真正反映中国生活的优秀作品。

四、民族主义是复兴的根本

闻一多曾总结抗战的两个关键时期，“从抗战开始到今天，我们遭遇过两个关键，当初要不要抗战，是第一个关键，今天要不要胜利，是第二个关键，而第一个关键本来早已决定了第二个，因为既打算抗战，当然要胜利。”②这就是说，那时对要不要抗战，是有不同意见的。但是，闻一多绝不屈身于被侵略者攻占的城市，卢沟桥事变之后，闻一多离开即将沦陷的北平，先回武汉，后到长沙。当时，清华大学、北京大学和南开大学已搬去长沙，成立临时大学，闻一多在临时大学文学院任教，开设《诗经》《楚辞》等课。后来，当南京失守、武汉吃紧的时候，长沙临时大学便起议迁滇。闻一多与众多师生一起，经过湘黔滇3000余里跋涉，来到云南任教于西南联大。这些都说明，闻一多是一位坚定的民族主义者。

其实，闻一多很早就是一名民族主义者，早在他出国留学时，最初本来学的是美术，但因为受民族主义影响，后来变得关心中国古代文学和文化。他1944年在“五四”历史座谈会上回忆说：“五四以后不久，我出洋，还是关心国事，提倡Nationalism，不过那是感情上的，我并不懂得政治。……我国外国所学的本来不是文学，但因为这种Nationalism

① 闻一多：《论文艺的民主问题》，《闻一多全集》第2卷，湖北人民出版社1993年版，第225页。

② 闻一多：《可怕的冷静》，《闻一多全集》第2卷，湖北人民出版社1993年版，第375页。

的思想而注意中文，忽略了功课，为的是使中国好。”①闻一多甚至写过一篇文章《家族主义与民族主义》，对中国民族主义的形成和缘起做过探讨。他认为，周初是我们历史的成年期，我们的文化也就在那时定型了。当时的社会组织是封建的，而封建的基础是家族，因此我们三千年来的文化，便以家族主义为中心，一切制度，祖先崇拜的信仰，和以孝为核心的道德观念等，都是从这里产生的。与家族主义立于相反地位的一种文化势力，便是民族主义。我们一直在为一种以家族主义为基础的天下主义努力，那便是所谓“天下一家”的理想。到了秦汉，这理想果然实现了。自汉朝以孝行为选举人才的标准，渐渐造成汉末魏晋以来的门阀之风，于是家族主义更为发达。到了宋朝，民族主义这才开始发芽，迟是太迟，但仍然值得庆幸。从宋以下，直到清末科举被废，历代皆以经义取士，这证明了以孝为中心思想的家族主义，依然在维持着它的历史的重要性。但元、清以及最近异族的侵略，却不断地给予了我们民族主义发展的机会，而且每一次民族革命的爆发，都比前一次更为猛烈，意识也更为鲜明。“由明太祖而太平天国，而辛亥革命，以至目前的抗战，我们确乎踏上了民族主义的路，但这种路似乎是扇形的，开端时路面很窄，因此和家族主义的路两不相妨，现在路面愈来愈宽，有侵占家族主义的路面之势，以至将来有那么一天，逼得家族主义非大大让步不可。”②闻一多同时也认为，家庭是永远不能废的，但家族主义不能存在。

闻一多的民族主义立场，影响了他的事业选择，即从美术转向文学；影响了他的人生选择，从北平来到昆明；也影响了他的文艺选择，一直坚定地从事爱国主义创作，并坚信民族主义是我们复兴的根本。但是，闻一多认为，民族主义不该是文化的闭关主义，更不应该是复古。

① 闻一多：《五四历史座谈》，《闻一多全集》第2卷，湖北人民出版社1993年版，第366页。

② 闻一多：《家族主义与民族主义》，《闻一多全集》第2卷，湖北人民出版社1993年版，第358页。

他在《画展》一文中说道：

> 艺术无论在抗战或建国的立场下，都是我们应该提倡的，这点道理并不只是你风雅人士们才懂得的。但艺术也要看那一种，正如思想和文学一样，它也有封建的与现代的，或复古的与前进的（其实也就是非人道的与人道的）之别。你若有良心，有魄力，并且不缺那技术，请站出来，学学人家的画家，也去当个随军记者，收拾点电网边和战壕里的“烟云”回来，或就在任何后方，把那“行尸”的行列速写下来，给我们认识认识点现实也好，起码你也该在随便一个题材里多给我们一点现代的感觉，八大山人、四王、吴恽、费晓楼、改七芗，乃至吴昌硕、齐白石那一套，纵然有他们的历史价值，在珂罗板片中也够逼真的了，用得着你们那笨拙的复制吗？在这复古气焰高张的年代，自然正是你们扬眉吐气的时机。但是小心不要做了破坏民族战斗意志的奸细，和危害国家现代化的帮凶！记着我的话，最后裁判的日子必然来到，那时你们的风雅就是你们的罪状！①

闻一多认为，民族主义是我们要的，特别是在抗战的立场下，尤其要大力提倡和发展民族艺术。但是，提倡民族主义不等于复古。他甚至认为，民族主义是西洋的产物，我们所谓的“古”里，并没有这东西。那为什么会有人提倡复古呢？闻一多认为，“说复古空气是最近新兴的现象，也不合事实。趋势早已在酝酿，不过最近似乎更表面化了一点。为什么最近才表面化？当然与抗战有关。历史在转向，转向时的心理是不会有平静。转得愈急，波动愈大，所以在这抗战期间，一面近代化的

① 闻一多：《画展》，《闻一多全集》第2卷，湖北人民出版社1993年版，第203页。

呼声最高，一面复古的空气也最浓厚。”①因此，闻一多认为“五四”的任务没有完成，我们还需要呼唤科学和民主，要继续打倒孔家店和封建势力。因为反对复古，因为呼唤科学和民主，闻一多甚至希望抗战末期的昆明，要向抗战初期的武汉学习。抗战初期的武汉，是民族战争的前卫，抗战末期的昆明，要成为民主运动的先锋。“正如当武汉负起它的民族战争前卫的任务时，文艺曾经是一个最活跃的工作部门，昆明的文艺工作者在民主运动中的贡献，历史将会证明它是不容低估的。”②因此，闻一多是个坚定的民族主义者，他认为民族主义是复兴的根本，但他并不因此而提倡复古，而是提倡科学和民主，要求发展新文学，认为新文学同时是新文化运动、新思想运动、新政治运动。文学的新旧不是什么文言白话之分，因为古文所代表的君主旧意识要不得，所以要提倡新的。

总之，抗日战争时期，闻一多参加了众多与抗战相关的文艺活动，发表了许多与抗战文艺紧密相关的真知灼见，这些都鼓舞了人民的抗日斗志，为抗战文艺的发展、为抗日这场伟大的民族战争作出一名文学家应有的贡献。

① 闻一多：《复古的空气》，《闻一多全集》第2卷，湖北人民出版社1993年版，第353页。

② 闻一多：《昆明的文艺青年与民主运动》，《闻一多全集》第2卷，湖北人民出版社1993年版，第245页。

“我是在新诗之中，又在新诗之外”
——重评闻一多诗学观念的转变及其他

张洁宇

（中国人民大学）

1943年冬，闻一多在写给臧克家的信中提到自己正在进行的诗歌翻译及诗集编选等工作，在信的末尾，他说：

> 不用讲今天的我是以文学史家自居的，我并不是代表某一派的诗人。唯其曾经一度写过诗，所以现在有揽取这项工作的热心，唯其现在不再写诗了，所以有应付这工作的冷静头脑而不至于对某种诗有所偏爱或偏恶，我是在新诗之中，又在新诗之外，我想我是颇合乎选家的资格的。①

这段师友之间的私房话不仅体现了闻一多刚直坦率的个性，更体现了他与诗坛之间的微妙关系。他对自己“在新诗之中，又在新诗之外”的定位，既是对自己“选家的资格”的辩护，也是对自己批评姿态和角度的自审，他对于自己曾出入诗坛、有过诗学观念和身份的变化等问题都有相当的自觉。有意思的是，在新诗史，尤其是批评史上，批评者和选家的“资格”一直是个隐在的重要问题，至今仍然。“在新诗之外”的

① 闻一多：《致臧克家》，《闻一多全集》第12卷，湖北人民出版社1993年版，第382页。

批评者可能由于没有写作经验而受到质疑，而“在新诗之中”的经验作者又有可能被认为“代表某一派”或“有偏爱或偏恶”。闻一多的自我辩护在一定程度上反映了他对这一问题的认识。

论身份和经历，闻一多是比较复杂和全面的。他“曾经一度写过诗”，后来虽“不再写诗”，但始终坚持撰写诗评诗论，并在深入研究古典诗歌的同时偶尔从事诗歌翻译和诗集编选。朱自清在他去世之后曾说：“他是一个斗士，但是他又是一个诗人和学者，这三重人格集合在他身上，因时期的不同而或隐或现。”“然而他始终不失为一个诗人”，“他将诗和历史跟生活打成一片”，“他要创造的是崭新的现代的‘诗的史’，或‘史的诗’”①。多样的身份的确对闻一多在诗歌方面的工作产生了影响，也勾勒出一条思想转变的轨迹。在肯定他全面多元成就的同时，同样带来思考的是：他的诗学批评如何在身份迁移和视角变换中调整和变化？他的诗学观念转变的原因究竟是什么？而思想的转变与身份的迁移之间又有怎样的关系？换句话说，思想变化有可能影响其人生道路的选择，而身份的改变也有可能带来诗学批评的调整。希望探讨闻一多的个人经历能对理解新诗批评方式与“资格”这个老话题提供一些启示。

一、“在新诗之中”

闻一多首先是个诗人。从1920年在《清华周刊》上发表第一首新诗《西岸》始，至1931年发表最后一首《奇迹》，十余年间他发表作品约160首，大多收入《红烛》《死水》两部诗集。他在1920年代的新诗坛上占有重要的地位，不仅是“新月派”诗人的重要代表，也是“新格律诗”运动的理论领袖。他在1926年发表的《诗的格律》一文中提出的“三美”

① 朱自清：《开明版〈闻一多全集〉序》，《闻一多全集》第12卷，湖北人民出版社1993年版，第442~445页。

理论已成为新诗史上最著名的诗学主张。而那些以《晨报·诗镌》为阵地的作者群，其实也正是从闻家的“黑屋”聚会开始聚集在一起的①。这些都是早期闻一多“在新诗之中”的实践与成就，而这些经验与实践也决定了其早期诗学批评的面貌。

1921年，刚刚开始写诗的闻一多曾在清华文学社做过一次题为《诗底音节的研究》的英文报告，汉译稿改题为《诗歌节奏的研究》。从保存下来的提纲看，这个报告的内容相当理论化，其理论来源以西方——尤其是英语——诗学资源为主。他列出的23种“参考书目”中，外文著作21种，其中包括布里斯·佩里的《诗歌研究》、西蒙斯的《英国诗歌的浪漫主义运动》等。仅有两种中国新诗文献是胡适的论文《谈新诗》和刚出版的《尝试集》。这种选择一来与当时中国新诗刚刚起步的状态有关，二来也与闻一多在清华进行的广泛的英语学习和阅读有关。而更为重要的是，作为新诗第一代探索者，闻一多这样关注音节和节奏问题，显然与初期白话诗的理想和第一代诗人的写作实践直接相关。他在报告中重点关注诗歌节奏的作用和特性，尤以专节讨论“自由诗”的意图和效果，列出了“在抛弃节奏方面的失败”“目的性不明确”“令人遗憾的后果：平庸、粗糙、柔弱无力”等批评性观点。虽然这份明显不成熟的报告的具体内容已不可知，但仍能看出此时闻一多对白话诗的自由体式和抛弃格律的主张是在进行有意识的反思乃至批评的。而对比他同时期的诗作却会发现，他当时的作品全都是不讲格律的彻底的“自由诗”，也就是说，他对诗歌音节问题的思考并不是出于理念止于空论，而是伴随他自己的写作实践，在切实的经验与教训之上进行的摸索和反思。这一点至关重要，说明了闻一多最早就是以经验作者的身份开始他的诗学批评并由此确定立场与角度的。

有经验的作者当然特别关注“怎么写”。虽然多年之后闻一多对于

① 徐志摩在《晨报·诗镌》创刊号上的《诗刊弁言》中说：“我在早三两天前才知道闻一多的家是一群新诗人的乐窝。他们常常会面，彼此互相批评作品，讨论学理。”

别人称他为“技巧专家”很是不满，但事实上，早期的他的确比很多同时代诗人更关注写作的技术问题，应该说，之所以是由他而不是别人举起新格律诗的理论旗帜，也多少与此有关。

闻一多早期并不提倡格律，但始终关注音节。在1922年撰写的第一篇诗评《〈冬夜〉评论》中，他就提出：“《冬夜》给我最深刻的印象的是他的音节。关于这一点，当代的诸作家，没有能同俞君比的。这也是俞君对于新诗的一个贡献。凝练，绵密，婉细是他的音节底特色。”①他对俞诗音节的评价很高，并对其新诗写作中化用词曲格律表示认同。他认为，“所谓‘自然音节’最多不过是散文的音节。散文的音节当然没有诗底音节那样完美。俞君能熔铸词曲的音节于其诗中，这是一件极合艺术原则的事，也是一件极自然的事。用的是中国底文字，作的是诗，并且存心要作好诗，声调铿锵的诗，怎能不收那样的成效呢？我们若根本地不承认带词曲气味的音节为美，我们只有两条路可走：甘心作坏诗——没有音节的诗，或用别国底文字的诗”。他的观点很明确：“总括一句：词曲的音节，在新诗底国境里并不全体是违禁物，不过要经过一番查验拣择罢了。”②此文涉及问题很多，而如何处理新诗音节与词曲传统的关系，尤其是如何在写作中实践以及如何评判这种实践的意义则是重点讨论的问题之一。虽然闻一多本人在早期诗作中并未表现出对词曲音节的亲近和征用，但其评论中的观点已透露出日后走向新诗格律建设的端倪。

事实上，不久之后闻一多本人的写作也发生了变化。他在给朋友的信中说：“现在我极喜用韵。本来中国韵极宽；用韵不是难事，并不足以妨害词意。既是这样，能多用韵的时候，我们何必不用呢？用韵能帮

① 闻一多：《冬夜评论》，《闻一多全集》第2卷，湖北人民出版社1993年版，第63页。

② 闻一多：《冬夜评论》，《闻一多全集》第2卷，湖北人民出版社1993年版，第64页。

助音节，完成艺术；不用正同藏金于室而自甘冻饿，不亦愚乎？”①写作的变化反映、影响着诗人理念的变化，二者相互促动，这也正是所谓“在新诗之中”的一种特性和优势吧。正是在写作实践中不断发现音节的重要和废除格律带来的困境，才使得闻一多逐步走向新诗格律的建设。在《诗的格律》中，他的表述已明显体现出这种注重实践应用和艺术效果的倾向：

> 诗的所以能激发情感，完全在它的节奏；节奏便是格律。莎士比亚的诗剧里往往遇见情绪紧张到万分的时候，便用韵语来描写。葛德作《浮士德》也曾采用同类的手段，在他致席勒的信里并且提到了这一层。韩昌黎“得窄韵则不复傍出，而因难见巧，愈险愈奇……”这样看来，恐怕越有魄力的作家，越是要戴着脚镣跳舞才跳得痛快，跳得好。只有不会跳舞的才怪脚镣碍事。只有不会作诗的才感觉得格律的缚束。对于不会作诗的，格律是表现的障碍；对于一个作家，格律便成了表现的利器。②

与著名的“三美”说相比，这段话并不算广为人知，但正是这段话体现了闻一多格律主张的意图和前提。这里不再重复讨论这些理论的内容和价值，我想强调的是，闻一多的格律主张不是空泛的理论演绎，也不是某种观念争执的产物，而是切实源自创作实践的经验与需求的。毋庸讳言，早期白话诗的倡导者存在一定程度的理念先行实践滞后的问题，比如尝试者胡适，他的白话文学和自由诗观念都极具革命性，但他的诗作却被自嘲为“放脚鞋样”，典型地体现了理念先于创作的问题。闻一多不是概念先行的理论家，他从自身的写作出发，经历了一个明显

① 闻一多：《致吴景超》，《闻一多全集》第12卷，湖北人民出版社1993年版，第78页。

② 闻一多：《诗的格律》，《闻一多全集》第2卷，湖北人民出版社1993年版，第139页。

的探索过程，在实践中走向了理论。他尝试自由诗、同时反思自己的写作经验，观察同时代诗人的道路，逐渐注意到音节的重要和词曲音节的合理性，强调格律对诗歌表现的助益，最终提出新诗格律的主张。他的理论出于写作也忠于实践，表现出更具体切实的活力，也得到了一定范围内的认同。可以想见，"黑屋聚会"中的朗诵和讨论正是诗人们切磋写作经验，逐步走向群体共识的过程。因此，如果仅从理论的逻辑看，新格律诗像是自由诗的一种倒退，但事实上，它却是在写作与理论的互动中生成的一种写作对于理论的调整。它不是理论的倒退或古诗格律的复活，而是建立在现代汉语的基础上，为新诗"相体裁衣"而成。

也正因为出自实践，所以闻一多的格律理论非常切实，他很少纠结于概念，而是偏重艺术效果和实际操作层面，无论是"三美"理论还是"音尺"说，都是如此。包括他在评论俞平伯《冬夜》时曾指出俞诗在"音节上的赢获"造成了"意境上的亏损"，是因为古典式的词调和意象可能"不敷新文学的用"，间接造成了俞诗"弱于或完全缺乏幻想力"，"诗中很少浓丽繁密而且具体的意象"的效果。在他看来，造成"亏损"的原因在于："音节繁促则词句必短简，词句短简则无以载浓丽繁密而且具体的意象。——这便是在词曲底音节之势力范围里，意象之所以不能发展的根由。词句短简，便不能不只将一个意思底模样略略地勾勒一下，至于那些枝枝叶叶的装饰同雕镂，都得牺牲了。"①这一分析是否准确尚可讨论，有意思的是他这种批评的思路确是"在新诗之中"的写作者所特有的。

与之类似的还有他对诗歌形象的强调。作为"三美"之一，"绘画美"与音节格律并列在闻一多诗学观念中最重要的位置。他曾经说："我是受过绘画的训练的，诗的外表的形式，我总不忘记，既是直觉的意见，所以说不出什么具体的理由来，也没有人能驳倒我。"有趣的是，

① 闻一多：《冬夜评论》，《闻一多全集》第2卷，湖北人民出版社1993年版，第66页。

这又是一个从经验中得来的“直觉的意见”。对于这个直觉，他虽未进行更多的理论阐释，但却也称得上是在古今中外的诗学之中融会贯通，将王维的“诗中有画画中有诗”与西方的“先拉飞主义”等理论都纳入相关思考，为自己的“直觉的意见”找到了一定的理论资源和依据。

作为诗人理论家的闻一多在早期的诗学批评中特别关注写作实践的艺术效果，引领了新诗格律的探索，其影响涵盖了诗歌理论与创作实践两个方面。当然，并不是说没有写作经验的人就不会思考这些问题，或是思考的结果就一定不同，但显然，“在新诗之中”会造成立场和角度的某种特殊性，而考虑这种特殊性也将更有助于理解批评本身。

二、“在新诗之外”

对于闻一多在《死水》之后停笔的原因，一般认为与他在青岛大学被学生“驱逐”有关，其背后隐含着新文学在传统学术体系中地位低下的问题。而在我看来，闻一多虽然性格中有倔强刚烈的一面，但他是否真会因为文坛以外一些年轻学生的反应就彻底放弃对写诗的热爱，还是颇可怀疑。或许有其他原因导致他的停笔和转向，而这原因，应该仍出自新诗内部。换句话说，闻一多可能因被误解为“不学无术”而转身钻研学问，但没必要为此终止长期的诗歌创作，能导致他停笔的原因应该只能是自己诗学标准和写作观念的变化。而他由此脱身于“新诗之外”，或许也不仅是停止写作这么简单，而可能是隐藏着与当时诗坛的某种分歧，酝酿着诗歌观念的调整。

闻一多的变化最早发生在1926年“三一八”事件之后。从艺术方面说，他在“三一八”之后的《天安门》《飞毛腿》等几首诗中即现出较为明显的变化。“土白入诗”看似是一种语言层面上的实验，但在深层上已经构成了对“三美”式的古典、匀称、均齐、节制等美学原则的撼动。更直接的表达则是在《文艺与爱国——纪念三月十八》一文中。闻一多说：“《诗刊》的诞生刚刚在铁狮子胡同大流血之后，本是碰巧的；我却希望大家要当他不是碰巧的。我希望爱自由，爱正义，爱理想的热血要流在天安门，流在铁狮子胡同，但是也要流在笔尖，流在纸上。”“诗人应该是一张留声机的片子，钢针一碰着他就响。”“也许有时仅仅一点文字上的表现还不够，那便非现身说法不可了。所以陆游一个七十衰翁要‘泪洒龙床请北征’。拜伦要战死在疆场上了。所以拜伦最完美，最伟大的一首诗也便是这一死。所以我们觉得诸志士们三月十八日的死难不仅是爱国，而且是最伟大的诗。”①这样的表达在闻一多的思想脉络里并无特别，毕竟他从学生时代起就具有政治热情，早期诗作中也常抒发家国情怀；但是，在他的诗学观念中，这样的表达却意味着对其原本偏爱的古典美学的反叛。依他以往的理论主张，“表达上的克制和留有余地，避免过分直露和激烈”是重要的艺术原则，而格律作为“遏制热烈情感之赤裸表现”的方法，正好有效地服务于“节制”与“均齐”的古典美学。但是，这一思路在现实环境中受到了冲击，从“三一八”到20世纪30年代初的几年间，闻一多的古典美学正在因为美学之外的原因而逐渐发生变化。表面看来，他的转向学术与“热血流向笔尖”的说法有点背道而驰，但选择的矛盾或许正是诗人内心矛盾的反映。当诗人闻一多难以继续坚持其“均齐”“节制”的古典美学，希望以一种更具行动性甚至战斗性的方式刷新自己的理念和写作时，面对内在的转变，他对自己的写作和对他人的评论都曾多少表现出某种失语或矛盾的状态。因而，对于这个阶段的闻一多，重要的不是看他为何或如何获得学者的新身份，而是关注作为诗人的他究竟如何改变了原来的写作与批评方式，最终完成了转变。事实上，闻一多的转向不是返身进入书斋、走入历史的故纸堆，而是相反，他走出了诗歌与艺术的小圈子，进入了一个通过文化评论展开与历史和现实互动的新天地。

由此也就可以理解他在1933年给臧克家诗集《烙印》作序时所提出

① 闻一多：《文艺与爱国——纪念三月十八》，《闻一多全集》第2卷，湖北人民出版社1993年版，第134页。

的，为了保留某种特殊的现实"生活"经历与"生活的态度"，"而忽略了一首诗的外形的完美"，是一件"合算"的事。他把臧克家与孟郊相比，引出"所谓好诗的问题"：

> 孟郊的诗，自从苏轼以来，是不曾被人真诚的认为上品好诗的。站在苏轼的立场上看孟郊，当然不顺眼。所以苏轼诋毁孟郊的诗，我并不怪他。我只怪他为什么不所幸野蛮一点，硬派孟郊所作的不是诗，他自己的才是。因为这样，问题倒简单了。既然他们是站在对立而且不两立的地位，那么，苏轼可以拿他的标准抹杀孟郊，我们何尝不可以拿孟郊的标准否认苏轼呢？即令苏轼和苏轼的传统有优先权占用"诗"字，好了，让苏轼去他的，带着他的诗去！我们不要诗了。我们只要生活，生活磨出来的力，像孟郊所给我们的。是"空鳌"也好，是"螯吻涩齿"或"如嚼木瓜，齿缺舌敝，不知味之所在"也好，我们还是要吃，因为那才可以磨炼我们的力。①

这确实不再是几年前提倡"戴着脚镣跳舞"的闻一多，他已经全面推翻了以往对"诗"的评判标准，以一种"新的标准"否定了原有的"诗"，抛弃了"外形的完美"和格律的追求，也彻底放弃了古典美学和浪漫抒情的艺术方向。他所谓的"我们不要诗了。我们只要生活，生活磨出来的力"，显然代表着一种由生活和现实所决定的新的标准，而且这个新标准与旧标准已经"站在对立而且不两立的地位"了。这让人不禁想起鲁迅的《我的失恋》，也是在以一种不美也不雅的新标准颠覆古典式的"美"与高贵，给文学赋予符合时代特征的新内涵。在这个意义上，闻一多与鲁迅所见略同，他用现代生活的"力"取代了"诗"的成规与古典之"美"，也堪称是具有革命性的。十年之后，在评论"时代的鼓

① 闻一多：《〈烙印〉序》，《闻一多全集》第2卷，湖北人民出版社1993年版，第176页。

手”田间时，闻一多又一次提道：“这些都不算成功的诗……但它所成就的那点，却是诗的先决条件——那便是生活欲，积极的，绝对的生活欲。它摆脱了一切诗艺的传统手法，不排解，也不粉饰，不抚慰，也不麻醉，它不是那捧着你在幻想中上升的迷魂音乐。它只是一片沉着的鼓声，鼓舞你爱，鼓动你恨，鼓励你活着，用最高限度的热与力活着，在这大地上。”①在闻一多的新标准里，写“不算成功的诗”不要紧，要紧的是“摆脱了一切诗艺的传统手法”，表现出那个特定时代的“生活”。同样就像鲁迅曾说过的那样：“现在的青年最要紧的是‘行’不是‘言’。只要是活人，不能作文算什么大不了的事。”②“世上如果还有真要活下去的人们，就先该敢说，敢笑，敢苦，敢怒，敢骂，敢打，在这可诅咒的地方击退了可诅咒的时代！”③可以说，闻一多与鲁迅一样，不仅调整了自己的文学观念，以“活”与“行”、“真”与“力”取代了陈旧的“美”，同时，也在改变文学观的过程中改变了自己的人生道路。

闻一多自《死水》之后几乎不再写诗，或许并非由于投身学术无暇写作，而可能是因为诗学观念的变化而出现的写作中断，甚至可能是像他自己说的“做不出诗来”了。虽然在评论中他认可“不算成功的诗”，但对一个诗人来说，写自己并不认可的诗确是一件困难的事。标准变化了而写作却滞后甚至停顿，这也不是不可能的事，因为，思想变化的原因既然来自诗歌之外，或许写作的问题也就无法在诗学内部得到解决。

与此同时，就像他自己所说的：“在自己做不出诗来的时候，几乎觉得没有资格和人谈诗。”④这话本身虽有偏颇，但反映了闻一多在诗学

① 闻一多：《时代的鼓手——读田间的诗》，《闻一多全集》第2卷，湖北人民出版社1993年版，第201页。

② 鲁迅：《青年必读书》，《鲁迅全集》第3卷，人民文学出版社2005年版，第12页。

③ 鲁迅：《忽然想到(五)》，《鲁迅全集》第3卷，人民文学出版社2005年版，第44~45页。

④ 闻一多：《论〈悔与回〉》，《闻一多全集》第2卷，湖北人民出版社1993年版，第165页。

批评方式上也同样面临调整。最明显的一个变化就是，他不再多谈艺术内部的问题，更不多谈技术技巧，甚至对别人称他为“技巧专家”表示出极大的气愤。他在给臧克家的信中说：

你还口口声声随着别人人云亦云的说《死水》的作者只长于技巧。天呀，这冤从何处诉起？我真看不出我的技巧在那里。假如我真有，我一定和你们一样，今天还在写诗。我只觉得自己是座没有爆发的火山，火烧得我痛，却始终没有能力(就是技巧)炸开那禁锢我殴斗地壳，放射出光和热来。只有少数跟我很久的朋友(如梦家)才知道我有火，并且就在《死水》里感觉出我的火来。说郭沫若有火，而不说我有火，不说戴望舒、卞之琳是技巧专家而说我是，这样的颠倒黑白，人们说，你也说，那就让你们说去，我插什么嘴呢？①

这里不仅包含了对自己写作的定位，同时也隐约表达了对戴望舒、卞之琳等“现代派”诗人的看法。闻一多并不否认技巧，但他确实已将批评的重心放在了技巧之外，并将自己与“现代派”和“技巧专家”区别开来。即如前文所推测的，闻一多之退出诗坛并不仅表现在停止创作，同时也表现在对当时诗坛流行的某些观念和流派的差异上。这种差异当然还算不上截然殊途，但在某些诗学观念上是存在较大分歧的。比如，对于20世纪30年代的“纯诗”论，他也有不同的思考：

在这新时代的文学动向中，最值得揣摩的，是新诗的前途。你说，旧诗的生命诚然早已结束，但新诗——这几乎是完全重新再作起的新诗，也没有生命吗？对了，除非它真能放弃传统意识，完全

① 闻一多：《致臧克家》，《闻一多全集》第12卷，湖北人民出版社1993年版，第381页。

> 洗心革面，重新作起。但那差不多等于说，要把诗作得不像诗了。也对。说得更确点，不像诗，而像小说戏剧，至少让它多像点小说戏剧，少像点诗。太多“诗”的诗，和所谓“纯诗”者，将来恐怕只能以一种类似解嘲与抱歉的姿态，为极少数人存在着。在一个小说戏剧的时代，诗得尽量采取小说戏剧的态度，利用小说戏剧的技巧，才能获得广大的读众。①

这些零星的说法汇集在一起，大致可以呈现闻一多的观点和心态。停笔的诗人对“诗”的看法发生了很大的变化，他将自己的变化以诗歌批评的方式来呈现，并认为这是自己应尽的责任。对此，他说：“政府是可以指导思想的。但叫诗人负责，这不是政府做得到的；上边我说，我们需要一点外力，这外力不是发自政府，而是发自社会。我觉得去测度诗的是否为负责的宣传的任务不是检查所的先生们完成得了的，这个任务，应该交给批评家。”②这里所说的批评家指的不是诗坛之内的艺术评论家，也不只是深谙艺术技巧的经验读者，而是一个社会文化的批评者。这是一种特殊的“资格”，因为“诗是社会的产物，若不是于社会有用的工具，社会是不要它的。诗人掘发出了这原料，让批评家把它做成工具，交给社会广大的人群去消化。所以原料是不怕多的，我们什么诗人都要，什么样诗都要，只要制造工具的人技术高，技术精。……所以，我们需要懂得人生，懂得诗，懂得什么是价值的批评家为我们制造工具，编制选本”③。也就是说，真正合格的批评家不仅要懂得诗，而且要懂得人生，更要懂得时代最需的“价值”。这是闻一多对自己的期

---

① 闻一多：《文学的历史动向》，《闻一多全集》第12卷，湖北人民出版社1993年版，第20页。

② 闻一多：《诗与批评》，《闻一多全集》第2卷，湖北人民出版社1993年版，第219页。

③ 闻一多：《诗与批评》，《闻一多全集》第2卷，湖北人民出版社1993年版，第222~223页。

许，也是对同时代其他批评家发出的呼唤。

三、批评的方式与"资格"

闻一多的思想变化和身份迁移是比较复杂的。他投身学术后曾一度被认为是"钻到'故纸堆里讨生活'"，"好象也有了'考据癖'，青年们渐渐离开了他"①。但事实上他的古典文学研究不同于传统的训诂或文献考证，而是结合了西方现代学术的理论与方法，注重文学和时代的关联，明确提出打破"经学的、历史的、文学的"传统，引入社会学、文化人类学、民俗学、心理学等多种研究方法，并倡导具有世界视野的大文学史的建构。他在给朋友的信中说："在你所常诅咒的那故纸堆内讨生活的人原不只一种，正如故纸堆中可讨的生活也不限于一种。你不知道我在故纸堆中所做的工作是什么，它的目的何在"，"你想不到我比任何人还恨那故纸堆，正因恨它，更不能不弄个明白，你诬枉了我，当我是一个蠹鱼，不晓得我是杀蠹的芸香。虽然二者都藏在书里，他们作用并不一样"。这话可能有几分言过其实，但闻一多提醒别人不要简单以他的身份或专业来判断他的诗学立场，也确是值得注意的。闻一多的阅读与研究融会中西古今的诗学传统，在几十年的过程中形成了复杂且不断变化的看法，直至20世纪40年代也未能成型，他计划中的论著也都未能完成。但从这些看似混杂变动的观点中可以看出的是，他不仅已经彻底远离新月时期的审美趣味，而且也已走出古典文学研究的书斋，正在展现出一种新的气象。

昆明时期的闻一多渐渐地更多投身于社会和文化的实践行动。他在给家人的信中说："曩岁耽于典籍，专心著述，又误于文人积习，不事生产，羞谈政治，自视清高。抗战以来，由于个人生活压迫及一般社会

① 朱自清：《开明版〈闻一多全集〉序》，《闻一多全集》第12卷，湖北人民出版社1993年版，第445页。

政治上可耻之现象，使我恍然大悟，欲独善其身者终不足以善其身。两年以来，书本生活完全抛弃，专心从事政治活运［动］(此政治当然不指做官，而实即革命)。……总之，昔年做学问，曾废寝忘餐，以全力赴之，今者兴趣转向，亦复如是。”①这个“转向”与他对现实的观察和反应有关，也与他多年未变的知识分子情怀有关，他后来的“拍案而起”和走向街头，也是那个时代的一种带有必然性的选择。而在这一步步完成的转变中，确乎可以看到闻一多不断的摸索和调整，艺术方向的调整与人生道路的转轨往往是这样相协相成的。

1943 年，闻一多编选《现代诗钞》，虽然其实“并未完成，其中有些准备收入的诗还未及收入，已收入者后来亦有看法上的改变”②，但从已有的面貌看，已显示出眼界开阔、观念前卫、兼顾思想与艺术等特色，堪称是合格选家的手笔。闻一多用诗选的方式表达了他对于新诗历史与前途的理解。他说：“我是重视诗的社会的价值”的，“我以为不久的将来，我们的社会一定会发展成为 Society of Individual，Individual for Society(社会属于个人，个人为了社会)的，诗是与时代共同呼吸的，所以我们时代不单要用效率论来批评诗，而更重要的是以价值论诗了，因为加在我们身上的将是一个新时代。”“诗是要对社会负责了，所以我们需要批评。……而且需要正确而健康的批评。”③在我看来，真正让闻一多感到自己具有“选家的资格”的信心，并不仅仅来自他曾经出入诗坛的丰富经历，更重要的是，他非常自信地知道，自己对即将到来的时代的新的“价值”已经有足够的认识与准备。

事实上，新诗的“内”与“外”本就很难界定，而“选家的资格”说到

① 闻一多：《致闻家騄》，《闻一多全集》第 12 卷，湖北人民出版社 1993 年版，第 402~403 页。

② 闻黎明、侯菊坤编：《闻一多年谱长编》，湖北人民出版社 1994 年版，第 683 页。

③ 闻一多：《诗与批评》，《闻一多全集》第 2 卷，湖北人民出版社 1993 年版，第 222 页。

底也是个假问题。理想的批评者和选家应该如闻一多所说，既懂诗又懂社会，既通晓艺术内部的技巧，又能跳出艺术之外，获得全面开阔的眼光，把握艺术之外的社会、文化乃至政治的影响因素。至于这个眼光是否来自“经验”或“专业”，实在不必一概而论。

当然，必须承认，批评者的身份确实与批评方式有关。比如，诗人对写作经验的敏感、对现场感的重视、对同代人相互阅读和影响程度的切身感知，都是“新诗之外”的人所不能及的。这种差异在当代诗歌批评中表现得更为明显，就像有批评家指出的：“当代一批最活跃的诗人同时又是最敏感的诗歌批评家，而批评家从事诗歌写作也不是稀见的例外。很少有小说家对同行的写作进行批评，而诗人写出诗歌批评文章的人难计其数。”“诗歌批评是一种深入诗人们的写作、交流与生活层面的需要。”成为“一种别样的写作”①。但与此同时，学者、文学史家、翻译家也都是诗歌批评的重要力量，他们的视野、角度与方法各有不同，贡献同样不可忽视。何况，至今仍有很多批评者像闻一多一样，或曾出入诗坛，或身兼数职，能够自如地运用多元的和跨界的批评方式。纵观新诗百年历史，批评的舞台上一直都是这样多声部的交响，正是这些不同身份、不同视角的批评者以不同的方式进入理论建设和批评，才使得新诗理论批评的园地特别丰富多彩，更使得新诗在诸种文体之中显示出最先锋的探索姿态。因而可以肯定地说，无论身份如何、角度怎样，每个批评者都在以其自身的方式和“资格”参与新诗的历史。而也只有多元的批评、互补互动的方式，才是最健康最有效的新诗批评。

① 耿占春：《当代诗歌批评：一种别样的写作》，《文艺研究》2013 年第 4 期。

闻一多诗歌的“人民性”探析

任　毅　唐雪蕎

（闽南师范大学）

闻一多先生短暂的一生完成了诗人、学者、战士的人生三部曲，他用实际行动向众人展示了一个爱国爱民的知识分子，为追求真理与民主政治，敢于在血与火的斗争中不断追求与探索。学者与战士的身份使其有更多的经历，这一切都成了诗人闻一多的成长基础。早在闻一多青年时期就提出并践行“诗人的主要天赋是‘爱’，爱他的祖国，爱他的人民”①。他的后期诗歌中显露出自己的真情实感与爱民情怀，展现了他对国家和民族命运主题的关注，这些也成了他战斗的工具与呐喊的号角。从“人民性”入手，探析闻一多先生诗歌中的“人民性”体现，思考它的特征、意义和作用，是对闻一多先生诗学思想研究的一个独特视角。

一、“人民性”的渊源及嬗变

“人民性”一词作为文学实际存在的一种社会属性，它随着时代的发展、历史的流变被赋予了新的时代内涵和特征，显示出鲜活的生命力。卢梭《社会契约论》中关于人民主权学说的阐释，随着法国大革命

① 熊佛西：《悼闻一多先生——诗人·学者·民主的鼓手》，《闻一多纪念文集》，生活·读书·新知三联书店 1980 年版，第 72 页。

的影响扩散进入了俄罗斯。于是在19世纪的俄罗斯，文艺理论家别林斯基率先提出“文学人民性”这一概念。别林斯基认为“假若文学要想持久和永恒，绝对非有人民性不可”①，“我们的人民性在于描绘俄国生活图画的忠实性”②。从中足以看出他提倡的“文学人民性”内涵应是俄国人民真实生活在文学中的反映。同时，别林斯基在《一八四〇的俄国文学》中提道：

> 文学是人民的意识，它像镜子一般反映出人民的精神和生活；在文学中，像在事实中一样，可以看到人民的使命，它在人类大家庭中所占的地位，以及它的存在所表现出来的人类精神历史发展的契机。③

其中，别林斯基指明了“文学人民性”的根本要求在于表现人民的意识、精神和使命，以及未来发展的契机。杜勃罗留波夫继承并发展了别林斯基关于“文学人民性”的观点，认为文艺作品理应展现人民大众的生活，要反映出他们的思想、感情、意志与愿望，主张将“人民性”用来阐明文学写作的良知和人文精神的价值。后来列宁认为，因为统治者只是少数人，大多数人都是被统治者，所以说在阶级社会中受到剥削与压迫的总是普通人民，于是在这样的逻辑推论下，在阶级社会中人民性自然被合理引申到具有阶级性的集体性意识形态中。因此，这里的“人民性”就成了被阶级整合的产物，“人民性”随即被纳入阶级斗争的话语中。

---

① ［俄］别林斯基：《文学的幻想》，《别林斯基论文学》，梁真译，新文艺出版社1958年版，第68页。

② ［俄］别林斯基：《文学的幻想》，《别林斯基论文学》，梁真译，新文艺出版社1958年版，第68页。

③ ［俄］别林斯基：《一八四〇的俄国文学》，《别林斯基论文学》，梁真译，新文艺出版社1958年版，第74页。

在中国文学中，其实早已有许多作品体现了“人民性”。例如《诗经》中的十五国风就是关于不同地区带有地方色彩的民间歌谣，它写的是民风民情，表达的却是民心民意，后来的汉乐府民歌、南北朝民歌、宋元话本、明清小说等都有着十分明显的“人民性”体现。中国文艺作品中虽然有不少都彰显出“人民性”色彩，但并没有“人民性”这一概念，“人民性”概念其实是从俄罗斯文学中所借鉴而来，经过许多人的努力尝试与完善，经历了一个长期的中国化过程，形成了中国化的“文学人民性”。从19世纪以别林斯基、杜勃罗留波夫等代表的革命民主主义思潮，到俄国的“十月革命”爆发，俄国的文艺思想逐渐传播到了中国。现代中国的“五四”时期，李大钊就曾在《什么是新文学》中提出：

> 我们所要求的新文学，是为社会写实的文学，不是为个人造名的文学；是以博爱心为基础的文学，不是以好名心为基础的文学；是为文学而创作的文学，不是为文学本身外的什么东西而创作的文学。①

从中不难发现李大钊试将“文学的人民性”同政治革命、文化革命结合在一起。处于中国半殖民地半封建社会时期的李大钊，坚持将人民的理念、对旧中国的黑暗势力的鞭挞以及对新中国美好设想融入文学作品中，期望更多的人加入革命斗争中来。20世纪初以来，郑振铎提出“血和泪的文学”的口号，提倡文学关注现实，主张文学为人民服务，注重剖析底层民众真实的生存状况和精神境遇。而作为中国现代文学的奠基人鲁迅，以《野草》为代表的诗歌，以及《文学的阶级性》《革命文学》等论述文章回答了一系列问题：文学的人性与阶级性，文学同政治、革命等的关系，以及文学的大众走向等问题。后来，瞿秋白在自觉参与苏俄文艺理论译介后，深刻意识到某些问题，他发现知识阶层并没

① 李大钊：《什么是新文学》，《星期日·社会问题专号》1919年第12期。

有广泛认同和真正重视文学应当面向普通民众，因此提出了“即使不能够自己去做工人，农民……至少要去做‘工农所豢养的文丐’。不是群众应该给文学家服务，而是文学家应当给群众服务”①。“文学人民性”在20世纪30年代抵达中国学界，毛泽东《在延安文艺座谈会上的讲话》的发表，引导着现代作家开始经典化转型，直至推动文艺修辞策略转向、批评话语范式确立和文论的人民向度生成，使“文学人民性”共识在我国得以最终确证。②

“文学人民性”内涵和外延虽在不断变化，但其本质并未改变，那便是强调文学与人民之间的关系，文学应当真正站在劳动人民的立场，为人民大众发声，用他们能理解的话语书写最广大人民群众的生存状态与精神世界。随着时代的更迭，闻一多先生的思想也不断深入，他发现人民大众的重要地位和作用，其诗歌创作有所转变，他努力将“人民性”贯穿于诗作实践之中，真正深刻认识到作为一个诗人应当要像杜勃罗留波夫所说的那样：

> 要真正成为人民的诗人，还需要更多的东西：必须渗透人民的精神，体验他们的生活，跟他们站在同一的水平，丢弃等级的一切偏见，丢弃脱离实际的学识等等，去感受人民所拥有的一切质朴的感情。③

闻一多在1933年发表了《〈烙印〉序》，体现了他从“为诗而诗”唯美主义转向了为社会与人民大众；到了《五四与中国新文艺》中他进一步

---

① 瞿秋白：《普洛大众文艺的现实问题》，《瞿秋白文集》第1卷，人民文学出版社1985年版，第481页。

② 徐凤秋、赵颖：《文学人民性命题的历史溯源及现实意义》，《学术交流》2017年第7期。

③ ［俄］杜勃罗留波夫：《俄国文学发展中人民性渗透的程度》，《杜勃罗留波夫选集》第2卷，辛未艾译，上海译文出版社1983年版，第184页。

强调诗歌为群众服务才能保持健康、富有生命力；在抗战胜利后，他发表于《大路周刊》创刊号上的《人民的世纪》倡导“今天只有‘人民至上’才是正确的口号”①，主张回归“人民本位”。这些无不彰显着闻一多诗学思想的“人民性”，而这也自然地贯穿于他的诗作之中。诗人闻一多在诗歌中不仅形成了独特的“人民性”特征，更在这些特征中蕴于丰富多层的内在精神，通过对其深入探寻与考究，对当下的诗歌创作与诗学批评具有重要的意义。

二、闻一多诗歌中的“人民性”特征

抗日战争的全面爆发，闻一多选择从书斋走上街头，坚定地反对独裁、反对内战，以民主斗士的姿态去争取人民的民主自由。他后期强烈的人民立场与“人民性”思想，其实是在前期潜在思路上的深化实践中逐渐凸显出来的，早已贯穿于诗歌创作之中。在闻一多早期诗歌中，便有着关于“人民性”的生动表现，其中既有对普通民众疾苦的关注与同情，还有着对祖国的热忱和忧虑，更有着对社会历史现实中不平的讽刺与批判，这些也都成了他诗歌中的“人民性”特征。

1. 对人民疾苦的关怀与同情

对人民疾苦的深切关注与同情，是闻一多诗歌“人民性”的特征之一。闻一多既关注个体人民，深切地关注着底层人民的生活，与此同时，他又不单单局限于个体人民的苦痛遭遇，也将目光聚向于人民集体的悲苦生活，他的诗歌广泛地反映了广大劳动人民群众的苦痛生活与思想感情。

闻一多诗歌《罪过》就讲述了一个挑着水果担子的老头儿就因为摔

① 闻一多：《人民的世纪》，《闻一多全集》第2卷，湖北人民出版社1993年版，第407页。

了一跤就成了罪过，他将自己的好樱桃都压碎了，把一家人的生计依靠都糟蹋了，后悔不已。《飞毛腿》则通过一个普通的人力车夫凭借自己的速度和健壮被称为“飞毛腿”，可这般积极乐观的人却在他老婆溘然长逝后自杀，他何等悲痛欲绝的心情都留给读者猜想。《欺负着了》更是描画了发生在血腥杀戮中，一个寡妇接连失去两个儿子的故事。类似的诗歌不胜枚举，这些采用了口语体形式以一个个普通人民的口吻书写了个体底层民众的真实生活，将底层民众在其中的悲与痛、苦与疼都展现得淋漓尽致。但闻氏并未将诗歌的“人民性”局限于个体，同时也关注着人民的集体生活。在闻一多赴美留学之时，曾耳闻目睹甚至亲身经历过不少美国人歧视、欺压国人的现象，《洗衣歌》是诗人留学美国的代表作，这首诗作的短序说明写作动机是因为在美华侨多半从事的洗衣工作遭受到歧视而作。

《洗衣歌》的第一、二节分别对应诗歌最后两节内容：

> (一件，两件，三件，)/洗衣要洗干净！/(四件，五件，六件，)/熨衣要熨得平！/我洗得净悲哀的湿手帕，/我洗得白罪恶的黑汗衣，/贪心的油腻和欲火的灰，……/你们家里一切的脏东西，/交给我洗，交给我洗。

诗人采用复沓的方式写出在美华侨从事为他人洗衣需要满足主顾洗得干净、熨得平整的要求，这既需要洗衣者认真负责，又得对单调重复的去污工作不厌其烦。交给他们洗的脏东西是湿手帕、黑汗衣、油腻与灰，它们分别是悲哀、罪恶、贪心和欲火。诗人把洗衣的内涵由衣服上的污秽扩大到普通人生活的污痕上，即悲哀的眼泪、罪恶的污点、贪心、欲望……这些是人与人之间争夺压迫而留下的污痕，洗衣工不分贵贱、尽职尽责地将这些衣服洗净，从事洗衣工作的人们其实是最能公平对待所有人，在某个层面上，他们其实是真正洁净世界的保卫者。

接着，诗人向鄙视华人的美国社会提出了抗议：“你说洗衣的买卖太下贱，/肯下贱的只有唐人不成？/你们的牧师他告诉我说：/耶稣的爸爸做木匠出身，/你信不信？你信不信？”从这些诗句中，诗人以反诘的口吻，用耶稣的出身木匠之家却成了西方至高无比的神祇作比喻，将普通的华侨洗衣工与上帝类比形成了悖论，以叛逆姿态批判当时以阶级来定位人品的社会价值。诗人用“年去年来一滴思乡的泪，/半夜三更一盏洗衣的灯……”工整的对仗，写出华人洗衣匠身处贫寒、艰苦奋斗的生活状态，他们的游子情思显得那样浓郁。这首诗中，足以看出诗人主动化身为被压迫者中的一员，对下层劳动人民的生存困境给予关怀、同情与伸张，并在他们的声音中融入自己的感受，显得情真意切。①

2. 对祖国命运的热忱与忧虑

诗人闻一多尤为可贵的并不是将国家、民族与人民割裂开来，他总是对祖国和人民满怀着热爱之情，于是关于他的爱国诗篇自然而然也凸显着“人民性”。闻一多的诗作扎根于国家、民族和人民三者有机融合的生产与实践中，将忧国与忧民、爱民与爱国的相互统一起来，烙上本民族印记，形成了其诗作“人民性”特征之二，引起本民族甚至外民族人们的心灵震撼与情感共鸣。

《七子之歌》作为著名的爱国诗篇，以令人注目的姿态出现在众人眼前。诗人将澳门、香港、台湾等七个被割让、租借的地方拟人化为离开母亲的七个儿子，以他们的口吻吐露“失养于祖国，受虐于异类”的悲哀之情，哭诉着所受帝国主义强盗蹂躏的百般痛苦，强烈要求回到母亲的怀抱。这首诗写了“澳门”被掳走的三百年来梦寐不忘的生母，保持着对祖国母亲的忠贞。“香港”在帝国主义的摧残折磨下向着祖国母亲号啕和呼号。“台湾”在酷炎的夏日下，深受“郑氏的英魂”“精忠的赤

① 闻一多：《洗衣歌》，《闻一多全集》第 1 卷，湖北人民出版社 1993 年版，第 163~165 页。

血”影响，敢于背城一战挣脱束缚，以求回归祖国母亲的怀抱。“威海卫”这个防海的健将被掳去后不顾自身，担忧的反而是自己身后防护的先人遗骸。“广州湾”“九龙”“旅顺”“大连”曾是祖国的“孩子”却被撕裂、霸占，在深渊中不断向祖国母亲呼唤着：“母亲！我要回来，母亲！”该首诗整体构架匀齐，共七章，每章七行。各节匀称，句子也较为均齐，这些恰恰体现了诗人追求的建筑美。诗歌既有韵律，又有节奏，每节用以“母亲！我要回来，母亲！”，使得前六个长句蕴集的力量最后都落在了它的身上，诵读起来达到情绪高潮，这样使得铿锵有力的句子周期性出现，能够真切感受到其中内蕴的生命力度与节奏①。

组诗《七子之歌》的经典化，正在于家国一体的人民性构思方式。澳门、香港、台湾、威海卫、广州湾、九龙、旅顺，如同七个依次被割卖的亲生儿子，“受虐于异类”，一声声哭喊着要回到祖国母亲的怀抱。这是东方文化中血缘亲情伦理关系的国家化。旧诗中的哭诉，正如诗人在旧中国乡村所看到的战乱、灾年中被迫流离失所、卖儿鬻女、妻离子散，被强征壮丁的骨肉撕裂的伤痛。当他作为弱国子民负笈北美，目睹了种族歧视、底层民众生存的艰难，游子对故国家人充满眷念之情。在闻一多先生的诗歌中，一方面有对底层民众生存的艰难进行独特的描画，另一方面还以普通民众的伦理亲情去抒写对民族、国家的热爱。诗人在其中以普通个体人民为基，又超越个体本身呈现中国的民族文化、民族伦理和民族气节，始终以开放的姿态，充实自己的诗作实践，进而表达诗歌的人民性书写，在一定程度上为拓展了诗歌艺术的世界格局提供了更多的可能性。

3. 对现实的讽刺与批判

战乱造成的时局动荡，统治阶级的残暴使得多个家庭支离破碎，让

① 闻一多：《七子之歌》，《闻一多全集》第1卷，湖北人民出版社1993年版，第221~224页。

无数民众流离失所，这既是那个时代的病症，也是社会历史的真实写照。于是闻一多以笔为剑，以诗为刃，用辛辣讽刺的方式揭露中国之病，其中既有对冷酷黑暗社会的控诉，也有对社会现实压榨的不满，甚至将矛头指向统治阶级的恶行，彰显着诗人的反抗精神。同时，他也关注到知识分子阶层，有意解剖与批评某些知识分子，带着叛逆的精神进行着自我批判与省思。因此，对社会历史现实的讽刺与批判也成了闻一多诗歌的“人民性”特征之三。

他的《荒村》写于1927年5月，那时正是蒋介石“四一二”政变篡夺了革命政权，又继续北伐的时候。当年5月“与奉系军阀在皖北梁园镇临淮关一带展开激战，广大地区一时间断绝人烟”①，诗人闻一多有感于此，写下了这首50行的诗作。诗人并没有正面描写新旧军阀混战的暴虐残酷，也没有着笔刻画广大农民妻离子散、落荒而逃，而是以尖锐之笔锋着力于硝烟散去，早已人去室空的荒村景象。诗歌开头就用简洁有力的问句“他们都上哪里去了？”引出了荒村反常之景：虾蟆与蜘蛛都在无人的房中“横行”，桌椅板凳在田边池塘四处散落、镰刀快锈出了泥、鱼网在灰堆中腐烂……这些乡村生产工具和农民的住房都破败到如此地步，令人目不忍视。而后诗人笔锋一转书写出生机盎然的自然美景：“……秧针这样尖，湖水这样绿，/天这样青，鸟声象露珠样圆……”②却留不住村民出逃的脚步。美景与惨状、生机与萧索、生与死、和平与战争的鲜明对比，更衬托出荒村在那个时代的典型与荒诞。随后诗人将猪、鸭等家畜拟人化回忆往昔而滚落热泪，这群牲畜也同主人一般经历着战乱之折磨，那些背井离乡、颠沛流离的人们面临的就是更加苦痛的日子了。没有人的村落是如此荒芜、惨淡，诗人殷切呼唤着、盼望着村民归家园，人民安宁幸福。全诗将描写、叙事和抒情结合，描画了一幅军阀混战下的人烟断绝、凄惨的荒村景象，从中也显露

① 李秋芸：《闻一多〈荒村〉》鉴赏，《华中人文论丛》2010年第1期。

② 闻一多：《荒村》，《闻一多全集》第1卷，湖北人民出版社1993年版，第156~157页。

了诗人对战乱导致民不聊生的不满与讽刺，以及对荒村重新建构的渴望。

闻一多不单单关注底层人民的历史中的现实遭遇，也将目光移向知识分子的时代作为上，他敢于展开自我解剖与批评，进行着严酷的灵魂拷问。《八教授颂》发表在1948年6月的诗联丛刊上，但全诗并未写完，只有《教授颂》与《政治学家》为题的两首诗作。“从内容来看，‘八教授颂’大概是序诗，‘政治学家’则实有其人，……诗人敞开心扉，以大智大勇的精神，向40年代的经师人师进行‘规劝’，话说得如此尖锐直率，但态度又是那样的认真诚恳。”①闻一多以诗为利器，讽刺了旧中国的学者、文人与思想家沉湎于固执和愚昧、势利的现状，一针见血地批评具有旧士大夫意识的知识分子在因循苟且中开历史倒车的行为。更在《政治学家》中讽刺自命清高的政客们：

> 二千五百年个人英雄主义的幽灵啊！/你带满了一身发散霉味儿的荣誉，/甩着文明杖，/来到这二十世纪四十年代的公园里散步；/你走过的地方，/是一阵阴风；……请回吧，/可敬爱的幽灵！②

闻氏对旧式知识分子劣根性的自省，和他对《楚辞》等古典与之洞悉一样令人赞叹。这些诗作正是他站在人民大众的立场上，以诗的形式发出战斗的时代号角，对破坏爱国民主运动的学者与官僚政客作出的批评和讽刺。

---

① 吴宏聪：《闻一多的爱国主义诗歌与〈八教授颂〉》，《中山大学学报(社会科学版)》1998年第6期。

② 闻一多：《八教授颂》，《闻一多全集》第1卷，湖北人民出版社1993年版，第262~266页。

三、闻一多诗歌“人民性”的内在精神

朱自清先生曾指出闻一多是“一篇未完成的‘诗的史’或‘史的诗’”①，我们应当看到闻一多诗歌的“人民性”，其实正是“诗的史”或“史的诗”的重要体现，诗歌的“人民性”特征是闻诗写作内在精神的具体呈现。

诗人闻一多通过《天安门》《飞毛腿》《欺负着了》《罪过》等诗歌关注个体人民，他以一个个普通底层人民向我们讲述了关于普通的人力车夫、挑着水果担子的老头儿，以及在血腥杀戮中接连失去两个儿子的寡妇的那些不为人知的辛酸故事，他选取了真实可信的生活片段加以逼真描画，深切展现了时代的真实。而《荒村》《洗衣歌》等类的诗歌展现了人民群体的苦痛经历，诗人从不同侧面对劳苦大众群体的描写，他们有的经受战乱折磨不能归家，有的在外遭受歧视……诗人既有从旁观角度出发，以丑为美的方式写出战争的残酷。诗人也深入人民之中，努力为普通百姓遭遇的不公发声，并指出劳动人民应当受到尊重和重视的正当性、合理性与必要性。

“抗战以前，闻一多是唯一有意大声歌咏爱国的诗人……他把爱国主义的诗歌引进审美的视野。”②诚然，就像诗歌《七子之歌》《我是中国人》《长城下之哀歌》等诗作，我们能够通过诗歌本身感受到诗人对国家民族的爱，情感的抒发又是通过个体感悟出发，其中运用包含着历史文化内涵、民族文化特色的词汇，如泰山、麒麟等，中西相融而形成的独特诗歌表现。与此同时，我们也能从这些诗歌中感受到时代脉搏的跳动。它们都被创作于1925年，此时的闻一多回国不久就投入了五卅运

① 朱自清：《〈闻一多全集〉序》，《闻一多全集》第12卷，湖北人民出版社1993年版，第443页。

② 吴宏聪：《闻一多的爱国主义诗歌与〈八教授颂〉》，《中山大学学报(社会科学版)》1998年第6期。

动中，他以诗歌为武器加入反帝爱国的潮流中去，诗人试图用这样的歌咏来表达诗人忧国忧民、爱民爱国之情，凸显出他身上强烈的使命意识和责任担当。

1944 年，与诗歌《八教授颂》同年，闻一多先生发表了《关于儒·道·土匪》，他痛心疾首地指出：“不能不承认中国是生着病，而且病势的严重，病象的昭著，也许赛过了任何历史记录。”①他的诗中不仅仅只是体现人民疾苦，也表现着当时帝国主义和统治阶级的恶行，对社会的不满控诉，但又不局限于此，还有意解剖与批评当时某些知识分子，讽刺抨击面较广。闻一多先生的诗作便是用辛辣讽刺与揭露的方式指出中国的“病象”，并成了站在最广大人民群众立场的时代旗手，最终用生命为祖国和人民谱写了一曲壮烈之歌。

诗歌的“人民性”的内在精神是对社会现实、人民生活等方面的深刻感悟，其中蕴藉着巨大的历史和现实内涵，既彰显出了诗人的家国情怀、使命意识和反抗精神，也体现其敢于解剖与批评某些知识分子的批评反思精神，更有在格律与自由之间、诗歌与非诗化之间，不断追求诗歌发展，也不停地寻找革命道路的探索精神。

闻一多一生不仅将目光聚焦于底层人民的生活，还极其重视人民群众的力量，所以他后期的思想才会有日渐鲜明的人民观点、人民立场。正如他对学生所说的那样：

> 不要以为有了知识分子就有力量，真正的力量在人民。我们应该把自己的知识配合他们的力量……我们知识分子常常夸大，以为很了不起，却没想到人民一醒觉，一发动起来，真正的力量就在他们身上。②

① 闻一多：《关于儒·道·土匪》，《闻一多全集》第 2 卷，湖北人民出版社 1993 年版，第 377 页。

② 闻一多：《给西南联大的从军回校同学讲话》，《闻一多全集》第 2 卷，湖北人民出版社 1993 年版，第 421 页。

闻氏诗歌中的“人民性”便是其人民观点厚积薄发的体现，也是他坚持在时代洪流中用自己的独特方式续写人民的生活，其艺术价值散发出独特的魅力。

通过对闻一多诗歌的“人民性”的探析，我们不难体悟到丰富多层的内在精神，其诗作中的“人民性”既是个体的、集体的、阶级的；也是民族的、开放的、世界的；还是底层的、超越的、人类的；更是历史的、现实的、时代的！

闻一多诗歌的生命哲学

胡丽萍　任　毅

（闽南师范大学）

作为中国现代史上著名的诗人、学者和民主斗士，闻一多在新诗、中国传统文化研究等方面均取得了辉煌成就。闻一多的诗歌，在内容的选择上，注重原始母题的诠释，如生与死、爱与愁、信仰与理想、悲悯与愤懑等。在情感方面，注重传达人类最为普遍的感情，如爱情、亲情、友情、离情、乡情等。从中，我们一方面听到了时代的呐喊，另一方面也感受到来自个人心灵的吟咏。

一、青春观：无私奉献

青春是美好的，但美好的青春不是一层没有立体感的彩纸，它首先是生命的化身，是生生不息、氤氲流转的宇宙之力的表征。正如闻一多的诗作《青春》："青春像只唱着歌的鸟儿，/已从残冬窟里闯出来，/驶入宝蓝的穹窿里去了。/神秘的生命，/在绿嫩的树皮里膨涨着，/快要送出带着鞘子的，/翡翠的芽儿来了。/诗人啊！/揩干你的冰泪，/快预备着你的歌儿，/也赞美你的苏生罢！"①诗人借鸟儿的余力扬帆出海，驶入苍穹，自由舒缓地过渡到对青春与生命的人生哲学层面的探讨，自

① 闻一多：《青春》，《闻一多全集》第1卷，湖北人民出版社1993年版，第57页。

然的青春和生命的青春已融为一体，二者互为表征，相得益彰。“神秘的生命”托生于膨胀的绿芽儿，即将冲破树皮的桎梏，而灿烂微笑。面对自然和人生的无限春光，诗人的激情沸腾到了极点，一颗蓬勃跃动、激荡不已的青春之心再也锁不住了，几乎已经迫不及待地昂头呐喊：“诗人啊！/揩干你的冰泪，/快预备着你的歌儿，/也赞美你的苏生罢！”残冬已经过去，冰泪已成历史，沐浴在青春热情中的诗人急切地要求否定过去，热烈地准备拥抱未来，占有明天。在诗中，苏生象征着精神与肉体的双重解冻，而歌儿则是年轻诗人用全身心奏响的青春与生命的和弦。

《青春》一诗寥寥数语，传达出一种典型的时代气息。经历了“五四”大潮洗礼的一代中国青年，再也不甘于传统道德文化的禁锢，他们的心“苏生”了，正以蓬勃向上的生长姿态，向旧世界的一切提出挑战，芽儿虽绿嫩青涩，但那意气风发、百折不回的战斗姿态，展现了一个古老民族的青春活力，开创了文学与文化的未来。诗中那鲜亮的色彩和强悍的生命力，是时代精神的极致体现，是自由理想的不朽画卷。

青春在《红烛·序诗》是一曲奉献之歌，反映了青年闻一多的真实思想感情。这首诗创作之时，正值五四运动落潮、黑暗势力笼罩全国，而诗人彼时身处大洋彼岸，远离祖国，这个饱受五四运动洪流冲击，从书香门第挣脱出来的知识青年，与当时千千万万年轻的知识分子一样，站在历史的风口浪尖，正面临着重大的人生抉择，思考着自我价值。在半殖民地半封建的民族灾难重压下，觉醒了的爱国青年经历了探索、奋斗、挫折、再斗争的过程，虽暂未找到正确的道路与方法，苦闷与彷徨萦绕心头，但心中那熊熊燃起的烈火却从未熄灭过。

红烛，在我国传统习俗中多用于喜庆佳节，诗人选择具有浓烈民族特色的红烛作为题咏对象，赋予了它新的含义。红是赤忱的象征，在这首诗中，红烛是理想人格的化身，红烛即诗人，诗人即红烛，从中可以感受到强烈的青春奉献精神。红烛燃烧自己，照亮黑暗世界，而拥有拳拳赤子之心的诗人，也希望自己能为祖国无私奉献。诗作一开始表现了诗人一度的矛盾与彷徨，把蜡比作躯体，把火视为灵魂，“为何更须烧蜡成灰，然后才放光出？”①可笔锋一转，诗人又以坚决的口吻道出了自己的信念：“红烛啊！/不误，不误！/原是要‘烧’出你的光束——/这正是自然底方法。”②诗人彻悟，光是要“烧”出来的，只有自我燃烧，才能放出光芒。借红烛来象征自己的一颗心，这颗心就是要一直不停地燃烧着，为人类、为世界创造光明。在当时的社会环境下，诗人虽苦于找不到一条理想的救世之道，但对于自己所进行的奋斗行径丝毫不悔。现实的黑暗、世人的愚昧，诗人忧心如焚，他要以他的一颗赤诚之心打破旧的封建枷锁，意图唤醒沉睡在黑暗中的人民。“红烛啊！/既制了，便烧着！/烧罢！烧罢！/烧破世人底梦，/烧沸世人底血——/也救出他们的灵魂，/也捣破他们的监狱！”诗人奉献出了一颗充满改造世界和自我牺牲精神的心，在歌唱光明、勇于献身的同时，也在流泪。“红烛啊！/你心火发光之期，/正是泪流开始之日。”“红烛啊！/你流一滴泪，灰一分心。/灰心流泪你的果，/创造光明你的因。”③为了创造光明的世界，自己就必须流泪灰心，这种充满表面矛盾的描写，表现了五四运动落潮后先进青年的典型心态。他们坚持斗争，不满现实，可又感到压抑与苦闷。诗作最后：“红烛啊！‘莫问收获，但问耕耘。’”诗人所想表达的是一种追求光明的不屈精神，把青春奉献给祖国，为民主自由真理而献身的生活态度。

二、爱情观：理想幻灭

年轻的闻一多深受“五四”新思潮的洗礼，对爱情充满无限向往，

---

① 闻一多：《红烛·序诗》，《闻一多全集》第1卷，湖北人民出版社1993年版，第7页。

② 闻一多：《红烛·序诗》，《闻一多全集》第1卷，湖北人民出版社1993年版，第8页。

③ 闻一多：《红烛·序诗》，《闻一多全集》第1卷，湖北人民出版社1993年版，第9页。

无奈爱情还未到来之时，家人就已经为他安排了一门婚事。闻一多十分抵触包办婚姻，他在致闻家驷的信中这样抱怨道："我不肯结婚，逼迫我结婚，不肯养子，逼迫我养子——谁管得了这些？……家庭是一把铁链，捆着我的手，捆着我的脚，捆着我的喉咙，还捆着我的脑筋；我不把他摆脱了，撞碎了，我将永远没有自由，永远没有生命！"①与高孝贞结婚是父母的安排，对于这种包办婚姻，他没有丝毫的幸福感与归属感，他甚至不愿再谈及女人，认为自己"情的生活已经完了"。这种无处宣泄的苦闷与孤独，融入他的组诗《红豆》当中："我们是两片浮萍"；"我们是鞭丝抽拢的伙伴，我们是鞭丝抽散的离侣"；"我们弱者是鱼肉"；"我们是照着客们吃喜酒的/一对红蜡烛"。② 他感到自己的命运被他人掌控，任由他人控制。于是，他不断地发泄愤懑，不断诉说，以致产生了自我放逐的念头："我将什么也不要了！宋诗人林和靖以梅为妻，以鹤为子。我将以诗为妻，以画为子，以上帝为父母，以人类为弟兄罢！"③

闻一多写于1922年的三首诗作，《死》《贡臣》以及《深夜底泪》可以看作他对父母包办婚姻行为的回应与抗议。诗人最开始对爱情充满了无限的向往，在《死》这一诗作中体现得淋漓尽致："啊！我的灵魂底灵魂！/我的生命底生命，/……/让我淹死在你眼睛底汪波里！/让我烧死在你心房底熔炉里！/让我醉死在你音乐底琼醪里！/让我闷死在你呼吸底馥郁里！"④为了得到爱情，诗人甘愿死在它"眼睛底汪波里""心房底熔炉里""音乐底琼醪里"和"呼吸底馥郁里"，这是何等地希冀与期许

① 闻一多：《致闻家驷》，《闻一多全集》第12卷，湖北人民出版社1993年版，第34页。

② 闻一多：《红烛·红豆篇》，《闻一多全集》第1卷，湖北人民出版社1993年版，第107~122页。

③ 闻一多：《致闻家驷》，《闻一多全集》第12卷，湖北人民出版社1993年版，第34页。

④ 闻一多：《死》，《闻一多全集》第1卷，湖北人民出版社1993年版，第53~54页。

呀！紧接着，现实打破了闻一多的爱情幻想，正如诗作《贡臣》：“我的王！我从远方来朝你，/带了满船你不认识的，/但是你必中意的贡礼。/……/我悄悄地等着你的爱潮澎涨，/好浮进我的重载的船艘；/月儿圆了几周，花儿红了几度，/还是老等，等不来你的潮头！”①诗人把爱情比喻成“我的王”，甘愿做她的“贡臣”，为她贡献一切。他悄悄地等待着“爱潮膨涨”，可老等老等，一直到父母给他安排了包办婚姻，也没有等来“爱的潮头”。

在《深夜底泪》中，诗人对这段缺乏感情基础的包办婚姻所产生的不满则更进一步。闻一多回故乡浠水结婚时，提出不祭祖、不行跪拜礼、不闹洞房等条件，父母知道他心中的委屈，便同意了。结婚那一天，一大早起来他又钻进书房看书，家人生拉硬拽才给他理了发、洗了澡、换了衣服，但一眨眼他又消失不见。当外面锣鼓喧天，鞭炮齐鸣，迎新花轿已将新娘抬回来时，却遍寻不到新郎，原来他又钻到书房醉心书籍。大家七手八脚，连推带拉，才把他拥到前厅，婚礼得以成功举行。闻一多这种态度，是对父母包办婚姻的一种无可奈何的消极抵抗。实际上诗人在爱情中感到失落的并非是针对结婚对象，而是对包办婚姻这一形式的不满。所幸婚后与妻子高孝贞的感情日益密切，但最初的失落已然深深地渗透他的诗歌创作之中。

三、生死观：向死而生

闻一多认为，生命是一个由生到死的过程，生与死都是人类生命的组成部分。认识人生，不仅要面对生，而且要面对死。死是必然的，无法避免，而生是有限的，故需要每一个人对人生、对生命进行积极筹谋。诗人从生命哲学的角度对生死进行解读：“死与生都是生命的本

① 闻一多：《贡臣》，《闻一多全集》第1卷，湖北人民出版社1993年版，第49~50页。

质，两者交融在一起，死是生的动力，生是死的结束，生与死互为始终。”①所以死亡是一种特殊的生命状态，也可以说它是新生命诞生时必然经历的奠基仪式。在闻一多这里，死亡不再是悲剧，而更像一个新的开始，新的起点。这种观点与中国传统的生死观大相径庭，超越了一直以来人们叹息生命、忧思生死的范畴，更多的是一种自在自为的色彩。这种生命观贯穿于闻一多的一生，深刻体现在他的诗作、研究和人生经历中。如在《死》这首诗作中，闻一多对死亡的赞美超过了对生的留恋，字里行间透露出诗人对死亡的无限崇拜和向往。“眼睛底汪波”“心房底熔炉”“音乐底琼醪”“呼吸底馥郁”等繁密虚幻的意象，经过语言的修饰，“死”俨然成了一种美妙而浪漫的生命姿态。

闻一多虽然对死有着独具一格的看法，但他并非沉溺在死亡中，因为他是一个“生命之肯定者”，他转换了看待死亡的角度，将令人忧惧绝望的死亡，看成是生命的自然延伸，乃至于对生命的超越。《烂果》就是这样一首生命颂歌，从“死亡”延伸至“更生”：“我的肉早被黑虫子咬烂了。/我睡在冷辣的青苔上，/索性让烂的越加烂了，/只等烂穿了我的核甲，/烂破了我的监牢，/我的幽闭的灵魂/便穿着豆绿的背心，/笑迷迷地要跳出来了！”②“我”是一个肉被黑虫子咬烂、即将死亡的“烂果”，但是“我”并没有陷入生命即将没落的痛苦之中，相反，“我”故意让自己睡在“冷辣的青苔”上面，加快腐烂的速度。从这一行为上，就能看出“我”面对死亡不仅没有恐惧绝望，反而宁愿早点赴死，由此获得新生。只有经过死亡的洗礼，“灵魂”才能打破“监牢”，从腐烂颓废之中迸发出鲜活自然的新生命。诗人十分了然“死亡”中所蕴含的“生”的意义，他运用充满生命激情与活力的抒情方式所创作出的诗歌，实质上蕴含了无限的生命哲理，即生命之活力与生命之颓败是密不可分的，

① 胡圣凤：《闻一多生命美学思想研究》，浙江师范大学 2017 年硕士学位论文，第 12 页。

② 闻一多：《烂果》，《闻一多全集》第 1 卷，湖北人民出版社 1993 年版，第 105 页。

我们要在颓败中获得新生，在蜕变中求得超越。

在昆明，闻一多以自己的死践行了他所奉行的生命观，明知有特务来暗杀，还坚持演讲，明知有枪在瞄准自己，依旧没有躲闪，最终献出自己的生命，企图以死亡唤起广大民众的觉醒。诗人早期创作的长诗《李白之死》中的李白便是其鲜明的自身写照：“他翻身跳下池去了，便向伊一抱，/伊已不见了，他更惊慌地叫着，/却不知道自己也叫不出声了！/他挣扎着向上猛踊，再昂头一望，/又见圆圆的月儿还平安地贴在天上。/他的力已尽了，气已竭了，他要笑，/笑不出了，只想道：‘我已救伊上天了！’”①诗仙李白“翻身下池”救月，以付出生命的代价去追求理想中的幻美。诗句中运用了大量新奇、浪漫的意象，穿插李白那既令人生羡又令人愤慨的人生经历，为李白的死增加了一些清丽色彩。从那句欣喜至极的“我已救伊上天了”的呼喊声中，我们能够感受到他在生命快要终结的那一刻，并没有表现出恐惧、忧伤或痛苦。通过诗人闻一多的吟咏，我们感受到的并不是失去鲜活的生命时流露出的恐怖与哀痛，而是对为追寻理想而献身的一种无限称赞、敬佩之情。

《剑匣》也是一首用生命追求“艺术之宫”的赞歌。“在生命的大激战中，/我曾是一名盖世的骁将。/……/哦！我自杀了！/我用自制的剑匣自杀了！/哦哦！我的大功告成了！”②诗人在诗中化身为一位经历过生死激战的盖世骁将，战败后逃离人群，隐居到一座孤岛，他搜集了玛瑙、玳瑁、璧玺、琉璃等各式珠宝，并依照梦中光怪陆离的图景，镶嵌在他的剑匣上。“我”耗费全部心血锻制出的“剑匣”，实质上就是为自己所打造的“艺术之宫”。“我”把宝剑放进剑匣里，就如同自己进驻了“艺术之宫”。“我”看着“缠着神蟒的梵像”而颤抖，看着“鼓瑟的瞎人”而哭泣，看着“睡在荷瓣中的太乙”而“迷迷嫣笑”，直至醉死在那耀眼

① 闻一多：《李白之死》，《闻一多全集》第1卷，湖北人民出版社1993年版，第17~18页。

② 闻一多：《李白之死》，《闻一多全集》第1卷，湖北人民出版社1993年版，第19~27页。

夺目的光辉里。这便是对理想之美的追寻，诗人的灵魂与生命都在这一过程中服从于美的召唤，甚至可以为此付出自己的生命。在最后，他用“自制的剑匣”结束了生命，以醉死在“剑匣”的光芒中，来实现对美的追求。闻一多就是一个固执且纯粹的理想追求者，他以翻池救月的李白、醉死于剑匣中的“骁将”自诩，甘愿奉献一腔“珊瑚似的鲜血”，因为拥美而死是他的宿命，也是实现个体生命价值的最好方式。

四、国家观：“唯一的爱国诗人”

闻一多曾说：“诗人主要的天赋是爱，爱他的祖国，爱他的人民。”闻一多诗歌在内容上的突出特点，即展现出深沉而热烈的爱国主义情怀，并从爱国爱民的真情出发，体现为对黑暗现实的厌恶，对人民疾苦的同情，以及对未来美好的憧憬。朱自清称颂闻一多“是个爱国诗人，而且几乎可以说是唯一的爱国诗人”。这一说法似乎有些绝对，但不可否认的是，从“小我”到“大我”，“爱国，可以说是闻一多生命的哲学”①。闻一多留美期间，写下《孤雁》《七子之歌》《长城下的哀歌》《晴朝》《我是中国人》《爱国的心》《故乡》《回来了》等诗作，都是对中国新诗的极大贡献，其中最著名的当属《太阳吟》和《忆菊》。在《忆菊》中，诗人写道：“我要赞美我祖国底花！我要赞美我如花底祖国！”②时至今日，这两句诗已成为新诗中传诵最广的爱国名句。闻一多曾说，他所爱的中国，“是中国的山川，中国的草木，中国的鸟兽，中国的屋宇——中国的人。”③遍观他这一时期的诗歌，无一不浸透着中国文化中那种洒

① 商金林：《闻一多最可宝贵的精英意识》，《2016年闻一多国际学术研讨会论文集》，中国社会科学出版社2018年版。

② 闻一多：《孤雁》，《闻一多全集》第1卷，湖北人民出版社1993年版，第97页。

③ 闻一多：《致吴景超》，《闻一多全集》第12卷，湖北人民出版社1993年版，第77页。

脱超然、物我同一的道墨两家精神。这是闻一多爱国诗歌的第一层思想境界。

1925 年，闻一多留美归国，看到的是封建军阀统治下的黑暗现实和民生凋敝的残酷现象，写下诗作《一句话》：“有一句话说出就是祸，/有一句话能点得着火，/别看五千年没有说破，/你猜得透火山的缄默？/说不定是突然着了魔，/突然青天里一个霹雳/爆一声：/‘咱们的中国！’/这话叫我今天怎样说？/你不信铁树开花也可，/那么有一句话你听着：/等火山忍不住了缄默；/不要发抖，伸舌头，顿脚，/等到青天里一个霹雳/爆一声：/‘咱们的中国！’”①诗人的赤诚爱国之心转化为对现实的强烈不满、渴望改变旧中国的豪情壮志，全诗以“一句话”——“咱们的中国”为构思中心，反复咏叹、极力渲染。面对祖国的深重灾难，诗人通过诗歌表达极其强烈的民族意识，深沉、热烈的爱国精神，表现出对黑暗现实的厌恶，被压迫民族的悲愤，国土沦丧的痛苦和对美好未来的憧憬。这是闻一多爱国诗歌的第二层思想境界。

1926 年“三一八惨案”后，闻一多愤怒了，写下《天安门》，以洋车夫的口吻，揭露军阀政府杀害人民的罪行；接着发表《欺负着了》，为劳苦大众请命申冤，这是闻一多诗歌所到达的真正的爱国境界。他还企图通过诗歌唤醒民众奋起反抗的革命热情，在《唁词——纪念三月十八日的惨剧》中说：“但是这哀痛的波动却没有完，/他要在四万万颗心上永远翻腾。/哀恸要永远咬住四万万颗心，/那么这哀痛便是忏悔，便是惕警，/还要把馨香缭绕，俎豆来供奉！/哀痛是我们的启示，我们的光明。”②

1946 年 7 月 11 日晚，民盟昆明主席李公朴先生遇刺身亡，反动派扬言“第二个便是闻一多”。许多好心人都劝闻一多躲一阵子，避避风

① 闻一多：《一句话》，《闻一多全集》第 1 卷，湖北人民出版社 1993 年版，第 155 页。

② 闻一多：《唁词——纪念三月十八日的惨剧》，《闻一多全集》第 1 卷，湖北人民出版社 1993 年版，第 252 页。

头，他镇定自若地说："如果因为反动派的一枪就都畏缩不前的放弃民主运动工作，以后谁还愿意参加民主运动？谁还会信赖为民主工作的人？"7月15日，闻一多在云南大学礼堂主持报告李公朴殉难的经过，面对特务的猖獗骚扰捣乱，他挺身而出，慷慨宣誓："我们不怕死，我们有牺牲的精神，我们随时像李先生一样，前脚跨出大门后脚就不准备再跨进大门！"这篇演讲，从诗人气质来看，那种单纯而庄严的美，那种与刀山相撞也毫不退缩的精神，那种如洪流般的生命力，就是一首气势浩荡的最富光彩的华章。在恶劣黑暗的现实面前，闻一多以朗诵、政治演讲作为武器，与敌人决一死战，为了争取民主和自由，他将倾泻他的全部生命。

五、结语

人的生命是一种超越性的存在，总是不满足于现状，在不断地超越自己、创造自己的过程中，形成自我的本质。青年时期的闻一多，深受"五四"新思想的洗礼，愿谱一曲青春奉献之歌，对爱情充满了期待与幻想。包办婚姻导致爱情理想的幻灭，赴美留学体会到文化上的孤独失落，归国又看到满目疮痍民生凋敝的黑暗现实，种种失落，但内心根深蒂固的爱国之情，深沉又热烈，他仍愿为追寻理想而献身，向死而生。

以译代作：闻一多早期新诗创作的特殊方式

熊　辉

（四川大学）

闻一多是早期新诗人中形式意识最强的一位，他的新格律诗主张是新诗史上的第一次创格①，国内很多人认为闻一多的诗歌创作和格律体新诗主张主要受到了英国诗歌的影响，而且闻一多自己也持这种观点。但在不否认英国诗歌影响的情况下，我们不能忽视这样一个事实：闻一多早年留学美国，虽然他是学美术的，但对诗歌的兴趣使他不可能不关注当时蓬勃开展的美国新诗运动。只要稍加分析就会发现，闻一多所谓的英国影响多半是在诗歌的格律和形式要素上，而他的很多作品在情感和思维上却是美国诗歌影响的结果，尤其是阅读和翻译美国诗歌的过程影响了他多首名诗的创作。

---

① 关于谁是中国新诗史上第一个提出形式创格的人，目前还有较大争论。人们普遍认为闻一多是创格的第一人，但孙大雨认为他提出的"音组"概念比闻一多提出的"音步"概念要早。在《我与诗》（《新民晚报》1989年2月21日第8版）、《格律体新诗的起源》（《文艺争鸣》1992年第5期）等文章中，孙大雨认为1926年4月10日他发表在北京《晨报·诗镌》上的十四行格律体诗《爱》，比闻一多4月15日在《晨报·诗镌》上发表的第一首格律诗《死水》早5天，因此孙大雨认为他是新诗创格的第一人。

一

以译代作的创作方式的产生与诗人早期的求学经历和创作资源的短缺有关。翻译或阅读外国诗歌要么为诗人提供了有所启发的创作意境，要么为诗人表达感情提供了恰当的诗句或意象，在一定程度上代替了诗人创作过程中对意象、诗句、意境、形式乃至情感的构思，使外国诗歌的很多要素通过潜意识的翻译过程直接融入诗人的作品。从这个角度讲，翻译是在替代了创作的部分构思环节的层面上才被指认为是诗歌创作的一种手段。

英国翻译文论家豪斯(House)于1977年在《翻译质量评估的一个模式》(A Model for Translation Quality Assessment)中提出了"隐型翻译"(Covert Translation)的概念。隐型翻译目的是使目标文本的"相关性好像'本来'就是写给源语接受者那样密切"，隐型翻译者希望"他们想要传递的信息能最大限度地使新的受众和读者感到与自己有关"，因此，"隐型翻译是通过生成与源文本功能对等(Functional Equivalence)的目标文本来隐藏其属于翻译文本的身份。"①这一方面肯定了翻译文本对原作在文本、文化等方面的忠实性，为译入语国的读者全面了解原作带来了方便，另一方面，该翻译类型也为研究翻译的学者设置了障碍，在著译不分的时代采用隐型翻译会带来这样一种负面影响，即我们今天回过头去研究翻译诗歌时，部分译作由于无从考证而很难甚至不可能进入我们的研究视野。当然，这种翻译在很大程度上带有创作的成分，因为译者在翻译这些作品时为了达到原诗与译诗的功能对等，隐藏了译诗"属于翻译文本的本质"。隐型翻译者必须对原诗做出符合本国文化特点的"改造"，即赫维(Hervey)与希金斯(Higgins)所谓的"文化置换"

① Mark Shuttleworth & Moira Cowie. *Dictionary of Translation Studies*. Manchester, UK: St. Jerome Publishing, 1997, pp. 33-34.

(Cultural Transposition),“译者在把原文本内容转移到目标文化语境的过程中，可能会采用的对字面翻译的各种不同程度的偏离”，其结果是目标文本只包含有限的原语特征，“因而看上去不那么像外国作品，而更接近目标语文化”①。在新诗创作早期，采用隐形翻译且染上了著译不分的翻译时风的诗人很多，比如徐志摩、闻一多、李金发等都有这样的情况发生，属于明显的以译代作的行为。

“五四”时期的新诗人大都有留学国外并直接阅读外国诗歌的文学背景，他们没有将所阅读的外国诗歌逐一翻译进中国诗坛，但却将之转化为母语印象留存在大脑里，遇到合适的场景和情感抒发的需要就不自觉地把外国诗歌的中文印象转化为自己情感的表达载体。也正是从这个意义上讲，“五四”时期的很多诗人将没有译文呈现的翻译过程当作了创作过程，翻译在创作和构思这个环节上对他们产生了深刻影响。将翻译作为一种创作手段与新文学早期创作风尚有关，与当时新诗创作资源的贫乏和创作现状的孱弱有关。在彻底与传统决绝的文化语境中，在新诗自身的艺术和语言传统还没有形成的情况下，诗人只好将创作的触觉延伸到海外，通过阅读和大脑中的文化转换将外国诗歌翻译并融入作品中，产生所谓的“以译代作”的创作方式就再自然不过了。

除了创作层面上的以译代作之外，在作品接受层面上，很多翻译诗歌同样被视为诗人创作的作品。“五四”时期的很多诗歌翻译者本身就是诗人，著译不分是清末以降文学翻译的一大特征：“我们对彼时文人‘翻译’的定义，却须稍作厘清：它至少包括意译、重写、删改、合译等方式。”②翻译文学在当时融入了译者的很多主观思想和译语国的文化因素，含有较多的创作和译语国文化色彩。出于这样的原因，许多新诗创作者视译诗为创作作品，将其收入自己的作品集中，比如新文学史上

① Mark Shuttleworth & Moira Cowie. *Dictionary of Translation Studies*. Manchester, UK: St. Jerome Publishing, 1997, p. 36.

② 王德威:《想象中国的方法》，生活·读书·新知三联书店 2003 年版，第 5 页。

第一部新诗集《尝试集》就收入了《老洛伯》《关不住了》《希望》等翻译诗歌。“新文学作家中，假借外国文学之手催生创作的并不鲜见。边译边创作，互为推动，极其普遍，很少有只著不译或只译不著的作家，相反，二者是相互渗透，合而不分。结果，许多作者将个人的中文作品及外国译作合并成集出版，形成现代文坛的又一景观。”①胡适依靠《关不住了》这首译诗来确立了新诗的“新纪元”，有力地说明了在新诗创作式微的情况下，早期诗人不得不视译诗为创作或以译代作。随着译介学的发展，翻译文学已经被划入民族文学的行列，谢天振先生说：“既然翻译文学是文学作品的一种独立的存在形式，既然它不是外国文学，那么它就该是民族文学或国别文学的一部分，对我们来说，翻译文学就是中国文学的一个组成部分，这完全是顺理成章的事。”②尽管如此，译者翻译的文学仍然不可能与他自己创作的文学等同起来，同样，译者的翻译过程不可能与译者的创作过程等同起来。将翻译作为一种创作手段是早期新诗缺乏艺术营养所致，它使很多诗人的作品打上了模仿、改写甚至抄袭外国诗歌的痕迹。

尽管如此，译者翻译的文学仍然不可能与他创作的文学等同起来，以译代作或著译不分是早期新诗人采用的“权宜”之计，随着创作经验的丰富和创作风格的成熟，译诗与中国新诗的界限就越来越明晰了。

二

闻一多的诗歌创作正是在这样的背景下展开的，无疑会打上五四新诗创作的时代烙印，他的很多作品也是通过以译代作的方式创作出来的。

为具体说明他以译代作的创作方式，下面以诗人悼念亡女立瑛的

① 王建开：《五四以来我国英美文学译介史(1919—1949)》，上海外语教育出版社2003年版，第103页。

② 谢天振：《译介学》，上海外语教育出版社1999年版，第239页。

《忘掉她》为例来进行论述，限于篇幅，本文仅选录其中精彩的两节：

忘掉她，像一朵忘掉的花！
　年华那朋友真好，
　他明天就叫你老；
忘掉她，像一朵忘掉的花！

忘掉她，像一朵忘掉的花！
　如果说是有人要问，
　就说没有那个人；
忘掉她，像一朵忘掉的花！

再看美国女诗人蒂斯黛尔（Sarah Teasdale）的 *Let It Be Forgotten* 一诗：

Let it be forgotten, as a flower is forgotten,
Forgotten as a fire that was singing gold;
Let it be forgotten forever and ever,
Time is a kind friend, he will make us old.

If anyone asks, say it was forgotten
Long and long ago,
As a flower, as a fire, as a hushed footfall
In a long forgotten snow.

两相对照，如果抛开两国语言尤其是语法的差异，两首诗的精彩诗行几乎如出一辙。闻一多留学美国的时候特别喜爱意象派女诗人蒂斯黛尔（Sara Teasdale）的作品，曾有人说“他写的悼念亡女立瑛的《忘掉她》

的形式，就受到狄丝黛尔的影响。"①但事实上，闻一多《忘掉她》受到的蒂斯黛尔的影响不仅仅只在形式上，在诗句、意象以及诗情上都有很多相似之处。由于中国自古以来就很少使用被动句法，"中国被动式用途之狭，是西洋被动式所比不上的。……'被'字有'遭受'的意思，因此，被动式所叙述者，对主位而言，必须是不如意或不企望的事。西洋的主动句大多数可以转成被动句，中国则恰恰相反，主动句大多是不能转成被动句的。"②而严密的英语语法中被动语态应用得十分普遍，所以，蒂斯黛尔在作品中用了很多被动句式，而闻一多在语态上秉承了中国语言表达的特点，都采用了主动句式。如果翻译的时候将蒂斯黛尔的诗改用主动语态，再将代名词"它"换成"她"，那闻一多诗歌的这两节几乎可以说是蒂斯黛尔作品的译本。闻一多创作《忘掉她》的时间是在1926年前后，在此之前，除了胡适在1919年翻译了蒂斯黛尔的《关不住了》之后，中国诗坛一直很少有人关注这位意象派诗人，近10年之后，邵洵美才又翻译了这位诗人的作品。由此可以推断，闻一多创作《忘掉她》的时候，蒂斯黛尔的 *Let It Be Forgotten* 在中国还没有译本出现，因此，闻一多的诗歌没有受到翻译文本的影响。但如果没有翻译，两首诗之间最多可能在构思、意象上出现类同，不可能出现诗句相同的情况；如果没有翻译，蒂斯黛尔的诗句怎么会变成中文出现在闻一多作品中呢？可能的情况是，当闻一多想表达"忘掉"的情感时，不自觉地就想到了曾经阅读过的蒂斯黛尔的诗句，于是将其翻译出来并恰到好处地表达了自己的情感。因此，翻译在这个时候成了闻一多创作的手段之一，没有对蒂斯黛尔作品的阅读和翻译，闻一多表达的亡女情感肯定是另外一种面貌。

闻一多采用"以译代作"的方式创作的诗歌远不止一首《忘掉她》。赵毅衡在美国读博期间，伯克利加州大学中国现代文学权威白之（Cyril

---

① 薛诚之：《闻一多和外国诗歌》，《外国文学研究》1979年第3期。

② 王力：《中国语法理论》，山东教育出版社1984年版，第128页。

Birch)教授告诉了他“令人吃惊的发现：美国女诗人米蕾(Edna St-Vincent Millay)有一首十四行诗，与闻诗(指《死水》——引者加)意象、用词都极为相近。”①为了进一步说明闻一多诗歌受到了米蕾的影响，说明闻一多采用了以译代作的创作方式，我们有必要先阅读这两个诗歌文本。先看美国女诗人米蕾(Edna St-Vincent Millay)十四行诗的前两节②：

我收获美，不管它生在何处：
多彩的花，斑斑的雾气
惊见于丢弃的食物；沟渠
蒙一层混乱的彩虹，那是油污

和铁锈，大半个城朝那里扔入
空铁罐；木头上烂满空隙
青蛙软泥般翠亮，跃入水里……
绿泡儿上睁一只黑亮的眼珠。

再看闻一多《死水》的前四节：

这是一沟绝望的死水，
清风吹不起半点漪沦。
不如多扔些破铜烂铁，
爽性泼你的剩菜残羹。

① 赵毅衡：《闻一多与美国“死水”》，《对岸的诱惑》，知识出版社1998年版，第24页。

② ［美］米蕾：《〈十四行集〉13》，赵毅衡：《对岸的诱惑》，知识出版社1998年版，第24~25页。

也许铜的要绿成翡翠，
铁罐上绣出几瓣桃花；
再让油腻织一层罗绮，
霉菌给他蒸出些云霞。

让死水酵成一沟绿酒，
漂满了珍珠似的白沫；
小珠们笑声变成大珠，
又被偷酒的花蚊咬破。

那么一沟绝望的死水，
也就夸得上几分鲜明。
如果青蛙耐不住寂寞，
又算死水叫出了歌声。

《死水》是闻一多的代表作之一，该诗很好地贯彻了闻一多现代格律诗理念。人们普遍认为这首诗受到了英国诗歌的影响，很少有人关注美国诗歌的介入，因为闻一多出版诗集《死水》的时候已经回到了中国。比如梁实秋认为：《死水》“整齐的形式，有规律的节奏，是霍斯曼的作风的影响。那丑恶的描写，是伯朗宁的味道，那细腻的刻画，是丁尼生的手段。”①霍斯曼、勃郎宁、丁尼生等确实对闻一多的格律诗创作产生过影响，将英诗影响强加于闻一多的任何一首作品似乎都不为过但却又并不准确。仔细阅读并比较以上所引的闻一多和米蕾的诗，我们会发现二者的相似之处更多，而且这些相似之处都是可以从实在的角度加以证实的。闻一多诗中的“再让油腻织一层罗绮，/毒菌给他蒸出些云霞”和

① 梁实秋：《谈闻一多》，《新月派评论资料》，方仁念选编，华东师范大学出版社1993年版，第102页。

米蕾诗中的“蒙一层混乱的彩虹，那是油污”在表意和意境上几乎完全一样，连主要意象“云霞”“彩虹”和“油”都有密切的联系。闻一多诗歌中的“不如多扔些破铜烂铁”和米蕾诗歌中的“大半个城朝那里扔入/空铁罐……”也很类似。此外，两首诗还有一些意象也十分接近，比如“铁锈”“青蛙”等。

对于这两首诗的关系，赵毅衡的分析是：“至于上引的二首诗是否偶合，读者请自行判断。说闻一多从来没有读过米蕾诗，不合情理。或许应当说闻氏读了，留了印象，若干年后自己见水坑而生诗题，不自觉受了影响，忘了影响从何而来，反其题而用之，却又写出了比米蕾更深的境界。”①闻一多从来没提起他创作《死水》时受到了米蕾诗歌的影响，也没有说过他是否阅读了米蕾的作品，而且米蕾的这首十四行诗当时在中国还没有出现中文译本，因为在白之(Cyril Birch)教授告诉赵毅衡之前，还没有人知道闻一多和米蕾在诗歌上的渊源关系。那究竟闻一多的作品和米蕾的作品是一种什么样的关系呢？如果我们从创作的时代风气去分析“以译代作”对译者创作的影响，二者之间的关系就十分明显了。赵毅衡说闻一多对米蕾的诗“留了印象”，这印象显然已非米蕾诗歌原作，又无疑出自米蕾的诗歌，是该诗留存在闻一多记忆中的中文翻译本的片段或碎片，但又没有形成具体的译诗文本。当闻一多见到类似米蕾作品中肮脏的“沟渠”(“一潭绝望的死水”)的时候，强烈的诗意和表达冲动使他的思想与留存在大脑中的米蕾诗译本不期而遇，于是他在隐形译本的影响下写出了名篇《死水》。闻一多的《死水》受到了阅读米蕾作品后留存在记忆中的译本的启发，但如果没有这《死水》的出现，我们也许永远都不会知道闻一多头脑中存放着米蕾诗歌的潜在译本。所以，换个角度讲，《死水》使米蕾诗歌的潜在译本得到了体现，二者之间显

① 赵毅衡：《闻一多与美国“死水”》，《对岸的诱惑》，知识出版社 1998 年版，第 26 页。

然不是抄袭的关系，而是译作对创作的影响关系。闻一多和米蕾的诗歌尽管有很多相似之处，但在旨趣上却各不相同：不管米蕾把她见到的“沟渠”写得多么丑陋，其目的是要“收获美”，因为诗人相信美无处不在；而闻一多认为“一沟绝望的死水”“断不是美的所在”，他怀着一种激愤的情绪来看待“死水”，目的是要毁灭“死水”般的现实而重造新世界。正是这种差异决定了闻一多的诗歌是受了翻译过程和记忆译本的诱发和触动，而不是对外国诗歌的再现或对原作的模仿，更不是对原作的抄袭。

三

很多诗人在“五四”时期将翻译作为一种创作手段，当他们成名后却会尽量掩盖自己的这种创作行为，毕竟追求个性独立和艺术独创是每个诗人的理想。

以译代作的现象是早期中国新诗创作在特殊的时代语境中不得已而为之的做法，随着新诗自身艺术的发展，从新诗运动初期走来的诗人的创作技法也逐渐走向成熟，至少说他们的创作已经有了自己的艺术积累，此时回过头去打量曾经的诗歌创作之路，很多人都会发现先前的部分作品不够成熟，尤其是那些以译代作的诗歌更是缺乏独创性，甚至有被指责为“抄袭”的危险。于是便出现了部分诗人隐藏外来影响(包括翻译的影响)的现象，也出现了很多诗人否定自己早期创作成就的现象。就隐藏外来影响的现象来说，闻一多恐怕是个典型，他对自己在美国求学期间所受的影响只字不提，以至于人们认为他的诗歌创作主要受到了英国诗风的影响。比如卞之琳先生在《完成与开端：纪念诗人闻一多八十生辰》一文中说：“徐、闻等曾被称为《新月》派的诗创作里，受过英国19世纪浪漫派传统和它在维多利亚时代的变种以至世纪末的唯美主义和哈代、霍思曼的影响是明显的，受波德莱尔和他以后法、德等西欧诗风的影响是少见的。”①刘烜在《闻一多评传》中认为，“‘五四’时期对闻一多影响最大的外国作品，是英国浪漫主义的诗歌和诗论，拜伦、雪莱、华兹华斯、柯尔勒之、济慈等名字，他都熟悉”②。

但实际上，对闻一多诗歌创作影响最为直接的应该是美国诗歌，他早年在美国留学时就开始受到了美国新诗运动的熏陶，尤其受到美国意象派诗歌运动的吸引和感染。关于闻一多深受美国新诗运动影响的事实，我们可以从他的书信中找到实在而真实的证明材料。1922 年 10 月，闻一多在给吴景超和梁实秋的信中说：“我有一个很好的很要紧的新闻告诉你们。前天认识一位 Mrs. Bush——一个有‘支那热’的太太。伊藏了许多中国画幅瓷器，要我告诉伊这些东西底价值与年代。伊请我午餐，遂谈些诗画底闲话。伊要介绍我给 Miss Harriet Monroe 那位著名的 enthusiast for and critic of poetry；（伊的杂志——《Poetry》你们收到没有？）还要介绍我给 Carl Sandburg（这位诗人前回的信里我也讲过）。致 Miss Monroe 的介绍信我已得着了。我想过几天就去拜访伊了。”③后来闻一多在给吴景超的信中说自己又认识了另外“一位女诗人 Eunice Tietjens，伊要看我的诗。我译了好几首去，其中伊最欣赏的也就是你赏识的《玄思》。伊叫我再多译几首，同伊斟酌了字句，伊当送给 Harriet Monroe 请伊选登《Poetry》。……伊的丈夫是个戏曲家，我也会见了。”④梁实秋曾在回忆闻一多的文章中说：“他不断的写信给我，告诉我他如何如何的参加了芝加哥的 The Art Club 的餐会，见到了女诗人 Amy Lowell，后来又如何的晤见了 Carl Sandburg。他对于当时美国所谓‘意象派’的新

① 卞之琳：《完成与开端：纪念诗人闻一多八十生辰》，《卞之琳文集》中卷，安徽教育出版社 2002 年版，第 154 页。

② 刘烜：《闻一多评传》，北京大学出版社 1983 年版，第 177 页。

③ 闻一多：《致吴景超、梁实秋》（1922 年 10 月 10 日），《闻一多全集》第 12 卷，湖北人民出版社 1993 年版，第 98 页。

④ 闻一多：《致吴景超》（1922 年 12 月 4 日），《闻一多全集》第 12 卷，湖北人民出版社 1993 年版，第 122 页。

诗运动发生兴趣，特别喜爱的是擅细腻描写的 Fletcher。”①

闻一多后来的很多诗歌有很强的色彩感，人们普遍认为这是他学美术的结果，但成就他诗歌色彩特点的恐怕也和他阅读了弗莱琪(Fletcher)的“色彩交响乐”组诗有关，他在给梁实秋的信中曾说：“Mr. Fletcher 是 Imagist School 中的一个健将。他是设色的神手。……佛来琪唤醒了我的色彩的感觉。我正在作一首长诗，名《秋林》——一篇色彩底研究。”②闻一多曾这样高度评价过洛威尔的诗：“她最近写的《济慈传》，材料的丰富，考证的精核，持论的公允，推为空前的杰作。”③可见，闻一多不仅和当时的美国诗人建立了联系，而且还拜读过他们的作品，无形中接受了他们的诗歌观念。“闻一多向来只说自己耽读拜伦、雪莱、济慈、丁尼生，后来在徐志摩主持的《诗镌》上发表的英诗翻译，也多半是白朗宁、哈代、赫思曼。有足够证据证明他当时在美国更注意正在周围升起的诗坛新人，虽然他自己从不提及。这种不提今人提古人的‘文学势利眼’很常见，人所难免。”④为什么闻一多不提今人(美国新诗人)而提古人(英国浪漫派诗人)呢？除了赵毅衡所说的“文学势利眼”之外，更为重要的原因是早期的闻一多把翻译外国诗歌当作了创作手段，他的有些作品是受了当时美国诗歌的直接影响后创作的，有的作品带有明显的模仿甚至抄袭的痕迹。所以，也许是为了掩饰自己作品对美国诗歌的模仿，维护其作品艺术的创造性，闻一多便对他创作中受到的美国诗歌的影响保持缄默。

闻一多早期的诗歌创作是在“五四”新文学语境下开始的，其作品

---

① 梁实秋：《谈闻一多》，方仁念选编：《新月派评论资料》，华东师范大学出版社 1993 年版，第 98 页。

② 闻一多：《致梁实秋》(1922 年 12 月 1 日)，《闻一多全集》第 12 卷，湖北人民出版社 1993 年版，第 118 页。

③ 闻一多：《美国著名女诗人罗艾尔逝世》，《京报副刊》1925 年 7 月 1 日第 195 号。

④ 赵毅衡：《闻一多与美国“死水”》，《对岸的诱惑》，知识出版社 1998 年版，第 21 页。

中有很多美国诗歌影响的痕迹，有的甚至是在翻译美国诗歌的启示下创作出来的，正是这种“以译代作”的特殊创作方式使闻一多写出了许多不朽的诗篇。当然，以译代作的现象并非仅仅发生在闻一多个人身上，它在“五四”时期具有普遍性，像胡适、郭沫若、徐志摩、李金发等20世纪20—30年代的诗人几乎都曾有过这样的创作行为。将翻译作为一种创作手段是诗人不得已而为之的选择。到了20世纪30年代以后，随着新诗创作资源的丰富，这种现象就不多见了。

闻一多留美期间诗歌的风景抒写

卢　桢

（南开大学）

在早期新诗的生成过程中，海外文化要素的参与愈发显著，为新诗提供了来自异域的文化助力。以胡适为代表，早期留美诗人多是通过自身的海外游历和行旅抒写，在追求“言文一致”的层面上为新诗勾画出路，最终确立了白话诗的路径。就代际关系而言，胡适、刘廷芳、陈衡哲、陆志韦在1910年代先后赴美留学，可谓现代诗人中留美的“第一代”。在这一群体中，除了胡适，其他几人涉及域外行旅见闻的诗歌写作数量有限，仅有刘廷芳的《过落机山》《依路纯（Illusion）》《重游美南卓支亚省寄内子卓生》、陈衡哲的《散伍归来的“吉普色”》、陆志韦的《九年四月三十日侵晨渡Ohio河》《忆MICHIGAN湖某夜》等数篇。这些诗歌往往讲求炼字炼意，既有古典的韵律之美，又富含现代人的观看体验，丰富了新诗写景一脉的运思手法。

进入20世纪20年代，更多的诗人选择赴美游历或是求学，如闻一多、康白情、刘延陵、冰心、梁实秋、孙大雨、朱湘等，构成留美诗人的“第二代”。就抒写域外行旅经历和观景体验的文本来看，虽然康白情以“写景诗”见长，但他抵达美国后的作品仅有《旧金山上岸》《和平》等，因其逐渐转向文言诗写作，故此类新诗作品并不多。冰心在留美三年期间，域外诗作数目亦是寥寥，主要写有《倦旅》《赞美所见》等。再看刘延陵、梁实秋、朱湘等人，也少有具体的关于留美见闻的作品。这一时期，留美诗人的写作当以闻一多和孙大雨为代表，尤以闻一多的创作实绩更为突出。1912年，闻一多考入清华大学留美预备学校。1916年开始在《清华周刊》上发表系列读书笔记。1922年7月16日，闻一多乘坐邮轮取道日本赴美国留学，抵达美国后，他先后在芝加哥美术学院、珂泉科罗拉多大学和纽约艺术学院专攻美术。同时，他还表现出对文学的极大兴趣，主要体现在诗歌方面。诗人如何通过文本记录观看体验，抒写美国风景，缅想故乡情境，“异国风景”的诗义结构和艺术特质又如何解析，正是本文着重论述的问题。

一、闻一多的“风景观”形成

留美期间，闻一多涉及域外心态和行旅见闻的新诗作品首推作于旅途中的《孤雁》，这是他出国后写下的第一首诗，后收入诗集《红烛》，并以“孤雁”的诗题作为“海外篇”的篇名。其他涉行旅作品包括《太平洋舟中见一明星》《我是一个流囚》《寄怀实秋》《晴朝》《太阳吟》《忆菊》《秋色——芝加哥洁阁森公园里》《秋深了》《秋之末日》《渔阳曲》《大暑》《闺中曲》等。这些诗歌熔铸了浓厚的古典文化气息，所写美国景色，多能联系到故土风光，暗含着游子的孤独和对家国的思念之情。同时，如果把诗歌中的主题景观进行一番整体扫描，便很有可能步入诗人的思想深处，窥测到他的行旅意识和风景观念。

所谓行旅意识，指的是经历地理迁徙和文化漫游的人在行旅中形成的精神观念，尤其是他看待旅行与探索世界的态度，直接影响着主体的文化感知方式和观察外物的眼光。虽然闻一多本人对留美并不积极，勉强的出国对他而言，如同一场“充军”，但他还是在三年的时间内，通过各种自觉或不自觉的游历，拓宽了自我的旅行空间，特别是富含现代物质文化信息的都市空间，给予作家丰富的文化启迪。从都市景观中，闻一多获得了过往知识谱系中无法觅得的新锐经验，他体验着都市喷薄脉动的节奏，学习了西洋美术中光影色彩的理论，受其影响扬弃了单纯崇尚古典艺术的审美情趣，为创作融入了更多的现代气息。在各类城市景观模态中，他钟情于芝加哥等地的电影院和艺术馆，希冀从中得到美的滋养与文化的提升。而在追求西方知识、考察海外文明的同时，诗人也根据自身的现实条件，游历了当地的风光名胜。他推崇美国的自然风光，无论是落基山脉还是珂泉奇景，都留下了他的足迹。尤其是在梁实秋抵达美国后①，为了排遣孤寂的感受②，闻一多经常与之相约，游览科罗拉多附近的仙园、曼尼图山、七折瀑等景点。为了在曼尼图公园游览得更远，闻一多甚至与刚刚学会开车三天的梁实秋一道自驾游，差点酿成坠崖的事故。1924 年，梁实秋赴哈佛大学继续修习西方文学和文学理论，闻一多则去纽约继续绘画事业。两人相约乘车东行，一路游览，在芝加哥便逗留了两个星期，足见二人均是不抗拒旅行之人。游走在美国的自然风景和城市景观之间，诗人逐渐形成了专属自身的风景观，进而影响了他对诗歌的理解和实践。

文人的风景观研究已成为现代作家研究的一门显学，当众多研究者意识到风景观与作家文学观、人生观的重要联系后，作家的风景观便上升到影响文学生成的显著层面。在美国的游历，使闻一多比较深入地了解到美国人的生活和现代都市的风貌，从而建构起了现代意义上的美国形象认知。面对美国的人文风景，诗人的观念较为复杂，他认为美国的工人不如中国工人勤快，学生也不及中国青年善于思考，而不时受到的来自白种人的歧视，使诗人时刻思念着自己的故土，持续建构“文化的国家主义”观念。关于美国形象，闻一多和孙大雨形成了潜在的共性认知，身处物质文明的中心，他们并未产生过度的艳羡与震惊，喧嚣紊乱

① 1923 年 8 月，在完成清华学校的学业后，梁实秋在上海乘坐“杰克逊”号客轮赴美留学。抵达美国后，梁实秋在科罗拉多大学攻读英文和文学理论，兼修美术。

② 梁实秋曾说：“一多到珂泉不是为游历，他实在耐不了芝加哥的孤寂。”见梁实秋：《谈闻一多》，方仁念编：《闻一多在美国》，华东师范大学出版社 1985 年版，第 113 页。

的城市空间，反而一定程度上阻滞了诗人对诗意的提取和沉淀。即使二人的写作技巧殊异，却都在赞颂美国都市工业文明的“力之美”之后，更愿意去盘诘文明背后的“恶之花”，反思器物文明和商业文化对人性的反噬，共同指向都市文化批判。像孙大雨突出了纽约城“森严的秩序，紊乱的浮嚣”(《自己的写照》)，揭示物质社会的怪诞、畸形与病态。闻一多则一方面肯定了美国都市的繁华，一方面对其进行着决然的否定，如《孤雁》中的控诉：“啊！那里是苍鹰底领土——/那鸷悍的霸王啊！/他的锐利的指爪，/已撕破了自然底面目，/建筑起财力底窝巢。/那里只有铜筋铁骨的机械，/喝醉了弱者底鲜血，/吐出些罪恶底黑烟，/涂污我太空，闭熄了日月。”诗人笔下的“美国”成为罪恶的渊薮，它与机械文明同构，破坏着人类的生存秩序和人文生态。这种认知态度，也构成了大多数留美诗人抒写异邦的主要情感取向。

经受了传统文化的长期滋养，当中国文人刚刚登陆异邦土地时，固然会被充斥声光电影的都市文化所震惊，甚至产生不自觉的艳羡之情，但在审美的层面上，能够令他们感受到精神愉悦、激发其美学想象力的，依然还是自然山水，闻一多便是这样的范例。如上所述，他对都市的审美，往往建立在现代国家富强意识以及“反异化”的思想基础上，而真正让他感到怡情悦性的，还是对域外自然风景的观光体验。经停日本期间，闻一多在当地游览，认为“日本的山同树真是好极了”①。抵达珂泉之后，他又重点介绍了当地的景观，言及“珂泉为此邦名胜之区，有曼图山、裴客峰、神仙园等胜景。夏日为避暑之地，气候全年皆如春日。地势既高，空气绝佳”②。诗人多次光临这些景点，并从对自然风景的观察与感悟中，发掘出能够激活诗性创造力的精神质素，从自然中读取出故国的文化面影。因此，异国的自然风景体验对应了诗人的

① 闻一多：《致吴景超、顾毓琇、翟毅夫、梁实秋》(1922年7月29日)，《闻一多全集》第12卷，湖北人民出版社1993年版，第45页。

② 闻一多：《致闻家驷》(1923年9月24日)，《闻一多全集》第12卷，湖北人民出版社1993年版，第187页。

“自我”发现，他从风景中为精神主体的存在觅得栖所，并从观景感受里发掘出丰富的文学素材，摸索出以文学再现风景的诗学路径，为他探讨诗歌语言与主体情感的关系、抒写多重意义上的“孤独”，以及搭建风景的诗义结构等命题做了理论上的储备。

二、风景符号与“旅行者”的情感空间

一般而言，现代诗人的异国风景意象大都以都市空间和乡野田园为主，在诗文中出现的频次较为均衡。相较之下，闻一多在对异国形象的两大意象序列，即自然和城市进行采撷时，存在自然意象多、城市意象少的特点。尽管承认“纽约之繁华为人梦想所不及者”①，但诗人对美国的城市文明仍然保持了一定的心理距离。彼时芝加哥煤烟污染严重，房屋多是通体黑色，这般景象经由诗人的思维加工，曾以“黑暗底严城”或是“阴城”(《寄怀实秋》)的风景描述得以呈现。由景象到意象再到心象的过程，潜隐着写作者对城市文明的拒斥。在感悟都市律动节奏的同时，闻一多敏锐地发现了蕴含其间的负面因子，但和李金发、王独清、郭沫若等诗人不同的是，他并没有更主动地去调动城市物象符号的象征意义，抑或采用精心的构思为城市文明营造反喻的话语。纵览他的域外文本，构成风景主体的，仍然是自然风景。

无论出自实地观察还是文化想象，检视风景诗文中的自然意象，便不难发现闻一多喜欢选择星体、风、秋、月光等景观作为言说对象。如《孤雁》中，抒情者化身为“失路的游魂”，渴望着归乡，而故乡的景色是“霜染的芦林”“校猎的西风”“茸毛似的芦花”，由此才能温暖“你的

① 闻一多曾描述纽约城“在天空者有高架电车，架铁为桥，高出屋顶，车行其上，可通全城……交通如此之多，而行人之拥挤犹数百倍蓰于上海。来此半月矣，尚未见一层之房屋，十层楼者常事耳……真所谓‘不夜之城’也”，这是他为数不多的肯定美国面貌的言论。见闻一多：《致家人》(1924 年 9 月 23 日)，《闻一多全集》第 12 卷，湖北人民出版社 1993 年版，第 206 页。

甜梦”。再如《秋之末日》中“吼个不休”的西风，《晴朝》中“淡青的烟云”和“皎皎的白日”，以及诸多诗篇中出现的小溪、稚松、夕阳、寒雁等。这类意象群组本身，便构成了诗人对自我生存状况的一种隐喻，点染着他对自然的倾慕和离国的愁思。单以“秋”作为关键词透视，便可观得《秋色》《秋深了》《秋之末日》等诗篇。文本间的异国风景不再是真实可感的实体，很难和异域的现实生活产生真切的对应。诗人向人们展示了他所处的时空背景，却不去发掘与这些背景相关的异国文化细节，而是将真实的风景作为追溯情感的引线，由“异邦”回望“本土”，有意制造出意象空间与现实经验之间的偏离。

当写作者的“怀乡”从现实需求上升为精神诉求之后，他所怀恋的故乡便逐渐从具象变成了模糊的泛指，形成带有理想化色彩的虚拟之境。如同《太阳吟》一诗的言咏，诗人认定美国的太阳是从家乡来的，抒情者透过阳光所看到的，乃是“北京城里底官柳裹上一身秋”。在给吴景超的信中，闻一多也说《太阳吟》所怀想的是“中国的山川，中国的草木，中国的鸟兽，中国的屋宇——中国的人”①。诗人与“太阳”达成心理认同的契机，在于将风景“去异国化”，从中缅想出一个带有鲜明意向性的故国远景。这样一来，异国风景虽然在场，却无具体之形，“异国”在诗歌中实际上是缺席的存在。甚至在这首诗中，诗人对异国的风景进行了彻底的否定：“这不像我的山川，太阳！/这里的风云另带一般颜色/这里鸟儿唱的调子格外凄凉。”诗人无心抒写现实风景的具象，即使域外风景进入了他的诗歌，也大都是因为他发现了从中回望祖国的些许可能。正如《忆菊——重阳前一日作》中的菊花，《太阳吟》中的太阳似的，因为这些景物是中国的，方才拨动了诗人的诗心。可见，闻一多的“怀乡”情结不仅局限在传统的“游子思乡”层面，而且还牵涉着复合现代性质素的心理机制，他所言咏想象的故乡风景并非是个人化

---

① 闻一多：《致吴景超》(1922 年 9 月 24 日)，《闻一多全集》第 12 卷，湖北人民出版社 1993 年版，第 77 页。

的、实际的地理故乡，而对应的是广义的祖国。难怪朱自清在《中国新文学大系·诗集·导言》中称他是“爱国诗人，而且几乎可以说是唯一的爱国诗人”①，虽然这一评价有些绝对，却也切中了诗人海外写作的基本情感特征——“思乡”和“爱国”是一个情感上的统一体。只有当诗人即将结束留学生活，启程返回祖国之前，他的《大暑》中才出现了少见的、游子关于家乡风景的具象化想象，如他写到了“湖上飘满紫鸡头”“家乡的黄昏里尽是盐老鼠”等。此刻，“故国”的虚体逐渐凝聚成“故乡”的实体，走入了诗人的情感深处，风景也从诗人惯于使用的抽象粗线条勾勒，转变为对景观独特状貌的细致描绘。

在闻一多的诗文中，抒情主体大都借助内向性的抒情视角，以游荡的旅行者身份自居，吐露身处异国他乡的精神忧思。如《孤雁》中，抒情者便说自己是“不幸的失群的孤客”和“孤寂的流落者”。再如“我是一个年壮力强的流囚”(《我是一个流囚》)，是“贬斥在情爱底边缴之外——/飘簸在海涛上的一枚钓饵”(《太平洋舟上见一明星》)，亦是“自然底浪子”(《秋之末日》)，满怀着“零落底悲哀”(《废园》)。无论是“孤客”“流囚”还是“浪子”，均指向出洋诗人对自我身份的焦虑意识。“孤客”“旅人”被抽离为纯粹的符号，汇合了诗人的主体情思，彰显出“倦游者”的情态。对于异域，闻一多的感受较为矛盾：一方面艳羡发达的物质文明，希冀深入都市之中体悟现代气息；另一方面，诗人经常将眼前的景物与原住地的惯常环境进行比对。当其中的差异性因素过大时，行旅者最初对异域的探奇之心便很有可能会被另一重的焦虑意识所覆盖，使其产生对原住地也就是故乡的怀恋与向往，并通过诗歌的方式，表达他在异域文化中渴望归乡又难以回归的情感矛盾。观察闻一多笔下的“孤独者”，其情感流向和彼时文人的普遍精神状态并不完全契合，既无留法象征主义诗人那种指向“生之迷惘”、对生活幻灭和精

① 朱自清：《中国新文学大系·诗集·导言》，朱自清编选：《中国新文学大系·诗集》，良友图书印刷公司 1935 年版。本文引自上海文艺出版社影印本 1981 年版，第 7 页。

神飘零的感怀，也不像后继的现代主义诗人一样，从存在主义层面上的人格寂寞出发，遁入“孤独”内部去发掘创造性的力量。更多情况下，闻一多的“孤独者”像是一个缺失文化归属感的游子，诗人不断经营、打磨这一形象，实则是一种自我宣泄的方式，是他谋求纾解焦虑的一个渠道。

除了孤独的漫游者之外，旅行者还扮演了“社会观察者”的角色。即使诗人以自然物象作为抒写焦点，也从未忽视过撷取风景中的“人”。行走在异国的城市边缘，诗人在华人圈里亲历了诸多被“歧视”的事件，使得他在建构旅行者形象的文学实践中，不断释放着对社会底层民生，尤其是华人生活境况的关注，《洗衣曲》正是这类文本的代表。其题记写道：“美国华侨十之八九以洗衣为生，外人至有疑支那乃举国洗衣匠者。国人旅外之受人轻视，言之心痛。爰假洗衣匠口吻作曲以鸣不平。”文本深刻揭示了底层华人的生存艰辛：“年年洗衣三百有六十日，/看不见家乡又上不了坟。/你们还要笑我是洗衣匠，/你们还要骂我是支那人。/好狠的心！好狠的心！”诗人采用了具体、写实、社会性的观看视角，自然风景抒写中没有尽然展开的日常生活场景和人文空间，都在这类诗文里得以呈现。借助“社会观察者”的角色，闻一多展示了美国的底层生存场景，表达了他对同胞的人道主义关怀，进而在描摹“社会文化之景”的过程中，呼应了新文学现场关注现实、体恤民生的时代诉求。

三、风景结构与诗义结构

如前所述，域外风景充当了闻一多重要的写作资源，风景抒写也为诗人设置出一个课题，即如何组织他所看到的各种层次的“风景”，并将既往文化记忆与新锐视觉经验熔铸于诗。这涉及了新诗的“风景结构”如何向“诗义结构”转化的问题。文学旅行者对风景的呈现、再造以及控制，向人们“展现出一个交织着思想观念、社会权力及其运作的话语网络”，作为思想表达的媒介，风景如同寓言一般“或明或暗地展示出特定时代的社会政治动向和意识形态”，它的结构即是社会人文结构和人类精神结构的缩影。① 反映在新诗文体内部，由旅行者视线组织而生的“风景结构”，也影响到新诗“意义结构”的生成与展开。其中，风景结构指诗人以何种布局方式呈现他们行旅所观物象，而诗义结构意指写作者对诗义停顿的安排，即诗人在抒情过程中对不同的意义层次（在诗义结构中被称为“环节”）所作的相对独立的暂时性中止。

纵观闻一多留美期间的风景抒写，其中大部分诗篇虽然突破了古典诗学固型化的述景策略，但和“五四”一代注重精确、具体、客观的景物描写范式相比，还是保持了相对的距离。能够呈现出“人”从“风景”中获得独立，进而契合胡适主张的以“朴实无华的白描工夫”达到“言之有物”②的诗篇，基本上只有《晴朝》等寥寥几首。以《晴朝》为例，诗人专注于采写完整的视觉信息，甚至某些情况完全就是对景物的直接摄影。抒情者的视线从窗前经过，延伸到“对面的一带朱楼”，随后是“栗色汽车像匹骄马/休息在老绿荫中/瞅着他自身的黑影/连动也不动一动”，进而出现“傲霜的老健的榆树”“门外一个黑人”……文中的远近场景切换，符合观察者真实的视线移动，观察主体的情感隐藏在景物的细节背后，新诗人的主体性得到凸显。不过，即使做到了人和风景的分离，闻一多的风景抒写也始终不刻意去强调“异国感”和新奇的“观看”体验，其所写秋夜、黄昏、冬日等意象，很难使人们辨别究竟抒写的是域外还是故土。或者说，诗人无意从域外风景里发掘独特的异国气息，也尽力扬弃了“五四”一代写景诗拘泥于具象、滞留于事实所导致的质轻情浅之弊。诗人情思所对应的多为故国景象和怀旧意绪，诗义结构由“现实风景”与“故国风景”两次停顿构成。还以《晴朝》为例，诗人由自

① 潘红：《哈葛德〈三千年艳尸记〉中的非洲风景与帝国意识》，《外国文学评论》2017 年第 1 期。

② 胡适：《〈尝试集〉自序》，欧阳哲生编：《胡适文集》第 3 卷，北京大学出版社 1998 年版，第 118~127 页。

己窗户环顾外面景色，视线经由朱楼、汽车、榆树、黑人之后，发出了这样的感慨：“地球平稳地转着，/一切的都向朝日微笑；/我也不是不会笑，/泪珠儿却先滚出来了。//皎皎的白日啊！/将照遍了朱楼底四面；/永远照不进的是——/游子底漆黑的心窝坎。”诗人对风景的观察是双重的，它既是客观述景的模式再现，同时也氤氲着诗人的当代玄思。抒情者从客观的观察中，升华出超越于个体的“宇宙视角”，由此反观地球之“平稳”，借以映衬自我的孤独，勾连起作家的思乡情结，从而为诗歌构筑了双重的意义结构：前者描写的美国街景是现实中的实体，后者则熔铸了观察者的文化记忆和即时体验，使情感的当下性意义得以显扬。

广泛观照闻一多的海外文本，能够发现他的诗歌意义结构大都一致，即将眼前的现实视界与遥远的家国想象共置一堂，切近的景象与记忆中的联想构成交叠状态，形成一种典型的内在张力秩序。检视早期域外新诗作品，从结构和艺术上将这种秩序作出精当呈现的，首推闻一多写于 1922 年 10 月的《秋色——芝加哥洁阁森公园里》。诗歌的题记使用了陆游的诗句“诗情也似并刀快，剪得秋光入卷来”，正文则充分契合了西方风景和中国想象的二重张力结构。诗人曾在《色彩》一诗中集中赞颂色彩，甚至认为自己精神的各个层面都是拜其所赐，这首《秋色》同样是一首充满了对“色彩”的渲染和调和的诗篇。闻一多提到过美国作家弗莱契唤醒了他对色彩的敏感，加之他自身对西方风景画技法的理解，都体现在这首《秋色》之中，可以说这首诗就是一幅色彩鲜明的风景画卷，展现了诗人难得的轻松心态。

自登陆美国开始，喧嚣芜杂的都市气息便让闻一多表现出极度的精神不适，甚至当他走在大街上时，也总是感到仓皇无措，突兀不安。“林立的烟囱开遍了可怕的‘黑牡丹’；楼下是火车、电车、汽车、货车（trucks，运物的汽车，声响如雷），永远奏着惊心动魄的交响乐。”①这

① 闻一多：《致梁实秋》（1923 年 5 月 15 日），《闻一多全集》第 12 卷，湖北人民出版社 1993 年版，第 175 页。

般怖人的景象和嘈杂的节奏，使诗人处于持续紧张的状态，进而对异域产生强烈的拒斥情绪。只有在美术馆、电影院、公园等场所，诗人才能体验到内心的平静，获得与审美境界相遇的机会。步入《秋色》中的芝加哥洁阁森(又译结克生，今译杰克逊)公园，这里的风景尤佳，诗人经常来此散步观景。写作这首诗的前几日，闻一多曾给梁实秋致信，写到自己游览公园的经历："芝加哥结克生公园底秋也还可人。熊掌大的橡叶满地铺着。亲人的松鼠在上面翻来翻去找橡子吃。有一天他竟爬到我身上从左肩爬到右肩，张皇了足有半晌，才跳下去。这也别是一种风致不同于清华的。昨日下午同钱君复游，步行溪港间，藉草而坐，真有'对此茫茫，百感交集'之慨。'万里悲秋常作客'，这里的悲不堪言状了！"①显然，《秋色》中的橡叶、松鼠等物象，均是诗人真实可观可感的风景："肥厚得熊掌似的/棕黄色的大橡叶，/在绿茵上狼藉着。/松鼠们张张慌慌地/在叶间爬出爬进，/搜猎着他们来冬底粮食。"这些意象有着真实的观察经验作为支撑。

身处现实的风景，诗人收获了精神的闲适和愉悦，另一方面又承续了中国古典诗学"悲秋"的文化传统，因而他看到的风景便很自然地从实景转移到"黄浦江上林立的帆樯""北京禁城里的宫阙"。真实的风光演绎为古典的景色，写作者对色彩进行修饰的词汇也经历了由纯粹现实到古典修辞的过渡。即使诗人陶醉于芝加哥的公园景物，也并不能证明他彻底认同了美国的风景。作家能够与眼前的景色产生精神投合，是因为异国风景形似于诗人文化记忆中的中华景观，唤起了他的故国情感，方才使他产生对美国风景的认同意识。因此，诗人观察风景、抒发情感的支点在于中国文化，而风景的结构和诗义的结构也依然属于"现实——记忆"相对应的模式。正如许芥昱所说："闻一多早期的诗歌常将中国跟西方的想象并列与平行起来，在这里得到了

① "钱君"即钱宗堡，曾与诗人在美国合居。见闻一多：《致梁实秋》(1922年10月27日)，《闻一多全集》第12卷，湖北人民出版社1993年版，第103页。

充分的证明。”①

公园风景的现实性和超越现实的神秘感，对应了“画”与“诗”两种艺术形式，前者出现在诗歌的前半部分，后者则集中在诗歌后半部分对中国的幻象抒写之中。闻一多认为真诗无不产生于“炽烈的幻象”②，这幻象“由幻想和情感共同凝聚而成”③，它是属于“诗”的文字，内蕴着诗人强烈的主观情感。1922 年 10 月 30 日，闻一多给吴景超和梁实秋的信中谈到自己的游历体验，言及“秋来洁阁森公园甚可人意”，他说自己写完《秋色》后，“心里又有了一个大计划，这便是一首大诗，拟名《黄底Symphony》。在这里我想写一篇秋景，纯粹的写景，——换言之，我要用文字画一张画。”④可见，对于“诗与画”同构的“风景—诗义”结构，闻一多似乎还有实验性更强的计划。用“画”的文字表现“诗”，究竟能达到什么程度，色彩和节奏是否能够实现均衡的调和？从目前的资料来看，诗人的“大诗”应该没有完成，也为后人留下了一个遗憾。

整体而观，闻一多这种“诗与画相统一”的审美思维，也广泛存在于早期新诗人的思想视域中。与大部分诗人不同的是，闻一多在美国学习的专业便是西方艺术，对西方绘画特别是风景美学的早期接受和心理期待，加上美国人文与自然风景的视觉刺激，引发他对“诗”与“画”的关系产生了独到的解读。初出国门，诗人见到的日本便是“一幅幽绝的图画”、一个“picturesque 的小国”⑤，他继而发觉郭沫若的《女神》“所

① 许芥昱：《留学（1922—1925 年）从调色板到诗》，方仁念译，方仁念编：《闻一多在美国》，华东师范大学出版社 1985 年版，第 35 页。

② 闻一多：《评本学年〈周刊〉里的新诗》，《闻一多全集》第 2 卷，湖北人民出版社 1993 年版，第 40~41 页。

③ 王桂妹：《“诗中有画”的界限与适度——对闻一多〈秋色〉的另一种解读》，《贵州社会科学》2005 年第 2 期。

④ 闻一多：《致吴景超、梁实秋》（1922 年 10 月 30 日），《闻一多全集》第 12 卷，湖北人民出版社 1993 年版，第 110 页。

⑤ Picturesque 即为如画美，摘自闻一多：《致吴景超、顾毓琇、翟毅夫、梁实秋》（1922 年 7 月 29 日），《闻一多全集》第 12 卷，湖北人民出版社 1993 年版，第 45 页。

描写的日本并不真确……应该用实秋底笔来描写”①。这正印证了安德鲁斯的论断：“比起没有文化的观景人，画境游的游客就有了更多的美学特权。”②受益于融合中西美学中“以画观景”的知识熏染，闻一多开始尝试各类“以画为诗”的方案。西方风景美学推崇的“如画美”经过以闻一多为代表的中国诗人的创造性悟读，一定意义上也推动了新诗风景结构和诗义结构的更新与嬗变。这类经验的取得，又与诗人的海外游学经历和风景体验密不可分。可以说，异国游学的独特经历，开启了闻一多的风景观转化，使他对风景的认知产生了对应的变化，触发远涉重洋的游子在异国文化语境中形成了独特的心理体验。以闻一多作为个案，能够窥见早期新诗人是如何从视觉经验中收获文学的灵感和诗歌的启示，进而将风景体验融入新诗写作，还可发掘出海外要素对早期新诗产生的普遍性影响。至于诗人在抒写风景中的语体风格建构、意象空间塑造、风景观念转化等问题，值得继续深入研究。

① 闻一多：《致吴景超、顾毓琇、翟毅夫、梁实秋》(1922年7月29日)，《闻一多全集》第12卷，湖北人民出版社1993年版，第46页。

② ［英］马尔科姆·安德鲁斯：《寻找如画美——英国的风景美学与旅游，1760—1800》，张箭飞、韦照周译，译林出版社2014年版，第4页。

再论闻一多与新格律诗的提出

周建华

（赣南师范大学）

谈及中国现代新格律诗的提出，学者们首先想到的是新月诗派，是闻一多。“以闻一多为代表的新月派诗人在“五四”后自觉意识到历史要求……要求把诗从新旧之别的衡量标准中解放出来，确立衡量诗美的特殊规范，使诗对世界的把握方式更加艺术化。”①闻一多先生“又开新格律诗之先河，是这个流派的领袖人物”②。至于他们提倡新格律诗的因由，认为出于对自由体诗的反动者为数亦众，“闻一多的新诗格律化观点是他针对当时新诗创作忽视了形式的意义、过于散文化的倾向提出来的”③，“他们这规律运动的动机有二，第一是对自由诗的一种反动……规律运动之第二个也是重要的一个动机乃在他们认规律为诗歌所不可或缺的东西，新时代的诗需要新的规律”④。事实上，倡导格律诗创作的是格律诗派而非新月诗派，朱自清、余冠英等当时学者即用格律诗派或“同时主持《诗镌》的几位作家”⑤来指称闻一多等倡导新格律诗

---

① 龙泉明：《论新月诗派的新诗规范化运动》，《求是学刊》2000 年第 4 期。

② 《中国现代文学丛刊》编辑部：《中国现代文学研究丛刊 30 年精编：作家作品研究卷(下)》，复旦大学出版社 2009 年版，第 605 页。

③ 陈国恩：《论闻一多的生命诗学观》，《文学评论》2006 年第 6 期。

④ 方仁念选编：《新月派评论资料选》，华东师范大学出版社 1993 年版，第 37 页。

⑤ 余冠英：《新诗的前后两期》，《文学》月刊 1932 年第 2 卷第 3 期。

的作家。当代学者付祥喜在经过细致考证后亦得出结论，“虽然闻一多、徐志摩、饶孟侃是新月社成员，但从《晨报副刊·诗镌》的发起到具体编辑出版和主要撰稿人的构成，都与新月社没有什么关系”①，“虽然新月派诗人中既有人提出格律诗理论(如闻一多)，更创作了许多新格律诗，但并不等于说新月诗派与格律诗派之间可以画等号”②。可见，将新格律诗的提出归功于新月诗派并不准确，认为新格律的提出是“格律诗派不满白话新诗过于散漫自由不讲究形式韵律的缺陷，致力于新格律诗的试验与创新”③也不一定科学。因此，重新审视新格律诗的提出，审视闻一多与新格律诗之间的关系十分必要和有意义。

欲了解新格律诗的提出，了解闻一多当时所处语境、心境十分重要。据统计，格律诗派同人在《晨报副刊·诗镌》上共发表了105篇诗文，其中文19篇，诗86首。文主要是诗论、诗评等，情况大致如表1所示。

表1　**格律诗派《诗镌》发表诗论(评)情况**

作者	诗　论	诗　评	其他研究文章
徐志摩	《诗刊弁言》(第1号) 《诗刊放假》(第十一号)		《厌世的哈提》(第8号) 《哈提》(第9号)
闻一多	《诗的格律》(第7号)	《诗人的横蛮》(第9号)	《文艺与爱国》(第1号) 《英译的太白》(第10号)
饶孟侃	《新诗的音节》(第四号) 《再论新诗的音节》(第6号) 《新诗话(一)》(第8号) 《新诗话(二)》(第9号)		《感伤主义与“创造社”》(第11号)

① 付祥喜：《新月派考论》，中国社会科学出版社2015年版，第59页。
② 付祥喜：《新月派考论》，中国社会科学出版社2015年版，第56页。
③ 员怒华：《五四时期四大副刊研究》，华中师范大学出版社2018年版，第162页。

续表

作者	诗　论	诗　评	其他研究文章
朱湘		《新诗评》之一、《尝试集》(第1号)； 之二、郭君沫若的诗(第2号)； 之三、《草儿》(第3号)	
邓以蛰			《诗与历史》(第2号)
余上沅			《论诗剧》(第5号)
天心		《随便谈谈译诗与作诗》(第8号)	

由表1可知，格律诗理论的主要倡导者为饶孟侃和闻一多，饶孟侃有诗论4篇，闻一多有1篇，加上徐志摩的《诗刊弁言》《诗刊放假》及朱湘的系列诗评等，《晨报副刊·诗镌》确乎形成了一股宣传格律诗的热潮。事实上，闻一多主张诗歌的格律化并非始于《诗镌》时期。早在1920年底，闻一多就与浦薛凤、梁思成等发起成立一个名为“美司斯”的艺术团体，研究文学、音乐及各种具形艺术。1921年12月2日，清华文学社召开第二次常务会，闻一多作为诗歌组领袖组织讨论“诗的音节问题”，会上，他做了关于《诗歌节奏的研究》的报告。在报告第八部分“诗歌的节奏”中，闻一多对诗歌节奏的分类、作用、特性、韵、诗节做了详细的阐述，认为诗歌节奏主要有三种成分：音量、重音、字或音节，而“一般公认诗节为诗歌韵律的最大单位”①，同时批评了自由诗在打破规律后带来的平庸、粗糙、柔弱无力等后果。这是闻一多第一次真正意义上对诗歌节奏所作出的探讨，也是中国新诗史上较早系统探讨新诗格律问题的文章。1922年初新婚蜜月时期，闻一多又作《律诗底

① 武汉大学闻一多研究室：《闻一多论新诗》，武汉大学出版社1985年版，第21页。

研究》，全文共分七章二十一节，是较早用新方法研究中国诗歌民族传统的诗论著作。他在第三章第二节“章底边帧”中指出，中国古典律诗八句为一章，就像英国的十四行诗，“不短不长实为最佳之诗体”，“盖均齐为中国艺术之特质，八之为数，最均齐之数也”①。在第五章“作用”、第六章“辨质”中，则历陈韵律于抒情诗的四大好处：“短练底作用”“紧凑底作用”“整齐底作用”“精严底作用”，并认为“中国艺术中最大的一个特质是均齐，而这个特质在其建筑与诗中尤为显著”②。

有意思的是，这两篇文章都不是针对新诗而言，而是针对中国旧体格律诗而作的，属于诗歌研究，而且，《律诗底研究》几经修改，但一直没有公开发表。“先生后来虽又几经修改，但始终未肯发表它，只有几位朋友读过。”③这句话有两个关键信息：一是后来又几经修改；二是只有几位朋友读过。“几经修改”，究竟修改了多少次不得而知，但多次修改是可以确定的，而且是在 1922 年 3 月以后。“只有几位朋友读过”显然是闻一多不想让更多人知道，不想让更多人知道，而又对其反复修改，可以推知闻一多对它非常珍视，而且可能另有他用。闻一多将它究竟作何他用，有蛛丝马迹可寻。1922 年 3 月 14 日，闻一多回到学校后，“不愿谈自己的婚事，而拼命地写诗”④。同年暑期，回家以后，闻一多“埋首故籍，‘著述热’又大作”，并“已缮毕《红烛》，赓续《风叶丛谭》，校订增广《律诗底研究》，作《义山诗目提要》，又研究放翁，得笔记少许”，原来文思泉涌的诗歌创作则已经“江郎已叹才尽矣！”⑤究其原因，究竟何为？查阅甫一登录美利坚后闻一多写给父母及好友的两封信可知端倪。1922 年 8 月，刚登陆美国，尚未开学，闻一多即致信

① 闻一多：《神话与诗》，江西教育出版社 2018 年版，第 174 页。

② 闻一多：《神话与诗》，江西教育出版社 2018 年版，第 189 页。

③ 闻黎明、侯菊坤：《闻一多年谱长编》上卷，上海交通大学出版社 2014 年版，第 161 页。

④ 闻黎明、侯菊坤：《闻一多年谱长编》上卷，上海交通大学出版社 2014 年版，第 163 页。

⑤ 闻一多：《闻一多书信选集》，人民文学出版社 1986 年版，第 29 页。

父母，言“已作就陆游、韩愈两家底研究，蝇头细字，累纸盈寸矣”，目的则是“乃以为将来归国教授之用”①。稍后又给梁实秋、吴景超信，用诗作《我是一个流囚》表达自己心境：“《我是一个流囚》是卢君之事实即我之事……我对于艺术的信心深固，我相信艺术可以救我。”②此处的卢君是闻一多清华留美同学，卢是包办婚姻，在美留学遇到爱情，不能自主，很是痛苦，最后成疯。“卢君之事实即我之事”即闻一多言自己婚姻痛苦之事实，前面闻一多新婚不久即返清华，绝口不提自己婚姻之事就有了合理的解释。另外，“近复细读昌黎，得笔记累楮盈寸，以为异日归国躬耕砚田之资本耳”③，花费绝大精力研究中国古典诗歌，而置美术学习于其后，是闻一多切切实实负起养育家庭之责任的现实需要。闻一多这种想法和打算在后来与父母及梁实秋等好友的诸多信件往来中可以得到进一步的应证。1923 年 1 月，闻一多去信给梁实秋，谈自己阅读郭沫若小说《未央》之感受，言他只说出自己局部的悲哀，并将自己阅毕《未央》之后的难以名状的痛苦形象地呈现了出来，“起立徘徊于室中，复又站在书架前呆视了半晌”④。稍后的 4 月 8 日，又致信胞弟闻家驷，言及自己近数年来的愁苦，“国家社会之忧，小而一己之身世，何莫非日夜啮吾心脏以逼我入于死之门者哉！曩者童稚，不知哭泣，近则动则‘冷泪盈眶’，吾亦不知其何自来也”⑤。“一己之身世”显然不是指自己的出身，遍览闻一多上学清华以后的生活，除了他的婚姻，再也找不出还有其他什么缺憾能够使他动则“冷泪盈眶”，甚至“入于死之门”，可以想见婚姻带给他的负面情绪有多严重。在清华学校如鱼得水的闻一多瞬间堕入婚姻的羁绊，搅乱了他的人生憧憬，改变了他的人生轨迹，求学的快乐为家庭的羁縻所累，他不得不调整自己的人生

① 闻一多：《闻一多书信选集》，人民文学出版社 1986 年版，第 42 页。
② 闻一多：《闻一多书信选集》，人民文学出版社 1986 年版，第 52 页。
③ 闻一多：《闻一多书信选集》，人民文学出版社 1986 年版，第 52 页。
④ 闻一多：《闻一多书信选集》，人民文学出版社 1986 年版，第 119 页。
⑤ 闻一多：《闻一多书信选集》，人民文学出版社 1986 年版，第 147 页。

航向，以实际的现实生活的需求为基本导向，格律诗研究为将来文学教学预备之目的明显。

《晨报副刊·诗镌》的出现，主要是由刘梦苇、饶孟侃、朱湘、孙大雨、朱大枬等人推动而促成的，协商地点虽主要在闻一多家里，具体到闻一多的实际情形，则比较复杂。闻一多1926年1月23日写给梁实秋的信中写道："时相过从的朋友以'四子'为最密，次之则邓以蛰，赵太侔，扬振声等。国家主义的同志中有一般人也常到我家里开会。"①它表明，清华"四子"等经常于闻一多家中聚会，讨论诗歌诸问题。徐志摩在《诗刊弁言》中从侧面证实了这一论断，"我在早三两天前才知道闻一多的家是一群新诗人的乐窝，他们常常会面，彼此互相批评作品，讨论学理。上星期六我也去了"②。在闻一多家里讨论诗歌问题，不一定闻一多就是主导人物。其实，此时的闻一多于诗歌创作已经比较"生疏"了，也不是他关注的焦点所在。在给梁实秋的同一封信中，闻一多对自己回国后"文艺整个放在脑袋后边去了"，只作了两首诗的现实状况表示了无奈。在稍后的3月、4月间写给梁实秋、熊佛西的信中，闻一多再次对自己的创作状况表示了担忧，"一入国内，俗事丛身，九月之久，仅成诗两首。江郎从此搁笔乎？"同时对创办刊物一事明显信心不足，"有人起议发行纯文艺的刊物，惟自忖其奈胆怯何！"③这里须注意，闻一多说是有人起议，这个人显然不是他自己。既然自己重点不在诗歌创作，且没有倡办刊物的强烈意愿，那么闻一多为什么还要参与其中，提供聚会的场所呢？除了闻一多年长清华"四子"等几岁，是他们大哥级别的人物，且在清华时就有刊物编辑经验等外，其实还有一个为大家所忽视的重要因素——借刊物创办打出一片天地的潜在需要。

《诗镌》刊行后，4月15日，闻一多致信梁实秋、熊佛西，表达欣喜之情，"《诗刊》谅已见到。北京之为诗者多矣！而余独有取于此数子

① 闻一多：《闻一多书信选集》，人民文学出版社1986年版，第205页。
② 邵华强编：《徐志摩研究资料》，陕西人民出版社1988年版，第166页。
③ 闻一多：《闻一多书信选集》，人民文学出版社1986年版，第206页。

者，皆以其注意形式，渐纳诗于艺术之轨。余之所谓形式者，form 也，而形式之最要部分为音节。《诗刊》同人之音节已渐上轨道，实独异于凡子，此不可讳言者也。余预料《诗刊》之刊行已为新诗辟一第二纪元，其重要当与《新青年》、《新潮》并视，实秋得毋谓我夸乎？”①这段话之后半部分为许多研究者所引用，但他们忽视了这段话的完整性。闻一多预料《诗刊》将开辟新诗第二纪元并将它与《新青年》《新潮》并列有其前提，即《诗刊》同人之音节已渐上轨道，且独异于凡子。它表明，在闻一多心里，《诗刊》同人已具备了集团冲击并开辟一片文学新天地的可能！仔细阅读闻一多这几年里与梁实秋等好友的通信，其创办刊物的想法早就存在，而且意愿非常强烈。1922 年，闻一多清华文学社同仁欲办一月刊，闻一多致信梁实秋、吴景超，表示赞成，“若有专一之出版物以发表之，则易受群众之注意——收效速而且普遍”，认为不办则已，要办就要期他永寿，且“径直要领袖一种之文学潮流或派别”②。1925 年 1 月，中华戏剧改进社成立，公决拟刊行出版物。闻一多不仅对同仁提出的“雕虫”“河图”两个备选刊物名称进行了细致的优劣分析，而且就刊物的印刷、制版、形式设计、定价、经费等提出了自己的意见，尤其是对刊物内容的安排，他甚至亲手拟定了刊物前四期稿件选用及作者名单。在注意事项中，他排除了鲁迅、周作人、赵元任等名人，甚至郭沫若、徐志摩等人之稿件选用的可能，理由是如要创办杂志，“即当亲身赤手空拳打出招牌来”③。

“打出招牌来”不是为了推出自己的诗歌主张，而是非常现实的经济考量、生存考量。这一点为许多研究者所忽视，而恰恰是非常重要的一点。1922 年 8 月，闻一多致信父母，谈自己的陆游、韩愈研究，笔记已是“蝇头细字，累纸盈寸”，其意则是“我现在所从事之著作乃以为将来归国教授之用”，并表达了对自己未来职业的担忧，“我在此习者，

① 闻一多：《闻一多书信选集》，人民文学出版社 1986 年版，第 208 页。
② 闻一多：《闻一多书信选集》，人民文学出版社 1986 年版，第 64 页。
③ 闻一多：《闻一多书信选集》，人民文学出版社 1986 年版，第 191 页。

美术也，将或以美术知名于侪辈。归国后孰肯延我教授文学哉？求文学教员者又孰肯延留学西洋者教中文哉？”①此时的闻一多刚刚登陆美国，所攻专业乃是美术，却想到将来归国的教授文学问题，这有违常理，却符合闻一多的家庭实际。几乎与此同时，他在给三哥闻家骥的信中，谈及自己家中景况，已是积债累累，有无米难炊之忧，故“渠家室食指独繁，不得不求一切实谋生之术也”②。如果这还只是我们的合理推断的话，那么，同年 10 月 28 日闻一多在致父母的另一封信中，则非常明确，“我现在极想从著作中找点经济的发展，一桩我想这是我对于家中应尽的义务，二桩我的程度如今可算很够了”③。这里的著作是指与梁实秋合著的《冬夜草儿评论》，闻一多希望通过出版著作来改善家中经济状况。信中，他同时还已经在“预支”《红烛》出版的“红利”了，“《红烛》卖的钱同他种著作的收入，统归家中子弟教育费之用”④，尽管此时《红烛》的出版还前路茫茫。后来《冬夜草儿评论》出版的实际收益也使闻一多感到非常失望，“《冬夜草儿评论》除了结识了郭沫若及创造社一般人才外，可说是个失败。我埋伏了许久，从来在校外的杂志上姓名没有见过一回，忽然就要独立的印出单行本来，这实在是有点离奇，也太大胆一点”⑤，感慨何其深重，期望何其殷切。

闻一多加入新月社，是事业发展需要促成的结果。归国之后，闻一多出人意料地赴了徐志摩午餐之约并迅速加入了新月社。而他与徐志摩，之前两人生活并无交集，一个富有“拉丁趣味”，一个富有“绅士趣味”，是两个生活趣味存在巨大差异的人。巨大反差之下，背后原因颇令人深思。留意新月社成员或可略知一二，汤尔和、林长民、丁在君、梁启超、胡适、徐志摩、陈西滢诸人或当时大咖，或青年才俊，具有强

---

① 闻一多：《闻一多书信选集》，人民文学出版社 1986 年版，第 34 页。
② 闻一多：《闻一多书信选集》，人民文学出版社 1986 年版，第 7 页。
③ 闻一多：《闻一多书信选集》，人民文学出版社 1986 年版，第 91 页。
④ 闻一多：《闻一多书信选集》，人民文学出版社 1986 年版，第 92 页。
⑤ 闻一多：《闻一多书信选集》，人民文学出版社 1986 年版，第 140 页。

大的社会影响力和运作能力。加入新月社的那一日，闻一多同时给兄弟闻家驷、闻家骢去信，谈及当时情况。给五弟闻家驷的信中说：“新月社已正式通过援助我辈剧院之活动。徐志摩顷从欧洲归来，相见如故，且于戏剧深有兴趣，将来之大帮手也。”①给二哥闻家骢的信中说：“再者北京《晨报》为国内学术界中最有势力之新闻纸，而《晨报》之《副镌》尤能转移一时之思想。《副镌》编辑事本由正张编辑刘勉已兼任。现该报拟另觅人专管《副镌》，已与徐志摩接洽数次。徐已担任北大钟点，徐之友人不愿彼承办《晨副》，故徐有意将《晨副》事让弟办理。”②将两信合并起来我们发现，新月社解决了闻一多此前多年努力、担忧和未果的生计、职业、个人发展空间等一系列问题，尽管他内心深处并非喜欢结成团体。

《诗镌》终刊是刊物同人缺乏凝聚力的结果。从 1926 年 4 月 1 日到 1926 年 6 月 10 日短短的七十天，发行了十一期之后，《诗镌》终刊了。尽管徐志摩解释说是暑假期间同人离京较多，稿件征集不便，《诗镌》腾出空间给鼓吹戏剧的几个朋友一个机会等，但在他接下来的一番陈述及《诗镌》刊发的稿件情况来看，依然可以发现诸多隐含的信息。当代学者付祥喜在考证《诗镌》终刊原因时主要列举了两点：一是他们过于强调诗歌形式，缺少内容的弊病；二是他们内部分裂、矛盾重重、人心涣散。笔者认为第二个原因才是导致《诗镌》终刊的真正推手。梁实秋在谈及《新月》创刊时的一段话可能有参考意义，“新月一伙人，除了共同愿意办一个刊物之外，并没有多少相同的地方，相反的，各有各的思想路数，各有各的研究范围，各有各的生活方式，各有各的职业技能。彼此不需标榜，更没有依赖，办刊物不为谋利，更没有别的用心，只是一时兴之所至”③。这段话的中心很明确，即“新月”的创办纯属凭着兴

① 闻一多：《闻一多书信选集》，人民文学出版社 1986 年版，第 201 页。

② 闻一多：《闻一多书信选集》，人民文学出版社 1986 年版，第 202 页。

③ 方仁念选编：《新月派评论资料选》，华东师范大学出版社 1993 年版，第 14 页。

趣，没有共同的旗帜主张，也不互相影响。作为重要成员，大股东之一的闻一多的情况是“一多是参加过的，但是他的印象不大好”①，并未积极参与其事。朱湘在《诗镌》刊出第三期后就主动退出，杨世恩和孙大雨也是中途离场，“杨子惠孙子潜两位应受处分，因为他们也是中途失散，不曾尽他们应尽的责任”②。直到《诗镌》创刊的前两三天，徐志摩才知道有一群诗人在讨论诗歌，倡办刊物，作为“主将”的徐志摩都“蒙在鼓里”。由此可知，《诗镌》的情况与《新月》并无多大差异，“诗镌”同人并不是一个什么严密的社团组织，彼此之间的关系也不一定都十分密切。从代表《诗镌》群体理论主张的诗论来看，与徐志摩一起被称作“双柱”，前期有比较扎实的格律诗研究基础，作为主将的闻一多只有一篇《诗的格律》，还不及饶孟侃和朱湘多，无论从哪一方面看都值得深思。事实上，闻一多虽然喜欢参与各种文学活动，但并不喜欢以某种主张作为共同的旗号。早在1922年清华文学社打算以社里的名义出版他的《红烛》时，他就明确拒绝过，他可是文学社的台柱子！“我们文学社是以兴趣结合的团体，不是以主张结合的团体。现在我们偏要以一种主张现于社会之前，将来若有人要庇荫于此社发表一种牛头不对马嘴的言论，我们既无法亦不当禁止；那时该怎样为情呢？”③

既要利用各种文学社团及刊物来闯出一片天地，又要保持个人的独立不受干扰，是闻一多处理与《诗镌》及其他社团关系的一个重要心理基础，也是考察他与新格律诗提出关系的重要依据。到此，我们也基本可以对闻一多与新格律诗提出之间的关系作一简要的小结：闻一多作为格律诗派的重要成员，参与了《诗镌》的筹办，也是新格律诗理论的倡导者之一。新格律诗理论是闻一多前期学术研究的重要成果，是其谋生需求的重要学术储备。他参与《诗镌》的筹办，主要是因为借助《晨报副

① 方仁念选编：《新月派评论资料选》，华东师范大学出版社1993年版，第13页。

② 邵华强编：《徐志摩研究资料》，陕西人民出版社1988年版，第171页。

③ 闻一多：《闻一多书信选集》，人民文学出版社1986年版，第77页。

刊》这个具有强大影响力的传播平台，可以更快地闯出名气，为改善自己的经济状况提供更大的回旋空间。当然，诗友之间的交往唱和也某种程度上为他不太幸福的婚姻带来了某种精神的慰藉。

“理性节制情感”的诗学实践与闻一多“君子人格”的内化

谢君兰

（四川大学）

闻一多曾在《晨报副刊·诗镌》上发表著名的《诗的格律》一文，强调“理性节制情感”的诗学观念，并以一个诗人的创作体会进一步提出“三美”的具体设想，由此深刻影响到中国新诗此后的演化路径，闻一多也因此成为中国现代新诗史上一位值得探究的诗人。在此之前，中国诗坛已经出现因诗体大解放而暴露出的诗情浅薄、诗形无当的问题，因此，在理解“理性节制情感”的主张时，学界多联系这一时代语境来进行分析。这很容易让人产生一种印象：闻一多的主张是应新诗历史发展的迫切需要“适时而生”的。作为历史的回望，这样一种宏观视域的后继解答有其合理之处，但也显得过于“理所应当”。任何一种诗歌现象的出现，都绝非时代外因单独造就，还关涉诗人个体选择背后的内在思想与心理意识。目前学界已清理出中国“哀而不伤”的抒情传统与“力主无我”的西方巴那斯主义在闻一多思想中的融会贯通。但答案到此就算分析透彻了么？在新诗发展所依存的历史现场，丰富的中西方思想资源是同时向人无差别地敞开的。又是什么引导着闻一多选择了特定的“这一类”思想资源？这样的追问，让我们有必要再作内因的进一步挖掘。

一、诗学观念的“理性”：君子人格“节制”观的内化

闻一多对“理性节制情感”的偏好不是即兴而为，而是逐渐强化于他的新诗创作历程。对比郭沫若对浪漫主义时而肯定时而否定的阶段性摇摆，他的新诗观念显得更为笃定甚至执着。这与闻一多从生命内部生长起来的某种稳定的精神形态同频共振。在《邓以哲“诗与历史”题记》中，闻一多单独强调的是诗的“骨骼”①；《诗的格律》一文中，他批判过顾影自怜的青年们的“人格”②；早在清华学习阶段，闻一多就欣赏陆游的“始是金丹换骨时”与杜甫的“自是君身有仙骨”，并以此对照来批评当时知识分子“无诗骨而妄谈诗学”的现象③。可见“理性节制情感”对他来说不仅是一种客观的美学原则，还是一种重要的精神尺度，这种尺度稳定而连续，且内嵌价值判断，指向他对“人格”的看重和养成，以及通过“骨格”“诗骨”等词汇所表达出的与新诗所形成的精神印射，即人品与诗品之间的关联。由此可见，闻一多的人格取向成为他新诗观念不可忽视的内驱力。

作为一种心理学术语，人格和性情还有所不同，性情更多指向个人的天然禀性，人格则更倾向于外在的社会文化规范和思想意识的个体化内塑。人格的构成绝非单一，且充溢着变化性。对闻一多来说，在丰富的人格成因中，中国古典文化的洗礼显然至关重要。闻一多偏爱古典文化是不争的史实。他在原生家庭中对传统教育的接受，清华求学期间在

---

① 原文为：“至于诗这个东西，不当专门以油头粉面，娇声媚态去逢迎，她也应该有点骨骼，这骨骼便是人类生活的经验，便是作者所谓‘境遇’……”，见闻一多：《邓以哲“诗与历史”题记》，《闻一多全集》第4卷，朱自清等编，上海人民出版社2020年版，第270页。

② 见闻一多：《诗与格律》，朱自清等编：《闻一多全集》第4册，上海书店出版社2020年版，第270页。

③ 见梁实秋：《谈闻一多》，《自由的人：民国文坛忆往》，岳麓书社2017年版，第155页。

《二月庐漫记》中对古代史书、文集、诗话所作的大量笔记，乃至他之后对《诗经》《楚辞》等古代典籍的整理与研究，都是一种体现。但“中国古典文化”本身含义复杂，儒道墨法家等各有指涉，仔细甄别之下，还是儒家精神及其由此衍生出的“君子人格”在闻一多的身上发挥了最关键作用，成为一种主导因素。这体现在他前期思想中对孔子的肯定和尊崇，以及儒家精神在他行为意识中的实质性内化。

五四新文化运动时期，儒家思想作为封建礼教的代表学说遭到一众先驱者的激烈否定和批判。闻一多却并未完全顺应这一时代思潮，而是先后在《恢复伦理演讲》《诗人的蛮横》等文中为孔子及其主张鸣不平。在《恢复伦理演讲》中，闻一多将儒家的“伦理”当成支撑精神生活的重要方法之一(此外是艺术与宗教)，并认为对演讲者来说，尤其要注意个人人格问题，即“讲伦理的人，自身需可以做人的模范”，反对“望之不是人君者”①。对伦理的提倡和人之模范的要求，其实都指向了儒家传统最重要的本质——一种“道德层面的哲学”。其中，注重“道德个体的自我道德修养与实践”②成为基础。

具体说来，作为道德哲学的儒家思想在中国古代发挥出两方面功用：对内以“仁”来安定个人心灵，对外以“礼”来调控社会秩序。而个人要获得参与对社会秩序调控的资格，首先就要完成以“仁”为中心的自我道德的修炼，即“每个读书人都要通过格物、致知、诚意、正心、修身、齐家、治国、平天下的过程，达到一种完美的人格境界，实现最高的德性”③。如何才能不断接近仁德？孔子提出的方法是“克己复礼”，也就是克制自己不正当的欲望，让自我言行符合礼制。其实就是

① 闻一多：《恢复伦理演讲》，《闻一多全集》第2卷，湖北人民出版社2004年版，第319~321页。

② 毛华威：《美德实践智慧：美德伦理学的伦理实践立场》，《贵州师范大学学报(社会科学版)》2021年第3期。

③ 张均：《中国现代文学与儒家传统(1917—1967)》，岳麓书社2007年版，第16页。

通过节制的方式不断约束和规范自我的天然性情，以成为一个具备干预现实社会资格的“理想之人”。这就是儒家“君子人格”的养成。在这一人格中，修身、齐家、治国、平天下是不同层面又相互联结的人格理想。在这种逐层递进的理想中，个人行为思绪的克制被当作最基本的要求来看待。而“哀而不伤”的古典抒情传统，也是儒家的克制之心在诗学层面的映射。对于闻一多来说，他未必全方位认同和贯彻儒家的观念和思想，成为一个严格意义上的儒生。但他在求学阶段的严于律己，教学阶段的克己奉公，以及极少放纵欲望进行享受，都是在身体力行地实践着儒家特有的行为方式：对自我的节制。

而君子在修身层面对“节制”的看重，不仅贯穿到闻一的日常行为，还迁移到他对诗歌艺术的追求当中，映照于他对收束诗情的形式和规则的喜好。在古典诗歌层面，他对律诗的偏爱是一种体现，从新诗的角度来说，闻一多君子人格中的节制性也不断将他往“理性节制情感”的观念之路牵引。

二、理性与情感的游移：“节制”人格与“白热”性情的矛盾

但闻一多是否就此变作一个彻底的刻板的理性主义者呢？并不是。这又与他性情中不断闪现的“白热”特征相互掺杂——闻一多本身好静，却又容易激动，内在情绪时有喷射性的爆发，如同他经常使用的火山意象。密友梁实秋曾在《谈闻一多》中对他的这种性情特征有过生动描述①。在节制人格和白热性情之间，闻一多的诗论和创作逐渐产生矛盾和错位。在早期，对情感的爆发和热度的要求一度不自觉地成为闻一多

① 原文为：“一多的本性是好静的，他喜欢寝馈于诗歌艺术之中□根本不喜欢扰攘喧嚣的局面。但是情感爆发起来，正义感受了刺激，也会废寝忘食地去干，不过他不站出来做领导人，而且一旦发泄之后他会很快地又归于平静。”见梁实秋：《谈闻一多》，《自由的人：民国文坛忆往》，岳麓书社2017年版，第149页。

评价诗集的重要原则。这从《〈女神〉之时代精神》和《〈冬夜〉评论》中就可窥一二：

在《〈女神〉之时代精神》中，闻一多对《女神》诗情的极致性抒发大加赞赏，并认为其成功地让当时的苦闷青年得到情绪的宣泄："他们的心里只塞满了叫不出的苦，喊不尽的哀。他们的心快塞破了，忽地一个人用海涛底音调，雷霆底声响替他们全盘唱出来了。"①文章的最末，闻一多也不忘总结："诗人不独喊出人人心中底热情，而且喊出人人心中最神圣的一种热情呢！"②"人人"的说法显然有些夸张，但这至少是闻一多个人的心理写照。他因为郭沫若真正唱出了感情质素的丰富与热度而激动不已。反观之前的《〈冬夜〉评论》，闻一多之所以毫不客气地细数俞平伯诗集在音节，意象和幻想上的种种缺陷，最根本的原因还是《冬夜》的情感并未达到理想的"白热化"，所以他转而在形式的完善上提出了较高的要求——但他在评价女神时却大多忽视了这些要求，选择宽容以待——内在诗评标准的置换，表明闻一多在直觉上对情感热度的需求是凌驾于诗形要求之上的。

游学美国期间，他更是在异国他乡真切感受到民族歧视，常鸣不平之意，情感愈发真切浓烈。这时，先天气质和时代遭遇都有让他走上创作自由诗形的一些契机。实际上，闻一多也一度写出了如《园内》等靠近郭沫若"雄浑沉劲"之风的诗作。但有意味的是，他并未就此完全走上恣肆驱遣诗情，由内在情绪来调配新诗节奏的创作道路。他在某些时候又流露出对孔子所提倡的"温柔敦厚"之风的认同。《〈冬夜〉评论》中，他就感叹："作诗该当怎样雍容冲雅，'温柔敦厚'！"③时隔四年，

① 闻一多：《女神之时代精神》，朱自清等编：《闻一多全集》第4卷，上海书店出版社2020年版，第222页。

② 闻一多：《女神之时代精神》，朱自清等编：《闻一多全集》第4卷，上海书店出版社2020年版，第225页。

③ 闻一多：《冬夜评论》，朱自清等编：《闻一多全集》第4卷，上海书店出版社2020年版，第203页。

在《诗人的横蛮》一文中，他依然认为中国诗的灵魂是“温柔敦厚”①。这本身就是儒家君子温文尔雅的人格特征在诗歌中含蓄委婉的映照。儒家君子人格中的节制特性潜在地约束着闻一多的白热性情，并驱使他通过诗形规则的探索来实现。闻一多早年的《真我集》尚受到沈尹默等人的影响，写下《忠告》《志愿》等带着初期白话特征的散文诗作。但一两年后，他就在对初期白话诗的不满中洋洋洒洒地写下《律诗底研究》，意图为“体格气味日西”的新诗提供艺术范本。之后的创作更是逐渐有了收束诗形的意识，这在他的《黄鸟》一诗中有诗意性的概括：

野心的鸟儿啊！/我知道你喉咙里的/太丰富的歌儿/快要噎死你了：/但是从容些吐着！/吐出那水晶的谐音，/造成艺术之宫，/让一个失路的灵魂/早安了家罢！

“野心的鸟儿”是闻一多的自况，是他对文学艺术想要施展抱负的雄心壮志，“丰富的歌儿”是他充溢在内心里的各种炽烈情感，他却还是选择用和谐的音调来诠释，以安放茫然无着的灵魂。对形式特点的专研，甚至让闻一多产生了下意识的创作惯性：

我拈起笔来在手中玩弄，/空中便飞来了一排韵脚/我不知如何的摆布它们，/只希望能写出一些快乐。(《抱怨》)

体现节制的诗歌规则，从刻意习得到渐渐成为创作的“预设机制”，由此内化于闻一多的诗学主张和创作实践中。

---

① 闻一多：《诗人的横蛮》，朱自清等编：《闻一多全集》第4卷，上海书店出版社2020年版，第272页。

三、不同情感的理性尺度：“君子人格”的多维内化

与其相关的另一个问题是：当闻一多认同“理性节制情感”的诗学主张时，他是否严格在自己的诗作中予以践行？答案并非如此。闻一多的理智时常压抑不住他喷发的情感，诸多诗作因此表现出诗情明显的断裂和冲突。但“情感”一词本身也具备多重含义，仔细甄别之下，我们会发现，闻一多在对待爱情、国家、子女等不同情感时有着不同的处理尺度。这些尺度又都可以其“君子人格”来作考察的立场或视角。

1. 爱情诗：“齐家”意识与“至情至爱”的错位

受到现代思想洗礼的闻一多，认为男女间的至情至爱对诗有很高的价值，因此创作了不少爱情诗。但因为在爱情的范畴，诗人的感受尤其复杂微妙，因此诗情也多挤压和变形。这与他婚姻和爱情的错位以及掺杂其中的君子人格的“齐家”意识紧密相关。1922 年 2 月，尚在清华学习的闻一多奉父母之命回乡，以包办婚姻的形式与仅粗识文字的姨表妹高孝贞完婚。婚姻之外，他曾先后在纽约留学和在青岛任教期间起过一些情感波动。但一向重情的闻一多，却并未像潇洒自由的徐志摩一般，因忠于自己的情感体验而公然放弃婚姻。甚至是在美国期间，开放的思想做派都并没有对他稳固的君子人格产生冲击。“齐家”意识，即对家庭的责任让他一反“凡事皆以兴之所至为指归”的行事做派，至少两次选择将刚萌芽的恋爱掐死在苗头里，真正做到了人格意义上的“理性节制情感”。但作为一种极端私人化的带着冲动特性的情感，爱情是很难时时理智地以家庭责任为先的。这使得闻一多的爱情诗在文字表述和真实感受之间，留下了很多刻意而为或言不由衷之处——情感被理性挤压后产生了某种“变形”。

《红豆》是闻一多著名的爱情组诗，表达他对大洋彼岸新婚妻子的思念之意，历来被看作两人婚后幸福的例证。在此之前，闻一多只是在

与高孝贞的书信往来中逐渐软化他对这段包办婚姻的抗拒心理，但对妻子的感情也只是“冷水泡茶”，谈不上特别热络。而促使闻一多“情思大变”，在激动心情中连续五昼夜抒写此组情诗的契机，是他从家信中得知第一个女儿出生的消息。血脉延续和家族兴旺的狂喜成为他创作爱情诗的动力，未在妻子身边照顾的愧疚也在无形中强化了他的思念。于是，在《红豆》的前二十四首中，诗人几乎在每首中都使用了“相思”二字来应题，但也正是这些过于明显的“命题之作”，让本来应该自然流露的思念之情成为一种技巧层面的刻意而为。特别是诸如“横看是相思，/直看是相思，/顺看是相思，/倒看是相思，/斜看正看都是相思”等诗句，仿佛是诗人借“相思”二字来对自己催眠一般。对红豆、丝帕等表达思念的传统物件的借用，本身也滑入意象沿用的便利，架空了诗人自己细腻的感受。何况作为思念对象的妻子在闻一多释放潜意识的梦中只是作为一个背面轮廓出现，看不到她真实鲜活的样貌，反而残留下“古怪”的印象。之后，随着情绪的冷却，闻一多更是逐渐在诗中体现出理性的反思，暴露出情感的罅隙。

第二十五首，闻一多将二人看作供在礼教神龛前的鱼肉，并以“我们多么荣耀啊”来做讽刺；第二十六首，他又将二人比作“照着客们吃喜酒的一对红蜡烛”，将自己生命的燃烧看作无意义的“凑热闹”；第三十一首，把自己脑中“虫书鸟篆”所代表的古典文化知识当成妨碍两人心意相通的界石，特别是第三十首的片段：

他们削破了我的皮肉，
冒着险将伊的枝儿
强蛮地插在我的茎上。

更是暴露了包办婚姻强行插入自己生活所造成的精神创痛。这些诗作都时时闪现出闻一多对命运的无奈和对婚姻的质疑。正是如此，在这组公开的爱情诗中，我们也很难找到的和闻一多一贯的白热特性相匹配的

"爱情"表述。

在诗集《死水》中，似以爱情为主题的新诗也不在少数，《收回》《"你指着太阳起誓"》《狼狈》《你莫怨我》等，但大多都倾向命运不由自己做主的无奈和躁郁，甚少再有看似幸福的表达。值得玩味的更有《大鼓师》，该诗本是表现一位民间卖艺者生活的艰辛，但作为《死水》中少数涉及婚姻关系的新诗，却意外地具备了更加丰富的内涵。

"大鼓师"与其"娘子"在艰难的生活中相依为命，当娘子提出让刚刚归家的大鼓师唱一唱属于他们俩人的"歌儿"时，大鼓师立刻应允，甚至细心地将洪音色亮的大鼓换为抒情柔和的三弦琴。但不论将恩爱有加的形式做得如何尽心，大鼓师内心的真实感受却是"说不出的心慌"。他虽然歌唱经验丰富，唱过英雄豪杰，也唱过属于别人的情歌，当独自面对自己的娘子时，却"总想不出什么歌来唱"。这种真情实感的抽空，固然夹杂着在乱世中艰难生存，无暇顾及爱情的无奈，但也指向在和谐的婚姻关系的表层之下，真正爱情因素的缺失。诗人忍不住感叹：

纵然是刀斧削出的连理枝，
你瞧，这姿势一点也没有扭。
我可怜的人，你莫疑我，
我原也不怪那挥刀的手。
……
但是，娘子啊！在你的尊前，
许我大鼓三弦都不要用；
我们委实没有歌好唱，我们
既不是儿女，又不是英雄！

"刀斧削出的连理枝"，很难不让人联想到上文提及的《红豆》组诗第三十首，如果说说《红豆》组诗是闻一多隔着远山重洋，在"齐家"意识和潜在的赎罪意识的驱遣下，添加了自我想象而写出的相思之情，那么《大鼓师》就是在回国之后，真正进入婚姻的日常生活而让诗人逐渐剥离想象，被迫诚实面对爱情缺席的自白。

而能真正对应上闻一多爱情的诗，较为典型的是《相遇已成过去》和《奇迹》两首。其中，《相遇已成过去》是闻一多1925年在纽约忙于戏剧时写成，诗人因为猛然遭遇爱情心灵悸动，“全身的血液，精神，如潮汹涌”，但正是出于“理性节制情感”的人格要求，闻一多在处理这首诗时极尽克制，不仅原文用英语写就，企图以语言的隔膜来遮掩婚外之情的异样，也不曾将其选入诗集。《奇迹》则是闻一多1931年孤身一人在青岛任教所做，是继《死水》出版后的三年中，他创作的唯一一首现代新诗。在诗中，闻一多述说自己在爱情上的饥饿和灵魂上的干涸，并再次启用他典型的白热化的方式来表达：

我等，我不抱怨，只静候着
一个奇迹的来临。总不能没有那一天
让雷来劈我，火山来烧，全地狱翻起来
扑我，……害怕吗？你放心，反正罡风
吹不熄灵魂的灯，愿这蜕壳化成灰烬，
不碍事，因为那，那便是我的一刹那
一刹那的永恒——一阵异香，最神秘的
肃静，（日，月，一切星球的旋动早被
喝住，时间也止步了）最浑圆的和平……

诗人在诗中用能瞬间爆发强大能量的“雷”“火山”，以及充溢着罪孽的至暗地狱来形容自我的煎熬与历练。他认为在历练之后，是能如涅槃一般达到蜕变和永恒。而值得提及的是，这一篇也成为闻一多在现代新诗领域结出的最后一枚果实，他的诗性倾诉最终停滞在了借助想象而获得的平静和圆满上——这也是在现实生活中，时时用理性来压制情感的闻一多一直希望却无法真正抵达之处。梁实秋认为《相遇已成过去》

多有"凄怆"，《奇迹》则显得"回肠荡气"，原因都可归于为人热情如火的闻一多对君子人格底线的坚守。原本想要借助新诗来获得解脱和协调的闻一多，因为理性人格的主导和压制，也就产生了以上诸多因情感错位而获得丰富阐释空间的爱情诗作。

2. 爱国诗："治国"使命的热烈表述

在中国现代诗坛中，闻一多更多不是以爱情诗而是以爱国诗著名。他虽然在诗学上反对浪漫主义式的直抒胸臆，但相比爱情诗中对情感的挤压和克制，我们总是能在他的爱国诗中发现对情感最直接的表达。尤其是诗集《死水》，闻一多在多处都进行过热烈的呼喊。《心跳》中他惊觉："静夜！我不能，不能受你的贿赂。/谁稀罕你这墙内尺方的和平！"《发现》中陡然而呼："我来了，我喊一声，迸着血泪，/'这不是我的中华，不对，不对！'"《一句话》更是闻一多本人真实性情的写照：

有一句话说出就是祸，
有一句话能点得着火。
别看五千年没有说破，
你猜得透火山的缄默？
说不定是突然着了魔，
突然青天里一个霹雳
爆一声：
"咱们的中国！"

相比那只即使将被噎死也只能从容吐露谐音的"黄鸟"，闻一多没有再强行压平情感里的闪电和惊雷，而是任由晴天霹雳里的一声将诗情推向最高峰。如果将这些诗句单独列出，我们几乎可以看到一个浓热到滚烫的闻一多。而这些诗作几乎都指向了同一主题的表达：爱国主义。可见在闻一多的潜意识里，爱国情感无法完全接受"节制"的冷却化处理，是可以以恣肆的方式来表达的。有时甚至恰恰相反，就是要对立于节制原则才能有生动到位的展现。为何爱国情感可例外于这一原则？除了黑暗的社会现实对闻一多心理的冲击与震撼这一显在因素之外，他在很大程度上还受到了君子人格在“国家”层面的追求与驱动。

在儒家的价值体系中，“修齐治平”是对君子人格不同层次的期许和要求，其中以“修身”层面的自律性作为基础，通过管理家庭、治理国家最后成就安抚天下苍生的宏大愿景。在这些逐层展开的抱负中，对国家的现实关注和治理愿景成为较高层次的价值追求。这一传统思想沉淀在很多现代知识分子的精神结构中，而闻一多是受其影响较为深刻的其中一位。留学美国的闻一多，在众多西方文化思潮中选择了“国家主义”予以认同，并进一步主张“中华文化的国家主义”，这在很大程度上就是闻一多的君子人格在“治国”理想层面的映射。虽然“国”的内涵已大有不同，但“治国”的热愿却借着西方文明找到了更为现代和先进的表达。而且闻一多对“国家主义”的认同与接纳，并非像有的学者只以一种全然理性的心态予以关注和研究。他的内在基础是一种关涉生命的情感上的动力。他曾提道：

> “五四”时期我受到的思想影响是爱国的、民主的，觉得我们中国人应该如何团结起来救国。“五四”以后不久，我出洋，还是关心国事，提倡 Nationlism，不过，那是感情上的，我并不懂得政治……①

这种感情的根基，其实就来源于儒家君子人格中对国家的责任意识和使命感，相应地，与此紧密勾连的“爱国之情”成为崇高的精神追求。在美期间的闻一多就在给闻家驷的信中，将爱国思乡的情感提到很高的位置：“我将乘此多作些爱国思乡的诗。这种作品若出于至性至情，价

---

① 闻一多：《五四历史座谈》，朱自清等编：《闻一多全集》第 4 册，上海书店出版社 2020 年版，第 394 页。

值甚高，恐怕比那些无病呻吟的情诗又高一些。”①在这里，闻一多敏锐地意识到很多爱国题材作品的问题——缺乏个人的真实情感。实际上，这也是儒家君子人格存在的严重缺陷之一：当一种思想制度将理性贯彻于社会文化的各个层面时，很容易让人在高度自律中长期压抑自我真情实感甚至戕害人性。因此，忠于现代感受的闻一多，避开了“伪君子”的陷阱，将“至性至情”当作叙写爱国诗作的重要前提，体现了一位现代诗人重视个人主观意愿的诗学思想。同时，通过诗歌来传递“文化国家主义”信念的闻一多，又因为远离祖国而形成了以古典诗歌传统意象来展示一种民族主义文化想象的新诗景观。② 于是在诗集《红烛》中，就出现了《忆菊》这样在是否节制情感之间游移的诗作——诗歌前半段对象征文人高洁品性的菊花竭尽细致的描摹，以异常典型的中国古典物象来展现传统审美情趣，后半段突然进入浪漫主义式热烈的情感抒发，并反复感叹：“我要赞美我祖国底花！/我要赞美我如花的祖国！”

当闻一多回国，真正面对祖国的黑暗境况时，借传统物象来赋形的民族想象一下子被残酷的现实打碎，闻一多因为距离而留存的“理性”被冲淡，情感的爆发也就愈见频繁了，这也就造就了上文提到的《死水》诗集中的充满愤慨和激情的诗句。

3. 悼亡诗《也许》：“哀而不伤”的别致抒写

闻一多提倡“理性节制情感”，背后的诗学基础和意识原型是中国古典诗歌“哀而不伤、怨而不怒”的抒情传统。这一传统本身就生动展现了儒家君子人格在处理情感时的“节制”要求。如张岱年所言，“儒家对于情，主要是求其发而中节”③，也就是需要调整自己的激烈情绪，

---

① 闻一多：《致闻家驷》(1923年3月25日)，《闻一多书信集》，群言出版社2014年版，第56页。

② 见孙德高、陈国恩：《论闻一多的“文化国家主义”》，《闻一多研究集刊(纪念闻一多诞辰100周年)》，武汉出版社2004年版，第183~184页。

③ 张岱年：《中国哲学大纲》，中国社会科学出版社1982年版，第472页。

并温和地涵化入诗。所谓“温柔敦厚”，是既对人也对诗的总体要求。但以闻一多而言，纵观他包括爱情诗与爱国诗在内的大部分诗作，因为白热性情和君子人格之间的交错与矛盾，他总是不能很好地处理理性与情感之间的关系——或者因为理性挤压情感而显得言不由衷，或者因为情感的突然爆发又偏离了节制原则。

那是否闻一多所有的诗作都处在两者的失衡中而无法达到更为浑融的状态呢？也不尽然。除了《天安门》《飞毛腿》等借用西方戏剧理论的作品，闻一多的节制在有一处显得格外动人，这就是他处理得较好的一首特别之作——悼亡诗《也许》。这首诗充分体现了闻一多情感节制的恰如其分，是其最靠近“哀而不伤”的别致抒写。但这种恰当性并不是一蹴而就，还和他在《也许》定型期间的个人经历密切相关。

该诗收入1929年3月初版的《死水》诗集。因为与《忘掉她》《我要回来》等新诗并置在一处，而被广泛误认为是闻一多为亡女闻立瑛而作。但这与事实并不相符——《也许》原名《也许(为一个苦命的夭折的少女而作)》，最初发表于《京报副刊》第197期(1925年7月2日)，闻立瑛则病逝于1926年冬。闻一多的作诗时间明显早于其爱女的亡期，因此不是为闻立瑛而作。该诗原本一共六节，细读起来艺术水准确实不如《死水》诗集里的改版。笔者将初版(左)与改版(右)并列如下：

也许黄泉要鞠育你，
也许白蚁要保护你。
造物的圣旨既然如此，
就让他如此，让他如此！

也许你是哭得太累，
也许，也许你要安睡，
那么让苍鹭不要咳嗽，
蛙不要号，蝙蝠不要飞；

也不要让星星瞥眼，
也不要让蜘蛛牵丝……
一切的都该让你酣眠，
一切的都应该服从你！

也许这荒山的风露
真能安慰你，休息你。
我让你休息，让你休息
我吩咐山灵别惊动你。

也许听着蚯蚓翻泥，
听细草的根儿吸水。
也许听着这般的音乐
比那咒骂的人声更美；

那么你把皮闭紧，
我就让你睡，让你睡；
我把黄土轻轻盖着你，
我叫纸钱儿缓缓的飞。
（初版）

也许你真是哭得太累，
也许，也许你要睡一睡，
那么叫苍鹭不要咳嗽，
蛙不要号，蝙蝠不要飞。

不许阳光拨你的眼帘，
不许清风刷上你的眉，

无论谁都不许惊醒你，
我吩咐山灵保护你睡，

也许你听着蚯蚓翻泥，
听那细草的根儿吸水，
也许你听这般的音乐，
比那咒骂的人声更美

那么你先把眼皮闭紧，
我就让你睡，我让你睡，
我把黄土轻轻盖着你，
我叫纸钱儿缓缓的飞。

（改版）

初版是闻一多因为哪一位苦命少女的夭亡有感而作暂不可考。但心情与闻立瑛夭亡的悲痛肯定是所有不同的。此时的闻一多虽然感伤，却还不是锥心刻骨的痛感。体现在他的诗句中，在于还有一些刻意加深的哲理色彩，他还能从少女的夭亡联想到世间“造物”的规律。意象的使用与营造也显得有些芜杂和累赘。但最后两节的艺术表现力是较为高超的。闻一多想象少女之魂在泉下听蚯蚓翻泥，听草根吸水，延续着人间童年的乐趣。将一切欢欣寄托于原本黑暗的地下。到了想象的尽头，他重新面对现实，也将“轻柔”贯穿到了最后：“我把黄土轻轻盖着你，/我叫纸钱儿缓缓的飞。”让全诗终结在对死亡仪式异常温柔的执行中。

那这首诗最终和闻立瑛的夭亡又有何关系？笔者认为正是后来爱女过世的经历，才成就了《也许》的改版。如果仅以原作问世，《也许》还欠缺更加纯净的艺术价值，“一切的都该让你酣眠，/一切的都应该服从你！”等句也有一些情感激烈的表达意味，在闻一多的诗作中也就算不上特别之作。但正是因为后来体验过爱女的过世，让闻一多感受痛楚的方式有了很大不同。那不再是一种隔了一层的心酸与感伤，而是深重的锥心之痛。闻立瑛夭亡时闻一多正在吴淞谋职，急急赶回湖北后却没来得及见上爱女最后一面，只看到其新坟。丧女之痛，痛何如哉。他却只能将女儿的物品和书本包起来，在上面写上“这是立瑛的”①。这样的行为方式，本身也是一种情感“节制”的体现。而中年丧女的经历，让闻一多对少女夭亡的主题有了更加真切、细腻和深刻的体悟。

因此，在业已成型的旧感伤的基础上，他删繁就简，剔除不必要的哲理表达，更改重复的感官体验(蝙蝠、星星、蛛丝都是视觉印象)，最后留下夜鹰与蛙在听觉上的鸣叫，蝙蝠在视觉上的侵扰，阳光和清风在触觉上的感知，他使用了更加简练的意象，却在无形中调动了更为丰富的觉知。“山灵”作为闻一多父爱的化身，也从“惊动”少女沉睡的主体，变为了“保护”她安睡的神力。在改版中，闻一多完全消解了他的白热性情，甚至去掉了所有表达强烈语气的感叹号。全诗都以举重若轻的方式来讲述，全程都轻轻地压制和包藏着深刻的情感。将“节制”处理得恰到好处。反观他直接为闻立瑛创作的《忘掉他》《我要回来》两首诗，虽然都体现了典型的“建筑美”，但正是因为形式上的过于雕琢，反而压倒了情感的表露，读来都不如改后的《也许》更动人。

作为一名新诗人，闻一多也有重视“个性”和“情绪”的一面，他曾批评过哲理诗泰斗泰戈尔，认为：“诗家的主人是情绪，智慧是一位不速之客，无须拒绝，也不必强留。”②从中强调新诗与诗人生命体验之间的深刻联系。这既是闻一多受到现代思想洗礼的理性思考，也是他本身“白热”性情的潜在反映。但对丰富情感的认同和重视，并未完全主导闻一多的新诗创作。从日常行为到诗歌观念，儒家的“君子人格”都在对闻一多产生重要影响。“节制”心理的不断渗透，让闻一多认同“理性

① 刘志权：《闻一多传》，团结出版社1999年版，第119页。

② 闻一多：《泰果尔批评》，朱自清等编：《闻一多全集》第4册，上海书店出版社2020年版，第302页。

节制情感”的诗学观念，而在不同情感的诗性转化中又体现出其君子人格的多维侧面。以人格结构来进行阐释，确为理解闻一多的新诗样貌提供了一个更加深入的视角。

《红豆》与中国爱情诗的类型开创[①]

——重读闻一多的《红豆》组诗

李　怡

（四川大学）

《红豆》组诗是闻一多著名的爱情诗作，历来被视作他留学美国之时，对远在大洋彼岸的新婚妻子高孝贞（真）的思念之作，虽然他们的旧式婚姻乃众所周知，但是作为对知识分子的一种道德期许，人们更愿意接受那种“思想先锋，道德守旧”的现代人物，于是关于闻一多夫妻“先结婚、后恋爱”的故事广为流传，并且成为理解闻一多诗歌的心理定势，《红豆》组诗中那些相思相恋的篇什便受到了特别的重视，以致整个组诗都被一言以蔽之地概括为书写诗人热烈爱情的作品。多年来这样的观点似乎最具有代表性：

> 闻一多的结婚仪式是平静的，婚后的感情却是十分热烈。②
>
> 1922年，诗人新婚不久，便出国留学。他让灼热的相思飞渡重洋，回到爱人心上……诗人以热烈的真情，将对爱人的万种思念熔铸

① 本文受首都师范大学中国诗歌研究中心重大项目“中国现代散佚诗集的搜集、整理与研究”（17JJD750003）及四川大学学派培育项目资助。

② 刘烜：《闻一多评传》，北京大学出版社1983年版，第47页。

在众多的意象中，通过这些可感的意象，表达对爱情的忠贞不渝。①

然而，真正进入《红豆》组诗，我们就会发现，这42首“爱情诗”其实十分丰富，远远不是所谓“对爱情的忠贞不渝”能够简单概括的，从横切面来说，这里的情感内涵层次复杂，各种酸甜苦辣、悲欣怨怒层见叠出，就纵切面而言，也是情绪翻腾，时而深情款款，时而低徊郁结，峰回路转，跌宕起伏。《红豆》组诗因其复杂的内涵不仅大大地突破了人们对闻一多爱情表述的机械想象，而且对中国爱情诗的传统也是罕见的超越和开拓，特别是后一方面的意义，几乎就没有为批评家所注意，值得我们加以勘探。

一

重新进入《红豆》组诗，细读原文是勘探的第一步。

《红豆》为我们叙写了爱情的多层面的内涵以及它起伏变化流动的形态。

42首《红豆》组诗，大体可以分作七个变化性的情感阶段。

第1～14首，是对别后相思的刻绘。第一首暗示了相思的缘起：

红豆似的相思啊！
一粒粒的
坠进生命底磁坛里了……
听他跳激底音声，
这般凄楚！
这般清切！

① 郑守江：《对于闻一多爱情诗的文化思考》，《北方论丛》2007年第6期。

诗歌总的题目是红豆，这符合闻一多的诗歌主张："我近主张新诗中用旧典。"①典故大家都很清楚，即王维"红豆生南国，春来发几枝。愿君多采撷，此物最相思"。这个题目为组诗定下了"相思"的主题。一般说来，抒发相思之情都会不断引发我们对思念对象的具体的想象，不过，闻一多的爱情诗却有点特别，他需要纾解的似乎更是此时此刻自身的境遇，也就是开宗明义在这里提炼的关键词"凄楚"和"清切"。认真推敲，我们就会发现，这两个词语其实与思念对象无关，主要是对自我生存处境的描绘。从某种意义上看，这就是全诗的基本氛围：组诗集中叙写的是诗人闻一多身居异国的生活处境及心理感受，而不是对新婚之情的留恋，不是对新婚妻子的难舍难分。所以浏览全诗，我们发现并没有对妻子高孝贞体态形貌及夫妻生活记忆的美好回味，满篇尽是诗人在美国的孤寂体验。从这个"处境"出发来理解"红豆式爱情书写"的产生可能别有意味：一首恋爱对象几乎缺席的爱情诗，组诗集中于"相思"这样一种情绪本身的单向书写，它调动各种语言技巧来描绘其中一方面的相思的心理，似乎更愿意敞开一个方向——自我的内在精神奥秘，这是不是一种借爱情主题展示自我精神世界的方式？

值得注意的是第14首，在这里，诗人的抒情中出现了一个微妙的暗示：

我把这些诗寄给你了，
这些字你若不全认识，
那也不要紧。

虽然声称"不要紧"，但这里却传达了一个重要的信息：诗人突然间意识到了彼此的差异，文化的差异。诗人一方面努力说服自己抚平这

① 闻一多：《致梁实秋》，《闻一多全集》第12卷，湖北人民出版社1993年版，第38页。

微妙的精神差异的沟壑，但也不得不开启一波情绪的晦暗与低徊。

于是，第15~26首是另外一番的情感刻绘：对婚姻状况的认真回想和对现实命运无奈接受的隐痛。这里出现了对包办婚姻事实的描绘：

我们是鞭丝抽拢的伙伴，
我们是鞭丝抽散的离侣。
万能的鞭丝啊！
叫我们赞颂吗？
还是诅咒呢？

你明白了吗？
我们是照着客们吃喜酒的
一对红蜡烛；
我们站在桌子底
两斜对角上，
悄悄地烧着我们的生命，
给他们凑热闹。
他们吃完了，
我们的生命也烧尽了。

在不得不面对真相之后，诗人的抒情也发生了重要的变化，先前(1~14首)的爱情想象是重复着某种爱情诗歌史的“惯例”，表达的是千百年来“相思”的“习惯性”模式，例如：“将我作经线，/你作纬线，/命运织就了我们的婚姻之锦”(9)。这里却不断闪露着各种诡异的思绪和意象：“古怪的爱人儿啊！/我梦时看见的你/是背面的。”(15)“我昼夜唱着相思底歌儿。/他们说我唱得形容憔悴了，/我将浪费了我的生命。”(18)“我是只惊弓的断雁，/我的嘴要叫着你，/又要衔着芦苇，/保障着我的生命。/我真狼狈哟！”(19)梦中的爱人行迹“古怪”，本来甜蜜的相思却如此狼狈甚至剪短生命，这是多么惊疑不定的情绪！

一阵惊疑之后，诗人的叙写转入了又一个反复纠缠的矛盾。第27首是正向调整的尝试，而第28~33首则是尝试无效的又一轮隐痛的表达。

第27首呈现了诗人的一种理性的自控：也许前述的这种近于冷酷的事实回想让诗人心有不安，他希望以理性来约束自己，传达出理所当然的对爱情的忠贞心迹，这是诗人在不自觉的情绪流露之后的选择，这里的自我抑制和自我约束同样是真诚的："若是我的话/讲得太多，/讲到末尾，/便胡讲一阵了，/请你只当我灶上的烟囱：/口里虽葧葧地吐着黑灰，/心里依旧是红热的。"

第28、29首是自我抑制之后的再开始，可谓是短暂抑制之后的情绪再暴露，爱情的"相思"中已经包含了多重内涵："莲子，/泪珠儿，/我们的婚姻。"(28)"这一滴红泪：/不是别后的清愁，/却是聚前的炎痛。"(29)苦涩(莲子、炎痛)重新浮动在诗人的情绪之中。

第30~33首直接就是对于婚姻状况的尖锐的反思和批判。这里出现了对现实婚姻的无奈、对自我的伤害的感慨(30)，也有婚姻中双方的隔膜与距离(31)、未来命运的不幸(32)与无望(33)等。

第34~40首是再一次的情绪变化。表面上看，诗人在这里又重新生发了爱的激情，情感发展颇为突兀，似乎与前面不太相关。不过，仔细阅读，其中反复出现的呼唤："爱人啊！你在那里?"(35)显然流露着另外的暗示：对于"理想爱人"的渴望。接下来几首(36~40)则对如梦如幻的爱情大加描写，可以说带有强烈的理想色彩。诸如朋友"艳羡"的婚姻(36)，梦中"通灵澈洁的裸体的天使"(39)，心心相印的情人关系(40)等：

> 但我要描出我常梦看的伊——
> 一个通灵澈洁的裸体的天使！
> 所以为免除误会起见，
> 我还要叫伊这两肩上

生出一双翅膀来。
若有人还不明白，
便把伊错认作一只彩凤，
那倒没什么不可。

我将紧拉着你的手，
到窗口并肩坐下，
我们一句话也不要讲，
我们只凝视着
我们自己的爱力
在天边碰着，
碰出金箭似的光芒，
炫瞎我们自己的眼睛。

这里，爱情的梦幻带有鲜明的“超自然”特点，似乎不能简单概括为闻一多现实生活的故事。

最后一个阶段(第41~42首)可以称作激情与梦幻之后的冷静的小结。诗人告诉我们，“红豆”原本就是五味杂陈的(41)，而“甜的呢！/啊！甜的红豆都分送给邻家作种子罢！”也就是说，恰恰“甜蜜”这一颗没有成为“我家”之享有。第42首更有点耐人寻味：“我唱过了各样的歌儿，/单单忘记了你。/但我的歌儿该当越唱越新，越美。”“你”是谁？是现实中的爱人吗？明明全诗都是与“你”相关的情感书写，怎么会说“单单忘记了你”呢？这是不是说诗人常常是沉浸在个人理想的爱情生活中了，而令他自我沉醉的“爱情”常常就与现实生活无关？

二

以上的细读可以比较清晰地证明，《红豆》组诗并非如人们想象的那样，是传达诗人对新婚妻子的隔岸相思，是“热烈的”思念的倾诉。实际上，组诗最显著的特点便是多义和繁复，这倒不是说诗人刻意制造着文本的含混与暧昧，而是说他真实地为我们刻绘了自己面对爱情、婚姻的各种情绪，毫不掩饰地袒露了对于爱情和婚姻的不同感受和情感倾向，当然其中也包含了对自己的反省和约束，以及在现实与理想之间的矛盾、挣扎还有憧憬等种种微妙情绪。

挖掘和展示闻一多的这种情感的矛盾和复杂，不仅无损于诗人对于爱情的纯净追求，而且还将引导我们进一步了解现代中国知识分子精神世界深处那份从不掩饰的对理想的执着和真诚，这是现代中国文化所葆有的一份精神财富，也是现代诗人推动中国诗歌主题书写进一步深化的一种方式。

《红豆》组诗深刻地毫无虚伪地再现了新旧过渡时代知识分子情感生活的事实，以及知识分子个人的精神遭遇。如果我们承认旧时代的包办婚姻的确给许许多多的中国人带来了精神和情感上的伤害，那么我们就完全能够理解像闻一多这样的现代知识分子的无奈和尴尬，而对他的情感矛盾和挣扎怀着深深的同情，何况，现实生活中的闻一多理智地处理了自己的遗憾和无奈，并不曾对婚姻家庭带来任何实际性的伤害。同时，他的真诚的自我剖析式的情感抒怀则为现代中国文学贡献了弥足珍贵的精神样本。

类似的爱情书写其实是闻一多的典型方式：情绪的抒发与理性的节制相辅相成，在《红豆》组诗是对婚姻的坚守和跨出现实的想象的矛盾或者是放飞的情感与理智的自我规约并存。如《幻中之邂逅》《贡臣》《国手》《狼狈》《你莫怨我》等。

你莫管我！
从今加上一把锁；
再不要敲错了门，
今回算我撞的祸，

你莫管我！

——《你莫怨我》

“敲错了门”是情感的指引，“加上一把锁”却是理智的约束，诗人同时体验了两种情感的激荡，更重要的是，他不想掩饰任何一方的心理事实。

真诚的爱情书写不仅是完成了一个独特的“爱情的故事”，也展现了一种广泛的精神现象的。

闻一多曾用“东方老憨”作自我概括。1922 年，他有过一番情绪激动的话：“美国化呀！够了！够了！物质文明！我怕你了，厌你了，请你离开我罢！东方文明啊！支那底国魂啊！‘盍归乎来！’让我还是做我东方的‘老憨’吧！理想的生活啊！”①如果说，物质文明、美国化的现代生活是闻一多一时难以抗拒的事实，那么诗人以“东方老憨”为自我期许，则表明了他内心世界的一种执拗的坚持，作为一种思维的方式，也就意味着他不会回避自己心中的种种理想的表达，当然，这种表达既有拒绝新的文化方式的，也有拒绝旧的生活逻辑的，无论新和旧，闻一多都不愿自我敷衍，他将坚持不懈地敞露自己。

就这样，现代中国知识分子的一种典型的精神形态被生动地展示在了闻一多的诗歌文本中：传统的兴味融合着尖锐的现代人生的感受，其中，不无矛盾和纠缠。《死水》《发现》《一句话》这样的名篇表现的是诗人的爱国主义、民族主义精神，但爱国却不是自嗨般的夸耀，倒是忧心忡忡，满怀着危机感，以及“报国无门”的愤懑，最终，幻化出了自我纠结的“死水”般的诅咒；在《春光》《心跳》中，是自然的和谐、日常生活的宁静与更大的社会紊乱、思想焦灼之深刻矛盾，《口供》是闻一多矛盾性人格的真切呈现：

① 闻一多：《美国化的清华》，《清华周刊》1922 年 5 月 22 日第 247 期。

我不骗你，我不是什么诗人，
纵然我爱的是白石的坚贞，
青松和大海，鸦背驮着夕阳，
黄昏里织满了蝙蝠的翅膀。
你知道我爱英雄，还爱高山，
我爱一幅国旗在风中招展，
自从鹅黄到古铜色的菊花。
记着我的粮食是一壶苦茶！

可是还有一个我，你怕不怕？——
苍蝇似的思想，垃圾桶里爬。

坚贞的追求、时代的英雄、巍峨的高山与飘扬的国旗，这都是为我们激赏的"正面价值"，是高尚的信仰和追求，但是，任何人都是崇高与卑微、伟大与渺小、美丽与丑陋的混合，这个基本的事实却鲜有人敢于承认，更不要说自我暴露了。闻一多公开宣示存在于自身的"苍蝇似的思想"，这需要何等的人格勇气！但正是这样的人格勇气，才让我们的现代知识分子有了除旧布新的基础，有了自我反省的方向，我们的现代文化建设也才有了一个值得信赖的精神基础。闻一多诗歌的思维方式为我们展示了现代文化精神的重要财富，我们就此有了一个观察现代文学精神结构的可能。

三

再回到中国爱情诗歌的演变史上，我们也可以得出这样的结论：闻一多《红豆》组诗开创了爱情诗歌的全新的类型。

在古代中国，真挚、自由的爱情诗出现在先秦，有过《诗经》中《关雎》《蒹葭》《氓》《卷耳》《子衿》《桃夭》《木瓜》《伯兮》《葛生》等质朴的抒怀，也有过《楚辞》中《湘君》《湘夫人》和《山鬼》等精美的篇什；以《玉台新咏》为代表的汉末至南朝时期的爱情诗在日常生活的场景中表达着更为细腻、具体的情感；至唐代，在李白、白居易、李商隐等人的笔下，爱情诗或者内容丰富，或者文辞典雅，被誉为情诗的黄金时代；宋代以降，抒情转入词曲，它承袭了宫体艳诗的传统，在艳冶婉媚的格调中描绘女性，传达私情。

无论是先秦《诗经》《楚辞》的早期抒情，还是唐代文人写作的含蓄朦胧，抑或艳情诗、文人词曲的妩媚描绘，各有魅力但都不是以凸显个人的性格与复杂的精神世界为主旨的。所以朱自清断定："中国缺少情诗，有的只是'忆内''寄内'，或曲喻隐指之作；坦率的告白恋爱者绝少，为爱情而歌咏爱情的更是没有。"①我认为，朱自清这是站在独立平等的现代人的立场上看问题，用保加利亚社会学家瓦西列夫的话来说就是："现代人可以作为个人而自由地选择情投意合的对象，在没有任何强制、没有别人施加压力的情况下，自主地幻想、想象、热情追求、评价另一个人，根据自己的心意和价值系统来思考、决断、行动，这就使得他更看重自己的道德威望。爱情是肯定人的个性达到成年的形式，是个性现实化的一个重要心理因素。"②朱自清发现，基于独立自由的个人情感需要的爱情其实并不广泛见于我们漫长的诗歌史，尤其是中华文明的鼎盛时期，要么是伦理化的"寄内"，要么是纯粹感官化的艳情叙写。

朱自清理想中的标准的爱情诗的确是在现代诗歌中蔚然成风的。这当然得归功于新的现代价值观念的出现。"五四运动的最大的成功，第一要算'个人'的发见。从前的人，是为君而存在，为道而存在，为父

① 朱自清：《〈中国新文学大系〉诗集导言》，《朱自清全集》第4卷，江苏教育出版1996年版，第369~370页。

② 瓦西列夫：《情爱论》，赵永穆、范国恩、陈行慧译，生活·读书·新知三联书店1997年版，第177页。

母而存在的，现在的人才晓得为自我而存在了。"①郁达夫的这个结论已经被人无数次地引用转述，因为它的确道出了"五四"以后现代价值观的最根本的改变，个人地位的确立，我们的抒情达志才有了更为自觉的主题意识，而男女两性才在一个独立自由的环境中相互吸引，各自品味对方在身体和精神上的巨大魅力，那种神秘的情感环绕的魔力就是"爱情"，正如瓦西列夫所说"爱情的魅力就在于它的神秘性和自发性，它不问原由，不顾一切，不计利害。虚幻朦胧仿佛是笼罩爱情王国的气氛"②。这当然就大大地超越了传统伦理束缚下的"寄内"，也超越了艳体词曲的商品化咏物式的女性欣赏，营造出一个激情的、迷醉的、难以自持的情感的迷离氛围，这就是现代爱情："爱情是作为男女关系上的一种特殊的审美感而发展起来的。爱情创造了美，使人对美的领悟能力敏锐起来，促进对世界的艺术化认识。"③"爱情中思想感情是否丰富充实，归根结底取决于个性的发展水平，取决于个人总的文化修养。一个人的意识只能发挥他所具备的那些价值。爱情是衡量文化修养的尺度。小市民的爱情粗鄙庸俗，联想力贫乏，不超出感官的享受。歌德给自己炽热的爱注入了精神美和强大的智慧。卡赞诺娃在她的回忆录中不厌其烦地谈论'女人的芳香'。普希金则用爱情创造了令人心旷神怡的仙境。"④

在诗歌的修辞艺术上，短短百年的中国新诗是否达到了李商隐、温庭筠那样的典范程度，可能还是一个见仁见智的问题，但是，现代中国的爱情诗的确从各个方面展开了诗人的独立自由的个性，却肯定是为人

① 郁达夫：《〈中国新文学大系〉散文二集导言》，《郁达夫文集》第6卷，花城出版社1983年版，第261页。

② 瓦西列夫：《情爱论》，赵永穆、范国恩、陈行慧译，生活·读书·新知三联书店1997年版，第121页。

③ 瓦西列夫：《情爱论》，赵永穆、范国恩、陈行慧译，生活·读书·新知三联书店1997年版，第42页。

④ 瓦西列夫：《情爱论》，赵永穆、范国恩、陈行慧译，生活·读书·新知三联书店1997年版，第181页。

们普遍承认的事实。

胡适的《应该》、刘半农的《教我如何不想她》都带着初期白话新诗质朴平实的特点，但是《应该》却展示了自由恋爱如何受阻于社会的规范，《教我如何不想她》则生动地刻画了不可遏制的感情潮汐，“她”的第一次出现，意味着一个性别主体的隆重登场。

湖畔派的爱情诗道出了五四青年的率真，郭沫若的爱情诗犹如燃烧的火焰，徐志摩的爱情诗展示了知识精英的温柔含蓄，它们都洋溢着现代人自由的情感生活的风采。

到20世纪30年代，“在白话新体诗获得了一个巩固的立足点以后，它是无所顾虑的有意接通我国诗的长期传统，来利用年深月久、经过不断体裁变化而传下来的艺术遗产”。“倾向于把侧重西方诗风的吸取倒过来为侧重中国旧诗风的继承。”①现代派诗歌在迷离的爱情意象中接通了李商隐、温庭筠的典雅传统，戴望舒凄迷的“雨巷”、何其芳美丽的呓语、卞之琳谜语般的“无题”，尽管承袭了吞吞吐吐的隐喻的手法，但依然还是男女之间的情感试探和诚挚沟通，而不再是古典的诉诸感官的“咏物”：

三日前山中的一道小水，
掠过你一丝笑影而去的，
今朝你重见了，揉揉眼睛看
屋前屋后好一片春潮。

百转千回都不跟你讲，
水有愁，水自哀，水愿意载你。
你的船呢？船呢？下楼去。

① 卞之琳：《〈戴望舒诗集〉序》，《人与诗：忆旧说新》，生活·读书·新知三联书店1984年版，第64、63~64页。

南村外一夜里开齐了杏花。

——卞之琳：《无题一》

20世纪40年代，中国新诗派基于现代主义的立场，透过爱情题材来窥视人性的内景，穆旦的《诗八首》就是借爱情的涨落起伏揭示人性的演变和矛盾。杜运燮的《无题》则将现代人的宇宙视野与青春的羞怯相叠加："亲爱的，你的眸子更黑，/更亮，在烧灼我的脉搏。/请再掀动你的嘴唇，/我要更多的眩晕：我们/已在地球的旋转里，/带着灿烂的星群。"

中国现代新诗，除了如穆旦《诗八首》这样极少数的对于爱情本身提出冷峻的"现代主义"式的质疑外，大部分作品还是以相对单纯的情绪书写为主，要么是爱情本身的缠绵悱恻，要么是情感失落的惆怅和痛苦，无论痛苦还是喜悦，都基本上是在一个相对单纯的线条上运行，整体结构也并不复杂。在这个意义上，闻一多的《红豆》可谓格外不同，组诗42首，应该是中国现代新诗史上最长的爱情歌咏。更重要的则在于，这是对爱情的现实状态及相关的人的命运遭遇的最丰富、最曲折的多层次叙述，诗人不仅抒发了爱情惯有的热烈与温存，也道出了其中的苦涩与无奈，既有对现实爱情婚姻的审视与批判，又有对理想爱情的幻想和神往，他并不讳言现实与理想的深刻矛盾，毫不回避自己内心深处的种种不甘、挣扎与动荡，可以说，一个新旧过渡时代的知识分子的复杂情感世界第一次获得了真诚的充分的暴露，《红豆》作为这种"过渡时期中国爱情遭遇"的文学写本，格外的特别，理当成为中国现代爱情文学中的最独特的文本。

所谓"过渡时期中国爱情遭遇"，其实就是从传统婚姻情感形态走入现代自由情感形态的一种生存的尴尬，旧的制度尚在，新的理想已降，一代知识分子向往着情感的自主，却又不得不陷入旧制度的羁绊，这种体验不限于闻一多一人，但却是在闻一多这里，得到了最坦诚无遗的最丰富完整的表现，可以说开创了爱情诗歌的一个独特的类型。我们知道，无论是古代的爱情诗还是现代的爱情诗，都还从来没有将爱情与个人的生存尴尬联系在一起，透过爱情事件展现人性在遭遇情感冲击之时的种种不适与失措：或者是突如其来的爱情让人猝不及防，手足无措，或者是被命运安排的爱情让人疑虑丛生，这些爱情经历或者不符合现代人的自由理想，或者是囿于现实的束缚，无法享受自由的感情。总之，既走出了传统爱情的书写道路，又无法融入新时代的理想图景之中，属于一种时代夹缝的尴尬，在从传统走入现代的情感旅程中，相信有不少的人在不同的程度上遭遇过这样的命运，也体验过这样的情愫，但是，更多的体验者却本能地选择了回避和掩饰，只有真诚的“老憨”诗人闻一多没有丝毫遮掩的企图，他义无反顾地剖露了自己，淋漓尽致地刻画了内心深处的种种矛盾、犹疑、动摇，就是这一自我剖析的姿态，为我们保留了历史过渡时期中国诗人特别的爱情遭遇和精神特质，开辟了为他人所忽略或者说遮蔽的抒情领域，这是为爱情立证，为精神树碑，在文学史上写下了古人所无、西人未有的特殊的精神景象。多少年之后，我们回顾和总结现代中国诗人的情感史与中国新诗的美学史，都会将这些难忘的情感形式铭记于心。

爱情的“文件夹”：闻一多《红豆》组诗的系列叙述意义

梁笑梅

（西南大学）

一

在中外文学史上都存在着“组诗”这一文学现象。组诗是诗歌文体中的一种特殊形式，是“在同一诗题下，作者集中创作的、形式一致的，共同表现同一思想的若干首诗歌的集合。”①即把相对独立的抒情诗歌以更高的秩序统一于一个整体中。“组合”是组诗最突出的文体特征，同一主题和相关题材，在一个大的标题下，若干首诗作可以用序号间隔，也可以拥有各自的题目，各诗之间有一定的内在关系，被编入组诗的诗歌保有自己相对的独立性和完整性，一般而言，组诗是诗人在特定环境、时间和心态下创作的，其情感指向有相对集中的层面，表现的主题也比较单纯，“以其‘意义群’的整体优势傲视那些形单影只的诗歌，使诗人的思想、情绪得到更加充分的表达。组诗以其系统功能为诗人留下多元的‘自我’，亦为后人留下‘以意逆志’的素材”②。意义的承接是

---

① 司胜全：《关于中国古典组诗的界定》，《语文学刊》1998 年第 1 期。

② 李正春：《论唐代组诗的文体学意义》，苏州大学 2006 年硕士学位论文。

组诗一个显著的特征，叙事的相连是组诗联章的特点，时间的承接也是一个重要的因素，在组诗里有各种组织结构的方法，其中最为主要的是贯穿始终的统一主题，若干抒情诗歌被联结于一个统一的诗歌结构中，单首诗歌和上下文的关系允许以组织诗歌的特定方式来呈现完整性，或者依照作者的观点构建出更为复杂的系统。组诗可以分为“作者组诗”和“非作者组诗”，前一种由诗人本人确定作品的组成和连续性，又分为起初就打算创作成组诗的，以及在完成单独的作品后重新编排而成的，后一种由编者或者研究者将诗人不同时间、地点创作的诗歌汇合为一个整体，成为“辑诗”组诗。诗歌具有特殊的叙述特性与意义，组诗可以多方位折射诗人复杂的内心世界，连续表现微妙的思绪变化，系统展示立体的情感流动，具有别样的审美效应和文体学意义。

中国古代组诗中有大量的创作典范，以唐朝为例，如王维的纪景组诗《辋川集》，陈子昂的咏怀组诗《感遇》，张说的咏人组诗《五君咏》，白居易的咏物组诗《杨柳枝八首》等，在历代诗人的大量创作和创新中，组诗的形式、结构、技巧、声律等方面都得到了很大的发展，组诗的文体特征也逐渐明晰与明确起来。新诗的组诗一般是“作者组诗”，是诗人的一种自觉创作实践，是诗人有意识有计划创作而成的若干首诗，“组诗的‘文件夹’功能和‘扩大容量’作用，使诗人在抒情、写景、叙事、咏物、议论时更加从容不迫、游刃有余”①。新诗发展史上也有不少组诗名篇，如郑敏的《诗人与死》，穆旦的《诗八首》，闻捷的《吐鲁番情歌》，舒婷的《女朋友的双人房》，张枣的《历史与欲望》等。闻一多也是一位组诗创作的成功实践者，他既写下了著名的爱国组诗《七子之歌》，是朱自清赞誉的“五四时期唯一的爱国诗人”，又写下了独特的爱情组诗《红豆》，闻一多曾说男女间恋爱的情感是最烈的情感，所以是最高最真的情感，对闻一多而言，只有把对国家、对民族的情感酝酿升华为爱情，才是最真实、真诚和真挚的，才会出现“最后一次演讲”的

① 李正春：《论唐代组诗的文体学意义》，《福建论坛》2007年第10期。

慷慨悲歌，《红豆》中爱情的生发运作与他爱国爱民不可分割。宗白华说：“中国千百年来没有几多健全的恋爱诗（我所说的恋爱诗自然是指健全的、纯洁的、真诚的）。所有一点恋爱诗不是悼亡、偷情、便是赠妓女。诗的品格随此种恋爱诗，堕成这种烂污的品格，还不亟起革新、恢复我们纯洁的清泉吗？”①而闻一多就在新诗开端处创作了《红豆》《国手》《诗债》《花儿开过了》《死》《谢罪以后》《你指着太阳起誓》《忏悔》《相遇已成过去》《幻中之邂逅》《贡臣》《狼狈》《你莫怨我》《失败》《美与爱》等健全、纯粹的现代爱情诗，写出了现代诗人爱情的多面性和矛盾性。尤其是闻一多的《红豆》尝试并表现了组诗的文体功能，其系列叙述让“一个新旧过渡时代的知识分子的复杂情感世界第一次获得了真诚的充分的暴露。正因为如此，《红豆》作为这种‘过渡时期中国爱情遭遇’的文学写本，就显得格外的特别，理当成为中国现代爱情文学中的最独特的文本”②。

从唐开始，红豆与梅兰竹菊等植物意象一样，凝聚成鲜明的意象固定下来。红豆与爱情与相思有关是源于主题一致但版本不一的典故，其中一种版本是相传古代有一女子日夜思念在外戍边的丈夫，在村口树下盼望他平安归来，但终未等到，郁郁而死，树上生出半红半黑的果子，人们相信那是女子的血泪凝成，风吹树梢，落下一地相思子。红豆寄托了无数痴男怨女缠绵不尽的旖旎之意，红豆意象构成的相思文化源远流长，诗词之外，在元曲、明清小说中也有它的存在，比如《红楼梦》中贾宝玉即有“滴不尽相思血泪抛红豆”的句子。在诗歌文学中，最为人知的是托名王维的《相思》：“红豆生南国，春来发几枝。愿君多采撷，此物最相思。”还有温庭筠的《新添声杨柳枝·其二》：“井底点灯深烛伊，共郎长行莫围棋。玲珑骰子安红豆，入骨相思知不知？”再如纳兰

---

① 宗白华：《恋爱诗的问题》，《宗白华全集》第1卷，安徽教育出版社1994年版，第418页。

② 李怡：《中国爱情诗的类型开创：重读闻一多〈红豆〉组诗》，《四川大学学报（哲学社会科学版）》2022年第2期。

性德的《浣溪沙·莲漏三声烛半条》：“莲漏三声烛半条，杏花微雨湿红绡。那将红豆记无聊。春色已看浓似酒，归期安得信如潮。离魂入夜倩谁招。”红豆点点情，相思诉不尽。

“红豆—相思”抒情模式也出现在古代的组诗中，如清代王国维的《红豆词四首》，组诗为其早年所作，诗人出行在外，轻轻抚摸手中的红豆，忆念赠其相思子的闺中人。组诗以红豆起兴，含蓄婉转，一往情深。

其一

南国秋深可奈何，手持红豆几摩挲。
累累本是无情物，谁把闲愁付与他？

其二

门外青骢郭外舟，人生无奈是离愁。
不辞苦向东风祝，到处人间作石尤。

其三

别浦盈盈水又波，凭栏渺渺思如何？
纵教踏破江南种，只恐春来茁更多。

其四

匀圆万颗争相似，暗数千回不厌痴。
留取他年银烛下，拈来细与话相思。

王国维红豆组诗的“重述”技艺创造了一唱三叹的审美效果，诗里有时间的变换、空间的转移，从一颗到千万颗的红豆，但时时处处都是一样的相思与离愁，主观情感指向趋同，“重述”就是在文本中重复具有重要作用的意象或语词，凸显同一性，试图在系列叙述的有意义的重复中找到连续性，意在强调系列叙述各部分“差异”中的“共性”，正是这种“共性”凸显出系列叙述的家族性以及形式意义。

“组诗的系统性、包容性文体特征决定了其语言形式的独特性，使其能融抒情、叙事叙物与对话等为一体，形成多元语体格局，满足不同语境下诗歌创作的要求。”①闻一多广博的见识、高贵的思想、奔涌的激情使其对组诗形式情有独钟，有时非组诗不足以陈其情，非组诗不能明其志，组诗使闻一多丰富多元、复杂微妙的人生感悟和心理历程找到了非常合适的表现载体。

二

《红豆》组诗首先是在向心性(同一性)段落系列叙述中获得意义。如果组诗被视为一个整体即一首诗歌，那组诗的组成部分——单首诗歌也就成为变体的段落，分隔结构使每首诗歌具有更加明显的段落性，从而构成系列叙述，获取叙述意义，因为“段落性”的存在意味着必然的“连续性”和“系统性”，组诗标榜段落性的分隔和间断的外观与形式，其实就越是对连续性充满依赖。《红豆》组诗采用“红豆”旧典，“红豆”是中心意象，“相思”作为核心词更是在诗中频频出现，并产生意义的发展、深化。组诗与其他单首诗歌一样，相较于小说等叙述情节和故事的文本，诗歌中的事、物、场景大多是碎片化的，甚至事件也常常透过心事或心理过程构建而成，组诗则更加凸显出诗歌中事件是分散的(片段间连续性弱)、直接的(往往表述瞬间性的感知)、强化的(重述多个同质性片段)。闻一多的《红豆》一共包含42首诗，写于1923年初，那是他刚到美国留学不久。《红豆》既是写给新婚妻子高孝真，也是写给心中想象的理想爱人。闻一多写诗选择的意象大多和传统有关，红豆之

① 李自菲：《新时期诗歌聚焦研究——以组诗为中心》，山东大学(威海)2021年硕士学位论文。

外，还有红烛、鲛人、女娲、古瑟等，从红豆这样的传统公共意象入手，切入个人情思，他的诗歌带有浓郁的中国个性，抒发了中国声音。“相思”一词共出现20次，集中在组诗前半部分，从第二十二首开始后面没有再出现。《红豆》第一首是组诗的序言：

红豆似的相思啊！
一粒粒的
坠进生命底磁坛里了……
听他跳激底音声，
这般凄楚！
这般清切！

直接进入“红豆—相思”的抒情主题，“红豆”形状如“人心”，而跳激之音恰如彼此的心跳声。相思为何如此强烈？只为告别的匆匆，来不及落泪，而如今“最难禁的，/是突如其来，/赶不及哭的干相思”(二)。“相思”如时间轨道上的一盏又一盏红色信号灯，让思绪屡屡停留回味，“相思设下的关卡，/挡住行人，勒索路捐的”(三)。而爱人在诗人心中是神圣的存在，“袅袅的篆烟啊！/是古丽的文章，/淡写相思底诗句”(四)。相思有时像匍匐在你枕头上的一屑月光，“刺着你的倦眼，/撩得你整夜不睡”(五)，有时“相思是不作声的蚊子，/偷偷地咬了一口”(选自六)，可见相思的细密和微妙，还有些幽默俏皮，这时相思还是隐忍纤弱的，但有时是来势汹汹、势不可挡的袭击，“我的心是个没设防的空城，/半夜里忽被相思袭击了，/我的心旌/只是一片倒降”(七)。他甚至把相思等同于自己的生命，相思会伴随自己一生，在看似遥遥无期的等待中，诗人直言不讳地宣布：“有两样东西，/我总想撇开/，却又总舍不得：我的生命，/同为了爱人儿的相思。”(八)闻一多还是用典的高手，“爱人啊！/将我做经线，/你做纬线，/命运织就了我们的婚姻之锦；/但是一帧回文锦哦！/横看是相思，/直看是相思，/顺看是相思，/倒看是相思，/斜看正看都是相思，/怎样看也看不出团圞(团圆)二字。”(九)这里化用了一个典故，相传晋时秦州刺史窦滔流放在外，他的妻子苏蕙日夜思念，织锦作“回文旋图诗”寄赠夫君，明人康万民撰有《璇玑图诗读法》。据称图上共有八百余音，纵横往复皆成章句，可得诗四千二百六首。闻一多也打算织就这样一张“回文旋图”，用双方的相思一同织就，但此锦的背面“怎样看也看不出团圞二字”。“中国新诗在对‘时代精神’的表达上，要比古典诗歌更加有力，也更加显豁，它的内在精神质地正是现代性时间价值观的体现。”①在闻一多早期诗歌《时间底教训》中，一种基于现代抽象词汇“时间”展开的生命思考，使其具有了深层的诗学转换意义，而在《红豆》组诗中，时间的焦虑感更加明显，“相思枕上的长夜，/怎样的厌厌难尽啊！/但这才是岁岁年年中之一夜，/大海里的一个波涛。/爱人啊！/叫我又怎样泅过这时间之海?”(十一)思念猝不及防，像冬天的太阳温暖凄冷的心，“在雪黯风骄的严冬里，/忽然出了一颗红日；/在心灰意冷的情绪里，/忽然起了一阵相思——/这都是我没料定的”。诗人既心甘情愿为爱受苦，又感觉心力交瘁，要把这一切告诉远方的爱人，“我昼夜唱着相思底歌儿，/他们说我唱得形容憔悴了，/我将浪费了我的生命”(十八)。爱情或相思都是燃烧的“野火”，“扑不灭的相思，/莫非是生命之原上底野烧?”(二十)组诗到了第二十一首，也就是全诗的中部，似乎要为“相思”二字做一个“小结”，“深夜若是一口池塘，/这飘在他的黛漪上的/淡白的小菱花儿，/便是相思底花儿了，/哦！他结成青的，血青的，/有尖角的果子了！”情感的物态化，花儿有了相思的颜色、形状。

组诗的外在结构具有隐藏的整体性内在结构的长诗。就像一出戏剧，第一场“红豆”出来，起了音，定了调，就退到幕后，“相思”二字在反复出现后也退场了，中途只有闻一多喜欢用的、和爱情相关的红烛替代相思泪，“红烛只不息地淌着血泪，/凝成大堆赤色的石钟乳。”(三

① 马春光：《时间体验与中国新诗的发生》，《江汉学术》2016年第2期。

十五)闻一多并没有在孤寂的情绪中消沉下去，相反却采取了积极的态度呵护在寒风中“淌着血泪”的爱情独焰，从闻一多的现实人生来看，这支抖颤的红烛终究没有熄灭，因为他的爱人还是伸出了那双“素手”。组诗的后半部分远离了传统的红豆与相思的连环书写，而进入对封建包办婚姻的反思和批判，但在组诗的第四十一首又回到了“红豆”意象：

有酸的，有甜的，有苦的，有辣的。
豆子都是红色的，
味道却不同了。
辣的先让礼教尝尝！
苦的我们分着囫囵地吞下。
酸的酸得象梅子一般，
不妨细嚼着止止我们的渴。
甜的呢！
啊！甜的红豆都分送给邻家作种子罢！

批判的锋芒直接指向了制造悲剧的根源“封建礼教”，体现了他对这种婚姻悲剧的社会基础和历史根源有着清醒的认识。“五四”时代精神大大地增强了闻一多爱情诗的感人力量。这是诗人在对他们的爱情故事进行重新品读，酸甜苦辣、五味杂陈，但都充满了情义，贯注了红色的相思，诗人希望所有的苦涩和辛酸都结束，作为历史的“中间物”，“邻家”的后代应该享受纯美甜蜜的爱情，这是闻一多对现代中国青年的爱情的真诚祝愿。1922 年也就是闻一多去美国留学前夕，闻一多被父亲逼迫与姨表妹草草完婚，这让闻一多的情绪一度低落到极点，他给朋友的信中宣告：“情的生活已经完了”，“我将以诗为妻，以画为子，以上帝为父母，以人类为弟兄罢”，“浪漫‘性’我诚有的，浪漫‘力’却不是我有的”。新婚 5 个月后，闻一多赴美留学，让人诧异的是他情书不断，1923 年寒假，他们的第一个孩子就要出世了，闻一多闻讯后百感交集，奋战五昼夜做了近五十首诗，后经删减整理为我们今天读到的《红豆》组诗。闻一多是一个纯真浪漫的诗人与谦谦君子浑然融合的现代人形象，他是新格律诗的倡导者，他的艺术理想与他现实生活中伦理化的理性人格密切联系、互为因果，闻一多和高孝真的包办婚姻俨然一首人生格律诗，这是伦理道德的力量使然。组诗玲珑剔透，充分发挥物象的经验意义与被赋予的主观意义，一个主题在组诗的不同部分中被反复树立或逐渐形成，这使得各部分之间形成一种强化或互文的关系。

三

《红豆》组诗最具意义的叙述是在离心性(多重性)的段落中获得系列叙述的意义。这是利用同层面的差异性体现系列叙述的分裂，试图用差异之间的张力制衡点产生叙述意义，这些分裂和差异个性突出、彼此冲突，但正是这种不单一的叙述形成一种张力。组诗作为一种特殊的诗歌形式，多方面陈述事件经过、连续性地表现意象和呈现跌宕起伏的情感轨迹是组诗的优势，“组诗形式所独有的包容性，打破了单首诗歌凝固于特定时空的界限，大大地增加表达容量，更适用于展现诗人曲折的人生经历和复杂的情感体验，适合表现多重场景和较为宏大的事件，也有助于挥洒文人的才学”①。

《红豆》组诗的离心性首先是超越了古典的红豆相思“寄内”模式的狭隘意义，对现代爱情和婚姻的反思与批判具有时代精神和时代气质，展示了婚姻文化由传统向现代转变的努力与阵痛。闻一多有勇气也有智慧自我剖析，让大众看到“五四”时期知识分子无处可逃的命运的困扰和矛盾，无处寻觅的爱情的缺失和虚无，还有无处安放的婚姻的无奈和苦涩。诗人并未回避包办婚姻的困境，“我们是鞭丝抽拢的伙伴，/我们是鞭丝抽散的离侣。/万能的鞭丝啊！/叫我们赞颂吗？/还是诅咒

① 李正春：《论唐代组诗的文体学意义》，苏州大学2006年硕士学位论文。

呢?”(二十四)闻一多夫妻的结合是社会力量(父母之命)作用的结果，他们的分离也与社会力量(女子要在家伺候家人)有很大的关系，那么，对于这类的“鞭丝”，诗人究竟是该赞颂呢，还是该诅咒呢，显然难以回答。强行嫁接的花儿，方显示出眷顾体认的可贵，“他们削破了我的皮肉，/冒着险将伊的枝儿/强蛮地插在我的茎上。/如今我虽带着瘿肿的疤痕，/却开出从来没有开过的花儿了。/他们是怎样狠心的聪明啊！/但每回我瞟出看花的人们/上下抛着眼珠儿，/打量着我的茎儿时，/我的脸上就红了！”(三十)由此，我们可以看出闻一多对他婚姻生活的某种难以补偿的遗憾，但他能够把这种隐秘的情感大胆地写入献给爱人的诗歌里，也足以见出他的勇气和天真，同时显露两人之间他拥有更多的话语权力，而结局正如他在《红烛》一诗中所描绘的：“培出慰藉的花儿，结成快乐的果子。”

文化差距是他们之间的一个障碍，也是闻一多情感的一个矛盾点。他一方面对两人间文化教育程度的差异坦然承认，没有过多的抱怨和自怜，对夫妻感情精心培养和呵护：“我把这些诗寄给你了，/这些字你若不全认识，/那也不要紧。/你可以用手指/轻轻摩着他们，/象医生按着病人的脉，/你许可以试出/他们紧张地跳着，/同你心跳底节奏一般。”(十四)在与闻一多完婚前，高孝真并没有上过正规学校，识字有限，结婚以后才在闻一多的坚持下上了武汉女子师范，他希望她能够超越文字去读懂他，懂他炽热的生命和坦诚的灵魂。但另一方面，闻一多对他们夫妻之间的关系进行清醒而冷静的反思：“哦，脑子啊！/刻着虫书鸟篆的/一块妖魔的石头，/是我的佩刀底砺石，/也是我爱河里的礁石，/爱人儿啊！/这又是我俩之间的界石！”(三十一)他清楚地看到文化上的差距是他们之间的“界石”，而他自己又是如此热爱他的“砺石”，他把这一差距毫不掩饰地剖析出来，也是对爱人的某种含蓄的提示和催促。高孝真也没有辜负他的期望，“五四”时期的女性处于新文化运动的发生期，如何应对突如其来的社会变革，以及新旧文化交替期可能的婚姻变故，成了她们不得不面对的现实。事实上，高孝真确实凭自己的聪慧改变了命运，用学习弥补他们之间的差距，婚后，闻一多提出许多“诗化吾家庭”的主张，高孝真则夫唱妇随。他们之间能够渐生情愫，还有一个原因也是至关重要，那就是高孝真的容貌是富有女性魅力的，从组诗中诗人对她的回忆就可以看出，“掉出一滴苦泪，渍痛了你的粉颊”(十二)，“你可以仰面望着我，象一朵湿蔷薇”(十三)，“你午睡醒来，/脸上印着红凹的簟纹，/怕是链子锁着的，/梦魂儿罢？/我吻着你的香腮，/便吻着你的梦儿了”(三十八)。主客观原因都让她比“五四”时期的新文人鲁迅、徐志摩、郭沫若、胡适他们的旧女性原配妻子们幸运得多。

闻一多对传统婚姻的态度充分表现了他对女性弱者的怜惜和尊重。他认为妻子同他一样，都是身受封建礼教戕害的无辜者，“我们弱者是鱼肉；/我们曾被求福者/重看了盛在笾豆里，/供在礼教底龛前。/我们多么荣耀啊！”(二十五)他们的婚姻完全是按封建礼教的要求，由闻氏家族一手撮合的，对于一位在现代自由观念下生长起来的青年则是讽刺性的“荣耀”。这种认识已经大大超出了个性解放的范畴，从自我价值的实现上升到社会责任的担当，这里凝聚着东方式的道德情操和新时代的革新冲动。“你明白了吗？/我们是照着客们吃喜酒的/一对红蜡烛；/我们站在桌子底/两斜对角上，/悄悄地烧着我们的生命，/给他们凑热闹。/他们吃完了，/我们的生命也烧尽了。”(二十六)新婚的人成了陪衬，成了玩偶，用自己沉默的绝望来作客人们餐桌上的调料。诗人终究还是意难平，“我是狂怒的海神，/你是被我捕着的一叶轻舟。/我的情潮一起一落之间，/我笑着看你颠簸；/我的千百个涛头/用白晃晃的锯齿咬你，/把你咬碎了，/便和樯带舵吞了下去。”(三十四)海神与扁舟之间变幻莫测的关系折射出闻一多对高孝真的复杂矛盾感情，这种情感在他看来有时可能是相当冷酷的，这是诗人的“忏悔录”。

新诗的发展和异域空间有着非常密切的关联。这就使得新诗的发生伴随着世界性的空间视野与主体的探索，区别于传统诗歌封闭圆融的空间意识，“在现代中国新诗的成长历程中，绝大多数对新诗发展产生过重要引导作用的诗人都有过异域的留学或行旅经历。中国的新诗人以自身独特的生命体验将来自西方的异质性因素与传统相结合，并带到新诗的探索中，尝试着一种内在的转化”①。当诗人在异域文明的感知中拥有了更加辽阔的世界性视野，就会创造出跟以往诗歌写作迥异的“风景”：“我俩是一体了！/我们的结合，/至少也和地球一般圆满。/但你是东半球，/我是西半球，/我们又自己放着眼泪，/做成了这苍莽的太平洋，/隔断了我们自己。”(十)以地球比喻“我们”的结合，显得雄浑博大，而太平洋是两人的泪河，这悲哀也是惊天动地。闻一多通过“极度的夸张手法使这原本是平平常常的夫妻之情变得如此的富有浪漫主义气质，‘波西米亚’色彩”②。域外行旅影响甚至改变诸多诗人认识和感觉世界的方式，激活他们的想象力和审美情趣，表达前所未有的新异感受，“域外行旅文化在抒情视角、意象谱系、语感节奏等方面参与新诗的美学建构，有效地推动中国新诗的发生，并为新诗的精神实质与方法生成带来持续性的影响”③。闻一多是画家，画家自有心中的艺术偶像，“但我要描出我常梦着的伊——/一个通灵澈洁的裸体的天使！/所以为免除误会起见，/我还要叫伊这两肩上/生出一双翅膀来”(三十九)。在这里，他努力将爱人的形象与他的艺术偶像叠加，于是，来自中国乡村的朴素女子也有了西方天使的曼妙，艺术家的“白日梦”弥补了现实人生的匮乏和遗憾，平衡了诗人追求“理想爱人”的心理。闻一多有着美好的理想，偏偏是包办婚姻让他本能地拒绝，所以不曾为爱人高孝真唱过歌，“我唱过了各样的歌儿，/单单忘记了你。/但我的歌儿该当越唱越新，越美。/这些最后唱的最美的歌儿，/一字一颗明珠，/一字一颗热泪，/我的皇后啊！/这些算了我赎罪底菲仪，/这些我跪着捧献给你”(四十二)。这可以算作《红豆》组诗的“尾声”。这里所谓的“忘记”大概是指诗的内容几乎是诗人自己单独这一方的思想感情，而较少描写

① 陈琳：《空间重构与五四新诗的发生》，《现代中文学刊》2019年第3期。
② 王富仁主编：《闻一多名作欣赏》，中国和平出版社1995年版，第282页。
③ 卢桢：《域外行旅与中国新诗的发生》，《文艺研究》2018年第9期。

“爱人”的，甚至还流露出了对这一婚姻的嫌弃、痛苦和矛盾，当诗人的理性和道德重新支配着他的思想感情时，他就会觉得需要赎罪，也就特别地强调，这些最后唱的歌儿最美，因为在最后的乐章中，诗人又在无限的相思中满怀对未来的畅想。

结　语

“时代精神”原则和“技艺”原则是贯穿新诗历史的两个核心原则，也是新诗保持活力的根本。正如历史向我们昭示的，这两个原则在闻一多这里都得到自觉遵守与维护。闻一多应被视为“阿波罗主义”，阿波罗代表了适度的自制和对粗野冲动的解脱，是造型之神，总之，“技艺”背后的真正驱动力是诗歌意识与历史意识，在闻一多这里则显示为其与传统的创造性关联，也就是说，“绕开传统而试图开创一种崭新的文学形式是无法想象的，而这一切，是闻一多之前的胡适和郭沫若不能够理解的，因而在这个意义上，闻一多的《死水》，也开启了新诗的最重要的篇章，而这种重要性还未获得充分的说明。”①《死水》收录诗人1923年至1928年的诗作，创作于1923年初的《红豆》组诗虽未在其中，但已证明了闻一多对传统的创造性转化和创新性发展。

① 张伟栋：《技艺的历史性——论新诗开端处的闻一多》，《文艺争鸣》2020年第3期。

“克服困难所得的喜悦”：闻一多《死水》集的写作学意义

荣光启

（武汉大学）

写作是个体对生存和生命等根本困难的承担；在写作内部，则是经验、语言和形式三者之间的搏斗及最终的平衡。闻一多在《死水》集里呈现出一些生命中最根本的困难，如死亡、人的罪等，但在写作上他没有流于写实主义和浪漫主义，他以艰难的艺术形式来“克服”这些困难，寻求一种独特的诗美。《死水》集不仅对新诗在“诗形”与“诗质”上的寻求有意义，对于普遍的文学写作，亦是一个范本。

一、“困难”的写作

文学是一种言说方式，这种言说方式蕴藉在特定语言与特定文体之形式中，其目标是让人获得对言说对象在感觉、经验和想象上的具体性。这种言说的困难是显而易见的。很多人，都可能会认识到本体意义上的活着之困难、生命的难题（死的逼迫、人里面的罪性的困扰等）。文学和哲学、艺术、宗教一样，是对此“困难”的言说之一种。

以文学来言说生之“困难”，是必要的，但亦是艰难的，但写作的意义亦在此凸显出来。现代诗人闻一多（1899—1946）向来被认为是形式主义者；“三美”原则产生下的诗歌是形式主义或麻将牌、豆腐块。

事实决非如此，诗集《死水》①收录诗作28首，大部分诗作，其深切的生存经验、整饬的形式众人皆知，但更令人叫绝的是这诗中经验与形式之完美对应。

对于诗歌，形式是什么？形式是特定语言、诗的文体特征（章、节、行、句；节奏、韵律等）对写作者纷繁、混乱、涌动的感觉、经验和想象的克服。从形式角度，"新诗"的基本体式"自由诗"也不能被绝对化，"自由诗"亦需要一定的体式，写诗不能无视情感的内在节奏、诗的声音美学。

现代汉诗的本体状态乃是一种现代经验、现代汉语和诗歌形式三者互动的状态，意义和韵味乃是在三者相互作用而生成的。这个互动是敏感于自我感觉经验、敏感于语言的难以驾驭、敏感于形式的难以建造、敏感于个体经验和语言和形式三者之间的复杂纠缠相互抵牾相互生成的大困难，而优秀的诗人恰恰自觉于此困难，并力求去克服此困难。

这也是闻一多在一份诗学提纲中讲到"诗歌节奏的作用"时说，"作为美的一种手段"，诗的形式是一种"克服困难所得的喜悦"②。诗之"形式"——那已经完成了的诗歌的整体美学形态，是对言说对象的"克服"，在文学表达对生命感觉、经验和想象的克服中，人的心灵获得了一点安慰一点胜利感，也可以说，有一点点"喜悦"③。

基于此，本文认为，闻一多的诗歌写作和诗学理论具有普遍写作学意义：写作是个体对生存和生命等根本困难的承担，这是写作赖以发生

---

① 《死水》为闻一多继《红烛》（上海泰东书局1923年9月出版）之后的另一部诗集，上海新月书店1929年3月初版、1933年4月四版，出版者邵洵美。据王富仁：《闻一多诗论（代序）》（王富仁主编：《闻一多名作欣赏》，中国和平出版社1993年版，第8页），闻一多另有一部自己抄存的《真我集》，收有1920年7月至1922年3月期间《红烛》之外的诗作。

② 闻一多：《诗歌节奏的研究》，见武汉大学闻一多研究室编：《闻一多论新诗》，武汉大学出版社1985年版，第19、23页。

③ 但无论是文学还是此世的生命，终究如［奥地利］里尔克（Rainer Maria Rilke，1875—1926）所言："有何胜利可言？挺住意味着一切。"见［德］霍尔特胡森：《里尔克》，生活·读书·新知三联书店1986年版，第103页。

的前提；而在写作内部，还有经验、语言和形式的三者之间的搏斗及最终那美妙的平衡。

从《死水》集看，闻一多在诗中深切感受与想象人世、死亡、生命、人性、人之终极想望等基本人生命题，以写作担当人世、生命与人性；而他的诗作，因其经验、语言和形式三者之间的平衡，则提示了人们：如果是文学，再深切的担当，也是在文学写作中完成的，一定需要文学“型类”的意识，有对文体特征的自觉。诗歌写作不仅仅关乎感觉、想象与经验，更关乎那言说感觉、想象与经验的语言，及与此语言相关的句、行、节；节奏、韵律等诗歌形式问题。无论是现代诗人追求的生存经验之深切(现代诗歌在“诗质”上的现代性)上，还是在现代诗人注意到的新诗之形式建设上，闻一多质量相当整齐的诗集《死水》，都是一个范本。它在写作者对生存的担当的意识上，在文学内部的经验、语言和形式之间的互动意识上，都对后来的写作者有启示价值。其意义超出了新诗本身。

二、哪些“困难”？

《死水》集中，作为写作的契机和写作者需要克服的“困难”有哪些？从主题的角度，也许有如下几类：

对现实世界的绝望。以《死水》①《发现》为代表：

其中以这首《死水》最为人称道，它起源于对当时社会现实的绝望，又成为超越时代的象征(以死板的“诗形”对应那个令人绝望的现实)。“诗的实力不独包括音乐的美(音节)，绘画的美(词藻)并且还有建筑的美(节的匀称和句的均齐)。”②此诗也让人简单地认识了闻一多倡导的“三美”。闻一多自己也预言这种诗形建设定要引起非议：“这首诗从第一行

① 闻一多：《死水》，新月书店1929年版，第39~41页。
② 闻一多：《诗的格律》，《晨报副刊·诗镌》1926年5月13日第7号。

'这是/一沟/绝望的/死水'起，以后每一行都是用三个'二字尺'和一个'三字尺'构成的，所以每行的字数也是一样多。结果，我觉得这首诗是我第一次在音节上最满意的试验。因为近来有许多朋友怀疑到《死水》这一类麻将牌式的格式，所以我今天就顺便把它说明一下。我希望读者注意新诗的音节，从前面所分析的看来，确乎已经有了一种具体的方式可寻。这种音节的方式发现以后，我断言新诗不久定要走进一个新的建设的时期了。无论如何，我们应该承认这在新诗的历史里是一个轩然大波。这一个大波的荡动是进步还是退步，不久也就自然有了定论。"①

1. 对死亡降临的悲痛：以《也许(葬歌)》②《忘掉她》为代表

《也许》一诗是令人感慨的，此诗纪念年仅四岁夭折的长女闻立瑛，他对这个孩子无比怜爱，对她的夭折也心怀愧疚(这愧疚让痛苦更深)。换了浪漫主义诗人，写作此诗也许不知有多少眼泪，但闻一多在这里却有惊人的克制：

> 也许你真是哭得太累/也许，也许你要睡一睡，/那么叫苍鹰不要咳嗽，/蛙不要号，蝙蝠不要飞，//不许阳光拨你的眼帘，/不许清风刷上你的眉，/无论谁都不能惊醒你，/我吩咐山灵保护你睡③，//也许你听着蚯蚓翻泥，/听那细草的根儿吸水，/也许你听这般的音乐/比那咒骂的人声更美；//那么你先把眼皮闭紧，/我就让你睡，我让你睡，/我把黄土轻轻盖着你/我叫纸钱儿缓缓的飞。

在法国象征主义诗人瓦雷里(PaulValery，1871—1945)看来，"带

---

① 闻一多：《诗的格律》，《晨报副刊·诗镌》1926年5月13日第7号。

② 闻一多：《死水》，新月书店1929年版，第27~29页。

③ 《也许》最早发表在1925年7月2日的《京报副刊》上，原题为《也许(为一个苦命的夭折的少女而作)》。此句曾为"撑一伞松荫庇护你睡"。

有情感的艺术，诉诸感伤的艺术”是“低级的”①，闻一多这首连“感伤”情绪都不大明显的悼亡诗，似乎在证明这一点。

2. 对人的命运(终有一死)的绝望：以《末日》②为代表

露水在笕筒里哽咽着，/芭蕉的绿舌头舔着玻璃窗，/四围的垩壁都往后退，/我一人填不满偌大一间房。//我心房里烧上一盆火，/静候着一个远道的客人来，/我用蛛丝鼠矢喂火盆，/我又用花蛇的鳞甲代劈柴。//鸡声直催，盆里一堆灰，/一股阴风偷来摸着我的口，/原来客人就在我眼前，/我眼皮一闭，就跟着客人走。

“死”有时似乎是那“远道的客人”。但对于敏于生死问题的人，“死”亦“就在我眼前”。“死亡不是一个对生存漠不相关的终点。死亡之为终点把生命的弦绷紧了。而生命正是由于有终性造成的张力而成其为生命的。这样在生存意义上领会死亡被称为‘向死存在’。”③对于人而言，可能不是“未知生，焉知死”，而是先解决了死的问题，生才能安心。

3. 对人自身的绝望：以《口供》④为代表

我不骗你，我不是什么诗人，/纵然我爱的是白石的坚贞，/青松和大海，鸦背驮着夕阳，/黄昏里织满了蝙蝠的翅膀。/你知道我爱英雄，还爱高山，/我爱一幅国旗在风中招展，/自从鹅黄到古铜

① ［美］韦勒克：《二十世纪文学批评》，伍蠡甫、胡经之主编：《西方文艺理论名著选编》下册，北京大学出版社 1987 年版，第 674 页。

② 闻一多：《死水》，新月书店 1929 年版，第 37~38 页。

③ 参阅陈嘉映：《海德格尔哲学概论》，北京：生活·读书·新知三联书店 1995 年版，第 95 页。

④ 闻一多：《死水》，新月书店 1929 年版，第 1 页。

色的菊花。/记着我的粮食是一壶苦茶！//可是还有一个我，你怕不怕？——/苍蝇似的思想，垃圾桶里爬。①

闻一多曾是基督徒，此诗应与基督教人论中的原罪观②有关。在《死水》集为第一首。它仿佛在说：无论什么样的精神喜好、文化身份、思想矫饰，也不能掩盖你里面那缠绕你、你自己不能胜过的恶念与罪污。现代史上有许多好诗，但这首诗对现代人灵魂内在的分裂的揭示令人印象深刻。

4. 言说“观念”的困难：以《一个观念》③代表

你隽永的神秘，你美丽的谎，/你倔强的质问，你一道金光，/一点儿亲密的意义，一股火，/一缕缥缈的呼声，你是什么？/我不疑，这因缘一点也不假，/我知道海洋不骗他的浪花。/既然是节奏，就不该抱怨歌。/呵，横暴的威灵，你降伏了我，/你降伏了我！你绚缦的长虹——/五千多年的记忆，你不要动，/如今我只问怎样抱得紧你……/你是那样的横蛮，那样美丽！

在现实生活、死亡问题、人性问题等因素对人心造成的实际的“困难”之外，还有一个关乎艺术的“困难”：人心中有许多难以言说的东

① 关于人里面的“罪”，使徒保罗曾说：“我也知道在我里头，就是我肉体之中，没有良善。因为立志为善由得我，只是行出来由不得我。故此，我所愿意的善，我反不作；我所不愿意的恶，我倒去作。若我去作所不愿意作的，就不是我作的，乃是住在我里头的罪作的。我觉得有个律，就是我愿意为善的时候，便有恶与我同在。因为按着我里面的意思（原文作‘人’），我是喜欢上帝的律；但我觉得肢体中另有个律和我心中的律交战，把我掳去叫我附从那肢体中犯罪的律。我真是苦啊！谁能救我脱离这取死的身体呢？”（《新约·罗马书》7：和合本）第18~24页。

② 1922年12月4日闻一多致吴景超信，有“我失去了基督教的信仰，但我……还是有宗教的人”（《闻一多论新诗》，武汉大学出版社1985年版，第19、23页）。

③ 闻一多：《死水》，新月书店1929年版，第56~57页。

西，它类似一个“观念”，只能意会、感觉、经验、想象，但似乎难以言传。闻一多作为一个艺术家，更有这样的艺术理想，像瓦雷里、马拉美(Stephane Mallarme，1842—1898)这些象征主义诗人一样，对艺术美的要求极高。① 几乎是诗歌“绝笔”的长诗《奇迹》更是闻一多关于言说“观念”之困难的告白。长诗《奇迹》②无疑是《死水》集的延伸。

三、如何“克服”？

面对这些生命中根本的“困难”，写作要如何“克服”才能既传达出苦痛又不流于感伤、又有诗意之美？针对此问题，闻一多诗学提供了如下建议：

1.“写实主义”是“诗的自杀”

用闻一多自己的话说：“诗国里的革命家喊道‘皈返自然’！其实我们要知道自然界的格律，虽然有些像蛛丝马迹，但是依然可以找得出来。不过自然界的格律不圆满的时候多，所以必须艺术来补充它。这样讲来，绝对的写实主义便是艺术的破产。……偶然在言语里发现一点类似诗的节奏，便说言语就是诗，便要打破诗的音节，要它变得和言语一样——这真是诗的自杀政策了……诗的所以能激发情感，完全在它的节奏；节奏便是格律。莎士比亚的诗剧里往往遇见情绪紧张到万分的时候，便用韵语来描写。……这样看来，恐怕越有魄力的作家，越是要戴着脚镣跳舞才跳得痛快，跳得好。只有不会跳舞的才怪脚镣碍事，只有不会作诗的才感觉得格律的缚束。对于不会作诗的，格律是表现的障碍

---

① 此二人诗歌理想的完美及在写作上的努力已广为人知，“瓦雷里有二十年时间没有出版任何东西，”马拉美一生“处于光荣的孤独之中。”[美]韦勒克：《二十世纪文学批评》，伍蠡甫、胡经之主编：《西方文艺理论名著选编》下册，北京大学出版社2008年版，第675页。

② 《死水》出版后，闻一多很少写诗，但1931年，沉默了三年的闻一多在《诗刊》创刊号上发表了此诗。

物；对于一个作家，格律便成了表现的利器。”①自然主义、写实主义产生不了好的艺术。

2.“浪漫主义”写作中只有“自我”，无“诗”

闻一多对浪漫主义的认识也是发人深省的：“有一种打着浪漫主义的旗帜来向格律下攻击令的人。……他们压根儿就没有注重到文艺的本身，他们的自身的人格是再美没有的，只要把这个赤裸裸的和盘托出，便是艺术的大成功了。你没有听见他们天天唱道‘自我的表现’吗？他们确乎只认识了文艺的原料，没有认识那将原料变成文艺所必须的工具。他们用了文字作表现的工具，不过是偶然的事，他们最称心的工作是把所谓‘自我’披露出来，是让世界知道‘我’也是一个多才多艺，善病工愁的少年；并且在文艺的镜子里照见自己那倜傥的风姿，还带着几滴多情的眼泪，啊！啊！那是多么有趣的事！多么浪漫！不错，他们所谓浪漫主义，正浪漫在这点上，和文艺的派别绝不发生关系。这种人的目的既不在文艺，当然要他们遵从诗的格律来作诗，是绝对办不到的；因为有了格律的范围，他们的诗就根本写不出来了，那岂不失了他们那‘风流自赏’的本旨吗？所以严格一点讲起来，这一种伪浪漫派的作品，当它作把戏看可以，当它作西洋镜看也可以，但是万不可当它作诗看。”②

闻一多的好友梁实秋也认为：“情感的质地不加理性的选择，结果是：(一)流于颓废主义(二)假理想主义……新文学家大半都是多情的人。其实情不在多，而在有无节制。许多近人的作品……到处情感横溢。情感不但是做了文学原料，简直的就是文学。……浪漫主义就是不守纪律的情感主义。”③现代中国文学的浪漫趋势有一定的历史原因④，

---

① 闻一多：《诗的格律》，《晨报副刊·诗镌》1926年5月13日第7号。

② 闻一多：《诗的格律》，《晨报副刊·诗镌》1926年5月13日第7号。

③ 梁实秋：《现代中国文学之浪漫的趋势》，《晨报副刊》1926年3月25日第1369号。

④ 李欧梵先生著作《中国现代作家的浪漫一代》(新星出版社2005年版)专门论及此问题。

但从文本的审美效果角度，闻一多、梁实秋等人的提醒与应对策略亦是必需的。

3. 诗“不当废除格律”，新诗需有新“格律”

闻一多最大的应对策略就是提倡新格律：“……格律就是节奏。讲到这一层便可以明了格律的重要；因为世上只有节奏比较简单的散文，决不能有没有节奏的诗。本来诗一向就没有脱离过格律或节奏。……为什么不当废除格律。现在可以将格律的原质分析一下了。从表面上看来，格律可从两方面讲：（一）属于视觉方面的；（二）属于听觉方面的。这两类其实又当分开来讲，因为它们是息息相关的。譬如属于视觉方面的格律有节的匀称，有句的均齐。属于听觉方面的有格式，有音尺，有平仄，有韵脚；但是没有格式，也就没有节的匀称，没有音尺，也就没有句的均齐。……我们的文字是象形的，我们中国人鉴赏文艺的时间，至少有一半的印象是要靠眼睛来传达的。原来文学本是占时间又占空间的一种艺术。既然占了空间，却又不能在视觉上引起一种具体的印象——这是欧洲文字的一个遗憾。我们的文字有了引起这种印象的可能，如果我们不去利用它，真是可惜了。所以新诗采用了西文诗分行写的办法，的确是很有关系的一件事。姑无论开端的人是有意还是无心的，我们都应该感谢他。因为这一来，我们才觉悟了诗的实力不独包括音乐的美（音节）绘画的美（词藻），并且还有建筑的美（节的匀称和句的均齐）。”①

诗人需竭力以特殊的语言和形式来升华情感、经验，让情感、经验在和语言、形式的复杂纠缠中凸显诗歌言说的丰富性。闻一多虽曾在《律诗底研究》一文中早已结论：“律诗实是最合艺术原理的抒情诗文。”②但他还是说明新诗的“格律”不同于传统的“律诗”之“律”，其义在于诗歌“格式”对“精神”的随物赋形，“相体裁衣”。他提倡“新诗格律化”并不

---

① 闻一多：《诗的格律》，《晨报副刊·诗镌》1926 年 5 月 13 日第 7 号。

② 闻一多：《律诗底研究》，《闻一多全集》第 12 卷，湖北人民出版社 1994 年版，第 158~159 页。

是在说新诗一定需要一种严整的格律，而是在强调诗歌写作所必需的形式方面的自觉意识。

4. "三美"的内在关系

"音乐的美(音节)绘画的美(词藻)，并且还有建筑的美"，被人说烂的这"三美"到底有何内在关系、其产生的历史逻辑是什么？

<table>
<tr><th></th><th>诗的格律</th><th>产生机制</th><th>常见的误解</th><th colspan="2">相互关系</th></tr>
<tr><td>听觉</td><td>音乐的美</td><td>"音节"(诗的节奏)</td><td>在新诗中苛求旧诗的韵律</td><td rowspan="2">"没有音尺，也就没有句的均齐""绝对的调和音节，字句必定整齐"。但不能"反过来讲"。建筑美来自音乐美。三美中"音乐美"是首先的</td><td rowspan="2">"诗形"建设</td></tr>
<tr><td>视觉</td><td>建筑的美</td><td>节的均齐和句的均齐</td><td>只是视觉上的整齐、"豆腐块"、麻将牌……</td></tr>
<tr><td>感觉(诉诸想象)</td><td>绘画的美</td><td>词藻</td><td>"诗中有画，画中有诗"(闻一多警醒于"艺术型类的混乱"①，此举并非为了给"诗"加点"画"的色彩)</td><td>特定的词语、意象唤起特定的想象，是诗在感觉、经验和境界上的个人追求。是新诗在经验的现代感上的追求，对应于音乐美、建筑美在新诗形式秩序上的寻求</td><td>"诗质"寻求</td></tr>
</table>

① 闻一多：《先拉飞主义》，《新月》1928年6月10日第1卷第4期。此文中闻一多讲到绘画与诗各有自己的"语言"，"艺术型类的混乱"导致的是艺术的自杀，他觉得"罗瑟蒂的作品……艳丽中藏着毒药"。文中征引契斯脱登(G. K. Chesteton)对罗瑟蒂(Dante Gabriel Rossetti)的批评说："他的诗太像画了。他的画太像诗了。……他那种作品总算是有东西的，虽则在艺术上是不值些什么的东西。"

此表试图说明闻一多新诗的“格律”的内在逻辑和新诗发展进程中“三美”出现之历史逻辑。讲究声音节奏的音乐美及由之而来的建筑美是新诗在形式秩序上的寻求，而绘画美，当然有闻一多亦是画家的个人原因，但更多是对新诗在现代“诗质”方面的一种寻求。“新诗”的名目成立后，就面临着“诗形”和“诗质”双方面的寻求与建设，“新月派”代表诗人闻一多的“三美”理论是在这一寻求与建设的历史脉络当中。

四、得何“喜悦”？

闻一多如此苦心经验的诗歌写作其状态与结果到底是什么？学者王富仁认为：“在精神结构上闻一多是这样一个人：他不是一个纯粹的理想主义者，他更是一个在现实的缺陷中、在现实的实际束缚中感受理想和美的必要性的诗人，而为了理想和美的实现，他认为必须首先忍受现实的重压，在这种重要中产生的向理想和美发展的力量才是理想和美的最高体现，脱离对现实的忍耐和忍耐中的反抗，其理想和美的追求便是空洞无力的。总之，他所重视的美不再是自我独立存在的、空幻飘渺的美的境界，而是对丑的忍耐与忍耐中的反抗所体现出来的那种精神力量，他把这种精神力量便视为美的最高体现。当这种美转化为一种语言的形式，便成了他的新格律诗的诗学主张。在形式上美是什么？美就是对形式的忍耐和忍耐中的反抗，你只有接受束缚并在束缚中反抗、冲破这种束缚，诗的力量才能有效地被传达出来，而这种力量才是诗美的最高体现。”①

闻一多诗歌的美学形态是一种主体情感、经验“对形式的忍耐和忍耐中的反抗”，是经验与形式在语言中显示的张力，他在一份诗学提纲中讲到“诗歌节奏的作用”时说，“作为美的一种手段”，诗的形式是一

① 王富仁：《闻一多诗论(代序)》，王富仁主编：《闻一多名作欣赏》，中国和平出版社 1993 年版，第 25 页。

种“克服困难所得的喜悦”。诗之“形式”——那已经完成了的诗歌的整体美学形态，是对言说对象的“克服”，在文学表达对生命感觉、经验和想象的克服中，人的心灵获得了一点安慰一点胜利感，也可以说，有一点点“喜悦”。

无论是现代诗人追求的生存经验的深切(现代诗歌在“诗质”上的现代性)上，还是在现代诗人在初期白话诗的成立之后注意到的新诗的形式建设上，闻一多的《死水》集，都是一个范本。“五四”以来，现代诗集中，在经验的深切、形式的整饬及经验与形式的完美契合上，在诗作整理质量的整齐上，除冯至(1905—1993)那收录其27首诗作的《十四行集》外，可能便是闻一多这《死水》集。

除此之外，《死水》集及由之反映出来的文学观念，对于普遍的文学写作亦有启示价值。写作是个体对生存和生命等根本困难的承担，这是写作赖以发生的前提，而在写作内部，还有经验、语言和形式的三者之间的搏斗及最终那美妙的平衡。这种对“困难”的自觉及以特定的语言、艺术形式去“克服困难”的意识，是好的文学作品产生的必要前提。

蹇先艾与闻一多：诗歌创作交往及影响考论

颜同林

（贵州师范大学）

在闻一多20世纪20年代尝试新诗格律化的时候，来自贵州的蹇先艾是他的一个跟随者，也是一个诗歌圈子里的同道者。蹇先艾接近诗歌并开始写作，起步比闻一多略晚，在创作之初还受到闻一多及其诗歌创作的多重影响。经知心诗友刘梦苇介绍，蹇先艾与闻一多得以认识，随后在京城一个小的诗歌圈子里探讨诗艺，有较为共同的诗学趣味和追求。后来又机缘恰巧两人参与了晨报副刊《诗镌》的筹划、创办、选录稿件等事务，在新诗的"格律化"，围绕"三美"诗学主张上也有共同的语言和追求。研究两人之间的人际交往，以及闻一多对蹇先艾诗歌创作、文学道路的影响，对于认识新诗史上早期的诗人群体似乎有特殊的意义！①

① 学界已有一些研究成果，代表性的著述如李乐平：《闻一多与古今中外作家比较研究综论》，《山东社会科学》2016年第6期；《闻一多与徐志摩的关系及其诗学追求的比较》，《上海师范大学学报（哲学社会科学版）》2015年第4期。张洁宇：《论早期中国新诗的本土化探索及其启示》，《中国现代文学研究丛刊》2017年第9期。姜涛：《被历史的钢针碰响："三一八"、闻一多与〈诗镌〉的创立》，《华中师范大学学报（人文社会科学版）》2022年第3期。

一、蹇先艾与闻一多的人生活动轨迹和交集

蹇先艾1906年出生于四川越隽县城，童年在老家黔北遵义生活。1919年年底，赋闲在家的父亲携蹇先艾北上，将他托付给任职于北洋政府司法部的同父异母的蹇先艾二哥一家。因家庭变故，蹇先艾尝试着练习写作，结伴组成文学社团，并参加校内外文艺活动，成为他居留北京时的人生选择。在从事文学道路上，作者自述完全得力于读北师大附中时的三位朋友的勉励，即朱大枬、李健吾、程鹤西，在写诗上则是朱大枬督促的结果。① 从时间节点来看，蹇先艾开始诗歌创作，起步比闻一多要晚一些，成就也低了不少。在1923年到1930年之间，蹇先艾在《晨报副刊》《文学旬刊》《现代评论》《小说月报》等众多刊物上发表新诗五六十首，1933年曾应北新书局李小峰之约，准备将部分发表的诗作一共37首汇编成册出版，诗集的名称为《孤独者之歌》，最终蹇先艾自己认为这是“炒冷饭”，同时也以为诗坛上的新诗创作已取得不少成绩，就这样轻率地放弃出版，留下了很多遗憾。

对比蹇先艾，闻一多的人生经历和诗歌创作有很大的不同。闻一多1912年到1922年在清华学校读书，喜欢文学、美术、戏剧等，在诗歌方面写旧诗也写新诗，最早于1920年7月在《清华周刊》发表了第一首新诗《西岸》，此后半年左右时间，闻一多在同一刊物发表六首新诗，同时也开始写新诗评论，在诗坛的影响更大也更早一些。闻一多于1923年9月经郭沫若介绍在上海泰东图书局出版了诗集《红烛》，所录作品多半是作者在清华学校读书期间所写的新诗。1925年闻一多自美国留学回国，任北京艺术专科学校教务长，工作之余热衷于参加文学活动和新诗创作，譬如和志同道合的青年诗友们一起创办晨报副刊《诗

① 蹇先艾：《我对于文学是怎样发生兴趣的》，《蹇先艾文集》第3卷，贵州人民出版社2004年版，第268~271页。

镌》，后来也参加了新月社，编辑过《新月》刊物等。1927年大革命之后，闻一多离开北京，辗转于武汉、南京、青岛等地工作。1932年秋后回到母校清华大学任教，直到1937年“七七”事变后离开北京。1938年初，他参加西南联大师生组成的“湘黔滇旅行团”，途经湖南、贵州、云南三省，其间在贵州地域达一月之久，对贵州风土人情、山川景物、民族特色等有了更多近距离的接触，蹇先艾定居于贵阳，可惜没有见上面。同年暑假，闻一多来贵阳讲课，两人才有缘见面相逢。1944年闻一多在大后方昆明参加了中国民主同盟，1946年7月15日因参加中国民主同盟的活动而惨遭国民党特务枪杀。

在诗歌创作上，闻一多和蹇先艾一样虽然数量并不太多，但闻一多的成就和水平非蹇氏可比。诗集《红烛》《死水》，以及在诗论写作两个方面都有精品力作问世，曾一度引领了诗坛的潮流。闻一多在1931年1月于《诗刊》发表长诗《奇迹》后，基本上没有写诗了。但在新诗创作的数量、质量上，在诗论和诗学建树上，蹇先艾都是不能与闻一多相提并论的。

以上是蹇先艾和闻一多不同的人生轨迹，在北京因为诗歌结缘，两人有不少交往，颇值得聚焦和回溯。蹇先艾和闻一多最早见面认识，是在闻一多从美国留学归国回到北京之后。清华学校十年的求学经历，留学欧美三年的求学背景，在诗歌创作上勇于创新的个性化追求，让闻一多很快成为诗坛的主要人物。同是出身于清华的朱湘，与闻一多有一段时间关系亲密，后来不欢而散。在朱湘眼中，在这一群热爱诗歌的小伙伴中“闻君是被视为老大哥的。”①蹇先艾1946年的忆念文章中同样这样评价，还包括徐志摩，两位都是“老大哥”。蹇先艾在认识闻一多之前，早已开始了诗歌写作，对闻一多的诗歌、诗论，以及相关情况已有不少耳闻，联系的桥梁是诗歌。早在1921年至1922年之间，蹇先艾有一位

① 朱湘：《闻君一多的诗》，许毓峰等编：《闻一多研究资料》，北岳文艺出版社1986年版，第527页。

堂兄与闻一多是清华学校的同学，通过堂兄之口对闻一多的人与事略有知晓。蹇先艾还看过清华文学社出版的小册子，比如闻一多和梁实秋的《〈冬夜〉〈草儿〉的评论》，比如闻一多在1923年评论郭沫若《女神》的两篇重要诗歌论文，比如闻一多1923年出版的第一部诗集《红烛》，诸如此类。两人同处京城虽未谋面，但蹇先艾对闻一多确实神交已久。总体上，闻一多在年龄上年长蹇先艾几岁，在写诗、诗论上也先走一步，成就更为显赫，让蹇先艾成为一个追随者是不言自明的。

在1926年初，蹇先艾和闻一多有了面对面的直接交往，介绍人是刘梦苇。当时在北平有一个诗歌创作的小圈子，以年轻人居多，比如刘梦苇、沈从文、朱湘、饶孟侃、孙大雨等。蹇先艾因喜欢读诗写诗，最早在报刊上读了刘梦苇的诗而十分敬佩，后来刘梦苇在一篇论文中还称赞了蹇先艾的诗，可以说两人是先有文字之交，彼此有良好的印象。两人在1925年12月因沈从文请客吃饭而在东城见面认识，一旦认识便成为无所不谈的亲密诗友。蹇先艾在文章中这样回忆，刚见面认识当天，“那夜我和你谈的话也不少，大半是关于诗一方面的，中间你有许多主张都同我的理想相合”。“以后我们时常通信谈诗，有时我也到你那里去读你的新作。你对于诗歌的努力和热心，是我从来在朋友中没有看见过的，我尤其感谢你介绍一多子沅孟侃诸君和我相识，因之我创作新诗的兴致比从前更浓了几倍。”①蹇先艾因刘梦苇而认识了闻一多，自然进步更显著一些，蹇先艾自然多了向闻一多当面请教的机会。同时两人住处很近，算得上是近邻。

蹇先艾和闻一多进一步走近，还有一件事便是《诗镌》的创办，为他们一起谈诗论艺创造了有利条件。据蹇先艾回忆是这样的：1925年冬到翌年初，在刘梦苇的提议下，一群年轻诗人准备筹办一个诗刊，因为条件不成熟，准备借报纸的副刊办一个周刊，这便是晨报副刊《诗镌》的来由。诗友们推荐蹇先艾和闻一多同主编《晨报》副刊的徐志摩联

① 蹇先艾：《吊一位薄命诗人》，《晨报副刊》1926年8月27日第1448号。

系。原因是蹇先艾的叔父和徐志摩的父亲是好朋友，两家有交往，蹇先艾早就认识徐志摩；闻一多和徐志摩也认识，也说得上话。熟人出面自然办事方便许多，经闻一多和蹇先艾面商徐志摩后，徐志摩爽快答应了，此事一下便得以落实，结果是一共出版了 11 期《诗镌》，时间跨度是 1926 年 4 月 1 日到 6 月 10 日。《诗镌》出版的时间虽然不长，期数也不多，但《诗镌》在新诗史上的影响力不可替代，怎样高估也不为过。

蹇先艾和闻一多认识并交往后，在办诗刊的过程中感情不断增进，也成了诗歌圈子里的“嘤其鸣矣，求其友声”的诗友。但从后续情况来判断，两人有一些私交但并不十分密切。《诗镌》停刊以后，蹇先艾搬到了舍饭寺的新居，离闻一多的住处远了不少，来往大为减少。而且，1927 年以后闻一多离开北京，先后在武汉、南京、青岛等地工作，1932 年秋又回到清华大学当教师，遗憾的是这一时期两人都基本上远离了诗歌，便中断了联系。从 1932 年到 1937 年，中间五年时间两人都在北京，同样也没有见面或联系的记录，可见两人并不亲近，也没有成为真正的无话不谈的密友。抗日战争全面爆发后，蹇先艾已回到贵州，在贵阳、遵义两地教书糊口。闻一多作为西南联大的教授并参加了“湘黔滇旅行团”，与贵州这片土地有了更多的认知。闻一多 1938 年因故在贵阳待了一个月，据蹇先艾回忆两人曾相逢畅谈，以后却再也没有见面的机会。直到 1946 年闻一多被国民党特务杀害，蹇先艾第一时间写文章进行了回忆和悼念。

总括起来，蹇先艾和闻一多两人曾有一段激扬文字的美好时光，在诗歌圈子里交往较多，有一些共同的诗歌理想和趣味，值得认真梳理和辨析。

二、蹇先艾与闻一多在诗歌创作上的交往

相比于人际关系的交集，作为青年诗人的蹇先艾和闻一多，在诗歌艺术上的交往当更为重要。蹇先艾和闻一多在诗歌创作上的交往，体现

在以下三个阶段中。

第一个阶段是两人认识之初，时间在1926年上半年之内，因为相处在北京，有一个谈诗论艺的小圈子，两人得以交流。相处模式主要是蹇先艾向闻一多学习，闻一多作为引领前者的“老大哥”事实上也给了蹇先艾较多的指导和帮助。闻一多、徐志摩在诗歌上成就大，让蹇先艾更多的是模仿和借鉴。闻一多在诗歌上的成就，已远远超过同龄人，1923年出版《红烛》，后来在当时重要刊物《现代评论》和《大江季刊》等发表了众多的优秀诗作，引起国内文坛的关注和好评。以清华学校的同学、留学欧美的知识分子为主，在闻一多周围已集聚了一些年轻诗人，比如被称为“清华四子”的朱湘、孙大雨、杨世恩等人，常聚在闻一多的身边，一起交流诗艺。朱大枬、蹇先艾等一批新诗爱好者，也加入进来围绕在他们身边。据蹇先艾回忆：“在我学写新诗那两年，我还得到过闻一多和徐志摩的指点，两位名诗人分别把《红烛》和《志摩的诗》赠送我，我把它们作为我写诗的范本。……我对英诗原来一窍不通，在闻、徐的辅导下，才读了拜伦、雪莱、济慈等人的诗选。”①

第二个阶段是《诗镌》副刊时期。这一报纸副刊最初拟采取轮流主编的制度，事实上没有完全这样做，第一、二期是徐志摩编辑，第三、四期是闻一多编辑，第五期是饶孟侃编辑，后面数期仍然是徐志摩主事。“预料《诗刊》之刊行已为新诗辟一第二纪元”②的闻一多，《诗镌》承载了他和蹇先艾许多共同的记忆。“在《诗镌》同人中，我和朱大枬的年龄最小，都是二十岁；学诗刚刚发蒙，写出的东西只能说是小小的萌芽。我们两个都是以学生自居的，实际上我也是正在大学读书的学生。我们既把一多当作益友，又把他当作良师。《诗镌》同人对一多都相当敬爱，在创作技巧上或多或少地也受了他一些影响，连年事稍长，写诗

① 蹇先艾：《我与新诗——“五四”琐忆之三》，宋贤邦、王华介编：《蹇先艾、廖公弦研究合集》，贵州人民出版社1985年版，第98页。

② 闻一多：《致梁实秋、熊佛西》，《闻一多全集》第12卷，湖北人民出版社1993年版，第233页。

像行云流水的徐志摩，也不例外。”①在《诗镌》选录稿件的聚会上，在审阅稿件和取舍时，闻一多对蹇先艾等诗友的习作要求都很严格，又往往以巨大热情予以鼓励。在蹇先艾的回忆中有这样的画面：闻一多在审读诗稿的会上，或者直言判断哪一首是好诗，或者鼓励诗友们不要怕失败，写得不好的建议暂不要发表，而是拿回去推敲一番再说……可见，闻一多在《诗镌》创办时所起到的作用是主要的、引领性的。在总共11期(号)的《诗镌》上，蹇先艾发表了诗作《回去!》(1号)，《江上》(3号)，《寄韵》(4号)，《老槐吟》(5号)，《一片红叶》(6号)，《春晓》(9号)，《雨晨游龙潭》(11号)。《诗镌》阶段是蹇先艾认真写诗的时期，并且贯穿了这一副刊的始终。蹇先艾和徐志摩关系也较为密切，自己写作勤奋，在此前后也在《晨报副刊》上刊发过不少诗歌、散文、评论和小说等。践行新诗格律化主张，认真推敲诗的音节，蹇先艾算得上是一名同道中人。遗憾的是蹇先艾尝试走新诗格律化道路，认同闻一多主张的诗歌“三美”并不坚决，到底还是没有走通，始终有所怀疑。1930年后蹇先艾放弃了写诗，事后他自己有一个夫子自道：“归纳起来，我不再写新诗的原因有三：一是我发觉我根本没有写诗的才能；二是摸索了几年，我决定不了写新诗到底应当采取什么体裁，也就是说，并没有找到途径；三是‘五四’中期和我一起写诗的师友已经凋谢殆尽了。”②

第三个阶段是蹇先艾在1945年主编《贵州日报》的“新垒”副刊时期。《贵州日报》聘请在贵州大学中文系工作的蹇先艾来主持副刊，副刊初办时来稿太少，好稿尤其缺乏，蹇先艾想起在大后方重庆、昆明的文朋诗友，先后发出大量信件去求援。茅盾、巴金、沈从文、李健吾、沙汀、艾芜、端木蕻良、熊佛西、李广田、陈敬容、彭燕郊、靳以等人

① 蹇先艾：《忆闻一多同志》，许毓峰等编：《闻一多研究资料》，北岳文艺出版社1986年版，第177~178页。

② 蹇先艾：《我与新诗——“五四”琐忆之三》，宋贤邦、王华介编：《蹇先艾、廖公弦研究合集》，贵州人民出版社1985年版，第100页。

都在《新垒》副刊发表过作品，都是蹇先艾去信约稿的缘故。可惜“新垒”副刊上没有刊出过闻一多本人的文章。在《新垒》副刊上，主编蹇先艾以“赵休宁”的笔名写了一组以“叹逝”为副题的系列文章，主题是怀人忆旧，此组文章一共十篇，分别回忆了徐志摩、朱湘、朱大枬、石评梅、胡也频、庐隐、刘梦苇、闻一多、夏丏尊等人。这一些人都是已去世的文坛故人，以蹇先艾20年代在北京从事诗歌创作的小伙伴为主。这些史料文字，虽然是公开发表，但大多已消失在故纸堆中，相当了当代文学中的私人性史料。其中，《记诗人闻一多——叹逝之九》①一文发表于1946年7月29日，在闻一多遇害不到半个月之后就第一时间写完并及时刊登出来，应该是悼念闻一多比较早的作品。“由于话语立场的私人化，这些私人性文学史料中的许多文字表达的只是叙述者的一己之见，并不可避免地打上特定时代的烙印”②。蹇先艾的回忆文章，虽然是“叙述者的一己之见”，但真实、生动，因没有过滤过而具有特殊的史料价值。可资比较的如外国友人罗伯特·白英对闻一多的回忆和评价，称闻一多是“伟大的学者”“最受欢迎的教授”“觉醒的中国”的探索者。③ 罗伯特·白英与西南联大时的闻一多来往甚密，这一评价也自有其价值。蹇先艾的文章显然带有一定的时空距离，两者不可同日而语。蹇先艾在《记诗人闻一多——叹逝之九》一文中，从闻一多被刺身亡开始写起，回忆了以前一起共事的场景，对闻一多的诗歌创作分为三个时期，逐一分析了每个时期的特色和局限。对闻一多的形象、个性、追求也有所涉及。比如闻一多的日常形象：“不大修边幅，头发蓄得很长，永远穿着一件破旧的长衫，有时套上一件油渍的青色马褂。”又比如诗歌创作及作品评价：“他是《诗刊》最有力的分子，大家常常称道他的杰

① 蹇先艾(发表时署笔名赵休宁)：《记诗人闻一多——“叹逝之九”》，《贵州日报·新垒》1946年7月29日第131期。

② 吴秀明主编：《中国当代文学史料问题研究》，中国社会科学出版社2016年版，第83页。

③ 汪云霞：《论罗伯特·白英的闻一多书写》，《江汉论坛》2021年第11期。

作《死水》与《春光》”，“非常注重格律，尤刻意于文字的雕琢。”“不过我们常常也这样批评说：‘一多的诗是成熟了，但是太重意□，且锤炼过甚，恐怕不能多产。这是一条窄路。’”“作品写得真少，然而写得真认真。”“最有名的，也最令人感动的是那首《发现》。”对于闻一多诗歌创作的三个时期，蹇先艾是分为红烛时期、爱国诗时期和死水时期。闻一多在昆明于1946年7月15日被杀害，居于贵阳的蹇先艾在7月17日就写了此文，对反动当局的愤恨也是溢于言表的：“唉！一多死得是多么地可惜！□□□凶手刺杀一位文人，又是多么地愚笨与可笑啊！”

值得补充的是，1979年蹇先艾写了《忆闻一多同志》一文，纪念闻一多诞辰八十周年，此文后来收录进入三联书店出版的《闻一多纪念文集》，也收入了贵州人民出版社出版的《蹇先艾廖公弦研究资料》一书。比较这两篇文章，区别还是十分明显的。“并不是所有历史的书写都是真实的、无所怀疑的。从专业角度看都会存在对人物评价、事实厘定的不同意见的争论。”“历史的书写容易表现为历史书写者的话语权。”①诚然，即使是同一位历史的书写者，也因为时代、背景、语境、地位等不同而有所歧异，“话语权”的表现方式也并不雷同。

总之，从文字之交开始，以文字之交结束。在诗歌创作上，两人的交集也算得上是坦诚相待、不分彼此。

三、格律与语言：两人诗学上的多维比较

20世纪20年代中期闻一多、徐志摩因为主张新诗格律化，引领了诗坛一时之潮流。蹇先艾耳濡目染，自然也有较多相近之处。蹇先艾尝试新格律诗的创作，遵循闻一多提出的音乐美、建筑美、绘画美这一主张，在自己的新诗尝试中加以认真探索。在新诗格律化的道路上，相比

① 陈先达：《历史与历史的书写》，《贵州师范大学学报（社会科学版）》2021年第3期。

之下蹇先艾较多地肯定了刘梦苇的功绩，刘梦苇作为新诗形式主义的先行者，很长一段时间以来都没有得到新诗史充分的肯定，但在当时的小圈子内却有多人对他有较高的评价。这一评价也包括蹇先艾对刘梦苇的看法在内，原因似乎在于蹇先艾的经历和刘梦苇相似，两人是知音也是密友，都失去父母成为孤儿，两人关系也十分融洽，于蹇先艾而言，其亲近程度在闻一多之上。刘梦苇因病去世很早，诗集《孤鸿》也阴差阳错没有出版问世，在新格律诗方面没有充分展开的机会便萎谢了。在诗歌内容方面，蹇先艾反复书写的是孤独者之歌，虽然也写民众疾苦、写百姓悲苦命运、写人生无常，但侧重于个人的爱情、青春、愁苦之类。正可谓整个基调“偏重于个人忧郁、感伤情绪的抒发”①。这些元素在刘梦苇的诗歌中也不难发现同样的类同化现象。

蹇先艾的诗歌作品语言较为单一，变化性不大。相比之下，闻一多的诗歌语言是变化丰富的且有理论支撑的，经历了“四原素”语言阶段、“杂语”式语言阶段和“鼓点”式语言阶段②。因此，比较蹇先艾和闻一多诗歌的格律和语言，必须在以上背景下进行整体观照，才能从细的方面进行具体呈现。

1. 重视新诗的外在形式、格调

蹇先艾在创作新诗时，对外在形式、建筑美式的格律化比较看重。仅以他们共同的园地《晨报副刊·诗镌》为例子，此副刊一共出版 11 期。在徐志摩草拟的发刊词——《诗刊弁言》之中，就大胆宣称“要把创格的新诗当作一件认真事情做”。闻一多在此副刊还发表了《诗的格律》，提出“三美”主张并予以反复尝试。《诗镌》停刊后，徐志摩总结时称“同人中最卖力气的要首推饶孟侃和闻一多两位”。在《诗镌》刊行的

① 王刚、曾祥铣：《黔北 20 世纪文学史》，贵州教育出版社 2001 年版，第 31 页。

② 肖学周：《试论闻一多的诗学语言观念及其发展轨迹》，《文学评论》2013 年第 1 期。

前后，蹇先艾的诗作基本也是如此，个别诗作像闻一多的《死水》一样，整整齐齐，完全是豆腐干式的诗作。譬如代表作品《孤独者之歌》，一共五节，每节四句，押韵、整齐。《回去!》一共六节，每节四句，每行字数基本相同，偶句押韵。《江上》一共六节，押韵方式是 AABB 形式。《寄韵》一共四节，每节六行，每一节都是参差排列，整体上对仗工整，也讲究押韵。《老槐吟》《一片红叶》《春晓》《雨晨游龙潭》等一大批诗作，基本都是以格律化的模式出现。

2. 重视诗的音乐性，这一方面可以从两个方面来展开

第一，结合闻一多的音乐的美，集中在音节的种种试验上。饶孟侃也有《新诗的音节》《再论新诗的音节》等文，可见当时的风气。在蹇先艾看来，理想的新诗除了要有想象、情感之外，“第三应当看诗的表现方面格调好不好，音节调协不调协，可不可以拿在口里高声诵吟？用字是臻于美丽的境界与否？用字对诗比小说还要重要”①。第二，在《诗镌》刊行之时，遵循口语为上的原则也较为典型，包括方言入诗的尝试，方言入诗包括土白入诗、土音入韵等。“与‘戏剧独白’往往伴随的‘土白入诗’，也活化了新诗的语言，提供了一条锤炼口语节奏的路径。”②《诗镌》上曾刊出了饶孟侃的诗话，题目是《新诗话·土白入诗》，主张土白入诗，认为土白诗大有前途，号召大家尝试。而且，饶孟侃认为新诗的语言用土白去写是最难做的，他举的例子是徐志摩的硖石土白诗《一条金色的光痕》，闻一多用北平土白写的《天安门》。也许是圈子中诗友的影响，蹇先艾也用遵义土白来尝试过，《回去!》这一诗的题目下注明为遵义土白，也算是蹇先艾的跟风现象。《回去!》一诗一共六节，每节四行，夹杂了很多土白词汇。比如第一、二节诗中，便标注了八个方言词汇的“注释”，形成一种副文本现象。

---

① 蹇先艾：《文艺的欣赏谈》，《晨报副刊》1927 年 5 月 28 日第 1577 号。

② 姜涛：《被历史的钢针碰响：“三一八”、闻一多与〈诗镌〉的创立》，《华中师范大学学报(人文社会科学版)》2022 年第 3 期。

3. 其他诗歌创作方面

蹇先艾和闻一多的交往时间并不太长，受到了不少影响与启示，但似乎并不具有持续性。虽然蹇先艾诗歌创作时间有数年之久，公开发表的诗作也不少，但一直有所游离。从诗歌创作主要倾向来看，蹇先艾在形式上还是主张走较为灵活的道路，并没有严格遵循豆腐干式的“建筑美”风格。在“音乐美”方面，也讲究押韵，押韵方式较多，并不拘泥某一固定格式。形象地说，他对刘梦苇、徐志摩的诗歌格律化主张要亲近一些，对闻一多严谨的格律化主张则有所疏离。仅仅以刘梦苇对蹇先艾的影响而言，蹇先艾记忆深处仍是读了刘梦苇公开发表的诗作如《吻之三部曲》《铁道行》等的美好印象，在诗歌理想、诗学主张上也有很多相合之处。刘梦苇去世 20 年之后，蹇先艾在回忆文章中仍然十分推崇刘梦苇的诗，认为刘梦苇在诗歌上的天才“远在当时诗刊的那班朋友之上”，并认为“闻一多太雕琢”①，从中可见窥见蹇先艾的诗学判断与优劣比较。回到文学历史的情境，回到具体的文本，在 1940 年代的蹇先艾心目中，竟是这样一幅与后来语境下有很大不同的历史画面，这一历史画面不只是人际交往，不只是褒贬不一的判断，而是接近原生态的一种客观存在。

结　　语

平行比较蹇先艾与闻一多的人生经历和诗歌创作，显然是站在蹇先艾这一角度来立论。闻一多是《红烛》《死水》的作者，在新诗史上的名声和成就明显超过蹇先艾，其高度不是后者所能达到的。闻一多的诗歌以爱国主义著称，诗的内容厚重，“三美”主张一以贯之，诗歌风格也

① 蹇先艾(发表时署笔名赵休宁)：《孤鸿——“叹逝”之七》，《贵州日报·新垒》1945 年 10 月 2 日第 66 期。

有压实之感。蹇先艾的诗歌蕴藏着小我的哀怨，是个人化的私语，在内容与形式上也有不太吻合之处。不过，在人生经历和诗歌创作上，他们两人都有不少交集，其交往、情怀都值得我们认真地记上一笔。特别是记录两人交往中的原始史料，也提供了某种不一样的声音，同样值得参照和思考。

闻一多的新诗批评之于新时代文艺批评的启示

刘继林
（湖北大学）

在中国共产党建党一百周年之际，我们文艺工作者应站在“两个一百年”历史交汇节点的高度来学习、认识和思考文艺创作与文艺批评的相关问题。全面梳理一百年来中国共产党领导中国文艺走过的艰苦卓绝、灿烂辉煌的历程，系统总结百年中国文艺的重大成就和历史经验，深入研究百年中国文艺的历史、谱系、元典、经典、基因、精神、意义、价值等。以史为鉴，开创未来。我们除了重点学习习总书记关于新时代文艺工作的有关论述外，还应从公认的世界文明成果、优秀的中国传统文化、灿烂的百年党史中汲取文艺滋养，加强文艺评论的思想理论指导、精神价值引领、批评氛围营造和中国路径探索，凝聚起新时代中国文艺磅礴健康发展的强劲动力。

在百年中国文艺批评史上，鲁迅、郭沫若、茅盾、瞿秋白、周扬、李健吾、朱自清、沈从文、朱光潜、胡风、冯雪峰、何其芳、邵荃麟、张光年、钱谷融、秦兆阳、周勃等都是有重要影响的文艺批评家，为20世纪中国文论的现代转型与本土建构作出了重要贡献。而今天笔者要重点论及的闻一多，是从湖北走出来的著名学者、诗人、爱国主义者、民主战士。在中国现代文学史、中国现代学术史上，闻一多都留有重要的印迹，是湖北的重要文化名人。从严格意义上讲，闻一多似乎算不上著名的文艺批评家。但他早期的好几篇新诗批评文章，却称得上文艺批评的“经典”，值得我们今天特别注意，好好学习。

1920年代初，也就是闻一多在清华学校读书到赴美留学这段时间，他一直保持着对新诗的高度热情，除了创作出诗集《红烛》和《死水》的部分诗篇外，还密切关注新诗的发展动态，先后写过好几篇新诗批评文章，如《敬告落伍的诗家》(1921年)、《评本学年〈周刊〉里的新诗》(1921年)、《〈冬夜〉评论》(1922年)、《〈女神〉之时代精神》(1923年)、《〈女神〉之地方色彩》(1923年)、《泰果尔批评》(1923年)、《诗的格律》(1926年)等。① 这些写于大约一百年前的批评文章，不像某些“速朽”的文字，如过眼云烟，很快就被历史所淹没、被时代所抛弃。闻一多的这些新诗批评文字，有短有长，有点有面，有感性的褒贬，更有理性的建构，对我们今天如何更好地开展文艺批评实践具有重要的参考价值和启示意义。

一是批评的立场和态度鲜明，敢于亮观点、讲真话。闻一多的新诗批评倡导什么，反对什么；喜欢什么，厌弃什么，大多开门见山，一目了然，从不遮遮掩掩，字里行间充溢的是一种令人敬畏的“批评精神”。在《敬告落伍的诗家》中，闻一多旗帜鲜明站在新文学的立场上，“诚诚恳恳地奉劝那些落伍的诗家”，“若要真作诗，只有新诗这条道走，赶快醒来，急起直追，还不算晚呢。”在《〈冬夜〉评论》一文的最后，闻一多直接指出俞平伯的诗集《冬夜》之问题所在：“一言以蔽之，太忘不掉这人间世。但追究其根本错误，还是那‘诗的进化的还原论’”，“他那谬误的主义一天不改掉，虽有天才学力，他的成功还是疑问。”在《〈女神〉之时代精神》一文中，闻一多径直地表达了对郭沫若的崇拜，夸赞“《女神》真不愧为时代底一个肖子”，其精神完全是“二十世纪底时代精神”。在《〈女神〉之地方色彩》中，却又直截了当地指出《女神》存在“不独形式十分欧化，而且精神也十分欧化”的问题和缺陷。在《泰果尔批

① 详见闻一多：《闻一多全集》第2卷，湖北人民出版社1993年版。

评》中，闻一多直陈诺贝尔文学奖获得者“泰果尔底诗之所以伟大是因为他的哲学，论他的艺术实在平庸得很”，因为“泰果尔底文艺最大的缺憾是没有把捉到现实”，等等。其实，文艺批评就应该像闻一多那样，在艺术质量和水平上敢于实事求是，褒优贬劣、激浊扬清，对各种不良文艺作品、文学现象，敢于表明态度，表明立场，敢于开炮，敢于亮剑。而这正是我们今天的文艺评论所缺乏的。

二是批评的思想和理念创新，问题意识、本土意识强。1920 年代初，新诗尚处于倡导起步阶段，新诗批评大多停留在新旧争论的层面——语言是文言还是白话、诗体是格律还是自由、内容是贵族还是平民。相比较而言，闻一多的新诗批评却多有创新和突破，探讨的是新诗更为内在、更为本质的问题。在《评本学年〈周刊〉里的新诗》中，闻一多讨论的是诗的价值和诗歌批评的侧重点问题：“诗的真价值，在内的原素，不在外的原素”，诗歌批评“首重幻象、情感，次及声与色的原素”。在《诗歌节奏的研究》提纲中，闻一多是从“美”“情感”“想象”等角度概括诗歌节奏的作用。在《〈冬夜〉评论》中，闻一多强调批评不能“凑热闹”，要能“虚心下气地就正于理智的权衡”。在《〈女神〉之地方色彩》中，在指出《女神》存在严重欧化问题的同时，强调新诗创作中的“中国意识”：“要时时刻刻想着我是个中国人，我要做新诗，但是中国的新诗”，“不但新于中国固有的诗，而且新于西方固有的诗”。在这个意义上，我们可以说闻一多是中国最早具备“本土意识”“地方色彩”的新诗人，这与他身上深厚的中国传统文化根基和浓郁的爱国主义色彩是一致的。也正基于此，闻一多在新诗的中与西、传统与现代、本土性与世界性等问题上就有了更多独立、辩证、创新的思考。

三是批评的标准原则客观中正，理性而又辩证，经得起时间和历史的检验。在《敬告落伍的诗家》中，闻一多强调“要作诗，定得作新诗”，积极引导中国诗歌的现代转型。最值得注意的是，闻一多 1923 年先后创作了两篇关于郭沫若诗集《女神》的评论文章：《〈女神〉之时代精神》和《〈女神〉之地方色彩》。这两篇文章都刊载在创造社的刊物《创作周报》上，一前一后，一褒一贬，相反相成，别有意味。前者高度肯定了郭沫若及《女神》的“新”：“若讲新诗，郭沫若君的诗才配称新呢……”后者却对郭沫若及《女神》的欧化倾向给予了严肃的批评，进而提出新诗要“保存本地的色彩”与“吸收外洋诗的长处”相结合，“要做中西艺术结婚后产生的宁馨儿”。1923 年底，远在大洋彼岸的闻一多听说著名诗人泰戈尔受中国文化界的邀请将访中国，国内的“泰戈尔热”近于鼎沸之时，他却近乎不合时宜地写了一篇《泰果尔批评》，毫不避讳地直陈泰戈尔文艺的短处、缺憾与不足，给泰戈尔的“粉丝”泼了一瓢冷水，并强调“我们要的是明察的鉴赏，不是盲目的崇拜”，应当“保持一种纯客观的，不关心的 disinterested（不偏不倚的、公正的、无私欲的）态度”。这种趋新却不赶潮、尚美却不媚俗的批评精神是值得充分肯定的。

四是批评的理论建构，从实践中来，到实践中去。闻一多通过对《清华周刊》、俞平伯、郭沫若、泰戈尔等的个案批评，开始逐步形成自己独特的新诗批评理念，并尝试建构自己的诗学理论。如在《〈女神〉之地方色彩》中，闻一多从时间和空间的维度来建构自己的“生命诗学”观：“诗同一切的艺术应是时代底经线，同地方底纬线所编织成的一匹锦。……生命又不过时间与空间两个东西底势力所遗下的脚印罢了。……我们的新诗人若时时不忘我们的‘今时’同我们的‘此地’，我们自会有了自创力，我们的作品既不同于今日以前的旧艺术，又不同于中国以外的洋艺术，这个然后才是我们翘望的新艺术了！”在《泰果尔批评》中，“生命诗学”得到更进一步细化：“文学是生命底表现。……文学底宫殿必须建在生命底基石上。……我们要看看人底举动，要听听人底声音，才能安心。”在《诗的格律》中，他没有像当时的大多数新诗人那样，将格律视为阻碍新诗发展的“脚镣”，而是将之作为“表现的利器”：“恐怕越有魄力的作家，越是要戴着脚镣跳舞才跳得痛快，跳得好……对于不会作诗的，格律是表现的障碍物；对于一个作家，格律便成了表现的利器”，并强调新格律诗与旧格律诗本质上的差异，闻一多的“新格律诗学”理论在此基本成型。而且，闻一多的生命诗学与新格律诗学理论是与其新诗创作相互影响、相互作用的。《死水》一诗，闻一多自认为是“我第一次在音节上最满意的实验”①；而《色彩》一诗，就是闻一多对“生命”的最好阐释。

虽然1930年代之后，闻一多“唐贤读破三千纸，勒马回缰作旧诗”②，差不多就从新诗创作与批评中撤退出来，回归至古典文学的学术研究中去了。此后，就较少涉足新文学领域。但他零星地写有《〈烙印〉序》(1933年)、《〈西南采风录〉序》(1939年)、《时代的鼓手——谈田间的诗》(1943年)、《新诗的前途》(1944年)、《诗与批评》(1944年)等批评性文字，以及编选的《现代诗钞》等。这些既是其前期新诗批评的承续，也有新语境下文艺批评的发展。最为突出的是，闻一多更加重视时代、社会、人民赋予诗的意义，重视诗的社会价值、历史价值和人民立场。强调要用“历史来帮助我们了解我们的时代，了解时代赋予诗的意义，了解我们批评的态度”，“诗是与时代共同呼吸的，所以，我们时代不单要用效率论来批评诗，而更重要的是以价值论诗了，因为加在我们身上的将是一个新时代”，“诗是要对社会负责，所以我们需要批评”③。

今天，我们生活的时代是全球化、民族化、意识形态化的时代，也是科技人文大融合、价值伦理大冲突、网络信息大弥漫、消费娱乐大泛滥的时代。而其中，文艺、文化首当其冲。在互联网和新媒体的加持下，当下文艺评论界有鲁迅《骂杀与捧杀》④过之而无不及的种种乱象，

---

① 闻一多：《诗的格律》，《闻一多全集》第2卷，湖北人民出版社1993年版，第144页。

② 闻一多：《废旧诗六年矣，复理铅椠，纪以绝句》，《闻一多全集》第12卷，湖北人民出版社1993年版，第222页。

③ 闻一多：《诗与批评》，《闻一多全集》第2卷，湖北人民出版社1993年版，第220~221页。

④ 鲁迅：《骂杀与捧杀》，《鲁迅全集》第5卷，人民文学出版社2005年版，第615页。

有违文艺批评的道德底线。因而，我们十分有必要加强和改进新时代的文艺评论工作，弘扬中华美学精神，进行科学的、全面的文艺评论，发挥文艺的价值引导、精神引领、审美启迪作用。闻一多的新诗批评立场态度鲜明、思想理念创新、原则标准客观中正、理论实践联系紧密，经过近百年的淘洗，仍历久弥新，充溢着可贵的“批评的精神”，散发着永恒的“批评的光芒”。这一切，对我们今天文艺评论工作的全面开展和深入推进仍具有较大的启示意义。

本色是诗人

——闻一多庄屈阐释及其实践

刘保昌

（湖北省社会科学院）

闻一多留美期间曾经写信给好友自称为“一个孤苦伶仃的东方老憨”，这位出生于湖北浠水的著名诗人、学者、斗士，这位人格中烙上了鲜明的楚文化徽号的“文化爱国者”①，终其匆匆47载的人生历程，对庄屈的阐释贯穿始终，并在其诗学实践与人生发展中互为镜鉴，相互成就。郭沫若以闻一多的《人民的诗人——屈原》一文作为重要依据，将闻一多从庄子到屈原的文化转向，视为断裂式的突然转折，从个人主义到集体主义的凌空飞跃，却没有对其他也许更为重要的文献比如《屈原问题——敬质孙次舟先生》等给予足够的关注；朱自清注意到了闻一多诗人、学者、斗士“三重人格集合在他身上，因时期的不同而或隐或现”的融通性，却没有凸显其三重人格的主色调，没有揭橥其人生三阶段发展演变的内在理据。本文力图从闻一多的庄屈阐释及其人生实践的角度，探索闻一多人生道路选择、诗歌创作与学术创造的文化脉络，以就正于方家。

---

① 刘保昌：《闻一多的文化爱国祈向》，陆耀东、李少云、陈国恩主编：《2004年闻一多国际学术研讨会论文选》，武汉大学出版社2005年版。

一、诗人本色

闻一多终其一生，不失诗人本色。

众所周知，闻一多的人生历程大致可以分为三期，按照朱自清著名的说法，闻一多的诗人时期大约 4 年，从 1925 年加入《北平晨报》诗刊开始，到 1929 年担任青岛大学教授为止；学者时期大约 15 年，从 1929 年担任教授开始，到 1944 年担任西南联大教授为止；斗士时期大约 2 年，从参加西南联合大学五四历史晚会开始，到 1946 年被反动特务暗杀为止。三个时期中，以学者时期最长。诗人、学者、斗士构成闻一多的人格底色，“这三重人格集合在他身上，因时期的不同而或隐或现”①，而诗人本色则贯彻始终。

诗人时期的闻一多，当然不失诗人本色，其诗集《红烛》《死水》为中国文学史贡献了许多不朽的名篇。闻一多的诗作，充满力量感，有备受压抑的冲动，我们从其更具私密性的书信文字中不难发现其通向“斗士”的秘径。闻一多曾经在写给臧克家的信中说：“我只觉得自己是座没有爆发的火山，火烧得我痛，却始终没有能力(就是技巧)炸开那禁锢我的地壳，放射出光和热来。只有少数跟我很久的朋友(如梦家)才知道我有火，并且就在《死水》里感觉出我的火来。”②《死水》写道：“这是一沟绝望的死水，/这里断不是美的所在，/不如让给丑恶来开垦，/看他造出个什么世界。”这团被压抑的斗士的烈火，隐藏在“绝望的死水”的最深层，隐藏在《静夜》里“辽阔的边境”之中，“静夜！我不能，不能受你的贿赂。/谁稀罕你这墙内方尺的和平！/我的世界还有更辽阔的边境。/这四墙既隔不断战争的喧嚣，/你有什么方法禁止我的心

---

① 朱自清：《朱序》，《闻一多全集》第 1 卷，生活·读书·新知三联书店 1982 年版，第 13 页。

② 闻一多：《给臧克家先生》(1943 年 11 月 25 日)，《闻一多全集》第 3 卷，生活·读书·新知三联书店 1982 年版，第 638 页。

跳?”这是唯美的、新月派诗人的火气。

学者时期的闻一多研究对象也多为诗人、诗歌，如《歌与诗》《人民的诗人——屈原》《什么是九歌》《怎样读九歌》《诗经新义》《诗经通义》《诗新台鸿字说》《离骚解诂》《天问释天》《楚辞校补》《类书与诗》《宫体诗的自赎》《孟浩然》《贾岛》《杜甫》《英译李太白诗》《时代的鼓手》《诗的格律》《艾青和田间》等俱为学术史上的名篇，同时也是中国诗歌研究史中的力作。此外，闻一多的学术研究论文在形式上“并不规范”，而多采用诗性文体，惯常使用诗意化的笔调，如《说舞》起首描写澳洲的“科罗泼利舞”：“灌木林中一块清理过的地面上，中间烧着野火，在满月的清辉下吐着熊熊的赤焰。现在舞人们还隐身在黑暗的丛林中从事化装。野火的那边，聚集着一群充当乐队的妇女。忽然林中发出一种拆裂声。紧跟着一阵沙沙的摩擦声——舞人们上场了。闯入火光圈里来的是三十个男子，一个个脸上涂着白垩，两眼描着圈环，身上和四肢画着些长的条纹。此外，脚踝上还系着成束的树叶，腰间围着兽皮裙。这时那些妇女已经面对面排成一个马蹄形。她们完全是裸着的。”①即便是对“舞”作科学的定义时，闻一多也采用诗意的笔法，“舞是生命情调最直接，最强烈，最尖锐，最单纯而又最充足的表现。生命的机能是动，而舞便是节奏的动，或更准确点，有节奏的移易地点的动，所以它直是生命机能的表演。但只有在原始舞里才看得出舞的真面目，因为它是真正全体生命机能的总动员，它是一切艺术中最大综合性的艺术”②。《杜甫》写道：“最好是等八月来，枣子熟了，弟妹们只顾要枣子吃；枣子诚然好吃，但是当哥哥的，尤其筋强力壮的哥哥，最得意的，不是吃枣子，是在那给弟妹们不断的供应枣子的任务。用竹篙子打枣子还算本领。哥哥有本领上树，不信他可以试给他们看看。上树要上到最高的枝

① 闻一多：《说舞》，《闻一多全集》第1卷，生活·读书·新知三联书店1982年版，第193页。

② 闻一多：《说舞》，《闻一多全集》第1卷，生活·读书·新知三联书店1982年版，第195页。

子，又得不让枣刺轧伤了手，脚得站稳了，还不许踩断了树枝，然后躲在绿叶里，一把把的洒下来；金黄的，朱砂的，红黄参半的枣子，花花剌剌的洒将下来，得让孩子们抢都抢不赢”，“最有趣的，是在树顶上站直了，往下一望，离天近离地远，一切都在脚下，呼吸也轻快了，他忍不住大笑一声，那笑里有妙不可言的胜利的庄严和愉快。便是游戏，一个人的地位也要站得超越一点，才不愧是杜甫”。① 这种酣畅淋漓的诗性表达，岂是那些循规蹈矩、墨守成规的书斋腐儒所能为之？在此意义上，闻一多的研究成果可以称为“诗人学术”。

闻一多经过十多年钻研故纸堆的学者生涯后，智性的冷静依然无法掩盖诗人的激情与斗士的锋芒，他在写给臧克家的信中说：“你们作诗的人老是这样窄狭，一口咬定世上除了诗什么也不存在。有比历史更伟大的诗篇吗？我不能想象一个人不能在历史(现代也在内，因为它是历史的延长)里看出诗来，而还能懂诗”，“你不知道我在故纸堆中所做的工作是什么，它的目的何在?”“因为经过十余年故纸堆中的生活，我有了把握，看清了我们这民族，这文化的病症，我敢于开方了。方单的形式是什么——一部文学史(诗的史)，或一首诗(史的诗)，我不知道，也许什么也不是”，又说，你“当我是一个蠹鱼，不晓得我是杀蠹的芸香”②。朱自清评论说此期的闻一多“学者中藏着诗人，也藏着斗士”③，这是恰如其分的。

据《联大八年·事略》记载：“闻先生自从美国归国任教后，二十余年，从不过问政治。到抗战后期，因为目睹国内政治腐化，贪污遍地，物价暴涨，民不聊生，蹙然忧之。民国三十二年秋天，闻先生的一位在教导团从军的侄儿，经过昆明时，历历为先生陈述军队中的腐化，黑暗

① 闻一多：《杜甫》，《新月》1928年8月10日第1卷第6期。

② 闻一多：《给臧克家先生》(1943年11月25日)，《闻一多全集》第3卷，生活·读书·新知三联书店1982年版，第638页。

③ 朱自清：《朱序》，《闻一多全集》第1卷，生活·读书·新知三联书店1982年版，第14页。

龌龊，先生大受刺激，于是闭门不出，深思七日，考虑其今后的人生态度，应该像过去一样埋头书斋不问世事，抑应该走出书斋，仗义执言。深思了七天以后，他觉得他不只应该做个研究学问的读书人，而且更应该以一个国民的身份去关心政治，于是他不时应联大学生自治会之邀，出席讲演时事及政局问题。”①表面看来是受黑暗现实的刺激，是深思七日后的理性选择，其实仍是诗人精神历史发展的必然规律。

我们注意到，闻一多以诗人、学者身份投入现实政治斗争，走的仍然是“诗人论政”“学者论政”的路子，而殊少纵横捭阖、诡道阴谋的“韬略”，最后一次演讲后遭遇暗杀是他“求仁得仁”的结果，“美丽的毁灭”②冲动从诗人时期即已萌芽滋长，如《死》描写诗人沉沦于爱情时“向死的冲动”：“让我淹死在你眼睛底汪波里！/让我烧死在你心房底熔炉里！/让我醉死在你音乐底琼醪里！/让我闷死在你呼吸底馥郁里！”“不然，就让你的尊严羞死我！/让你的酷冷冻死我！/让你那无情的牙齿咬死我！/让你那寡恩的毒剑螫死我！”《红烛》渴望借由燃烧“躯体”达到“点着灵魂”的目的；《李白之死》《剑匣》《火柴》《烂果》《梦者》反复书写死亡的魅惑，《也许》《忘掉她》《我要回来》想象死亡的宁静，长眠大地可以听到“蚯蚓翻泥”“小草吸水”的声音。《奇迹》歌颂“刹那的永恒”，“让雷来劈我，火山来烧，全地狱翻起来/扑我”，而“罡风/吹不熄灵魂的灯，愿这蜕壳化成灰烬/不碍事，因为那，那便是我的一刹那/一刹那的永恒”。在《文艺与爱国——纪念三月十八》一文中，闻一多同意德林克瓦特的说法，“爱国精神在文学里，可以说是与四季之无穷感兴，与美的逝灭，与死的逼近，与对妇人的爱，是一种同等重要的题目”，在爱国精神的激荡下，文艺家们产生剧烈的“同情心”，“也许有时仅仅一点文字上的表现还不够，那便非现身说法不可了。所以陆

① 《联大八年·事略》，《闻一多全集》第1卷，生活·读书·新知三联书店1982年版，第26页。

② 孔庆东：《美丽的毁灭——闻一多的死亡意识》，《江汉论坛》1999年第12期。

游一个七十衰翁要‘泪洒龙床请北征’，拜伦要战死在疆场上了。所以拜伦最完美，最伟大的一首诗，也便是这一死。”①《论文艺的民主问题》则说：“在大变革的时期，一定需要大牺牲，不能顾忌太多。”②这种冲动激锐的政治实践方式、“现身说法”不惜殒身的决绝，以死写就最伟大诗篇的价值衡量标准，毫无疑问正是诗人的理性选择和诗意化的人生实现方式，因此，闻一多称得上是“诗人斗士”。

二、庄屈一体

庄子和屈原的作品，同为楚文化的重要组成部分。庄子生于宋国，游于楚国，因此王国维在《静庵文集·国朝汉学派戴阮二家之哲学说》“老庄之徒生于南方”句注中开宗明义云：“庄子楚人，虽生于宋而钓于濮水，陆德明《经典释文》曰‘陈地水也’，此时陈已为楚灭，则亦楚地也，故楚王欲以为相。”斯时派出驷马高车欲请庄子入朝为相的楚王，就是楚威王，但为庄子婉拒，“宁游戏污渎之中自快，无为有国者所羁，终身不仕，以快吾志焉”(《史记·老子韩非列传》)；一入太庙，即为牺牲，庄子“宁其生而曳尾于涂中”(《庄子·秋水》)。庄子生当楚宣王、威王之世，楚国尚有攻灭越国的重大胜利，社会层面尚有意气风发的豪迈，亦有放浪江湖纵身大化的优容空间。而屈原则成长于楚怀王、顷襄王之时，国势日衰，在与秦国的军事、外交斗争中屡屡败北，社会风气腐败奢靡暮气沉沉，末世气氛浓郁，民众慌慌。闻一多从庄子到屈原的转向，并非飞跃，“道行之而成”，乃是其人生发展的必然阶段。庄屈的共性在于对人生的挚烈深情。而屈原的“行义”胜于“文采”，愿意为和平民主牺牲个人，这一点为闻一多所激赏。

① 闻一多：《文艺与爱国——纪念三月十八》，《晨报副刊·诗镌》1926年4月1日第1号。

② 闻一多：《论文艺的民主问题》，上海《文汇报·新文艺》1946年3月24日第4期。

英国艺术史家苏立文说过："如果前223年获胜的不是来自西方的凶猛的秦国，而是这些相对来说文化程度更高、更开化的人们(笔者注：指楚国人)的话，中国文化的轨迹将会发生何等变化!"①闻一多不仅赞美庄子汪洋恣肆的文采，而且同情他高远博大的道家思想，在《庄子》中说："有大智慧的都会认识道的存在，信仰道的实有，却不像庄子那样热忱的爱慕它。在这里，庄子是从哲学又跨进了一步，到了文学的封域。他那婴儿哭着要捉月亮似的天真，那神秘的怅惘，圣睿的憧憬，无边际的企慕，无涯岸的艳羡，便使他成为最真实的诗人"②；闻一多特别强调庄子伟大的真情，"庄子的著述，与其说是哲学，毋宁说是客中思家的哀呼，他运用思想，与其说是寻求真理，毋宁说是瞻望故乡，咀嚼旧梦。他说'卮言日出，和以天倪，因以曼衍，所以穷年'，一种客中百无聊赖的情绪完全流露了。他这思念故乡的病意，根本是一种浪漫的态度，诗的情趣。并且因为他钟情之处，'大有径庭，不近人情'，太超忽，太神秘，广大无边，几乎令人捉摸不住，所以浪漫的态度中又充满了不可逼视的庄严。是诗便少不了那一个哀艳的'情'字。《三百篇》是劳人思妇的情；屈宋是仁人志士的情；庄子的情可难说了，只超人才载得住他那种神圣的客愁。所以庄子是开辟以来最古怪最伟大的一个情种"③；闻一多谈到阅读庄子时从"愉快"到"惊异"再到"乐不可支"的感受："读《庄子》的人，定知道那是多层的愉快。你正在惊异那思想的奇警，在那踌躇的当儿，忽然又发觉一件事，你问那精微奥妙的思想何以竟有那样凑巧的曲达圆妙的辞句来表现它，你更惊异；再定神一看，又不知道那是思想那是文字了，竟许什么也不是，而是经过化合作用的第三种东西，于是你尤其惊异。这应接不暇的惊异，使你加倍地愉快，乐不可支。这境界，无论如何，在庄子以前，绝对找不到，以

① [英]迈克尔·苏立文：《中国艺术史》，徐坚译，上海人民出版社2014年版，第65~66页。

② 闻一多：《庄子》，《新月》1929年11月10日第2卷第9期。

③ 闻一多：《庄子》，《新月》1929年11月10日第2卷第9期。

后，遇着的机会确实也不多。”①“文中之支离疏，画中的达摩，是中国艺术里最特色的两个产品。正如达摩是画中有诗，文中也常有一种‘清丑入图画，视之如古铜古玉’（龚自珍《书金伶》）的人物，都代表中国艺术中极高古，极纯粹的境地；而文学中这种境界的开创者，则推庄子。”②闻一多诗集《死水》中众多包含“以丑为美”价值及趣味的诗作，来源正在于此。

“中华民族的创造才能，历来受到《庄子》思维模式的激发，受到儒家思维模式的束缚，这个历史事实发人深省。”③庄子想象雄奇，王国维在《静庵文集续编·屈子文学之精神》中叹为观止：“南人想象力之伟大丰富，胜于北人远甚。彼等巧于比类，而善于滑稽。故言大则有若北冥之鱼，语小则有若蜗角之国，语久则大椿冥灵，语短则蟪蛄朝菌；至于襄城之野，七圣皆迷；汾水之阳，四子独往。此种想象，决不能于北方文学中发见之。”闻一多对庄子的欣赏与沉醉，受庄子不羁的想象与伟大的深情的影响，致力于现代文化的开拓与建设，致力于新诗格律化的实践与创造，同样是庄子思维模式在悠久文化传统中发生着遥远而重要的作用。

闻一多关于屈原的专题论述，主要有《人民的诗人——屈原》与《屈原问题——敬质孙次舟先生》等篇什。《人民的诗人——屈原》分析“屈原成为人民的屈原”的四个重要原因：一是屈原虽然是楚国的同姓贵族，却“早被打落下来，变成一个作为宫廷弄臣的卑贱的伶官”，这样在身份上“屈原便是属于广大人民群众的”；二是“屈原最主要的作品《离骚》的形式，是人民的艺术形式”，其较“次要的作品《九歌》，是民歌”；三是“在内容上，《离骚》无情地暴露了统治阶层的罪行，严正地宣判了他们的罪状”，“用人民的形式，喊出了人民的愤怒”；四是“屈

① 闻一多：《庄子》，《新月》1929年11月10日第2卷第9期。

② 闻一多：《庄子》，《新月》1929年11月10日第2卷第9期。

③ 张正明：《楚文化史》，上海人民出版社1987年版，第249页。

原的死，更把那反抗情绪提高到爆炸的边沿，只等秦国的大军一来，就用溃退和叛变方式，来向他们万恶的统治者，实行报复性的反击。历史决定了暴风雨的时代必然要来到。屈原一再的给这时代执行了‘催生’的任务”。这四个条件，缺一不可，使得屈原真正成为“人民的诗人”。与历史上的其他诗人相比，“尽管陶渊明歌颂过农村，农民不要他，李太白歌颂过酒肆，小市民不要他，因为他们既不属于人民，也不是为着人民的。杜甫是真心为着人民的，然而人民听不懂他的话。屈原虽没有写人民的生活，诉人民的痛苦，然而实质的等于领导了一次人民革命，替人民报了一次仇。屈原是中国历史上唯一有充分条件称为人民诗人的人”①。

更为详尽的分析则见于《屈原问题——敬质孙次舟先生》，闻一多开篇断言：“除一部分尚未达到奴隶社会阶段的原始民族外，全人类的历史便是一部奴隶解放史”。奴隶解放的序列，先是农业奴隶，次则工商业奴隶，最后才是“那贴紧的围绕着主人身边，给主人充厮役，听差遣，供玩弄和当清客”的“内廷帮闲奴隶”，这批奴隶“失去自由太久了，便也失去了对自由的欲望”。历史的辩证法在于，“奴隶制度不仅产生了文学艺术，还产生了‘人’”。作为“内廷帮闲”“文学弄臣”的屈原，“最突出的品性”，是他的“孤高与激烈”；这个文化奴隶、宫廷优伶在忘我的演出中，将“个人的身世，国家的命运，变成哀怨和愤怒，火浆似的喷向听众，炙灼着，燃烧着千百人的心”；这个“反抗的奴隶居然挣脱枷锁，变成了人”！闻一多说：“我们当怎样估计过去的每一个伟大的艺术家呢？高尔基指示我们说，应该从两方面来着眼，一方面是作为‘他自己的时代之子’，一方面就是作为‘一个为争取人类解放而具有全世界历史意义的斗争的参加者’。我们要注意，在思想上，存在着两个屈原，一个是‘竭忠尽智，以事其君’的集体精神的屈原，一个是‘露

① 闻一多：《人民的诗人——屈原》，《闻一多全集》第1卷，生活·读书·新知三联书店1982年版，第259~261页。

才扬己，怨怼沉江’的个人精神的屈原。在前一方面，屈原是‘他自己的时代之子’，在后一方面，他是‘一个为争取人类解放……的斗争的参加者’。他的时代不允许他除了个人搏斗的形式外任何斗争的形式，而在这种斗争形式的最后阶段中，除了怀沙自沉，他也不可能有更凶猛的武器，然而他确乎斗争过了，他是‘一个为争取人类解放而具有全世界历史意义的斗争的参加者’。如果我也是个‘屈原崇拜者’，我是特别从这一方面上着眼来崇拜他的。”①

从奴隶到人，从深情到抗争，从集体精神到个人精神，从文学弄臣到怨怼沉江，在这几组对立的词语中间，闻一多显然更加重视后者，即更加重视屈原的个人反抗、个人成长、个人解放、个人搏斗的伟大历史意义。在此背景下，抽象的“人民的诗人”的冠冕，显然遮挡不住其庄子式的深情与个人精神。清人龚自珍在《最录李白集》中说：“庄屈实二，不可以并，并之以为心，自白始。”李太白有效地打通了横亘于庄屈之间的文化壁垒，深挚的情感和张扬的个性就是一条畅通的隧道。庄屈一体，推陈出新，闻一多岂肯落后于他推崇备至的盛唐李太白。

三、民族文化现代化

作为打通中西熟谙古典的现代学人，闻一多擅长揭示民族文化的病症，开出的药方就是大胆地“受”。

闻一多在《女神之时代精神》②中肯定郭沫若新诗创作的“今时”性——现代精神，同时又在《女神之地方色彩》③中不吝严词批评其缺乏“此地”性——本土传统。兼容本土与现代，在中外古今的时空交融中创造现代文化，一直是闻一多的文化创造方向。

---

① 闻一多：《屈原问题——敬质孙次舟先生》，《闻一多全集》第1卷，生活·读书·新知三联书店1982年版，第258页。

② 闻一多：《女神之时代精神》，《创造周报》1923年6月3日第4号。

③ 闻一多：《女神之地方色彩》，《创造周报》1923年6月10日第5号。

闻一多花费很长时间从事考据工作，收获了巨大的成功，如《诗新台鸿字说解》释《诗经·邶风·新台篇》“鱼网之设，鸿则离之”的“鸿”为“虾蟆”或者“蟾蜍”；《天问释天》释“顾兔”为“蟾蜍的别名”，俱为不凡的学术发现与观念创新。闻一多的考据工作“承继了清代朴学大师们的考据方法，而益之以近代人的科学的细密”①。当然，由于历史条件的限制，特别是考古发掘工作的滞后，他的部分研究成果也有可以商榷之处，比如《龙凤》宣称“原始楚人也当是一个龙图腾的族团”，这个结论就与后来的考古发现不符，目前学术界普遍认为楚人的图腾是凤。此为小瑕，不足掩瑜。

闻一多擅长从本土传统文化中汲取养分，以资于现代化的新创造。《诗的格律》倡扬新诗创作的“三美”原则——“音乐美”（音节）、“绘画美”（词藻）、“建筑美”（节的匀称和句的均齐），顺便表达了对于文化传统的礼敬：“近来似乎有不少的人对于节的匀称和句的均齐表示怀疑，以为这是复古的象征。做古人的真倒霉，尤其做中华民国的古人！你想这事怪不怪？做孔子的如今不但‘圣人’‘夫子’的徽号闹掉了，连他自己的名号也都给褫夺了，如今只有人叫他作‘老二’；但是耶稣依然是耶稣基督，苏格拉提依然是苏格拉提。你作诗摹仿十四行体是可以的，但是你得十二分的小心，不要把它作得像律诗了。我真不知道律诗为什么这样可恶，这样卑贱！”②将民族文化传统弃之如敝屣，这是现代化进程中不少国人“心急”的操作，闻一多对此显然并不同意，他十分重视传统文化的现代性价值。

但同时，闻一多又十分警惕沉渣泛起的复古、死水无波的守旧。《复古的空气》说：“我得强调的声明，民族主义我们是要的，而且深信是我们复兴的根本。但民族主义不该是文化的闭关主义。我甚至相信正因我们要民族主义，才不应该复古。老实说，民族主义是西洋的产物，

① 郭沫若：《郭序》，《闻一多全集》第 1 卷，生活·读书·新知三联书店 1982 年版，第 3 页。

② 闻一多：《诗的格律》，《晨报副刊·诗镌》1926 年 5 月 13 日第 7 号。

我们的所谓‘古’里，并没有这东西。谈谈孔学，作作歪诗，结果只有把今天这点民族主义的萌芽整个毁掉完事。其实一个民族的‘古’是在他们的血液里，像中国这样一个有悠久历史的民族，要取消它的‘古’的成分，并不太容易。难的倒是怎样学习新的。”①他反对闭关主义，主张大胆地开放接受现代文明因素，实现民族真正的复兴。

这样，借鉴与创造、外来与本土、传统与现代、继承与扬弃，就立体综合地交融在一起，闻一多始终能够把握住文化创造的方向。闻一多在《楚辞校补·引言》中自陈其精研古籍、深入考据的“三个课题”乃在于“说明背景”“诠释词义”“校正文字”，但“为情势所迫”，“一时不能够全部完成”，乃采取“权变的办法”，“只好将最下层，也是最基层的第三项——校正文字的工作，先行结束，而尽量将第二项——诠释词义的部分容纳在这里”。考据工作的硕果，除了《楚辞校补》之外，还有《周易义证类纂》《诗经新义》《诗经通义》《庄子内篇校释》《离骚解诂》等。正是因为具有贯通古今的文化史视野和“说明背景”的考据学祈向，闻一多的考据工作迥异于当时的考据学家，不同于那些“旧式的或新式的卫道者”，“他虽然在古代文献里游泳，但他不是作为鱼而游泳，而是作为鱼雷而游泳的。他是为了要批判历史而研究历史，为了要扬弃古代而钻进古代里去刳它的肠肚的。他有目的地钻了进去，没有忘失目的地又钻了出来，这是那些古籍中的鱼们所根本不能想望的事”②。郭沫若说“他搞中文是为了‘里应外合’来完成‘思想革命’”③，可谓知人之论。

《女神之地方色彩》批评当时以郭沫若《女神》为代表的新诗创作缺

① 闻一多：《复古的空气》，《闻一多全集》第3卷，生活·读书·新知三联书店1982年版，第461页。

② 郭沫若：《郭序》，《闻一多全集》第1卷，生活·读书·新知三联书店1982年版，第5页。

③ 郭沫若：《郭序》，《闻一多全集》第1卷，生活·读书·新知三联书店1982年版，第6页。

乏“本地的色彩”的缺陷：“我总以为新诗径直是‘新’的，不但新于中国固有的诗，而且新于西方固有的诗；换言之，它不要作纯粹的本地诗，但还要保存本地的色彩，它不要做纯粹的外洋诗，但又尽量的吸收外洋诗的长处；他要做中西艺术结婚后产生的宁馨儿。我以为诗同一切的艺术应是时代的经线，同地方纬线所编织成的一疋锦，因为艺术不管它是生活的批评也好，是生命的表现也好，总是从生命产生出来的，而生命又不过时间与空间两个东西底势力所遗下的脚印罢了。”①闻一多主张在新诗写作中，“今时”与“此地”最好能够无间地结合，“《女神》底作者对于中国，只看见他的坏处，看不见他的好处。他并不是不爱中国，而他确是不爱中国的文化。我个人同《女神》底作者底态度不同之处是在：我爱中国固因他是我的祖国，而尤因他是有他那种可敬爱的文化的国家”，“爱祖国是情绪底事，爱文化是理智底事”，“东方的文化是绝对的美的是韵雅的。东方的文化而且又是人类所有的最彻底的文化”②。在对本土传统文化饱含深情地讴歌的同时，闻一多也不忘记从社会、政治层面对其进行深刻的批判。如《关于儒·道·土匪》就将儒家、道家、墨家径直称为“偷儿”“骗子”“土匪”，“捣乱分子墨家被打下去了”，剩下的儒家与道爱“本来不是绝对不相容的”，更何况“一个儒家做了几任‘官’，捞得肥肥的，然后撒开腿就跑，跑到一所别墅或山庄里，变成一个什么居士，便是道家了”，所以“讲起穷凶极恶的程度来，土匪不如偷儿，偷儿不如骗子，那便是说墨不如儒，儒不如道”③。文化传统是一回事，社会、政治传统又是一回事，文化上的深情留恋，无法代替社会、政治层面的深恶痛绝。

闻一多的现代文化视野又时时超越于“今时”“此地”，他在写给臧克家的信中说：“我始终没有忘记除了我们的今天外，还有那二千年前

---

① 闻一多：《女神之地方色彩》，《创造周报》1923年6月10日第5号。

② 闻一多：《女神之地方色彩》，《创造周报》1923年6月10日第5号。

③ 闻一多：《关于儒·道·土匪》，《闻一多全集》第3卷，生活·读书·新知三联书店1982年版，第472~473页。

的昨天，这角落外还有整个世界”①；在《文学的历史动向》中指出中国文化的未来发展方向，就是“世界文化”：“四个文化(笔者注，指中国文化、印度文化、以色列文化、希腊文化)，在悠久的年代里，起先是沿着各自的路线，分途发展，不相闻问。然后，慢慢的随着文化势力的扩张，一个个的胳臂碰上了胳膊，于是吃惊，点头，招手，交谈，日子久了，也就交换了观念思想与习惯。最后，四个文化慢慢的都起着变化，互相吸收，融合，以至总有那么一天，四个的个别性渐渐消失，于是文化只有一个世界的文化。这是人类历史发展的必然路线，谁都不能改变，也不必改变”②。在闻一多看来，身处浩浩荡荡的“世界文化”历史潮流之中，经由一度佛教、二度基督教的影响，小说戏剧已然成为世界文学的文类主流，中国新诗的发展方向就应该“尽量采取小说戏剧的态度，利用小说戏剧的技巧，才能获得广大的读众”③。他建议将大学课程体系设计中的中国文学系与外国语文系改为文学系与语言学系，以此破除“中西对立，文语不分”的观念壁垒，这正是在文化接受姿态上勇于“受”的具体表现。在中西古今文化之间融合创新，为我所用，为时所用，面向世界，面向未来，这就是闻一多为中国文化现代化建设开拓的路径。

① 闻一多：《给臧克家先生》(1943年11月25日)，《闻一多全集》第3卷，生活·读书·新知三联书店1982年版，第638页。

② 闻一多：《文学的历史动向》，《闻一多全集》第1卷，生活·读书·新知三联书店1982年版，第201页。

③ 闻一多：《文学的历史动向》，《闻一多全集》第1卷，生活·读书·新知三联书店1982年版，第205页。

选本、“以诗存史”与伟大抗战诗篇

——闻一多《现代诗钞》的选本学意义及其学术价值

程国君　徐　宁

（陕西师范大学　郑州高新区实验中学）

“评选的本子，影响于后来的文章的力量是不小的，恐怕还远在名家的专集之上，我想，这许是研究中国文学史的人们也该留意的吧”①“倘要看文艺作品呢，则先看几种名家的选本，从中觉得谁的作品自己最爱看，然后再看这一个作家的专集，然后再从文学史上看看他在史上的位置，倘要知道的更详细，就看一两本这人的传记，那便可以大略了解了”②。“《文选》烂，秀才半”“熟读唐诗三百首，不会写诗也会吟”。新文学的开山鲁迅是十分重视各种文学选本的价值的。他在《集外集·选本》《且介亭杂文二集·题未定草》《而已集·读书杂谈》等文中，还特别强调了选本在专集、文学史和文学传记之上的独特价值，就是说，鲁迅有其独特的选本“专论”。从学理上来看，这无非是因为对于一般接触文学（诗歌）的读者来说，面对不计其数而又纷繁复杂的文学典籍，往往如置身于茫茫大雾中，不知去向。而在这浩如烟海的文集（诗集）中，真正的好诗集并不多，真正好的诗人、真正好的诗作也是有限的。而且对于大部分读者来说，他们无法从众多作品中挑选出好的作品，一是个人或一般读者时间不允许，二是识见能力也不够。所以，选本对于

① 鲁迅：《鲁迅全集》第2卷，中国人事出版社1998年版，第1326页。
② 鲁迅：《鲁迅杂文全集》，九州图书出版社1996年版，第301页。

一般读者和研究者来说，是相当重要的。因此，如果这个工作有一些敏锐眼光、深厚文化素养的学者去做——为读者披沙炼金，选出好的选本，那么，它就相当值得了。再者，对于读诗的人来说，泛泛而读不如精读，精读就要有精选。而选本一般都是以“杰出”“佳作”的集聚，所选皆是诗人们艺术价值和有审美特色的作品，所以，阅读精选选本远比读他们的全集会得到更多的收获，获得更完美的阅读体验。选本的出现，当然各有目的。如由许德邻选编的现代新诗的第一部选本《分类白话新诗》，其选编目的就是“须要把白话文的声浪，竭力的提高来，竭力的推广来，使多数人的脑筋里，多有这一个问题，都有引起要研究白话诗的感想，然后渐渐地有‘推陈出新的希望’。这个：就是编这一部白话诗稿的本意”①。冯文炳认为，选本选诗就应该选最好的：“让我说一句公平话，而且替中国的新诗作一个总评判，像郭沫若的《夕暮》②，是新诗的杰作，如果中国的新诗只准我选一首，我只好选它，因为它是天然的，是偶然的，是整个的不是零星的，比我的诗却又容易与人人接近，故我取它而不取我自己的诗。”③赵景深《现代诗选》的“编者序”认为，“选编的标准略带主观，即以我个人的爱憎来做去取的标准……我希望这部书能合于初中学生的阅读。”该书的广告词认为，“此篇为赵先生极精粹之作，把十年来所读新诗的意见一股脑儿都放在里面了，可说是一部缩小的现代中国诗史”④。以这样的选学思想来考察闻一多的《现代诗钞》这部新诗选本，其独特性就豁然凸显了：它的“以诗存史”的选编目标，为我们一睹新诗三十年风采提供了最佳的文本。它包含的诗学观念及其独特的经典意识，使它比赵景深的《现代诗选》式

① 刘福春：《中国新诗编年史》上卷，人民文学出版社2013年版，第17页。

② 郭沫若《夕暮》原诗：“一群白色的绵羊/团团睡在天上。/周围苍老的荒山/好像瘦狮一样。/昂首望着天/我替羊儿危险/牧羊的人哟/你为什么不见?”该诗原载其诗集《星空》。

③ 刘福春：《中国新诗编年史》上卷，人民文学出版社2013年版，第41页。

④ 刘福春：《中国新诗编年史》上卷，人民文学出版社2013年版，第174页。

的“一部缩小的中国现代诗史“的价值更大。它为一般读者接受新诗、也为我们研究三十年新诗提供了一个绝佳的诗选本。

何以会得出如此结论？是因为直到目前，在已经出版的1919到1949年的现代诗歌选本中，除了最初的基本新诗年选本之外，与许德邻《分类白话诗选》①(崇文书局1920年版。该书一名《新诗五百首》，实收康白情《江南》、胡适《鸽子》、刘半农《相隔一层纸》等诗233首(组)，分为4辑。书前有编者自序和刘半农代序)、陈梦家《新月诗选》(新月书店1931年版)、朱自清《中国新文学大系·诗集》(1917—1927)、沈仲文编的《现代创作新诗选(新编文学读本)》(中央书店出版1940年版)、《现代诗杰作选》(1932年青年书局出版)、赵景深编的《现代诗选》(上海北新书局1934年版)、俊生编的《现代女作家诗选》(仿古书店1936年版)、金重子编的《抗战诗选》(战时文化出版社1938年版)、魏冰心编的《抗战诗歌选》(正中书局1938年版)、孙望编的《战时中国新诗选》(绿洲出版社1943年版。诗人50家，收70首诗)等新诗选本比较，闻一多的《现代诗钞》虽然它要比前述诗选后出，也没有正式出版单行本，但它却以明确的“选学”意识，优良的选本“正文”，成了现代诗歌选本史上最好的选本之一，为我们审视新诗发生至1949年前30年诗歌历史和成就提供了最佳佐证，也为我们认识百年诗歌史和重写文学史提供了深刻的启迪。

当然，文学选本也是某些文学思潮影响的结果，还可以引领某些文学思潮。如新诗第一部选本《分类白话新诗》，其明显是引领了白话新诗潮的发展，而毋庸置疑，《新月诗选》则引领了针对白话新诗之弊端的新诗规范化运动。就这一意义来讲，闻一多《现代诗钞》与孙望等的《战时中国新诗选》的这种倾向就最为明显：它们“选有事之诗”，通过大量选择、传播抗战诗歌，有力地促进了抗战文学思潮发展，促进了全

① 此选本为初期新诗之最完备的选集，各主要杂志，主要报纸上的著作，网罗靡遗。就资料而言，此集当为最佳。《中国新文学大系 史料·索引》，上海良友图书印刷公司1936年版。

民抗日救亡意识的形成。而且，闻一多的《现代诗钞》还以“新月”诗人居首和选编大量抗战诗歌的选编理念，昭示了其独特的以诗美为主脉的叙史观和经典理念。但颇为遗憾的是，现代学术史上，人们讨论新诗选本，大多提及《中国新文学大系·诗集》和《新月诗选》等出版文本，很少有学者对未出版单行本但对于现代选学有重要启示和上述叙史观念与救亡思想的《现代诗钞》作较为深入的探讨论文，因此，《现代诗钞》本身具有的独特选学价值和学术史贡献就往往被人忽略了。事实上，闻一多《现代诗钞》具有独特的选学批评及其学术史价值：它既以其优良型选本的示范性效应对于我们认识现代选学和选本批评提供了深刻的启示，又从一个独特的侧面展现了闻一多对于现代学术史的独特贡献，有充分的理由让我们认真探究。

一、选本批评与学术史视阈

闻一多生前编就的《现代诗钞》选本，没有发行单行本。其最后最终是在 1948 年的开明书店《闻一多全集》和 1993 年孙党伯等编的《闻一多全集》的版本中做了收录的①。在孙党伯等编著的《闻一多全集·诗》的第 1 卷中，其《现代诗钞》就占了一半篇幅(该全集 1 卷总计 640 页，《现代诗钞》占了 317 页)。《现代诗钞》是一部非常有价值的新诗选本，体现了闻一多独特的“选学”思想，在闻一多学术史上也占有重要地位、意义和价值。

众所周知，文学选本，一般由三部分组成：选本的序跋部分、选本的入选作品(正文)、选本的批注和评点部分。如臧克家 1956 年编选的《中国新诗选》(1919—1949)，就既有序《五四以来新诗发展的一个轮廓》，又有“关于编辑工作的几点说明”和“再版后记”等，三部分齐全。

---

① 湖北人民出版社出版的《闻一多全集》共 12 卷。主编为孙党伯、袁謇正等，1993 年被新闻出版署列为“八五国家重点图书”出版。

闻一多《现代诗钞》选本却与此相异。它没有序跋、编辑说明和批注评点部分，即它没有加“序言”、选编说明及“编者话”。这也许与它没有正式出版有关联，也与他被国民党暗杀过早离世有关联，但这种“相异”，其最大的不同在《现代诗钞》选本“正文”前那个貌似“选本”编订的“大纲”上。因为该“大纲”清晰地透露了闻一多编订《现代诗钞》的周密“选学”思想：《现代诗钞》的第一部分，闻一多精心设计了一个颇有学术境界的、颇可看出其“选学”思想的“总目录”。这个目录极为讲究，它包含了“新诗汇目”“新诗过眼录”“待访录”和65位诗人、193首诗作等丰富的内容。同时，这个总目录，也标明了闻一多鲜明的“学术”意识——选一部新诗，是要具备批评家的眼光，学者的史料意识、文学史意识，以及充分的选学意识，而不是仅仅把诗人挑出来，简单的排列他的诗那么简单。因此，在这个总目录之中，闻一多安排了第二部分——“新诗汇目”。该“新诗汇目”部分也很特别，其中闻一多列举了诗集、选本、期刊、事略、批评、论说6大部分内容。这6大部分中，前3项主要指文本及其史料来源，后3项，则主要指与文本相关的研究与评说。前3项和后3三项，还存在一定逻辑关系：即前3项是“选”的史料来源，后3三项是“选”之内在依据。在这一部分里，闻一多还明确提出了“选本”概念或范畴。尤其值得注意的是，闻一多还把“选本”与“事略、批评、论说”并列，就显示出了“选本批评”和明确的“选评”与学术意识。《现代诗钞》总目录的第三部分，是“新诗过眼录”。这个“新诗过眼录”也内容比较丰富，比较充分地反映了闻一多能“看得上”或已经阅读过的各种新诗选本、别集及其诗歌专刊。这一部分的别集、选集、专刊3类内容里，别集（诗集）有63部，其中艾青有6部（待访录中还有他的《北方》集），臧克家有4部，其他诗人1到3部不等；选集有王亚平的《新诗源》、胡明树的《若干人集》和陈梦家的《新月诗选》；专刊有《现代诗风》、《新诗》（卞之琳等主编，1936年10月到1937年3月）。仔细追索，这些内容实际上是《现代诗钞》的诗歌出处（《现代诗钞》所选诗后面基本有所选诗歌的出处和写作时间。这一细节极为重要，显示了闻一多严谨的学术态度)，是对于选本“选诗”的来源的说明。总目录的第四部分是“待访录”。这部分也包括别集、战地歌声、选集、专刊等类内容。其中别集(包括“战地歌声”)48部，选集2部(包括胡风《我是初来的》和《一九一九新诗年选》)，专刊3部。仔细算计起来，“过眼录”和“待访录”提及的诗别集达到了111部，选集(选本)5部，诗刊5种。新诗发生短短三十年，这是一个不小的数字，尽管这不是新诗集、选集和专刊的全部，但它们应是构成新诗场域中的代表性诗集、选集和专刊。从这里我们大体可看到闻一多在选编《现代诗钞》时掌握材料的基本状态。当然，这里的“过眼”和“待访”还是不同的。“过眼”指已经阅读过和浏览过的诗歌专刊、诗集、各种选本，“待访”指有待访谈或阅读的诗歌专辑、诗刊及其各类选集。所以说，《现代诗钞》选本正文前的这几项内容极有学术与批评的“意味”，至少它切切实实地交代了《现代诗钞》诞生的过程：它既交代了《现代诗钞》的史料来源，又交代了它是各种选刊及“事略、批评、论说”的逻辑结果。又比如“新诗汇目”，尽管看起来内容极为简单，只有12个字，但它至少有6个层面——诗集、选本、期刊、事略、批评、论说的内容。因此，其选本“正文”前的这个“总目录”极为重要，是充分反映了闻一多的“选学”思想的。这也充分地表明，闻一多的选本及“选本批评”意识相当明确，即他为编选这个新诗选本做了相当充分的准备。知悉这一点很重要，因为有了这个“总目录”显示的丰富的“知识”及其谱系，《现代诗钞》的“正文”就“事出有因”或来源清楚了。

按照选本学及其相关原理，“在选本的三个组成部分中，入选作品部分是选本的本质和主干。选本之所以成为选本，关键就在于体现其‘选’的这一部分的存在。……选本的批评功能和批评原理怎样实现……只能通过入选作品部分的选择和编排来实现。在这一部分里，选者按照自己制定的、体现自己文学批评观念的选择标准对作者及其作品进行编排……读者在这一部分里也主要是通过选本对入选作品的选择、编排、入选数量和风格的不同来间接领悟选者从中暗示传递出的批评观点"①。《现代诗钞》是一部纯"正文"式诗歌选本。就是说，《现代诗钞》尽管没有关于诗学的行之成文的理论主张，也没有序言、编辑说明及其选编机制成规，但它的选本"正文"前的这个周密的选编"大纲"，却不弱鲁迅前述的那些选本"专论"，逼真体现了闻一多的某些现代性"选学"思想。选本由于"选"的本身即意味着编选者需要依据一定的取舍标准，"选"意味着精心挑选，是从某一时期出现的众多文学文本中选出的具有一定审美魅力和思想内涵的作品。而选本及其批评则有其复杂的机制："选本的批评机制由选者、读者、作者三个要素构成。这三个要素以选本为纽带构成一个环环相扣的'食物链'。"②所以，古人有"操选政为尤难"之叹。成功的选本对文学进程的影响也非常深远：被选入选本的文学文本，由于选本的搜集而得以完整地保存下来，或随着文学选本的传播而得以广泛流传，从而赢得更多的接受群体，逐渐成为家喻户晓的经典名篇。正如明代李东阳所言："文章如精金美玉，经百炼历万选而后见，今观昔人所选，虽互有得失……阅数千百年几千万人而莫有异焉。"③所以那些以"名家""杰作"相标榜的选本往往就是在为相关作家、作品分配文学的象征资本，必然地对作家、作品的流通传播及其文学史定位具有极重要的价值。选本，作为保存、流传作家作品的一种重要方式，它不仅具有目的性、选择性等本质特征，也体现了编者自身的文学观念、文学思想、理论素养。不同的选家，由于传达、推崇的观念有差异，对于文学的看法、理念、审美、主张等就不同，其选择出来的文本，将具有选家自身的个人色彩，所以，在这种个性化的审美观念视角下编选的选本也会有所不同，正是由于如此，我们便看到了有着独特选录标准和审美倾向的古典名选《花间集》，也看到了提倡"新诗规范化"，从而把现代新诗引向审美方向的《新月诗选》。

---

① 邹云湖：《中国选本批评》，上海三联书店2002年版，310页。

② 邹云湖：《中国选本批评》，上海三联书店2002年版，第6页。

③ 转引自丁福保：《历代诗活续编·麓堂诗话》，中华书局1983年版，第1378页。

换句话说，这两个选本之所以成了文学选本的经典之作，在于前者为词体定了“性”——词是合乐而唱、以绮丽婉媚为正的一种文体，后者为新月诗派审美追求做了示范，从而导引了一种文学诗学潮流。吴义勤曾经指出：“对于一部经典作品来说，它的当代认可、当代评价是不可或缺的。尽管这种认可和评价也许有偏颇，但是没有这种认可和评价，它就无法从浩如烟海的文本世界中突围而出，它就会永久地被埋没。”①好的选本，尤其是文类型选本，由于其是对于某一时段本类作家作品的选集，必然包含着对于某一时段作家作品的批评、比较、发现和定位的作用。它挖掘出经典，会使经典不会被永久埋没。同时，“一部选本同时也是一部诗话著作、一部(通代、断代或当代)文学史、一部某种文类、某个作家(作品)的注(笺、校、辑)释本甚至是有关某个文学现象、文学流派的发展史、创作史或者批评史”②。编一部选本，正如鲁迅所言，多是“可以借古人文章，寓自己的见解”。选者“博览群籍，采其合于自己意见的为一集”③。而“凡对于文术，自有主张的作家，他所赖以发表和流布自己的主张的手段，倒并不在作文心，文则，诗品，诗话，而在出选本”④。如果我们稍稍知悉了上述这些通常意义上的现代“选学”思想，那么，我们立马会明了闻一多《现代诗钞》的选本特色及其成就，瞬间也会洞悉，《现代诗钞》也正是鲁迅所期望的那种典型的新诗选本：即闻一多“所赖以发表和流布自己的主张的手段”，不是用“作文心，文则，诗品，诗话”的手段，而是用“选本”这一批评方式进行新诗史的学术研究。闻一多和鲁迅这两个伟大的心灵，对于选本学的认识与实践，是惊人的相通的！所以，我们也毫无疑问也会发现，闻一多《现代诗

① 吴义勤编选：《2003年中国短篇小说经典》，山东文艺出版社2004年版，第3页。

② 邹云湖：《中国选本批评》，上海三联书店2002年版，第307页。

③ 鲁迅：《集外集·选本》，《鲁迅全集》第2卷，中国人事出版社1998年版，第1325页。

④ 鲁迅：《集外集·选本》，《鲁迅全集》第2卷，中国人事出版社1998年版，第1325页。

钞》，既是一部典型新诗选本，为现代选本学做了示范，也是闻一多对于现代学术史的重要贡献。因为如果说闻一多的中国神话研究、先秦学术研究和唐诗研究等是对于中国古典学术的重大贡献，那么，他的《现代诗钞》，连同他的大量美学研究和新诗研究论文，则是他对于现代诗学研究这一现代学术的重要贡献——他用选本批评方式，表达了他的现代“文术”(诗学)与主张，表达了他对现代新诗30年发展与成就的基本判断。换句话说，闻一多是在现代学术意义上编就了《现代诗钞》的。《现代诗钞》是他在西南联大从事诗学研究、诗学批评的产物，也是他与世界现代主义诗学诗潮有效对话的产物。正因为如此，我们从选本学、选本批评及其现代学术史视野入手，也许才能真正认清《现代诗钞》的价值与意义。

二、“以诗存史”：30年新诗面相、诗艺演变之构述

新诗最早的选本，是北社编的《新诗年选一九一九》《新诗年选一九二一》等。这些选本，展示了新诗诞生起几年的新诗发展状况，对新诗催生与发展有重要的促进作用。但如选本之题所示，它们只是年选本，选本学价值并不大，尽管其能显示其文学史及其批评史意义。新诗诞生于“五四”时期。中华人民共和国成立前，各种各样的新诗选本有数十种(这里不包括个人诗集，尽管它是诗人作品的汇集)，其中较有影响的有《新月诗选》、1920年1月《新诗集》(第一编)、《中国新文学大系》的两种“诗选”卷、王亚平《新诗源》等。《新月诗选》是这些新诗选本中颇有代表性的一个选本。它选录新月诗派18人的81首诗。选本前有陈梦家的万字序言，集中论述了新月派的新诗追求及其理论主张，尤其是他们关于新诗规范化的美学主张。其在选学史上，可与《花间集》媲美。《现代诗钞》是闻一多在20世纪40年代中期编选的一部新诗选本。与《新月诗选》比较，它并非诗学主张一致的一派诗人合集，而是新诗诞生以来30年间的代表性作家作品的合集，具有明显的诗史意识，即

“以诗存史”的文学史意识。编者通过选取自新诗产生至1940年代中期这一时段的65位诗人的193首诗，对新诗发展前30年的成就面貌进行了阶段性的总结。它具有“新文学大系”的性质，以此参与新文学的进程，参与新文学作品的筛选。因着这个选本，使得新诗发生以来的65位诗人的193首新诗有机会走入读者大众的视野。因此，其选本的文学史、批评史意义和价值就比仅选一派诗歌(词)《花间集》和《新月诗选》的重大的多。

首先，从时间上说，《现代诗钞》在时间上上乘“朱本”(《中国新文学大系》诗卷)，并向下延伸为整个新诗发展的前三十年，完整展现了新诗30年的面貌。仔细观察，《现代诗钞》从新月派诗人的诗作选择开始了其“选学”进程。该选本把新月诗派诗人诗作编排放置在首位。正如其“新诗过眼录”和“待访录”所示，其选诗文献来源除了《新月诗选》，还有徐志摩的《志摩的诗》《翡冷翠的一夜》以及闻一多自选诗外大量诗人诗作及其诗选本。接着，《现代诗钞》选了郭沫若的6首诗，其中4首来自《女神》集。这些诗作大多是郭沫若1919—1920年所创作的新诗。没有冯文炳所称道的《夕暮》杰作。冰心女士的诗选了9首小诗，都选自诗集《繁星》《春水》(1921年)。袁水拍、汪铭竹、杜谷、艾漠、鲁藜、侯唯动等12名诗人的诗，选自由孙望、常任侠所编选的抗战开始后的第一本诗选《现代中国诗选》(1943年)，其中，闻一多所选择的他们的24首诗，大多创作于1930年到1941年期间。废名、戴望舒、林庚、徐迟、陈江帆等现代诗派诗人和艾青、柳木下、SM(阿垅)等“七月派”诗人的诗都是创作于30年代中期左右。西南联大诗人群穆旦、杜运燮、王佐良、沈季平等和韩北屏、鸥外鸥等人的诗，都创作于30年代到40年代中期。就是说，闻一多《现代诗钞》所选录的诗人诗作，既有新月、现代诗派的二三十年代的诗，又有充满动乱、战火的40年代的新作。《现代诗钞》包括了从20年代初延伸至40年代中期的作家作品。因此，从时间段上说，《现代诗钞》比较完整地展现了新诗发展30年的面貌，称得上是首部完整地概括新诗30年的选集。因为与已经出版的新诗选本如陈梦家《新月诗选》、金重子的《抗战诗选》、朱剑芒的《抒情诗》等比较，它们很多只是展示某一流派或某一种风格的作品，而《现代诗钞》的编选着眼的是整个新诗坛。他把只要是存在于新诗长河中的各种风格、各个流派的他认为是杰出诗的作品都选入其中，完整展现了新诗 30 年的发展面貌，勾勒了新诗史的雏形。

其次，《现代诗钞》以选诗范围的扩大，凸显了新诗第一、第二、第三个十年各自的成就。在《现代诗钞》中，闻一多以新月诗派开篇，接着选编了创造社的郭沫若和文学研究会的冰心的诗。第一个十年影响波及全国的三大文学社团的诗歌已经被大体展现。新诗发展进入第二个十年的节点，除了后期新月社诗人群的不断创作之外，还选有二三十年代迅速崛起的具有独特风格的现代诗歌流派的作品。在这一阶段，现实主义诗歌在不断涌现，浪漫主义诗潮已逐渐微弱，现代主义优秀作品居多，并逐渐形成一个独立的流派——现代诗派。《现代诗钞》在这个时间段重点选择了“现代主义诗人群”的诗作，并主要从《新诗》《现代诗风》这两本最能代表现代派新诗的期刊上选择了如玲君、废名、戴望舒、李白凤、史卫斯、钱君匋等 16 位诗人的 27 首诗。如果我们联系其所附的《新诗过眼录》，可以看出编者接触或关注的属于象征派、现代派的诗人的作品，就有 19 位。“七月”诗歌代表了 20 世纪 30 年代末至整个 40 年代国统区诗歌创作的主流。它是以胡风为核心，以他主编的《七月》《七月诗丛》《希望》等刊物为主要创作阵地而形成的一个重要的现实主义流派，是在战火纷飞、民族危亡的情势下逐渐行成的一个诗歌群。它的代表诗人有艾青、田间、绿原、阿垅、鲁藜、孙钿、杜谷、方然、牛汉、曾卓等。虽然在闻一多编选《现代诗钞》时他们还不是以一个流派的形式出现，闻一多也没有这种流派意识，但是《现代诗钞》却以选编的独特眼光依然给予了他们在中国新诗史上应有的位置。其中选了杜谷（4 首）、艾漠（1 首）、鲁藜（1 首）、力扬（1 首）、侯唯动（2 首）、艾青（11 首）、田间（6 首）、阿垅（3 首）、任钧（1 首）孙钿（1 首）等诗人的 31 首诗，来肯定他们在中国新诗的发展变迁中作出的努力和贡献。

再次，从审美倾向来看，《现代诗钞》选择了不同诗派和艺术倾向复杂的诗人诗作，显示了多元化发展的新诗面相。从他所列的“新诗过眼录”“待访录”中，我们就可以看出他所关注和接触的不仅有卞之琳《十年诗草》、戴望舒《望舒草》、高长虹的《给——》、梁宗岱《晚祷》、李金发的《微雨》等这些象征派、现代派诗人的选集，还有艾青《大堰河》《火把》《向太阳》，SM《五弦琴》、孙钿《旗》这些七月派诗人的诗集，甚至冰心《冰心全集》、王统照《江南曲》、冯乃超的《红纱灯》等这些在新诗开创时期作出贡献的诗人的选集，都是他参照的主要选本。他最终选择的诗人有徐志摩（新月派）、郭沫若（创造社）、戴望舒（现代派）、孙钿（七月派）、陈善文（自由诗人）等65位，包含了新诗自发展之初至20世纪40年代中期的各个社团、流派、风格的诗人诗作。因而，《现代诗钞》选择的诗人多、作品多，审美倾向也多元复杂，是一部内容丰富，选编质量极高的新诗选本。我认为，这是新诗选本史上的“上品”佳作，一部绝唱：编者不是为一个流派或一种诗风树立名望，赋予其象征资本，也不是为特定意识形态服务选编，编者的目的很明确，即希望完整展现30年的诗坛发展的多元而复杂的面貌。因而，《现代诗钞》是中国现代新诗创作、发展的大集成。它编选是从新诗产生以来到40年代中期近30年的创作中选出65位来自各个流派、各个社团的诗人的不同风格的193首诗，它兼收并蓄，丰富多彩，是新诗诞生以来30年间的代表性作家作品的合集，具有明显的多元化诗史意识。

第四，从诗美艺术发展的角度看，《现代诗钞》还构述了以审美现代性为主脉的独特诗史观。这种“以诗存史”的文学史发展意识，突出体现在闻一多以新诗艺术演变的独特的审美现代性为主的叙史意识上，也体现在他把“新月”居首、把七月及其艾青、把“九叶“穆旦等诗的编排上显示出来。因为闻一多特别看重徐志摩之于新诗的开创意义，实际上看中的是其对于新诗“格律”的追求的价值（在朱自清所编的《中国新文学大系·诗集》提及徐志摩、闻一多等人时，并没有用“新月诗派”而是以“新格律诗”代表，足见新月派追求“格律”的诗史意义)。徐志摩、闻一多作为新月诗人，有着共同的诗学主张，在对于新诗的发展和创作中会有着相似的创作追求，也互为影响。如徐志摩也曾经多次提到闻一多对他创作的影响：“我的笔本来是最不受羁勒的一匹野马，看到了一多的谨严的作品我方才憬悟到我自己的野性。”①徐志摩的新诗创作可以说是身体力行地实践着闻一多新诗格律的主张。徐志摩的《再别康桥》以一种自由创新的方式实现了新诗的格律化。对于这样一位与自己并肩作战而又有创作实力的同仁，闻一多必然是十分欣赏和推崇的。所以闻一多选诗时会比较青睐于这些与他有着相似诗学追求同仁，把徐志摩排在第一，他本人排在第二，新月同仁饶孟侃排在第三。而且，徐志摩是《现代诗钞》中选录诗作最多的诗人，选其诗作 13 首，而且是放在了榜首位置。在选择的 13 首诗中，《再别康桥》《哈代》《火车擒住轨》《常州天宁寺闻礼忏声》等分别出现在陈梦家《新月诗选》、朱自清《中国新文学大系·诗集(1917—1927)》中。《残诗》《月下雷锋影片》《在病中》《领罪》等，也是闻一多十分喜欢的。闻一多于 1925 年 3 月与梁实秋的通信中谈到，他在《晨报付镌》上读到徐志摩的《一首残诗》，十分欣赏，谓之“情韵特佳”，所以在《现代诗钞》中不仅能够看到一般选家都喜爱的徐志摩诗，也能够看到闻一多个人的独爱。闻一多在《现代诗钞》中恰切地肯定了徐志摩对于新诗发展的首要地位，也充分肯定了他对于新诗尝试的诗学价值，并给予很好的“排名”定位。这其实是其叙史观的直接体现。

这种新诗史叙史意识，也与 20 世纪 40 年代袁可嘉诗论《新诗现代化》的认识高度一致。“从浪漫主义到现代主义的诗底发展无疑是从抒情的进展到戏剧的。这却不是说现代诗人已经不再需要抒情，而是说抒情的方式，因为文化演变的压力，已必须放弃原来的直线倾斜而采取曲线的戏剧的发展。造成这个变化的因素很多(如现代文化的日趋复杂，

① 徐志摩：《猛虎集》，上海新月书店 1942 年版，第 8 页。

现代人生的日趋丰富，直线的运动显然已不足应付这个奇异的现代世界)，最基本的理由之一是现代诗人重新发现诗是经验的传达而非单纯的热情的宣泄。热情可以借惊叹号而表达得痛快淋漓，复杂的现代经验却绝非捶胸顿足所能道其万一的。诗底必须戏剧化因此便成为现代诗人的课题。……如果读者觉得这样的说法太抽象，我请求他把徐志摩的抒情底诗与穆旦底戏剧诗并列的细读一遍，徐诗自然有它的好处，有他的时代意义，我们不能要求二十年前的诗人写出远离他二十年后的诗；我只是借他们的比较来帮助说明两个先后时代诗底不同；徐诗的特质是分量轻，感情浓，意象华丽，节奏匀称，多主要情绪的重复，重抒情氛围的造成，换句话说，既是浪漫的好诗；穆旦的诗的分量沉重，情理交缠而挣扎着想克服对方，意象突出，节奏突兀而多变，不重氛围而求强烈的集中，即是现代化了的诗。不同时代的诗虽然都具有相当的价值，但作为现代人，我们也自然无理由对穆旦的诗表示一点偏爱。”①袁可嘉认为，从徐志摩到穆旦的进程，实际上就是新诗艺术发展30年的进程。袁可嘉的这种新诗演变进程论，不仅关注到了徐、穆诗学观念上的变化(诗是经验的传达而非单纯的热情的宣泄)，还借鉴新批评的元素分析论，从“分量，感情，意象，节奏，情绪的重复，重抒情氛围”等诗美元素诸端，阐释了20年来新诗艺术的演进进程。因此，我们会水到渠成的得出结论，如果袁可嘉书写新诗史，很可能也就从徐志摩开始，如果袁可嘉选编一部现代新诗选，其排列居首的可能性也同闻一多一样，是徐志摩。这相当清晰地反映出闻一多以新诗艺术演变的独特的审美现代性为主的诗美叙史观。

三、“选有事之诗”：诗与历史主脉与伟大抗战诗篇

《现代诗钞》是在闻一多独特的历史意识和诗学意识统领下选编的

① 袁可嘉：《论新诗现代化》，生活·读书·新知三联书店1988年版，第47~48页。

一部新诗选本，它尽管没有如陈梦家《新月诗选》、臧克家《中国新诗选》那样的序言申述编者的选编目的及其诗学思想，但从他的“新诗汇目”的“事略、批评和论说”的选编“思想”以及选编诗歌的面貌及其排列中，我们依然可以看出他的深刻的现实主义诗学思想。闻一多从1919年开始写诗，到1946年被国民党反动派杀害，他近三十年与新诗的渊源(诗人、诗评家、文学史家、学者)，让他对于中国新诗诞生以来三十年的发展变迁异常敏感。他集诗人、学者、斗士为一身的独特身份和为中国新诗创作实践所作出的重要贡献，更是让其选本具有无可替代的权威性。就是说，在其《现代诗钞》的选编、编次中，他自觉秉承了“以诗存史”的传统选本理念，并联系现代中国社会思潮、诗学思潮及中国新诗发展的具体历史变迁，以他的“诗与历史主脉一致”的诗学观精心选编了能够展现现代新诗发展的一部杰出新诗选本，其诗选不仅成为了解中国新诗历史主题变迁的一个最佳旁证，也成为后人解读闻一多诗学思想的一个强有力的注解。

闻一多认为，作诗、包括读诗均不能“只求感受舒适”，“只吟味于词句的安排，惊喜于韵律的美妙，完全折服于文字和技巧中”，“诗是社会的产物”，“若不是社会有用的工具社会是不要它的”。① 闻一多在与其学生臧克家的信中说：“有比历史更伟大的诗篇吗？我不能想象一个人不能在历史中(现在也在内，因为它是历史的延长)看出诗来，而还能懂诗？”在这篇信的结尾，闻一多表明了“今天的我是以文学史家自居的”②观点。他一贯以一颗公平公正的心态看新诗，并且就在他遇难的几个月前，还在与朱自清说着“要写一部唯物史观的中国文学史”③。闻一多认为，诗与历史主脉一致。在这种观念指导下，他在诗选编撰中，是十分看重诗的主题思想内蕴与时代关联的。就是说，闻一多虽未

---

① 闻一多：《闻一多全集》第2卷，湖北人民出版社1993年版，第218页。

② 闻一多：《闻一多全集》第12卷，湖北人民出版社1993年版，第380页.

③ 朱自清：《闻一多全集(序)》，生活·读书·新知三联书店1982年版，第14页。

明确表达过诗选的编辑含有以诗存人、存史，昭示存亡之迹的用意，但是却又受“一代有事之诗”的思想影响选编了《现代诗钞》。因为闻一多在编选《现代诗钞》时，中国正处于社会动荡不安、民族内忧外患的民族危机中。这种历史语境紧深刻地影响新诗的发展，也深刻影响着闻一多的诗学观念。所以，很明显，闻一多“文学史家自居”的选编思想，不仅包含着对于诗学艺术的关注，更承载着他的深沉的民族危机和社会忧患意识。换句话说，闻一多在浩如烟海的新诗文本作品中选诗，特别重视20世纪三四十年代的战时语境。他以文学史家自居，以渊博的学问、敏锐的眼光、深远的才识，选择合乎自己价值观、文学观的诗作，并由此编订了《现代诗钞》。因此，《现代诗钞》这本现代诗歌选集（选本），既看重“五四”以来的中国现代历史思想语境，又以纯美艺术的诗观比对、挑选，是一部反映战乱流离的中国之历史的诗歌汇编，是一部包含伟大抗战爱国诗篇的新诗选本，也是一部“选有事之诗”的现代诗经典选本。

20世纪三四十年代，疯狂的日寇入侵中国，妄图亡我中华民族。因而，中国一直处于社会动乱和硝烟战火时代，人民深陷生活、生存的残酷灾难之中。在这样的民族危机之下，即是身处象牙塔的西南联大的师生们，也拿起笔将他们愤怒的激情和崇高的内心搏斗融合在一起，创作出无数优秀的伟大抗战作品。闻一多作为现代中国伟大的爱国诗人，国际主义诗人，在编写其《现代诗钞》时自然没有忽视他们，因而在《现代诗钞》中，收入西南联大师生12人的诗作35篇。其中，穆旦11首、俞铭传7首、杜运燮4首、何达4首、罗寄一3首、王佐良2首、杨周翰2首，陈时1首、沈季平1首。这让我们看到，在动乱的年代中国新诗的文化坚守以及闻一多对于现实、历史、民族命运的关注。除他们之外，也有很多诗人可能不属于任何一个流派，也没有加入其他社团，但是他们都用不同的笔迹，言说着战争所带给人民的苦痛，记录着中国人民在那黑暗的年代所做的抗争。闻一多照样无例外的收录了他们的诗篇。它们有袁水拍的《城市》《折断的松树》、汪铭竹《法兰西与红睡衣》、艾漠(贺敬之)《生活》、侯唯动的《血债》《遗嘱》，又有任钧《警报》、韩北屏《铁的语言》、何达的《过昭平》《风》、陈善文《苦撑着拼》、周为《冬天》等诗作。这些诗人诗作中，包含着对现实主义创作原则的坚守，主观战斗精神的弘扬，向往民主自由，有着对自己诗歌和生命的追求，所以，闻一多在其《现代诗钞》里就毫不犹豫地选了他们的诗。这类诗，集中展现了战争催生中国新诗发展及其变迁的诗学史观。进一步说，在《现代诗钞》的诗里，有敌人的尖枪利炮，有同胞的生命鲜血，有前线战士的冲锋，有后方民众的呐喊，有旧中国的消灭和新中国的萌芽，有正义之火的燃烧和侵略的日趋萎缩。这些诗，既是抗战几年来中国历史的一段展映，也是中国新诗文艺成果展示的一块里程碑。因此，《现代诗钞》的选编，承载着闻一多深沉的民族危机、爱国意识和社会忧患意识。事实上，也正是基于这样的救亡忧思，《现代诗钞》收录了艾青那篇书写为了祖国的解放甘愿献身，从而把生命交给了战争的战士的伟大意志的叙事长诗《他死在第二次》，“一个兵士/不晓得更多地东西/他只晓得/他应该为这解放的战争而死/当他倒下了/他也只晓得/他所躺的是祖国的土地/——因为人们/那些等得更多的人们/曾经如此告诉过他”，也收录了田间的那篇反映着“中国人民团结起来，将敌人及汉奸打倒”的叙事长诗《人民的舞》这样的伟大抗战爱国诗篇，从而展现了闻一多对于民族救亡伟大主题诗篇的偏爱。

闻一多在40年代，对于诗歌价值的认识，已经明显偏重于社会性、人民性这一方面了，因此，在其《现代诗钞》中，郭沫若(6首)、冰心(9首)的地位下降了——冰心的9首小诗，所占篇幅极少，不足3页，而对艾青、穆旦、袁水拍、田间、亦门、何达、鸥外鸥等人在抗战期间所作的能够反映现实、生活，体现诗歌社会性、人民性的诗人诗作特别重视。如在《现代诗钞》选诗来源中，有个重要的选集《现代中国诗选》，闻一多就特别重视。这是常任侠和孙望合编的一本诗选。里面的作品都是“因为用着争取自由平等而流的血，去浇灌培养的产品”,① 因而，

① 常任侠、孙望编：《现代中国诗选》，南方印书馆1943年版，第2页。

闻一多选了不少其中的诗作。而袁水拍(4首)、杜谷(4首)、杜运燮(4首)、鸥外鸥(4首)、汪铭竹(2首)等都是抗战时期成长起来的新一代诗人，闻一多就从中选择了他们14位诗人的诗作26首。而且，他在朱自清处看到了田间的诗，随后就写了《时代的鼓手——读田间的诗》，并写了专门的评论文章《艾青和田间》，认为“艾青表现人民及战争，用我们知识分子最心爱的，崇拜的东西与装饰，去理想化”，田间是“明天的诗人”①，并在《现代诗钞》中选田间6首、艾青11首，赋予艾青、田间等抗战诗人以非常崇高的地位。

反映重大社会事件的诗最能代表这个时代的本质内容，也最具“诗史”特征。《现代诗钞》对能够反映三、四十年代中国处于全民抗战的这一事件主题的诗作大量收入，就包含这种“诗识”。这在其《现代诗钞》的“待访录”里也可见出端倪。在其“目录”部分包含的“待访录”里，闻一多就把37部别集称为“战地歌声”，清晰地表明，他对于“抗战诗歌”这一反应“时代之声”的看重。而在其《现代诗钞》选编的诗里，他又异常看重反映抗战的具有深刻现实主义诗学思想的诗篇。如汪铭竹在《纪德与蝶》《法兰西与红睡衣》中以世界的眼光回望中国，并对抗战中的中国和人类反法西斯的胜利充满希望，陈迩冬的《空街》中用到处充斥了“人的流荡”和“人的喧哗”的街道，反映战时事态的炎凉，杜运燮的《滇缅公路》赞颂了中国政府为抢运战略物资而紧急修建的这条公路的艰辛，《血债》呼吁着被压迫的人们拿着血的清单向敌人抗争，《城市》控诉国民党统治区的黑暗现实的诗作，《现代诗钞》都作了收录。就是说，战火的蔓延、社会的动乱、黑暗，百姓难逃之际，追兵迫近让人民流离失所、内心惶恐不安，全国人民团结抗战的激情更是照亮了对光明未来的信心。反映这些真实的现实生活和民众心境的诗是真正的“诗史”之作，《现代诗钞》也作了大量收录。又如，对于袁水拍的《理发匠》、柳木下《贫困》、鸥外鸥《都会的悒郁》《父的感想——给女儿李朗的信》表

① 闻一多：《闻一多全集》第2卷，湖北人民出版社1993年版，第233页。

达对于平民生活的关注的诗作，以及婴子的《松林》、《营外》、韩北屏的《铁的语言》、穆芷《城》、胡树明的《二百立方尺间》《检讨的镜子》、周为的《冬天》等这些描写战时对于生活和战斗的信念或感受着民族的苦难、为民族战斗牺牲的愿望的诗作，还有怀着对光明由衷的、毫不掩饰的、期盼的杜谷的《泥土的梦》，象征着许多革命者不屈不挠的斗志的鲁藜的《野花》，对在战火中英勇向前的战士的赞美和歌唱的沈季平的《山，滚动了》，韩北屏的《牧——写给舞鹰》，何达的《我们开会》，田间的《人民底舞》《多一些》等反映抗战的经典诗作，《现代诗钞》也毫无例外都作了收录。

“七月“派的诗人，如阿垅（S. M）、亦门、田间、艾青、罗寄一、杜运燮、任钧、孙钿等诗作，大都是反映现实生活或激烈战火的诗作，《现代诗钞》仍然收录篇数很多。据统计，《现代诗钞》共收录他们的六十多首诗作，占了选入作品的40%。这足见《现代诗钞》的选编用心。另外，长诗在《现代诗钞》中选的虽然不多，但抗战时期，反映伟大抗战的长诗很多，闻一多毫不吝惜地把篇幅给了抗战长诗。如艾青的《他死在第二次》（360多行）、阿垅《纤夫》（180多行）、罗寄一《月，火车》、杜运燮《滇缅公路》、田间《人民的舞》（290行）、穆芷《城》、胡明树《二百立方尺间》、周为《冬天》、孙钿《雨》等。《现代诗钞》的编者基于“选有事之诗”的编者意图，尽量都将这些“我们万众一心，冒着敌人的炮火”的大量诗作编入其中。因而，从这个意义上来说，《现代诗钞》不亚于孙望1944年编的《战时中国新诗选》，成了伟大抗战诗篇的汇集了。而且，编者并不满足于已经选录的诗作，在《待访录》中又专门列出“战地歌声”一列，准备再选入艾青《北方》、周为《海沙》、常任侠《收获期》、南星《石像集》、臧克家《运河》、曹葆华《无题草》等将近36人的若干诗作录入其中。因为闻一多对这种关注现实生活，表达时代情绪、人类最真的感情去拥抱人民的战斗精神的作品极为赞赏，因而《现代诗钞》就选录极多。这也极为充分地反映了闻一多“选有事之诗”的选学旨趣。

四、彰显“新月”：诗美为主脉的叙史观与新诗经典化

中国文学史上，某些作家作品由于某位选者的推崇，从而在选本中获得较好的排名、较高的地位，而得以声名显赫或者地位因此而大大提升，进而家喻户晓的例子，实在不在少数。如《诗经》之所以成为我们中华民族的文化和文学经典，就是因为它由孔子这个“选家”的编选、删订。今天人人耳熟能详的“唐宋八大家”，其实就是出自明代茅坤编选的一部选本——《唐宋八大家文钞》。又如现代诗歌史上李金发以来的象征派诗歌，在新诗发展之初争议颇大，但是，朱自清在《新文学大系·诗集(1917—1927)》中将其命名为象征诗派，选录了19首诗作，并将新诗分为自由诗派、格律诗派、象征诗派三大诗派之一后，象征派就与自由诗派、格律派具有了一样的地位。就是说，朱自清选本的出现，对于李金发及其象征诗派的经典化就起了很大的作用。因为此后，这三种诗派成为概括新诗发展第一个十年诗坛格局的框架，成为后来的许多选家和史学家述史的重要参考，李金发也因此成为象征诗派的代表人物。闻一多编选的《现代诗钞》，虽然比《中国新文学大系·诗集》要晚出的多，但其“选本”及其选本批评的意义更大，因为如前所述，《现代诗钞》的诗史意识还是“选本意识”，都比前者更为明确，况且，闻一多那时在西南联大研究古典文学、研究唐诗，与西南联大的西方诗学大师们共同执教大学中文系，学识视野更为开阔，选编《现代诗钞》，不仅有明确的诗史意识，古今文学通变意识，还有向世界介绍中国现代诗这样的世界文学意识。因而，这样的选本，其叙诗观和经典化意识也就更为明确。

首先，如前所述，《现代诗钞》以选本的形式，肯定了新月开启的新诗审美化的诗学方向，也表现了其独特的叙史意识。我们知道，选本可以为诗人诗作文学地位的确立提供参考，从而为其确立文学史地位与意义，尤其是那些带有文学史总结性质的选本，更是蕴含着为作家排列

座次，确立其文学史上的地位和意义的批评倾向。因为选本编选者在选编作品时，往往会以一定的编选原则对作家进行排序，通过排斥一部分作家而凸显另一些作家，通过入选作家的座次排定(如分配不同的亮相频次)和文本篇幅，让一些作家走到“中心”。从《现代诗钞》的选录情况来看，在选入的65位诗人193首诗作中，新月诗派诗人入选12位，选诗53首诗。其中在选录诗作数量上徐志摩13首，闻一多9首，陈梦家10首，饶孟侃5首。虽然在数量上不突出，但是要知道，《现代诗钞》选录诗人中诗作入选5首以上的一共10人，入选10首以上的共4人看，这足以证明闻一多对于新月诗人的看重及其对其开启的诗歌审美方向的肯定。其彰显新月诗派的目的极为明确。

因为闻一多在四十年代中期编选这本诗选时，距离新诗发展已有三十年的历程了。从新诗的开山人胡适《尝试集》到冰心、刘半农、周作人的文学研究会，再到以郭沫若、王独清、田汉为代表的创造社诗人群，以及徐志摩、闻一多等人的新月诗派，再到新月诗派后期陈梦家、孙大雨、林徽因，以及以李金发为代表的象征诗派，戴望舒、何其芳、卞之琳的现代诗，再到四十年代的西南联大诗人群、“七月”诗派，新诗三十年的发展演变历程实际上是相当清晰的。然而，翻开《现代诗钞》，我们首先可以看到的是，《现代诗钞》是以徐志摩、闻一多、朱湘等人为代表的新月诗派开篇的，是大体以“新月”诗人群——草创期诗人群——“现代”派(包括李金发伟代表的象征派)诗人群——西南联大诗人群——抗战诗人群为序的编排程序编就的。就是说，面对个性复杂、流派众多的三十年新诗发展状况，闻一多并没有按照新诗发展过程中各个思潮、流派产生的惯常的时间顺序来编排，而是以诗人个体、诗歌流派以及诗人群体为单位，以新诗发展历程中艺术创新的内在顺序为线索，将新诗发展的三十年串联，形成一条经线，然后以一种贯穿全本的内在感情基调为纬，并以社会思潮历史变迁为背景的研究视角，同时以文学审美及其艺术为本位的观念来进行编排《现代诗钞》。这实际上反映了闻一多《现代诗钞》独特的新诗史的叙史意识。因为一般的文学史书写或选本编写，大多将郭沫若、胡适、冰心等新诗草创时期的代表人物放在新月诗派之前。如朱自清的《中国新文学大系·诗集(1917—1927)》，就是以诗人为纲，以年代为序，清晰地反映出新诗发展的第一个十年的流变的。然而，《现代诗钞》却打破这一常规，以徐志摩及其新月诗派居首位的编排顺序选诗。这明显反映了闻一多对于前此新诗史叙述的不满以及对选本和经典的别样看法。因为虽然闻一多一直以来并不喜欢“新月”的这顶帽子，而且并没有明显的流派意识，但是，闻一多作为新月诗社的发起人，后参与《诗镌》的活动，他提倡的新诗“三美”主张，成了“‘新月’诗人现代诗歌美学建构的基本理论，对深入认识现代诗歌的流变进程与现代诗歌的美学构建具有极强的现实意义”①。因此，在闻一多看来，新诗史的开端不应该以创作时间的先后为顺序，也不应该以影响来确定编排依据，而应该以艺术创新之路的开辟为标志。为什么这样讲呢？因为客观上来讲，在新诗初创时节，新诗倡导者急于摆脱旧诗的束缚和框架，追求新诗的“新”，但却使新诗过于自由、散漫，艺术性明显不足。而且，闻一多还是不认同胡适的“有什么材料，做什么诗，有什么话，说什么话”的主张的②。进一步说，闻一多也不认同郭沫若等人的主观情感的绝对表达，反对感伤和放纵，反对诗歌中情感的泛滥。他曾在最初的批评文章里，也谈到过对新诗发展之初的缺乏节制、散漫而逐渐流于平淡的弊端的看法，如对于俞平伯等人的评论，认为“诗神踏入的不是一条迷途，所以更不忍不厉颜正色，唤他赶早回头。这条迷途便是那畸形、滥觞的民众艺术”。“《冬夜》里的作品不独意思散漫，造句破碎，而且标点也用的过多”“零零碎碎，杂杂拉拉”③，对于郭沫若《女神》，他也谈到其“新思潮底波动便是我们需

① 程国君：《从“音乐的美”到“纯诗”——论新月诗人现代诗歌美学建构的深层理论与实践》，《陕西师范大学学报(哲学社会科学版)》2015年第5期。

② 胡适：《答朱经农》，耿云志：《胡适论争集》上卷，中国社会科学出版社1998年版，第31页。

③ 闻一多：《闻一多全集》第2册，湖北人民出版社1993年版，第71页。

求时代精神底觉悟。于是，一变而矫枉过正，到了如今，一味地时髦是骛”。正是针对这种新诗发展的问题，他提出“理智节制情感”的诗学主张。闻一多认为新诗是一种选择的艺术：“选择是创造艺术的程序中最重要的一层手续。自然的不都是美的，美不是现成的。其实没有选择便没有艺术。”①在他看来，诗人应依据自己的审美理想，对自然情感进行选择、规范，使其达到艺术化。实际上，也正是在闻一多等新月诗派诗人的努力下，新诗走向规范化，纠正了走向极端白话的误区，提高新诗的审美境界，丰富了新诗的艺术技巧，为引导新诗作者趋向严肃认真的创作态度，巩固了新诗的美学地位。就是说，新月诗人群的创作，对中国新诗意象的重视，对新格律诗的建构，对新诗从中国古典诗词吸收营养，对整体上提高中国新诗的艺术水平，作出了历史性的贡献。所以闻一多认为真正的新诗开始应该是新月诗派的创作，而新月诗人的作品也更有新诗的“新”的特点。因此，闻一多的《现代诗钞》收录了新月派诗人的一大批作品，而且将新月诗派提前至郭沫若、冰心的前面，位于诗选的首位流派。这既显现出对于这一流派的重视，也反映出闻一多强调艺术创新的新诗史叙史观。

第二，《现代诗钞》重视年轻诗人诗作选编，表现了“发掘”经典的选编意识。经典并不是“天生”的。一部作品之所以能成为经典，首先是它本身要具有能够成为经典的艺术价值和审美特征；其次，即便它具备了成为经典的品质，也不一定就被马上认可。经典需要经典化的途径来塑造。经典化是文本走向经典的过程，是需要多重元素、多重力量推进的。在这多重力量中，有三种方式也许很重要：批评、文学史著批评与选本。批评是对于文本进行内在的阐释、解读；文学史著是对文本资源的再行分配，同时确认重要作品在文学史上的地位；选本是在浩如烟海的文本中为读者选出范本。选本作为一种文学经典化运作的重要手段，在一部文学作品成为经典的过程中发挥着重要的有时甚至是不可替

① 闻一多：《闻一多全集》第3册，湖北人民出版社1993年版，第119页。

代的作用。

选本批评任务的一个重要方面就是“发现”：发现有价值的作品和值得注意的新近作家，发现新的文学现象和潮流。因为一首好的诗就像深谷中的奇葩，需要超凡慧眼的选家将他们从沉寂中拾取出来，让他们得以被大众认可。选本对于一个诗人的诗文，就好比替一个人梳妆打扮，然后隆重地介绍给世人。一个诗人能够走进大众视野，有时全靠选本作为媒介，尤其是对于不知名的诗人或年轻诗人。因为他们还没有读者群，也没有机会走入公众视野而得到认可，而被选本选中，则可以让他们获得走进读者的机会，赢得诗名。《现代诗钞》就是这样一部选本。闻一多不仅以编排次序的方式首次肯定了新月诗人及其作品的经典意义和经典价值，还用敏锐的艺术眼光和独到的审美视角，突破前人与以往选本的局限，给予那些还没有被“发现”的诗人诗作以关注，从而发掘了新诗史上的一些经典作家及其经典文本。就是说，在《现代诗钞》中，把那些对诗歌创作作出贡献的青年诗人，在茫茫诗海中打捞出来，放在经典诗人、优秀诗作里面，本身就是对于他们的“经典化”。比如西南联大青年诗人，在闻一多《现代诗钞》里入选人数达十余人。王佐良(2首)、穆旦(11首)、罗寄一(3首)、杨周翰(2首)、杜运燮(4首)、何达(4首)、沈季平(1首)、俞铭传(7首)等诗人皆出现在《现代诗钞》。他们大都是刚刚在诗坛崭露头角的青年后辈，《现代诗钞》不论资排辈，而是以诗品入选，显示了对于青年后进的看重。又如，《现代诗钞》中一共有四人的诗选入了十首以上，其中就包括穆旦(11首)，数量上仅次于徐志摩，与艾青相同。穆旦当时作为西南联大的学生，1940年从西南联大毕业后留校助教，刚刚开始自己的新诗创作，他的《诗八首》1942年刚在《文聚》上发表，不久就被闻一多收入《现代诗钞》，并隆重推介，名字也改为“诗八首”，后来一直延续这个名字至今。可见闻一多《现代诗钞》对于青年诗人有多推崇，闻一多多么重视选编的“质量”，作品本身的经典性。正如杜运燮所说：“很多人对穆旦诗的印象都同《诗八首》联在一起。因为从闻一多《现代诗钞》起的许多新诗选本都选有此诗。”①《现代诗钞》对穆旦诗歌的传播与接受意义的重大，也正是借助闻一多在中国新文学史上的地位与影响，穆旦这个青年诗人以及他的诗作为更多读者所知，名声大震，成为中国新诗史上绕不开的诗人。再如，当时都是初出茅庐的新人俞铭传(7首)、杜运燮(4首)等都选入了，比当时已经享誉诗坛的戴望舒(3首)、何其芳(2首)的诗作还多。这本身就你体现了闻一多独特的“发掘”经典的鲜明意识。

一个文学史意义上的选本，入选的作品，在重视艺术水平的基础上，还应该考虑到它发生的历史影响。即使作家不甚知名，创作数量极少，后来鲜有所见，但只要是选本人认为的好作品，也照样录入。这显示了选者不以人取诗，而以诗取人的经典意识。如在《现代诗钞》中占总人数的百分之六十多的诗人，只选入了一两首诗作。他们或许一生中就只作了几首诗，有的才刚刚作诗，或者所作的诗没有太多的佳作，但闻一多依然在众多诗作中选出他们，选出他们的代表作，让他们得以“昭彰”史册，使作品得以流传。像艾漠(贺敬之)《生活》、袁水拍《赠友》和《折断的松树》、夏蕾《山》与《二月》、力扬的《短歌》，现代诗派的陈雨门的《秋晚》，陈时的《标本》、苏金伞的《雪夜》以及抗战诗人陈善文《苦撑着拼》、任钧《警报》、周为《冬天》等等。这些作品只是最初发表在杂志上或被收录《现代中国诗选》《若干人集》《新诗》上，但是在后来的诗坛上几乎“消失”了的作品，却都被闻一多收录在《现代诗钞》中，给予它们艺术上的肯定，给与了他们文学史上的地位，使他们不至于淹没于不断更新的诗文大海中，让他们能够随着选本的保存，有机会再次被读者诵读。而且，还有很多诗人的诗作，后来没有其他机会出版合集，或者所写作品随着最初发表的初刊物无法找到也就很难保存。如胡明树、韩北屏、陈善文、鸥外鸥、周为、何达、杨周翰等人当时的合集《后方小唱》《若干人集》或者发表的杂志上的作品已经无法找出完整

① 杜运燮等：《一个民族已经起来——怀念诗人、翻译家穆旦》，江苏人民出版社1987年版，第115~116页。

的保存，他们的诗作《铁的语言》(韩北屏)、《女面狮》(杨周翰)、《都会的悒郁》(鸥外鸥)、《城》(穆芷)等却因为被收录在《现代诗钞》中而被保存下来，能够走进读者视野。另外，本选本中的许多诗作，如杜运燮《滇缅公路》、林庚《秋之色》、亦门《纤夫》、《老兵》、田间《自由，向我们来了》、《多一些》、周为《冬天》、俞铭传的《拍卖行》、《隐居者》、玲君《铃之记忆》、《喷水池》等，本来只是在诗人的自选集里，流传不广泛，但自此以后高频次地出现在各种选本之中，增加了其在文学流通和文学接受中的能见度，让他们的诗歌史地位和艺术价值能够不断被阐释，积累起日后成为经典的某种资本，就显示出《现代诗钞》的独特选学价值。

再如，提起郭沫若，随之而来叫人记得的就是《女神》。在《现代诗钞》中选入的郭沫若的6首诗，其中有4首选自《女神》集(《天狗》《笔立山头展望》《立在地球边上放号》《夜步十里松原》)，其他的《凤凰涅槃》《炉中煤》《匪徒颂》也颇能代表郭沫若艺术成就的作品却都没有入选，而是另外选入了《灯台》《新芽》两首当时传诵并不广泛的诗歌。这也反映了闻一多“发现”经典的再努力。陆耀东说：“戴望舒的诗，有三个高峰，一是《雨巷》，二是《我的记忆》，三是《狱中题壁》和《我用残损的手掌》，各有其特长各有其特殊的美。”①后来的选本和诗集提起戴望舒这几首诗也是不可忽略的，但是《现代诗钞》却一首没入选，而是选择了《款步一》《款步二》《夜行者》这3首收藏在《望舒草》中颇能代表诗人在三十年代创作心境的作品。当代新诗学者心目中的三座高峰郭沫若、戴望舒、艾青②，在闻一多眼中只有艾青(选诗11首)1位，其他两位却是徐志摩(选诗13首)与穆旦(选诗11首)。凡此种种，皆体现

① 陆耀东：《中国新诗史(1916—1949)》第2卷，长江文艺出版2009年版，第178页。

② 见龙泉明《中国新诗流变论》(人民文学出版社1999年版)的相关章节论述。该书认为，新诗发展史上最有影响的诗人是郭沫若、戴望舒和艾青。艾青是新诗发展史上成熟阶段的代表诗人。

出《现代诗钞》以诗美为主脉的独特的选学意识与经典化意识。

五、结语

在当代的新诗选本史上，影响较大的选本是臧克家主编、1956 年出版的《中国新诗选(1919—1949)》。① 袁洪权认为，这本《中国新诗选》“是 20 世纪 50 年代中后期的新诗选本，也是 1978 年之后新时期文学借鉴的文学资源。处在这两个特殊时段的《新诗选》，一方面承接的是如何型塑中国新诗历史的政治与意识形态的承载能力，一方面也是开启新时期文学中国文学资源进而如何整合与重塑的现实问题。从这个意义上来说，它的选本价值不容忽视，放置在为百年新诗历程中，也有不可替代的文学价值与思想价值，正如罗振亚所说的，臧克家‘是以政治化视角树立了一批红色经典”②。这当然是言之有据的考察。臧克家这本《中国新诗选》是在新中国成立后的左翼文学思潮和社会主义文学思潮影响下产生的选本。其选编的动因相当明确。正如臧克家在其选本序言《“五四”以来新诗发展的一个轮廓》和“选编说明”中所言，它是为新中国成立后的新青年阅读所选，也为新中国成立后新一代青年勾勒他们应该接受的新诗史。以这样强烈的选编目的为依据，《中国新诗选》选了郭沫若等 26 位诗人的 90 余首诗。其中左翼与延安诗人占了三分之

① 建国前和建国后新诗选本的面貌差异很大。建国后的新诗选本如袁洪权所言，“承接的是如何型塑中国新诗历史的政治与意识形态的承载能力”，过于强调作家身份。改革开放后的 20 世纪 80 年代到整个新时期，这种状况有所改变——受多种诗学思潮影响，出版了为数众多的新诗选本。其中“以诗存史”意义上的诗歌选本，较著名的有谢冕的《中国新诗萃》、韩作荣《60 年诗歌精选》、孙琴安《朦胧诗二十五年》、流沙河《台湾诗人十二家》、奚密《二十世纪台湾诗选》、犁青《台湾现代百家诗》、谭五昌《现代诗歌三百首》、唐晓渡《灯芯绒幸福的舞蹈——后朦胧诗选粹》等。方长安《新诗传播与构建》、郭勇《百年新诗选本与中国新诗的经典化研究》对此有详尽探讨。此不赘述。

② 袁洪权：《〈中国新诗选〉(1919—1949)的编选与修订》，《艺术广角》2021 年第 6 期。

二。象征派、现代派、七月派以及“九叶”派等人的诗歌几乎没选(徐志摩在第二版中做了增加，戴望舒也只选了其标识其进步的诗作《狱中题壁》和《我用残损的手掌》)。所以，有人认为这个选本问题不少：一是它的“编选人受到了一定的限制”，二是“从所选的诗人和诗的数量来说，似乎嫌少了些；从内容来看，进步影响的范围也似乎嫌狭小了一些。写景诗选的不多，爱情诗几乎一首都没有选”，三是“他还不能完全满足更广大的读者们的要求，特别是打算更广泛的认识一下近三十年中国新诗发展的全貌，或者对中国新诗的流派想有所了解的人们，还有那些想稍稍做一点研究的人们”①。这种“问题”由他只选 26 家(郭沫若、康白情、冰心、闻一多、刘大白、朱自清、蒋光慈、刘复、冯至、柯仲平、戴望舒、徐志摩(第一版中没有选，第三版中有，但在序言里仍是否定性诗人)、殷夫、卞之琳、臧克家、蒲风、萧三、田间、何其芳、艾青、力扬、袁水拍、严辰、李季、王希坚、袁章竟、张志民)新诗人的 90 余首诗作就表现出来了：选择诗人的代表性不够，又过于看重诗人阶级立场。同时，诗型选择单一，选诗的面也狭窄，而臧克家尽管非常自信的在诗选里选了自己的 4 首诗：《老马》《老哥哥》《罪恶的黑手》《春鸟》，但他的《罪恶的黑手》，是对于宗教的虚伪的揭露，对于弱者——奴隶的反抗的预示，有过于明确的革命与阶级意识而损害诗意，《春鸟》还入选中学教材，其弃旧从新的二元对立诗思太过显豁。就是说，臧克家尽管新中国成立后创办了权威的《诗刊》，又“发现”毛泽东诗词的独特诗史价值，且对其传播居功甚伟，但臧克家的诗选依据的是 20 世纪 50 年代文学思潮标准，从新诗艺术及其审美演变的多元格局来说，这种选编由于凸显革命与阶级意识而遮蔽了现代多元复杂的新诗史发展事实，因而“问题不少”：“新诗史上许多经典诗人、经典诗作都没有被选录。政治意识明确而经典意识缺乏。内容决定形式的简单艺术观

---

① 袁洪权：《〈中国新诗选〉(1919—1949)的编选与修订》，《艺术广角》2021 年第 6 期。

统领了选编意识。相反，闻一多的《现代诗钞》与其相比，其高下优劣就不言自明了——它没有特定的后设诗外“意图”和时代局限。选者自身的学术品格得以凸显，即闻一多在《现代诗钞》中，精心收录了65家诗人诗作，包括了新月诗人、象征派诗人、七月诗人、九叶诗人以及未归为特定派别的不少诗人的诗作193首诗。这193首诗，还首首皆是经得起时间考验的新诗经典。没有选差诗，“坏诗”，不依赖权威和“时见”，认清时代本质又超越时代，是《现代诗钞》的最大特色。其选编诗歌来源如前述“新诗过眼录”“待访录”所示，也十分广阔，还更多站在新诗史与审美的标准来选，因而，比之《中国新诗选》，其特色就尤为明显。进一步说，《现代诗钞》囊括新诗发生以来到1940年代中期的100多部诗集、多种现代诗选集、五六种有影响的诗刊，它是在多种诗集、选本、期刊、事略、批评和论说的基础上遴选，其虽然没有把具体论说、批评和事略等具体化为“序言”和评注等选本批评方式的“选本批评”要素，但它们却是闻一多选本依赖的前提，或者其本身就是“选本批评”，也是一部未正式出版却最有选本意义和价值的中国现代诗歌经典选本。这一选本，是闻一多对于现代学术史的重要贡献，具有重要的选本和选本批评的价值。

首先，选编者的“识”决定了《现代诗钞》的价值。按照选本学的原理，“选者的责任和作用最为重要最为关键。这是因为：一，选本的存在价值取决于选者；二，作者在选本中的地位也取决于选者；三，读者阅读选本后所受的影响还是取决于选者”①。换句话说，我们认可《现代诗钞》，就是因为其选者是闻一多。“选诗诚难，必足以兼诸家者，乃能选诸家；识足以兼一代者，乃能选一代。一代不数人，一人不数篇，而欲以一代人选之，不亦难乎。”（李东阳《麓堂诗话》）闻一多“识足以兼一代者，乃能选一代”。因此，乔木就认为，“他（闻一多）是对于现代中国诗的开展，已有并将有最大贡献的少数大匠之一。要在中国

① 邹云湖：《中国选本批评》，上海三联书店2002年版，第283页。

现代的诗人中，找出像他这样联结着中国古代诗、西洋诗和中国现代各流派诗的人，并不是很容易的。他是中国的从诗经直到田间的热情的解说者，他又如同翻译莎士比亚的十四行诗为中国诗一样翻译着中国现代诗为英语”①。闻一多《现代诗钞》是1940年代中期选编的，他在选编《现代诗钞》的时候，不仅与臧克家一样，是杰出诗人，诗评家，还是大学教授，学贯中西的著名学者，还是爱国者，著名的民主斗士。多重身份集于“选者”一身，决定了《现代诗钞》的独特批评学价值。

其次，选本批评价值及其启示。臧克家选编《中国新诗选》的时候，是把“作品的认识价值和教育功能放在首位的，拟想的理想的阅读效果就是读者得到正确的知识和受到教育。这样，编者在编选作品时，遵循的就不是正常的文学经典化原则(从文学史的演化价值和纯粹的美学方面去选作品)，而是首先就把他们认为有碍教育效果的篇目筛选掉”②。自然，不以经典化的选本原则来选《中国新诗选》，这实际上不是臧克家所能够避免的，当他以那个时代的诗学导师和诗家权威为“青年读者”阅读新诗选的时候，他只能积极以自己的理解和“现实”的法则去选择。他无法避免时代、环境给他的识见所带来的局限。而且，“‘世囿文，文囿世’，读者一旦进入选本的阅读，自然也就永远无法避免受到选者自身‘世’与‘文’局限的影响，永远成为选者手中放飞的风筝”③了。从这一角度而言，闻一多选编《现代诗钞》，遵循的是既保留文学史(他自称自己是文学史家)——展示新诗发展的历史成就，又遵循选优及其经典化等选学及其选本批评的原则。就是说，闻一多选编《现代诗钞》的时候，是在“选本批评”，在从事严谨的诗学批评，在庄严的学术研究，是在现代学术意义上选编诗选。其动机决定了它的品格。《现代诗钞》的“以诗存史”编写策略，使其真实再现了新诗三十年的真实面相，构述了新诗三十年从徐志摩到艾青再到穆旦一路展现的诗美演进的

① 乔木：《哀一多先生之死》，《解放日报》1946年7月18日第4版。

② 金宏宇：《新文学的版本批评》，武汉大学出版社2007年版，第28页。

③ 邹云湖：《中国选本批评》，上海三联书店2002年版，第310页。

历程；它的“选有事之诗”的诗学思想，使其选编了1940年代历史语境的伟大的抗战诗篇，体现了闻一多诗与历史主脉一致的深刻的现实主义诗学思想；它的注重诗艺术与审美的叙史意识以及独特的诗学的经典意识，确保了其选本的“精品”意识及其审美与现代性的选本方向。这是20世纪以来百年新诗选本中至今未企及的高度和格局。事实上，正是依赖于此三大选本品格，《现代诗钞》才可能名垂青史，超越了时代与历史，成了20世纪留给世人的足以流传百世的绝佳诗歌选本。这给予我们的深刻启示就是，任何类型的选本，不管是出于什么选学目的的选本，要想保证其经典性，受人青睐，能经得起历史的考验，就必须遵循选学及其选本批评的原则，坚持一个选者应该有的独立的学术品格。在今日今时各种选本，尤其是诗歌选本泛滥成灾、媒介出版多元化的“众声喧哗”时代，重识《现代诗钞》这一经典新诗选本的选学思想及其学术价值，显然是有重要的现实启迪意义的，对于我们重新反思新诗史，也是颇有助益的。

闻一多与桐城派古文的关联
——从林纾的一篇序言谈起

王桂妹
（吉林大学）

1917年6月清华学校辛酉级毕业生级刊《辛酉镜》印行，闻一多任总编辑并写了发刊辞，而《辛酉镜》的"序言"则为林纾所作。这篇简短的序言见于闻黎明和侯菊坤主编的《闻一多年谱长编》（修订版），还未见于目前出版的几种林纾文集中。林纾在这一简短的序言中回顾了两次来清华讲《论语》时对清华学风的观感："余尝再至清华园讲论语，见学者彬彬然，部署井井然，司其事者温温而有礼。余太息以为此校讲新学，乃一本于礼衷古道一线其犹存于斯矣。"林纾赞扬了清华古道犹存的学风之后，又称赏《辛酉镜》中刊载的诗文"书分十三类，文咸通赡，不悖于理"。由《辛酉镜》中这些文理俱通的文字，林纾继而慨叹每况愈下的世风与学风，并对这些清华学子提出了期望："方今学者东涂西抹，鲜能专心致志以崇实际，而诸君乃能聿自濯励，勤学不懈。兹植中学毕业复辑其四年来之成绩著于篇，此固有志之所为，而未可数数觏者也。"①此一序言是闻一多经由同级好友薛祖康从林纾处求得，成为一个颇有意味的历史细节。由这一细节既可以管窥闻一多早年的文学趣味及其与桐城派古文的关联，亦可借此管窥清华学风在时代变迁中的流转，

① 闻黎明、侯菊坤编著：《闻一多年谱长编》上，上海交通大学出版社2014年版，第55页。

还可以反过来豹窥林纾当时的处境与心境。

一、闻一多早年教养背景中的桐城派古文

闻一多(1899—1946)于1904年六岁入家塾接受启蒙教育至1912年十四岁进入清华学校，其早年的教育历程正值清末民初政治、思想、文化、教育的急速转型期，而这一时期也正是桐城派古文传承由盛入衰的没落期和转型期。

桐城派主盟清代文坛二百余年，被视为文章正宗。有学者研究指出，桐城派之所以能够薪火相传二百余年，与桐城派文人纷纷投身教育的传统密切相关："桐城派及其景从者大都以教师为业、以从教为荣。他们创办书院、传道授业，并借此弘扬桐城道统与文统，传承家法。"① 时至清末，亡国灭种的历史危机促使清政府在教育界施行了一系列教育方面的改革，1901年谕令书院一律改为学堂并引进新式教育，1905年废除科举，等等，这一系列改革举措对桐城派古文传承及书院式教育方式也带来极大冲击。桐城古文的晚期传承者努力与时俱进，适应新时代的教育体制，除了继续执教于新旧过渡时期的学堂，还有诸多古文家为中小学编纂国文教科书，如吴汝纶之子吴闿生即在1904年编订《吴氏文法教科书》、吴汝纶侄女古文家吴芝瑛于1908年编订出版了《俗语注解小学生古文读本》；林纾、吴增祺则在1908年与商务印书馆合作，分别编订出版了《中学国文读本》和《中学国文教科书》。直至1913年，吴闿生的《国文教范》印行、林纾的《中学国文读本》也由商务印书馆印行，最终实现了从"古文"向"国文"的转型。学者吴微在桐城派教育研究的论文中指出："桐城派的文学教科书，以1905年科举制废除为界限，分为前后两个时期，前期是'古文选本'，以《古文辞类纂》为核心，后期

① 吴微：《从亲和到遗弃：桐城派与京师大学堂的文化因缘》，华东师范大学2009年博士学位论文。

是‘国文读本’。林纾、吴闿生、吴芝瑛等均编有此类学堂国文讲授之读本。”①可见，桐城派古文教育在日渐衰微的历史现代转型中仍发挥着不可小觑的影响，这也成为闻一多早期教育的重要背景。闻一多恰是在科举制废除的前一年（1904 年）进入改良家塾——绵葛轩小学读书。塾师即是一位半新半旧的知识分子，既有不错的“旧学”根底，又颇懂一些“新学”，而且教书十分严格：“要学生们除了熟读《三字经》、《朱子家训》等，还要读洋学堂新编的修身课本；除了背诵《幼学琼林》和四书五经，还要学新的国文、历史、博物等等。”②虽然没有直接材料证明闻一多的启蒙塾师为桐城派文人，但却能推断出桐城派对塾师的影响是不言而喻的。一方面，桐城古文与时文及科举考试的密切关系使得当时的读书人往往以桐城古文为正宗，而由桐城派领军人物方苞编选的《四书文选》《古文约选》更形同于士子们科考的官方教材。周作人在《中国新文学的源流》中即指出桐城派古文与时文的密切关系：“八股文和桐城派的古文很相近，早有人说过，桐城派是以散文作八股文的。”③另一方面，在科举途中铩羽而归的读书人大多都在蒙馆、私塾和小学做了教师，桐城派古文的影响仍然像空气一样普遍：“特别是像私塾先生，乡绅、小吏这样读着桐城派古文长大的中下层知识分子，内心深处对桐城派古文有着特别的感情。”④同时，自幼教导闻一多读书的父亲和叔父二位长辈也都是清末旧式文人。闻一多的父亲为清末秀才，闻一多的叔父廷治则以解经入学，二人在国学方面有相当的造诣，但又思想开明，尤其在教育后辈方面更是在偏重于旧学的同时兼顾新学，颇能跟上时代的

---

① 吴微：《从亲和到遗弃：桐城派与京师大学堂的文化因缘》，华东师范大学 2009 年博士学位论文。

② 闻黎明、侯菊坤编著：《闻一多年谱长编》上，上海交通大学出版社 2014 年版，第 14 页。

③ 周作人：《中国新文学的源流》，《周作人自编文集》，河北教育出版社 2002 年版，第 31 页。

④ 王永兵：《老舍对桐城派的继承和创新》，《安庆师范学院学报》2013 年第 1 期。

步伐，不但在学识上指导闻一多，更在见识上影响闻一多。闻一多于辛亥革命前一年(1910年)进入设立于武昌的两湖师范附属高等小学校。两湖师范学堂是张之洞于1904年由两湖书院改建而成，以规模大、教育质量高而闻名于全国。两湖师范学堂旋即因辛亥革命爆发而停办，闻一多的高等小学学习也随即中断，局势稳定后，闻一多又曾入民国公校、实修学校进行短暂的学习，随后考入清华。闻一多进入清华学校以前的学校学习时断时续，倒是持续而严格的家塾教育令闻一多偏于旧学的学习始终没有间断。闻一多幼年在家塾绵葛轩读书时，还每于“夜归，从父阅《汉书》，数旁引日课古事之相类者以为比。父大悦，自尔每夜必举书中名人言行以告之”①。即便在两湖师范附属高等小学读书期间，也仍旧在叔父丹臣(廷治)先生主持的改良私塾——三佛阁里继续补习，中文之外，并有英文、算学。对此，闻一多在早年所作《辛亥纪事》一文中也有记载：“曩者诸兄游学武昌，馆于三佛阁。辛亥秋诸兄弟至者益众。季父督课严，匪故莫得入肆。”②闻一多早年以家塾国学为核心的传统教育深植根于闻一多的血脉之中，不但为其打下了坚实的国学童子功，更培养了一种深沉的情感和浓厚的兴趣，使其在清华学生时期得以继续研读并展露出国文方面的才华，而在此期间，桐城派古文的影响始终是不可忽视的存在。

二、清华时期的闻一多与桐城派古文的关联

闻一多在辛亥革命后(1912年)考入清华学校，并很快就在绘画、戏剧编演、作文、演讲等各方面展露出才华。浦薛凤在回忆中谈及闻一多：“一多，原是单名‘多’，以聪慧见称。读书而外，从事各项课外活

① 闻一多：《闻多》，《闻一多全集》第2卷，湖北人民出版社1993年版，第295页。

② 闻黎明、侯菊坤编著：《闻一多年谱长编》上，上海交通大学出版社2014年版，第21页。

动，加之写字秀遒，作文华美，图画高明，口才卓越，是以被推担任级长，知名校内。”①闻一多入学时的清华学校普遍充斥着重西文而轻国文的风气，并引发了闻一多等很多清华学子的不满。清华学生陈裕祺即在《清华周刊》发表文章历数了清华学生的国文学习现状：“班下自修，孜孜竟日，尽横行字。读国文者十无一焉，即就班上言之，讲西学则群侧耳以听，握管以记，兢兢然惟恐其一字一语之或遗也。即讲国文，则教者谆谆，听者邈邈，谈笑者有之，戏谑者有之，读他书而阅小说者，亦无不有之。其隐几而卧者，犹不失为好学生也。”②闻一多在这种重英文而轻视国文的整体氛围中，不但在课内外继续保持着国学研读的热情和兴趣，更进一步发声批判这种风气，呼吁振兴国学：“吾言及吾国古学，吾不禁愁焉而悲，虽然，亡羊补牢，未为迟也……惟吾清华以预备游美之校，似不遑注重国学者，乃能不忘其旧，刻自濯磨。故晨鸡始唱，踞阜高吟，其惟吾辈之责乎！”③闻一多身体力行，在课程学习之余大量研读国学经典并制订了庞大的读书计划。以闻一多1919年元月一日至四月初《仪老日记》所载读书、作文记录为例，不难由理出他的阅读偏好。在这里，上至《诗经》《文选》《史记》下至《清诗别裁》，都在他的研读系列。但记录条目最多的则是读姚鼐的《古文辞类纂》。在此前一年，闻一多致闻家驷的信中也曾提及他对《古文辞类纂》的研读状况和计划：“此外自修功课，去岁寒假前已阅毕黎（莼斋）选《续古文辞类纂》，本学期正阅姚选本，未毕。近以大考在即，中文自习功课多未照格履行。”④《仪老日记》所载显然是继续完成1918年5月因课业繁忙而未竟的阅读计划，尤其对于姚选本《古文辞类纂》更是“兴致盎然，不忍

① 闻黎明、侯菊坤编著：《闻一多年谱长编》上，上海交通大学出版社2014年版，第30页。

② 陈裕祺：《今日之学生与国文》，《清华周刊》1917年第104期。

③ 闻一多：《论振兴国学》，《闻一多全集》第2卷，湖北人民出版社1993年版，第283页。

④ 闻一多：《致闻家驷》，《闻一多全集》第12卷，湖北人民出版社1993年版，第7页。

释卷也。"①在日记中，闻一多还大段节录了《姚姬传复鲁宾书》中所谈"专一"和"涵养"的治学之道，联想起自己因参与学生会等事务性工作而影响了课业和读书，更有悔悟之心："因思吾自侧身会事，日课尽荒。继此以往，神扰志乱，其何以读书，况众手所指，群飞刺天，果何裨哉，今犹不悟，后悔何追。"②姚选《古文辞类纂》和黎选《续古文辞类纂》均为桐城派古文家视为经典之作，以之为古文创作的典范，闻一多正是通过古文而与桐城派古文家产生了跨越时空的精神沟通，也获得了自己创作古文辞的范本。"五四"之前的闻一多在《清华周刊》等刊物上发表了大量的古文辞、旧体诗以及读书札记。一直到1921年，已经完全转向白话诗文创作的闻一多把此前的古文辞手抄编订为《古瓦集》，既供摩挲，也供纪念。在序言中，他特别强调了这些古文辞与桐城派古文的"师承关系"："这几篇文章都是一番钻研揣摩底结果。于今姚选、黎选两部《类纂》里红的圈、黄的、绿的点，仿佛珊瑚、翡翠、琥珀嵌排在纸上似的——便是当时底成绩。"③

实际上，除了桐城派的经典选本，闻一多时代还健在的桐城派文家诸如严复和林纾的古文，也都在闻一多的阅读兴趣之列。《仪老日记》中还有多天连续读严复著《天演论》的记载，并对严复的译笔甚表佩服："辞雅意达，兴味盎然，真迻译之能事也。"由对严复文笔的佩服，闻一多转而也对《新潮》杂志对严复译文的讥讽大不以为然，进而替严复的译文进行辩护：

《新潮》中有非讥严氏者，谓译书不仅当译意，必肖其词气、

① 闻一多：《仪老日记》，《闻一多全集》第12卷，湖北人民出版社1993年版，第417页。

② 闻一多：《仪老日记》，《闻一多全集》第12卷，湖北人民出版社1993年版，第412页。

③ 闻翻编注：《闻一多青少年时代旧体诗文浅注·前记》，群言出版社2003年版，第1页。

笔法而后精，中文造句破碎，不能达蝉联妙邃之思，欲革是病，必摹西文云云。要之严氏之文，虽难以上追诸子，方之苏氏，不多让矣。必谓西文胜于中文，此又蛣蜣丸转，癖之所钟，性使然也。吾何辨哉！①

由上述文字可见出，闻一多是把严复的译笔放在诸子以来的整体文章脉络上进行评判的，在比较中认识严复文笔的价值，并对《新潮》提出的翻译观念提出不同意见。此时，对桐城派古文颇为佩服的闻一多也是林纾的读者。但是与稍前或者同时代的鲁迅、胡适、冰心、郭沫若等在少年和青年时期痴迷林纾的小说翻译，并在阅读、摹仿林译小说中成长起来的诸多新文学家和新派知识分子不同，闻一多更偏重于对林纾古文的兴趣。就本人目力所及，还未见闻一多对林译小说的阅读记载。据《闻一多年谱》中所载闻家驷的访谈所讲：“先生亦喜爱读林纾著述，某年暑假返乡，在武汉买了《畏庐集》及续集，在家认真批阅，还让闻家驷也共读。”②闻家驷在访谈中虽然没有明确标明时间，但《畏庐续集》是在1916年4月由商务印书馆出版初版本，由此也可以大致推断闻一多阅读林纾的文章应该在1916年4月至1919年4月之间。而据《清华周刊》记载，1917年2月3日、4月14日，林纾受清华孔教会邀请曾两次来清华讲授论语，讲座题目分别为《信》和《知耻近乎勇》，想必闻一多也是学生听众中的一员。实际上，与林纾前后在清华讲演的还有梁启超、胡适等，而闻一多在1917年5月中旬筹备主编毕业刊物《辛酉镜》时，却转托好友请林纾作序，足以见出闻一多对于林纾及其古文的一种好感。

---

① 闻一多：《仪老日记》，《闻一多全集》第12卷，湖北人民出版社1993年版，第423页。

② 闻黎明、侯菊坤编著：《闻一多年谱长编》上，上海交通大学出版社2014年版，第55页。

三、闻一多与林纾古文辞的质色比照

喜读某人的文章或者文字，往往正是从这些文字中获得了情感共鸣或者精神契合，而这种情感共鸣所投射的也往往是读书者自身的文学趣味，并进一步表现为相应的文笔风格。自成一家的林纾自幼便酷嗜《汉书》、《史记》、韩柳文，以之为文章的最高境界，尤其每每称赞《史记》“文笔婉媚动人”①。林纾正是在对这些典籍经年累月的精研、琢磨中建立了自己独到的古文风格。钱基博在《现代中国文学史》中便曾经以林纾自作的《冷红生传》为例，高度评价林纾的文章风格：“纾之文工为叙事，杂以诙诡，婉媚动人，实前古所未有，固不仅以译述为能事也。”②《冷红生》是林纾的自传记性文字，以自己力拒奔女的一则生动小故事，生动地描摹出“家贫而貌寝，木强而多怒”③的冷红生特立独行的个性，尤其是看似无情，实乃深情的真性情。无独有偶，闻一多所作自传《闻多》中，同样也以简约有趣的文字呈现出一个乐于做事、强于自信的少年闻多形象：“喜任事，于会务无洪纤剧易悉就理。所见独不与人同，而强于自信，每以意行事，利与钝不之顾也。性简易而康爽，历落自喜，不与人较短长。”闻多在暑期酷嗜读书的情形更是栩栩如生：“每暑假返家，恒闭户读书，忘寝馈。每闻宾客至，辄踧踖隅匿，顿足言曰：‘胡又来扰人也！’所居室中，横胪群籍，榻几恒满。”④嗜读书而恨人扰的少年闻多跃然纸上。实际上，我们还能从性情上找出林纾与闻一多诸多的相似之处，比如闻一多耿直康爽、乐于助人的性情就与林纾有共通之处。陈衍在为林纾所做的传记中曾说：“其友陈衍曾

① 钱基博：《现代中国文学史》，上海世纪出版集团2007年版，第123页。

② 钱基博：《现代中国文学史》，上海世纪出版集团2007年版，第127页。

③ 林纾：《冷红生传》，《畏庐文集》，上海商务印书馆1923年版，第25页。

④ 闻一多：《闻多》，《闻一多全集》第2卷，湖北人民出版社1993年版，第295页。

戏呼其室为造币厂，谓动辄得钱也。然纾颇疏财，遇人缓急，周之无吝色。”①闻一多则在自传中称自己“待人以诚，有以缓急告者，虽无赀，必称贷以应。”②正所谓“文如其人”，性情往往浇铸为文字，反过来，文字也常常是人格的外在表现。清人张僖在《畏庐文集·序》中称林纾的人与文：“畏庐忠孝人也，为文出之血性。”③林纾一些怀人叙事的文字往往渗透着这种至情至性。诸如怀念祖母的《先大母陈太孺人事略》、悼念妻子的《亡室刘孺人哀辞》、悼念友人的《告王薇庵文》、《告周辛仲先生文》等，往往是从叙写日常的琐事出发，字里行间渗透出真情和深情，文字亲切，哀婉动人，尤其精彩。从质地上看，闻一多的诗歌，甚至包括闻一多本人，无不展露出刚烈血性的风采。但是与清末民初已成古文大家的林纾相比，学生时代的闻一多自然还处于“创造性模拟”阶段，闻一多早年的古文辞显然还达不到林纾古文的境界和功力，但也已展露出“风骚后起之秀”的才华和文采。而在诸多风格中，闻一多舍质朴平淡而求瑰玮奇丽的倾向，更显示出他独有的少年风采，并受到国文教师赵瑞侯先生的赞许和器重。闻一多早期一些叙哀的文字更显得情深辞切，与林纾古文的哀婉风格相类似，同时更倾向于热烈沉郁。如闻一多祭悼同学的《招亡友赋》，即把夜里恍惚间梦到友人来访的欣喜，以及梦醒后的怅惘，进而仰空而泣的哀伤表达得淋漓尽致，凄婉动人：“恍恍惚惚，觐君来前，惊而延之，神定景逝；更寐而求，苦不交睫。起视牖外，疏星出没，月在树高；巡宇而呼，仰空而泣……”包括此时闻一多的一些译诗，经译者闻一多自己的情绪点染，更传达出原作的凄楚情绪。如闻一多所译《马赋》，写一匹与主人征战沙场、屡立战功的老马，在战后却被沉溺于醇酒妇人的主人抛弃的凄婉状态：“朝徘徊兮

① 朱羲胄述编：《贞文先生学行记》，世界书局 1949 年版，第 4 页。

② 闻一多：《闻多》，《闻一多全集》第 2 卷，湖北人民出版社 1993 年版，第 295 页。

③ 张僖：《畏庐文集·序》，林纾著《畏庐文集》，商务印书馆 1923 年版，第 1 页。

阡陌，夕踟蹰兮阑干，食蕉芃兮嗓破，吸燥埃兮鼻酸；鬣焦兮膶敝，脊伶俜兮卦刊，麾蚊蝇兮尾秃，舐疮疥舌干。将翘足以惊陆兮，忽蹒跚而欲颠；渴饮水于明溪兮，对枯影而自怜。”①老马食不果腹、徘徊无依、老迈无力、顾影自怜的凄凉场景历历在目，情辞凄切动人。此一时期，闻一多还用古文辞翻译了另一首《点兵之歌》，叙写军官在一场战役后，再次集合残部，军官清点人数时亲见或者耳闻兵士们在战场上或伤或亡的惨状：有的是兄弟近在咫尺未能相救，有的是身中流矢，喃喃呼唤着母亲伏尸道旁……闻一多把战争的残酷和惨烈场面生动地呈现出来。这首《点兵之歌》也曾被闻一多的老师评为“悱恻动人”②。

目前还未发现确切史料显示闻一多和林纾有过直接的文字或者人际交往，更恰当地说，身为清华学生时期的闻一多是在学习和研读林纾的文章(或许还有聆听林纾的演讲)中，与这位曾经声名远播、如今却不合时宜、备受攻击的古文家有了精神上的交集。闻一多主编《辛酉镜》时请林纾作序言，固然出于他当时“闲为古文辞”的趣味，以及对林纾这样的古文大家的敬意，但背后也许还有对《新青年》以不尊不敬的态度攻击林纾所产生的些许不满，正如他对《新潮》讥嘲严复的态度相一致。众所周知，1917 年对于新文化运动和白话文运动是个标志性的年份。先是胡适和陈独秀相继在《新青年》1917 年初 2 卷 5 号、6 号发表《文学改良刍议》和《文学革命论》，由此拉开了文学革命的大幕，与此同时，林纾也迅速成为“新青年派”抨击的目标。尤其是钱玄同更在《新青年》2 卷 6 号“通信”中致函胡适，抛出了“桐城谬种”“选学妖孽”的骂称，直接把林纾作为攻击的靶子。林纾在 1917 年 2 月 1 日天津《大公报》发表《论古文之不宜废》之后，胡适与陈独秀在《新青年》1917 年 3 卷 3 号的“通信”中更就林纾此文中的“吾识其理，乃不能道所以然”进

① 闻一多：《马赋》，《闻一多全集》第 1 卷，湖北人民出版社 1993 年版，第 276 页。

② 闻一多：《点兵之歌》，《闻一多全集》第 1 卷，湖北人民出版社 1993 年版，第 295 页。

行批评和讥嘲。以此为开端，主张白话文运动的五四新青年们展开了对林纾越来越猛烈的攻击，并引发了越来越广泛的社会关注。

五四“新青年派”为了打开新文化运动和文学革命的时代局面，对以林纾为代表的旧派进行抨击，固然有时代的正义性，但也有显而易见的偏激之处。正如闻一多注意到《新潮》对严复的批评有一样，他时刻关注着已经蓬勃兴起的新文化运动以及《新青年》与林纾越来越激烈的文白之争。闻一多能在这种情势下转托同学请林纾为毕业留念文集作序，既展示了闻一多“独不与人同”的殊异个性，也透露出他对林纾文章的一种偏爱。闻一多把1919年五四运动之前的日记命名为《仪老日记》，“仪老”可以看作是“遗老”的谐音，这里固然有青年闻一多标新立异的少年姿态，同时显示出他与大多数重西文轻国文的清华学生抗衡的意味。当然，更也与整个清华学校在五四运动之前偏于保守的学风分有关。欧阳军喜在全面考察清华学校“五四”前后的国文教学时也谈到了文白之争在清华的反响：“在五四运动以前，清华的风气总体上倾向保守，对白话文表现出抵制的态度。一些学生认为‘吾国文学，若经史子等，悉为我国文明之所寄。白话之文果盛行，则不出百年，将无能读古书矣。今日持抑文就语说者，实无异自毁国粹自灭固有之文明’。直到1919年3月，裴庆彪、刘聪强几位同学受文学革命的影响，成立白话文学研究会，仍然遭到《清华周刊》编辑罗隆基、李榦、杨荫溥等人的攻击，引发了一场关于白话文学的争论。在这场争论中，罗隆基引林纾、胡先骕的观点为自己辩护。杨荫溥则模仿林纾写小说讽刺新文学。”①闻一多虽然并没有切身参与清华学校的这场“文白之争”，但在1919年的《仪老日记》中则表明了自己支持白话文的态度：“《学报》用白话文，颇望成功。余不愿随流俗以来讥毁。”②清华在“五四”前夕偏于保守的学风被轰轰烈烈的五四运动打破，闻一多也在五四运动中成长

① 欧阳军喜：《在中西新旧之间穿行：五四前后的清华国文教学》，《清华大学学报》2013年第3期。

② 闻一多：《仪老日记》，《闻一多全集》第12卷，湖北人民出版社1993年版，第425页。

为不折不扣的“五四之子”，连带其“古文辞”的文字趣味也开始消解。到1920年1月，清华学生会决定改新闻科为出版委员会，对《清华周刊》实施改良：“一改封面，二改门类，三不取陈古文，四用标点，五采横写法，六改编辑制为集稿制。”闻一多和潘光旦合编了改版后的《清华周刊》第5期，至此，闻一多几乎完全舍弃了古文辞的创作，转而成为白话诗文的忠实信徒，一跃而成为“五四”以来新诗的创作者、批评者和新诗的立法的奠基者。

结　　语

闻一多与桐城派古文若隐若现的关系只是发掘他与中国传统文脉深厚关联中的一条线索，闻一多毕竟是在清华学校接受了更为系统、更为现代的思想文化和文学教育，“五四运动”的洗礼更使“五四精神”成为他身为诗人、学者、民主斗士的重要底色。但是闻一多自幼所接受的传统文化的熏陶、教养也不可小觑，已经积淀为他内心深处对传统文化深厚的情感，既成为他创造新诗和新诗理论的有效资源，也成为他以“芸香”的精神研究国学并从中发掘中华民族之魂的动力。而就“五四”时期新型知识分子与桐城派及其古文的关联而言，闻一多也并非是个案。毋宁说，桐城派在清代文坛的盟主地位，使得五四新文化运动和五四学生运动的主力军——生于1880年代和1890年代的两批新兴知识分子都深受其影响。相比较而言，生于1880年的一代人，如鲁迅、陈独秀、周作人等，都接受了更为系统的传统文化教育并在科举制末期有过科举考试的经历，甚至如陈独秀等还取得了功名。因此，他们所受桐城派古文的影响是显而易见的，有研究者系统梳理了陈独秀与桐城派的文化渊源以及他的一生与桐城派的复杂关系，称之为“出入皆桐城”①。鲁迅和

① 王永坚：《出入皆桐城：陈独秀与桐城派的文化渊源研究》，安徽师范大学2019年硕士学位论文。

周作人青年时期对于林纾小说的痴迷和摹仿更是不争的事实。与闻一多同属于1890年代的胡适也深受桐城派的影响。他们最终都成为五四新文化运动和文学革命的发动者和支持者，同时也成为以“桐城谬种、选学妖孽”为代表的旧文化、旧文学的批判者，桐城派古文正是在五四新文化的新旧论战中更加彻底地退出了历史舞台。新旧论战时剑拔弩张，未免言辞偏激，但论战过后，很多新文化中人诸如周作人、胡适、郑振铎等又纷纷在相关学术史的评判中，对桐城派及林纾的历史贡献作出了正面评判。周作人有关桐城派五四新文学运动关系的评价最为直接："所以我们可以说，今次文学运动的开端，实际还是被桐城派中的人物引起来的。"①

① 周作人：《中国新文学的源流》，《周作人自编文集》，河北教育出版社2002年版，第44页。

左右互搏：闻一多学术文章的话语方式

向天渊

（西南大学）

一、小引

从 1919 年 11 月到 1928 年 1 月，诗人闻一多创作一百多首新诗并出版《红烛》《死水》两部诗集，自此以后，除少量译诗之外，公开发表的新诗作品大约只有 3 首：《答辩》《回来》《奇迹》。作为学者，闻一多早年主要从事文艺评论，和新诗创作大体同步；1927 年 7 月发表《诗经的性欲观》，其学术兴趣开始转变，特别是 1930 年代以后，从倡导艺术救国转而“向内走”，钻入故纸堆，誓做“杀蠹的芸香”，对唐诗、《楚辞》《诗经》《庄子》《周易》以及古代神话展开深入研究，不仅发表数十篇论文，还撰写大量表谱、传记、疏证、校勘、札记、书信等。抗战胜利后，闻一多投身于反内战、反独裁、争民主的战斗中，遭国民党嫉恨，被特务暗杀，不幸遇害。应该说，罹难之时，闻一多作为诗人大体定型，作为学者，却如日中天，假设再有十到二十年，他定会更上层楼，再创新境界。可即便如此，在新诗评论、古代文化特别是古典诗歌研究上，闻一多已经闯出一片新天地，取得巨大成就，至今仍在观念尤其是方法上给予我们诸多启示。大半个世纪以来，众多学者从个案、类别、通观等不同层面，对闻一多学术研究的方法做过阐释与评价，纷纷表彰其正本清源的立场、开阔通透的视野、刨根问底的精神、大胆新奇的想象，但对其学术文章别具一格的话语方式，并未给予特别关注。除去类钞、考证、校补、表谱以及未完成的手稿，闻一多公开发表的论著，大多汪洋恣肆、元气淋漓，而且往往以“左右互搏”的方式，营造出居高临下、势如破竹的强大气场，在中国现代述学文体中，可谓独树一帜。

“左右互搏”又叫“双手互搏”，源自金庸小说《射雕英雄传》，是老顽童周伯通为排解寂寞而创立的怪异武功，左手与右手相互攻防，后经郭靖提醒，转化成武林绝学，这里借用过来描述闻一多学术文章中常见的话语方式：自我辩难。一般说来，论辩须是双边行为，但也存在自我辩难的现象，最典型的要算魏晋时期的王弼。据《世说新语·文学篇》记载，王弼拜访何晏，何晏将先前谈客所论之精妙玄理转告王弼并询问道：“此理仆以为极，可得复难不?”“弼便作难，一坐人便以为屈。于是弼自为客主数番，皆一坐所不及。”除此之外，赋体文章中的主与客几乎都是虚拟人物，所谓子虚、乌有、亡是公之类，形式上是客主问答，实际却相当于作者的自我辩难。知晓以上情况，我们或许能够更好地理解闻一多左右互搏的话语方式。

二、自问自答：转换话轮，增强气势

1. 闻一多喜欢且善于在学术论文中设置问题

相比同一时期的其他学者，闻一多擅长在文章中设置问题，湖北人民出版社 1993 年版《闻一多全集》第 2 卷“文艺评论”部分收录 47 篇文章，除去介绍、提纲性质的少数几篇，其余 40 多篇都设置了或多或少的问题，有 10 篇还超过 10 个自设问句①。比如，《电影是不是艺术?》，

① 本文进行统计时，都不包括引文、转述中的问句。

全文六千多字，有22个问句；又比如，《宣传与艺术》，两千多字，14个问句，我们熟悉的《诗的格律》五千来字也有17个问句；更奇特的是，《为彝族乐舞团演出题词》总共3句话，居然有2个问句。或许有人会说，文艺评论的现实针对性强，话题本身具有争议性，设置问题予以辩难，岂不顺理成章？我们先不急于下结论，且拿朱自清的类似文章做个比较。江苏教育出版社1996年版《朱自清全集》第2卷题为"散文编"，收录《国文教学》《读书指导》《新诗杂话》3部集子共39篇文章，有问句的只有12篇，约占三分之一，总数也就20来个，仅仅堪比闻一多的一篇文章，反差何其之大！或许有人还会说，那是因为闻一多与朱自清，一狂一狷，性格不同。这话有一定道理，但也不尽然。闻一多与梁实秋(1903—1987)，年龄相差不到4岁，都从清华毕业然后留学美国，同属新月派且是好朋友，性格颇多相似之处，还合作出版过《〈冬夜〉〈草儿〉评论》。此外，梁实秋早年也以批评家闻名，其现实针对性较强的评论文章，除《现代中国文学之浪漫的趋势》之外，大多收入《偏见集》。较为有趣的是，闻一多的《〈冬夜〉评论》和梁实秋的《〈草儿〉评论》篇幅相差不大，设置的问题分别是14个和17个，梁实秋还略胜一筹。但一篇文章不能说明问题，我们再看《偏见集》。该著收录31篇文章，平均篇幅比闻一多的"文艺评论"多出百分之十五的样子，其中设置问题的有28篇，1至2个问句的大约占一半，10个以上的仅有4篇，且篇幅较大。两相比较，还是闻一多更喜欢使用问句。

不仅是文艺评论，在古典文学研究中，闻一多生前已发表且属于阐释、论述性质的文章，同样设置了较多的问题。《闻一多全集》第10卷中的"文学史编"共9篇文章，5篇属于提纲、年表、摘录，非常客观，不宜发挥，另外4篇探究性质的文章，都设置了5个以上的问题，其中《律诗的研究》因篇幅稍长，自设问句达到15个。其他各卷中关于《诗经》、《楚辞》、《庄子》、唐诗、神话研究的论文，每篇都有若干问句，平均每千字达到2个，与"文艺评论"部分大体相当。也有特别突出的，比如，《匡斋尺牍》，全文约1.9万字，除去百分之二十左右的引文，不足1.6万字，自设问句达到63个，每千字约4个，频率很高；此外，《高唐神女传说之分析》《伏羲考》《诗经的性欲观》《庄子》等都超过20个问句。

从以上描述可以看出，闻一多的确喜欢在评论和学术文章中设置问题，不仅如此，他还善于发问，请看以下例证：

> 但是为什么叫"隮"呢？是因为隮之本义为升，而云气能上升，故称云气为隮吗？然而云气可曰升，虹亦可曰升吗？何以古人又称虹为隮呢？我以为诸家中，只有后郑训《周礼》的隮为虹，宋均训《春秋感精符》的隮为晕气，是切当的，其余或曰升气，或曰升云，都不免望文生义。原来这隮字是个假借字，所以它的意义和训升的隮绝对无关。何以知其然呢？《周礼》故书隮作资。作资，我想确乎比作隮近古些。因为资字从次，次字则无论在形或义上都可以与虹云气连贯得上，隮字便毫无这样的可能了。①

这段文字先是连珠炮似的步步追问，个别问句中还藏匿着答案线索，接着予以回答，再问，再答，层层推衍，气势强劲。类似的例子，在闻一多的论文中还有不少，之所以举出这一段，是因为其中的问答比较简洁、紧凑而已。

如所周知，包括现代汉语在内的大多数语言，其句子类型可以分为陈述句、疑问句、祈使句、感叹句四种。疑问句又存在有疑而问、无疑而问两种情况。值得注意的是，闻一多的文章，有疑而问相对较少，无疑而问数量更多。

2. 有疑而问：特指问最多，是非问其次，选择问最少

从语法上讲，有疑而问的句子叫询问句，分三种类型：特指问、选

① 闻一多：《高唐神女传说之分析》，《闻一多全集》第3卷，湖北人民出版社1993年版，第10页。

择问、是非问，三者的疑问域分别是点、局部和整体，其语法表现功能依次由弱到强："疑问域小的问句所需要的答案信息量小，往往标志着一个话轮的结束；疑问域大的问句所需要的答案信息量大，常常标志着对一个新的话轮的诱导，也就是说，广义是非问句常常在话轮转换过程中发挥积极作用。"①这里所说的"话轮（Turn）"是会话分析的基本概念，由美国社会学家哈维·萨克斯等人提出，语言学家威利斯·埃德蒙森认为"话轮"有两方面的含义：一是指在会话过程中的某一时刻成为说话者的机会，二是指某人作为讲话者所说的话。②

就闻一多论文中的询问句来看，特指问最多，是非问其次，选择问最少，但无论哪一类，随着问、答角色的交替，话轮都获得转换，问答越多，转换越快。请看：

> 贾岛和他的徒众，为什么在别人忙着救世时，自己只顾作诗，我们已经明白了，但为什么单做五律呢？这也许得再说明一下。孟郊等为便于发议论而做五古，白居易等为讲故事而做乐府，都是为了各自特殊的目的，在当时习惯以外，匠心地采取了各自的工具。贾岛一派人则没有那必要。为他们起见，当时最通行的体裁——五律就够了。一则五律与五言八韵的试帖最近，做五律即等于做功课，二则为拈拾点景物来烘托出一种情调，五律也正是一种标准形式。然而作诗为什么老是那一套阴霾、凛冽、峭硬的情调呢？我们在上文说那是由于癖好，但癖好又是如何形成的呢？这点似乎尤其重要。如果再明白了这点，便明白了整个的贾岛。③

---

① 张伯江：《疑问句功能琐议》，《中国语文》1997年第2期。

② 参见周红编著：《汉语研究方法导论》，上海教育出版社2018年版，第206页。

③ 闻一多：《贾岛》，《闻一多全集》第6卷，湖北人民出版社1993年版，第57页。

这段话设置了三个问句，每个都有疑问代词，属于特指问，需要有答案。一问一答，话轮转换，话题更新，行文跌宕起伏，对话性、论辩性话语特征得到充分体现，不仅如此，内容上也层层递进、步步深入，直至最终揭示晚唐出现贾岛现象的根本原因：时代已经疲惫不堪，思想和感情都需要休息。这样的论证与判断，让这篇文章成为贾岛研究中里程碑式的成果："如果说，贾岛是第一个在文艺态度上发现了'休息'方案的人，那么闻一多则是第一个末世贾岛现象的发现者和论述者。"①不能不说，文章的成功，与巧设问题、追根溯源进而直抵本质的思维与话语表达方式密切相关。

3. 无疑而问：设问少，反问多

无疑而问又分设问、反问两种形式。既然是无疑而问或明知故问，其首要目的就不是获取答案，而是达成某种修辞功能。具体而言，设问的作用是"提醒注意，引导思考，突出某些内容，使文章波澜起伏，有所变化"；反问的作用则在于"加强语气，强调观点，构成心理上的优势"。②

从具体文本来看，闻一多的学术论文更喜欢使用反问句。典型的例证是《类书与诗》。该文首先界定"类书"的性质，然后举证唐代类书数量惊人、官修比例很大，进而提出问题：

> 一个国家的政府从百忙之中抽调出许多第一流的人来编了那许多的"兔园册子"，这用现代人的眼光看来，岂不滑稽？③

---

① 邓乔彬、赵晓岚：《学者闻一多》，学林出版社 2001 版，第 378 页。

② 马洪海主编：《现代汉语教程》，上海交通大学出版社 2017 年版，第 386 页。

③ 闻一多：《类书与诗》，《闻一多全集》第 6 卷，湖北人民出版社 1993 年版，第 5 页。

从形式上看，这是反问句，答案就在问句之中，否定式发问，意味着肯定性答案。但闻一多反其道而行，紧接着对此种"滑稽"之论予以否决、反驳：

> 不，这正是唐太宗提倡文学的方法，而他所谓的文学，用这样的方法提倡，也是很对的。①

真可谓是陡起波澜、出人意料，触发读者的期待心理，充分印证了"文似看山不喜平"的道理。随后，作者从六朝时期顺流而下，由隋至唐，阐释"文学便不能不愈加实际化"，"便终于被学术同化"的历史事实。在具体论证中，有"更不能不""实在已经是""既……又……于是……""便不能不""便终于"等一系列关乎逻辑推衍的连接词，行文气场强大，势如破竹。接下来，依次讨论这种情形所带来的三个后果：章句的研究、类书的编纂、文学本身的堆砌性。在两千来字的阐释中，共用 6 次反问、1 次设问，对三种后果之间错综复杂的关系进行细致剖析与辩驳。

三、虚拟对话：辩论商榷，引起共鸣

1. 闻一多喜欢且善于和虚设之"你"进行对话

闻一多学术文章中还存在一种普遍现象，那就是直接与第二人称"你"进行对话，营造出辩论、商榷的氛围。最典型的例证就是《匡斋尺牍》，其他如《歌与诗》《文学的历史动向》《诗经的性欲观》《庄子》《屈原问题——敬质孙次舟先生》《宫体诗的自赎》《贾岛》《杜甫》《英译李白

---

① 闻一多：《类书与诗》，《闻一多全集》第 6 卷，湖北人民出版社 1993 年版，第 5 页。

诗》等，都采用这种方式。他的文艺评论文章也不乏此种现象，比如《黄纸条告》《评本学年〈周刊〉里的新诗》《诗人的蛮横》《戏剧的歧途》《时代的鼓手——读田间的诗》《画展》等。与文学创作相似，学术论文中与虚设之“你”进行交流、碰撞，同样能够拓展思维空间，多维度、思辨性地阐发作者的观点，还能移步换景，波澜起伏，增强文章的亲切感、趣味性，引起读者的共鸣。

2. 虚拟对话的几大功能

具体来看，闻一多学术论文中虚拟对话的话语功能主要体现在以下几方面。

功能之一：交流与商榷。以《匡斋尺牍》为例。该文虽然名为“尺牍”，但全部14节都未透露收信人的任何信息，第1节开头讲：“说起回信何以来得这样晚，撇开了事忙一类的遁词，还有一个较正大的理由。你提出的几个问题……”这样一来，就将虚拟情形真实化了，可谓是假戏真做，后面虽不是每节都遵循书信格式，但也偶尔照应一下，尤其是与“你”对话的情形在前10节中都存在。整体来看，全文语气相对平和，大多属于平等交流与商榷。请看：

> 你这回读诗，我想，《芣苡》是凭着它的劣诗的资格，不是好诗的资格，而赚得你注意的。如果这样是你当时的印象，我毫不诧异。但这只是你的印象。对不对，还待商量。至于给你留下发生这印象的余地，似乎责任又该《芣苡》负。惟其如此，《芣苡》才有讨论的价值。因为《三百篇》里这样的诗很多，而《芣苡》又是其间最好的例，所以它便有提早讨论的必要。这首诗你果然选对了。①

① 闻一多：《匡斋尺牍》，《闻一多全集》第3卷，湖北人民出版社1993年版，第202~203页。

这样的话语方式，带给读者身临其境的感觉。哲学家马丁·布伯说过："当我们使用'你'这个词时，语境中就必然隐含着基本词'我-你'之中的'我'。"①从日常经验来看，"我与你"远超"我与他/它"，是最直接、最亲密的关系，而在哲学家马丁·布伯看来，"我与你"的连接是最为真实、纯洁、神圣的"相遇"，可以比肩而立、相互照亮。阅读这样的文字，油然而生亲切之感，更容易认同、接受作者的观点。

功能之二：质询与辩驳。设置一个"你"，让"你"表达自己的观点，然后对"你"进行质疑和反驳，不仅能营造氛围，增强气势，还能加大说服力。请看以下这段充满质询的文字：

> 自是桃花贪结子，错教人恨五更风！在桃花，结子是快乐的满足，光荣的实现，你晓得吗？对于五更风，她是感激之不暇的。结子的欲望，在原始女性，是强烈得非常，强到恐怕不是我们能想象的程度。不信，看《三百篇》便知道。例如《螽斯》《桃夭》《椒聊》不都是这样欲望的暴露吗？这篇《芣苡》不尤其是母性本能的最赤裸最响亮的呼声吗？正如它的表现方法是在原始状态中，《芣苡》诗中所表现的意识也是极原始的，不，或许是生理上的盲目的冲动。②

这里使用了三个问句，第一个属于是非问，因为是虚拟对话，没有非答不可的必要。其余两个都是反问，承接前文，加之有"尺牍"作为语境，当然是在向"你"发问，营造出强烈的现场感，获得当面对质的力量和效果。

除了质询，还能对"你"的看法进行辩驳，达到从反面再次论证自

① ［德］马丁·布伯：《我与你》，任兵译，北京联合出版公司2018年版，第2页。

② 闻一多：《匡斋尺牍》，《闻一多全集》第3卷，湖北人民出版社1993年版，第205页。

己观点的效果：

> 然而兮字省去，究竟是一个损失。“若有人兮山之阿，被薜荔兮带女萝。”试把兮字省去，再读读看，还是味儿吗？对了，损失了的正是歌的味儿。你说那不过是声调的关系，意义并未变更。但是你要知道，特别在歌里，“意味”比“意义”要紧得多，而意味正是寄托在声调里的。①

这是《歌与诗》(1939)中的一段，作者先亮出自己的观点并举例正面阐释，再用反问来加强说服力，然后由虚设的“你”从另一角度提出不同看法，接下来对“你”的看法进行辨析和批驳。如此一来，不仅自己的观点更加牢固，行文也显得错落有致，跌宕多姿。

功能之三：提点与教导。我们还是以《匡斋尺牍》为例。在第三小节中，作者抄录《芣苡》全诗并稍作解释之后写道：

> 换言之，除了一种机械的节奏之外，你并寻不出《芣苡》的“诗”在哪里——你只听见鼓板响，听不见歌声。在文字上，唯一的变化是那六个韵脚，此外，则讲来讲去，还是几句原话，几个原字，而话又是那样的简单，简单到幼稚，简单到麻木的地步。艺术在哪里？美在哪里？情感在哪里？诗在哪里？——你该问。②

这段话中虚设的“你”，看似个体，实则代表普通读者，对“你”内心困惑的揣测，也是对“我们”阅读感受的描绘。接下来抛出的几个问题，既是提醒“你”该怎样去思考，也是向所有读者指明解困之策。与此同

---

① 闻一多：《歌与诗》，《闻一多全集》第10卷，湖北人民出版社1993年版，第7页。

② 闻一多：《匡斋尺牍》，《闻一多全集》第3卷，湖北人民出版社1993年版，第202页。

时，还设置了悬念，激起阅读的欲望。

功能之四：综合效应。1929年11月，闻一多在《新月》发表《庄子》一文，通篇看，虚设之“你”反复出现，功能各有不同，或辩驳，或磋商，或教导，但其中有一段，既有反驳、商榷，也有指点教导，可以看出他已经将虚拟对话的形式运用到出神入化的境地：

> 或许你要问：《庄子》的思致诚然是美，可是哪一种精深的思想不美呢？怎见得《庄子》便是文学？你说他的趣味分明是理智的冷艳多于情感的温馨，他的姿态也是瘦硬多于柔腻，那只算得思想的美，不是情绪的美。不错。不过你能为我指出思想与情绪的分界究竟在哪里吗？唐子西在惠州给各种酒取名字，温和的叫做“养生主”，劲烈的叫做“齐物论”。他真是善于饮酒，又善于读《庄子》。《庄子》会使你陶醉，正因为那里边充满了和煦的、郁蒸的、焚灼的各种温度的情绪。向来一切伟大的文学和伟大的哲学是不分彼此的。你若看不出《庄子》的文学，只因他的神理太高，你骤然体验不到。又恐琼楼玉宇，高处不胜寒。是就下界的人们讲的，你若真是隶籍仙灵，何至有不胜寒的苦头？并且文学是要和哲学不分彼此，才庄严，才伟大。哲学的起点便是文学的核心。只有浅薄的、庸琐的、渺小的文学，才专门注意花叶的美茂，而忘掉了那最原始、最宝贵的类似哲学的仁子。①

先借虚设之“你”以连续发问的方式提出不同看法，且理直气壮地表明：《庄子》“只算得思想的美，不是情绪的美”。接下来，采取以退为进的方式进行辩论，首先承认“你”说得“不错”，随即以反问方式加以辩驳，再引出典故，用和“你”协商的口吻，呈现自己的观点：“向来一切伟大

① 闻一多：《庄子》，《闻一多全集》第9卷，湖北人民出版社1993年版，第9~10页。

的文学和伟大的哲学是不分彼此的。"看似激烈交锋，实则举重若轻，谈笑间樯橹灰飞烟灭。接着又以教导的口吻，解释"你"之所以判断失误的原因，进而辨析文学与哲学之关系的理想境界，呼应前文提出的看法：庄子"思想的本身便是一首绝妙的诗"①。

我们还可举《杜甫》一文中的一段话来说明这种综合效能：

> 无效的还不只文字，你只顾呕尽心血来悬拟、揣测，总归是隔膜，那超人的灵府中的秘密，他的心情，他的思路，像宇宙的谜语一样，决不是寻常的脑筋所能猜透的。你只懂得你能懂的东西；因此，谈到杜甫，只好拿不可思议的比不可思议的。凤凰你知道是神话，是子虚，是不可能。可是杜甫那伟大的人格，伟大的天才，你定神一想，可不是太伟大了，伟大得可疑吗？上下数千年没有第二个杜甫(李白有他的天才，没有他的人格)，你敢信杜甫的存在绝对可靠吗？一切的神灵和类似神灵的人物都有人疑过，荷马有人疑过，莎士比亚有人疑过，杜甫失了被疑的资格，只因文献，史迹，种种不容抵赖的铁证，一五一十，都在我们手里。②

先是与你商讨，继而对你进行点化，再以两个反问句向你质询，气势愈加强盛，最后宕开一笔，以不容置疑的语气肯定杜甫人格与天才的双重伟大。

总的说来，在学术文章中，无论是特殊问、是非问，还是设问、反问，又或者是虚拟对话，从本质上看，都是作者"左右互搏"式的自我辩难与商榷。这种话语方式，并非闻一多的独门绝技，但在他的笔下发挥得淋漓尽致，不仅多维度、多方位揭示出研究对象的繁复意蕴，还让

① 闻一多：《庄子》，《闻一多全集》第9卷，湖北人民出版社1993年版，第8页。

② 闻一多：《杜甫》，《闻一多全集》第6卷，湖北人民出版社1993年版，第75页。

学术文章显得抑扬顿挫、张弛有度、气势恢弘，成为独具魅力的“学术美文”①。

四、原因与启示

如上所述，闻一多的学术文章善于自我辩难已是不争之事实。值得我们进一步思考的是，闻一多为何喜欢且擅长此种话语方式？时至今日，又能带给我们哪些启示？

首先，闻一多出生于书香世家，先入改良家塾，后到武昌就读新式小学、民国公校、实修学校，既打下坚实的国学基础，又接受新思想的洗礼。1912 年冬，年仅 13 岁的闻一多考入清华留美预备学校，直至 1922 年夏留学美国，前后将近 10 年，与新文化运动一起成长，可谓名副其实的“五四一代”。清华没有多少传统文化的包袱，学生非常活跃，闻一多经常参加中英文演讲和辩论比赛，总是能够取胜、获奖。此外，他还积极编剧、参与演出，热衷戏剧改良运动。这些从少年到青年时期的丰富经历，培养、造就了他出色的论辩才华、戏剧化的思维方式，而我们所揭示的自我辩难、虚拟对话，正是这些精神品格在学术研究中的具体表现。

其次，闻一多对从事古典学术研究之目的有清醒认识。他在致臧克家的信中曾以“杀蠹的芸香”自喻。他所说的“蠹鱼”不仅指古代典籍中虚伪、腐朽的内容，“尤其那圣人或‘圣人们’赐给它的点化”实则“深文周纳”之处②。这样一来，芸香杀蠹就是“把假冒的、错误的、没有用处的、没有意义的文化清除掉，而给我们以真实的、正确的、有用的、

① “学术美文”的说法见于邓乔彬、赵晓岚的专著《学者闻一多》，学林出版社 2001 年版，第 251 页。

② 闻一多：《匡斋尺牍》，《闻一多全集》第 3 卷，湖北人民出版社 1993 年版，第 199、214 页。

有意义的文化。”①闻一多去世之后，郭沫若发文称赞说：“他虽然在古代文献里游泳，但他不是作为鱼而游泳，而是作为鱼雷而游泳的。”②这与闻一多的自喻高度吻合，都强调其学术品格的战斗性与批判性，而以“左右互搏”的话语方式进行辩难，既是这种品格的外在表现，也是达成这种品格的理想途径，可谓形式与精神的高度统一。

最后，闻一多既是画家，也是诗人，语言凝练，注重形式，其学术研究也显出强烈的艺术气质。在他的论文中，“我”的出现频率非常高，主体意识特别鲜明，诗性表达相当普遍，感叹号更是随处可见。这些都表明，闻一多善于营造氛围、渲染情绪，加上严谨的思辨演绎，其学术文章自然显得气势磅礴、元气淋漓，充满迷人的魅力。

时至今日，闻一多去世已经大半个世纪，他的伟大人格和爱国主义精神仍然在鼓舞、激励着我们。同样，在人文学科的表达规行矩步、千人一面的今天，回望闻一多既任性豪放又细致绵密的话语方式，或许可以起到补偏救弊的作用，我们打量过去的目的，当然是为了见贤思齐，力争创造出像他那样有深度、有激情、有味道的学术成果。

---

① 刘殿祥：《杀蠹的芸香——闻一多国学研究的价值取向略论》，《光明日报》2011年2月14日第15版。

② 郭沫若：《论闻一多做学问的态度》，《大学》1947年8月20日第6卷第3、4期合刊。该文后作为开明版《闻一多全集》的《序》。

论闻一多的《〈天问〉“释天”》

葛刚岩　刘心怡

（武汉大学）

屈原的《天问》被誉为“千古万古至奇之作”，自然引发历代文人的好奇和关注，也引得众多研究者纷纷予以解读，王逸、洪兴祖、朱熹、汪瑗、陆时雍、王夫之、丁晏、蒋骥、戴震等。即使有如此多的学者予以关注，其中的问题依然很多。正如闻一多先生在《古典新义·天问释天》中所述《天问》解读之难时所说：“昔王逸作《天问后序》，自诩其注此篇‘稽之旧章，合之经传，以相发明，为之符验，章决句断，事事可晓，俾后学者，永无疑焉。’然今试执逸《注》以读《天问》，虽谓为无一事可晓，不过也。踵逸而起，注者相望。彼于逸注，补苴諟正，亦既多矣，然而不可晓者犹十有四五焉。呜呼！注书之难，有若是哉？余窃不自揣，欲斟酌众长，兼附己意，作一总结账之企图。兹先取篇中问天事者四十四句释之，颜之曰《天问释天》。疏略之讥，自知不免，并世方家，幸垂正焉。”①在尽力吸纳前人成果基础上，闻一多又专门就“问天”之事作出诸多解释，但先生仍有一事未作注解：天事很多，屈原从何而问？本文结合上古信息传递模式，对这一问题试作考究。

① 闻一多：《闻一多全集·古典新义》，北京：生活·读书·新知三联书店1982年版，第313页。

一、文字生成之前的图像记事

对于今天的人类而言，信息留存的方式多种多样，承载信息的物质载体也是种类繁多，纸张、磁带、电脑硬盘、软盘等都可以帮助人类储存承载信息。根据文献资料所记，我们知道，对于科技水平不高的古代中国，人们主要借助甲骨、金石、竹木简、帛、纸等相对笨重的实物载体来记录信息。那么我们接着要问，殷商之前的上古社会，人们又是如何储存信息的呢？人们会不约而同地想到人类的大脑。诚然对人类社会而言，信息留存的最原始手段确实是大脑的记忆，但大脑记忆的短期性、易忘性又决定了这一信息留存方式的局限性，所以社会发展的必然要求，是在人类大脑之外还需要其他更为有效的信息留存手段，于是原始社会的先人们在推动文明进步的过程中，也对如何提升信息留存这一现实难题进行了持久而又艰难的探索，这也是我们接下来需要讨论的核心问题。

我们知道，人类记忆的延续时间和可负荷的容量都是有限的，要想突破这种生理上的局限，只有借助体外标志的提示作用，才有可能提升这种局限的上限。从广泛意义上来说，我们人类的文明史就是一部借助外部标志提高信息存储能力的发展史。

就我们所能了解的信息来看，在没有文字的前提下，许多民族的先民都曾使用过图像记事(包括岩画图案、标识记号等)这一较为简洁，较为原始的计事方式，“古者，伏羲氏之王天下也，始画八卦、造书契，以代结绳之政”。简单地说，这种记事方法就是以图识的方式帮助人们留存某些重要的社会、历史信息，并借此唤醒大脑的记忆，发挥提示的作用，这一价值在文字生成之前尤为明显。

文字产生之前，关于古人的计事方式，裘锡圭曾总结说：“在社会生产和社会关系还没有发展到使人们感到必须用记录语言的办法来记事或传递信息之前，他们只可能直接用图画来代表事物，而不会想到用它们来记录事物的名称——语言里的词。通常要到阶级社会形成前夕，文字才有可能开始出现。”①唐兰先生也有类似的看法：“文字的产生，本是很自然的。几万年前，旧石器时代的人类，已经有很好的绘画，这些画大抵是动物和人像，这是文字的前驱。”②正如唐兰、裘锡圭等先生所说，原始社会时期，图像确实是古人记事的一种重要方式。

记事的图像又称像似符号，它是指外部形式和内部结构与所指代事物相似的符号。这种像似符号在古代的信息留存过程中大量存在，这从世界各地发现的多处岩画石刻中即能为我们展现出这一古老记事方式的部分原貌。

现今留存较为古老、较有影响的岩画有欧洲岩画（西班牙阿尔塔米拉岩画和法国的拉斯科岩画，时间都在1.1万年以上）、古埃及原始岩画（距今1万年以上）、大洋洲史前岩画、非洲撒哈拉岩画、古印度岩画等，其中撒哈拉岩画位于阿尔及利亚和利比亚边界不远的撒哈拉中部阿尔杰尔高原，是世界各国学者公认的“世界上最大的一个史前艺术博物馆”；古印度岩画主要分布于印度中部文迪亚山脉的丘陵地带，其中年限最古老的可追溯到距今2万年前的旧石器时代晚期；欧洲岩画又以“阿尔塔米拉野牛图”最为有名，它的形成时间距今约有一万五千至一万一千年，图案中有野猪、野牛一百五十余只，颜色各异。

从风格上看，这些古老的岩画大致可以分为图画与图案两种：图画部分更加接近自然，写实古朴，内容以动物为主；图案部分更加写意，以线条为主，侧重轮廓的勾勒，内容上以人物为主。

在中国大陆地区至今也保留着一些古老的岩画图识，通过它们，我们可以感知原始先人图像记事的依稀痕迹，可以触摸到原始思维的人类共同认知。此类遗迹远如黄河下游大汶口陶尊外壁上的“斧钺图”和“日月山图”为代表的刻绘画符号，以甘肃秦安大地湾仰韶文化“祖先图腾

① 裘锡圭：《文字学概要》，商务印书馆1988年版，第1页。
② 唐兰：《中国文字学》，上海古籍出版社1949年版，第62页。

祭祀图”为代表的岩画，以新疆呼图壁“原始生殖崇拜图”为代表的地画等；近如夏商周时期已经高度成熟的青铜器纹饰艺术，汉代题材和内容都十分丰富的画像石等，都是有力的实物佐证。

对于文字与图画的区分，吕思勉先生说过：“图画贵于肖物，文字取足示意而止，故其笔画必简。”①贺兰山岩画中有一些是采用肖物画法，模仿动物、植物的形象将其刻画而成，也有一些是采取抽象画法，笔画简单明了，只画大体，抽其主象，其中甚至有一些已经不能简单称其为“画”，从中似乎可以看到某些文字所具备的表意功能。更直接地说，其中有些图像应看作文字形成前的过渡阶段。

除了岩画之外，图像记事还经常出现在古代陶器上，如半坡遗址中出土的人面鱼纹盆(见下图)，盆体通高16.5厘米，口径39.5厘米，细泥红陶质地，盆内壁绘有两组对称的人面鱼纹，人面为圆形，双眼细而长，鼻梁挺直，嘴的两边分置变形鱼纹，构成造型奇特的人鱼合体图案。对于该图像所表达的含义，目前说法不一，如图腾、祖先形象、面具、摸鱼、太阳崇拜、水草鱼虫、婴儿出生等，但先人用其承载、传递信息，却是不争的共识。

二、文字生成之后的图像记事

随着人类文明的发展，图像在人们的生活中继续承担着重要的社会功能，即使到了文字运用的早期，以图表意、按图索事的社会现象依然存在。

《尚书·虞书·益稷》中有一段文字，可以说明图像在禹夏时代依然承担着重要职责，具有重要的社会价值，“帝(禹)曰：‘臣作朕股肱耳目。予欲左右有民，汝翼。予欲宣力四方，汝为。予欲观古人之象，日、月、星辰、山、龙、华、虫，作会；宗彝、藻、火、粉米、黼、

① 吕思勉：《文字学四种》，上海古籍出版社2020年版，第115页。

黻，绨绣，以五采彰施于五色，作服，汝明。’”①说的是舜充分认识到臣子对于自己的辅助价值，即使想了解古时的图像，臣子们也会通过在上衣之上绘饰古时的日月星辰，在下裳上纹绣藻火黼黻，实现舜帝的意愿。甚至在统御国家的职能方面，依然需要借助图像的力量。《左传·宣公三年》的一段记载，可以看出图像在古时社会中不可替代的作用：

昔夏之方有德也，远方图物，贡金九牧，铸鼎象物，百物而为之备，使民知神奸。故民入川泽山林，不逢不若。魑魅罔两，莫能逢之，用能协于上下以承天休。②

这段“铸鼎象物”的记载便是图像在传承信息过程中的地位证明。《说文解字》训“物”为“万物也”，在秦汉典籍中，“物”常常被解释为“鬼神”。《史记·孝武本纪》：“常自谓七十，能使物，却老……人闻其能使物及不死，更馈遗之，常余金钱帛衣食。”③《汉书·高五王传》：“舍人怪之，以为物而司之，得勃。”颜师古注曰：“物谓鬼神。”④结合后文的“神奸”和“魑魅罔两”，我们认为，将此处的“物”解释为不为常人所知晓的“怪”物要比“鬼神”更加合适。这反映了在当时语言文字发展不成熟，各地区并不完全相通的情况下，以图像作为信息形式方式的便利性。作为一统天下的统治者，不仅需要了解本地的社会样貌，也需要了解周边及其荒服之地的社会样貌。通过什么样的方式，什么样的手段来了解呢？有夏一代则借助上述图像的方式来掌握洞察四夷的社会样貌。为了将这些信息永久传递后世，先人将这些图物留存于鼎器之上，以备后人查考了解。此类记载亦见于《史记》等相关文献，《史记·楚世家》：“昔虞夏之盛，远方皆至，贡金九牧，铸鼎象物，百物而为之备，

① 孔颖达：《宋本尚书正义》，国家图书馆2017年版，第75页。
② 《春秋左传集解》，上海人民出版社1977年版，第546页。
③ 司马迁：《史记》，中华书局1959年版，第453~454页。
④ 班固：《汉书》，中华书局1962年版，第1995~1996页。

使民知神奸。”①可见，“图物”这一信息载录方式在政治生活中既担负着治理国家的实际意义，也发挥着教化民众的作用。

图识在文字时代的重要作用，不仅散见于传世文献，近年问世的出土文献中也时常有现。周康王时期的青铜器宜侯夨簋(《集成》04320)铭文中，即有此类信息。

> 唯四月，辰在丁未，王省武王、成王伐商图，征(诞)省东或(国)图，王立(莅)于宜，入土(社)南乡(向)，王令(命)虞(虎)侯夨曰：鄙(?)侯于宜，……六夫，宜侯夨扬王休，乍(作)虞(虎)公父丁尊彝。②

宜侯夨簋铭文存有120余字，其中有些字已经锈坏，但依稀可以看出其中的大概意思：周康王出于安定东南夷的政治目的，需要重新布局东南地区的政治力量，于是在参考当年武王伐商图识及成王伐商图识的前提下，巡查东南诸国，对虞侯予以封赏，并转封虞侯，将其安置到宜地。

由于图识具有文字所不及的直观性，所以即使是在文字已经成熟的有周一代，依然不可完全抛却图像的社会实用价值。西周时代的青铜礼器散氏盘(《集成》10176)金文中有如下记载：

> 用夨戬(撲)散邑，廼即散用田，眉(堳)自瀗涉以南，至于大沽(湖)，一奉(封)，以陟，二奉(封)……西宫襄、武父则誓，厥受(授)图，夨王于豆新宫东廷，厥左执縷史正仲农。③

---

① 司马迁：《史记》，中华书局1959年版，第1700页。

② 《殷周金文集成》，中国社会科学院考古研究所编，中华书局2007年版，第2695页。

③ 《殷周金文集成》，中国社会科学院考古研究所编，中华书局2007年版，第5487页。

矢人盘金文有三百五十余字，内容为一篇土地转让的契约，记述矢人转让田地于散氏之事，并详细记录了田地的四周封界，最后记载盟誓的举行经过。其中明确提及“图”的存在，这很可能就是所转让土地的具体图示。

三、上古图识与《天问》的生成

关于《天问》的生成缘由，学术界存有不同说法，如洪兴祖认为屈原是见到天地变化后，有感于心，发《天问》之文以寄意；屈复则认为《天问》乃是屈原有感于时事所作；冯观指出满篇发问饱含激衷之情，隐寓着屈原信而见疑，忠而被谤之意。对于“问”自何处这一问题，也是说法不一，如汪仲弘、吴世尚认为《天问》的“问”无专指，实是自答之意；陈远新和戴震也同意《天问》以设问发难使人有所感悟的观点；李陈玉认为屈原思君之至而发愤自解，所以《天问》全篇皆是天、地、人间的不可解之问；贺贻孙和林云铭认为《天问》是屈原以古事照今事的自伤抒恨之作；王夫之则指出，尽管《天问》全篇冗多驳杂，但总以楚事为先，应是讽谏楚王的维纲之作；游国恩则从屈原的“左徒”身份出发，提出《天问》与《素问》略同，都是意图以“问”究其事理，并非是问“自然之天”，而是问“天道”“天事”。

无论诸说如何复杂，我们不能忽视的一点是王逸的“呵壁问天”一说。

> 屈原放逐，忧心愁悴，彷徨山泽，经历陵陆。嗟号旻昊，仰天叹息。见楚有先王之庙及公卿祠堂，图画天地山川神灵，琦玮谲诡，及古圣贤怪物行事，周流罢倦，休息其下。仰见图画，因书其壁，呵而问之，以渫愤懑，舒泻愁思。①

① 王逸撰，黄灵庚点校：《楚辞章句》，上海古籍出版社2017年版，第67页。

王逸认为，《天问》乃是屈原在放逐途中，游经宗庙祠堂，见到其上图画后有感于心，于是题壁而成。此说是否可信呢？这首先就要探究一下“先王之庙及公卿祠堂”与画像的关联。

关于这一问题，王逸之子王延寿的《鲁灵光殿赋》，或许可以给我们提供一些信息：

> 图画天地，品类群生。杂物奇怪，山神海灵。写载其状，托之丹青。千变万化，事各缪形。随色象类，曲得其情。上纪开辟，遂古之初。五龙比翼，人皇九头。伏羲鳞身，女娲蛇躯。鸿荒朴略，厥状睢盱。焕炳可观，黄帝唐虞。轩冕以庸，衣裳有殊。下及三后，淫妃乱主。忠臣孝子，烈士贞女。贤愚成败，靡不载叙。恶以诫世，善以示后。①

灵光殿乃汉景帝时鲁恭王刘余所建，殿中绘有天地万物、史传传说，是古人对于天地宇宙、历史人文诸多问题思考的文化结晶，“贤愚成败，靡不载叙”，可以说是文明早期的一部朴素的文明史。先人将其绘于宫殿庙堂之上，以示后人，起到“恶以诫世，善以示后”的教化作用。或许有人会质疑说，王延寿的《鲁灵光殿赋》是汉人作品，不足以解答战国时期的《天问》问题。其实，早在先秦时期，此类文献记载早已有之。

《礼记·昏义》云：“是以古者妇人先嫁三月，祖庙未毁，教于公宫，祖庙既毁，教于宗室，教以妇德、妇言、妇容、妇功。”②说的是，女子出嫁之前，父母或长者要在祖庙、公宫中对其进行嫁前教育。此说亦见于《仪礼·士昏礼》：“祖庙未毁，教于公宫三月；若祖庙已毁，则教于宫室。”③那么为何要在祖庙或公宫中举行这一活动呢？祖先的历

---

① 萧统编：《文选》，上海古籍出版社2019年版，第515~516页。

② 孙希旦：《礼记集解》，中华书局1989年版，第1421页。

③ 《阮刻仪礼注疏》，阮元校刻，浙江大学出版社2020年影印，第235页。

史、家族的荣耀以及绘于祖庙公宫中的相关图识、画像，很可能是其主要原因，从《鲁灵光殿赋》来看，上至开天辟地的遂古之初，下至自己先人的履历事迹，天地万物、群生众类，忠臣逆子、贤愚成败，皆见于图录，承担着教化后生，传递文化信息、传承先人智慧的价值功能。这从《孔子家语·观周》篇中也可以寻到答案，"孔子观乎明堂，睹四门墉，有尧舜之容，桀纣之像，而各有善恶之状，兴废之诫焉。又有周公相成王，抱之负斧扆南面以朝诸侯之图焉。孔子徘徊而望之，谓从者曰：'此周之所以盛也。夫明镜所以察形，往古者所以知今。'"既有个人的图像，如尧舜、桀纣，神态各异，善恶毕现，也有多人复合式的图像，周公怀抱成王负斧扆南面以朝诸侯的富含故事情节的图画，将其称作历史教科书，毫不为过。

除以上传世文献记有此类信息之外，出土文献中也有相关记载，如无叀鼎(《集成》02814)金文、膳夫山鼎(《集成》02825)金文中即有图室一说。

> 唯九月既望甲戌，王各于周庙，灰(赌)于图室，司徒南仲右(佑)无(许)叀，内(入)门，立中廷，王乎史翏册令(命)无叀，曰："官司穆(正)王遉(正)侧虎臣……"①
>
> 唯卅又七年，正月初吉庚戌，王在周，各图室，南宫乎入右(佑)善(膳)夫山，入门，立中廷，北乡(向)……②

文中的"图室"，很可能就是前文所说的存放图识或绘有先世图画的专门场所，对于周人来说，这也是神圣肃穆之处，所以周王发号施令、封赏奖掖，多选此处。

---

① 《殷周金文集成》，中国社会科学院考古研究所编，中华书局2007年版，第1483页。

② 《殷周金文集成》，中国社会科学院考古研究所编，中华书局2007年版，第1495页。

即使到了文字信息完全成熟的两汉时期，图象记事的功能依然为汉人所继承，并在社会活动中继续扮演着传承历史、布道教化的作用，"汉人于冢墓、祠堂多刻古来帝王圣贤及孝子忠臣、烈士节妇故事，以教戒其子孙。即上而朝廷之宗庙、明堂，与夫燕处之宫殿，亦皆图画于其壁。"①

纵观上古时代的图象文化发展史，综上所述，王逸认为楚庙"图画天地山川神灵，琦玮谲诡，及古圣贤怪物行事"的观点是极具合理性的，换言之，今天所见《天问》虽然没有配图，但屈原在创作《天问》时从前人创作的图像中获取信息以成篇的可能性极大，正如李贺《公无出门》所云："分明犹惧公不信，公看呵壁书问天。"

① 瞿中溶：《汉武梁祠画像考》，北京图书馆出版社 2004 年版，第 1 页。

闻一多论《九歌》中的生命观

陈　欣

（湖北第二师范学院）

闻一多治中国古典文学，以研究《楚辞》的时间最长，用力最多。《楚辞》是学者们普遍认为最难读的书。闻一多在《楚辞校补》中指出了这本书之所以“难读”的三种原因：“（一）先作品而存在的时代背景与作者个人的意识形态，因年代久远，史料不足，难于了解；（二）作品所用的语言文字，尤其那些‘约定俗成’的白字（训诂家所谓‘假借字’），最易陷读者于多歧亡羊的苦境；（三）后作品而产生的传本的讹误，往往也误人不浅。《楚辞》恰巧是这三种困难都具备的一部古书。”①再加上封建时代儒家学者对《楚辞》的研究，往往把它加以儒学式的穿凿附会，例如，所谓屈原诗歌的本旨在于“依托五经以立义”等议论，就更容易遮蔽《楚辞》的原有语义，因此，人们更难识别《楚辞》的真面目。

闻一多把清代朴学的实证方法和西方人类文化学、社会学、民俗学的研究方法加以结合，形成了其独特的文化阐释批评方法。他力图融入古代社会人们的生活，用文化人类学的眼光对之给予整体性的观察和跨学科的综合思考。闻一多大量运用神话学、民俗学、民族学、考古学、美学以及心理学等方面的综合知识来透视中国古代文学现象，将《诗经》《楚辞》、神话传说等纳入研究视野，寻找潜藏于、凝聚在文学作品

① 闻一多：《楚辞校补》，《闻一多全集》第 5 卷，湖北人民出版社 1993 年版，第 113 页。

中的蛛丝马迹，力图还原那个时代的世界观、人生观、宗教信仰和民俗。

一

闻一多采用文化阐释批评方法来研究《楚辞》，即利用卜辞、古文字学、音韵学的知识，依据人类文化学的研究材料，来还原当时原始社会的生活状况，所以，闻一多的《楚辞》研究取得了令人耳目一新的成果。其中，闻一多对《九歌》进行了透彻的解说和还原，带领读者重新回到原始时代，体味楚地的原始歌舞，感受原始人类对生命的热爱与崇敬。

《九歌》相传是夏禹的儿子夏启从天帝处得来。这是一组超越时空的优秀作品，与古代楚地的巫术活动密切相关。胡适在《读楚辞》中说，“《九歌》与屈原的传说绝无关系。细看内容，这九篇大概是最古之作，是当时浙江民族的宗教歌舞。”《九歌》一共是十一章，目次是《东皇太一》《云中君》《湘君》《湘夫人》《大司命》《少司命》《东君》《河伯》《山鬼》《国殇》《礼魂》。这是古代楚人祭祀自然以寻求神灵保佑的巫祝风俗的艺术反映。

原始人类崇尚生殖、崇尚生命。他们所有的祭祀活动，都是为了自身生命的延续。在原始初民的祭祀仪式中，为了更好地达到祭祀的实用功利性目的，原始人类载歌载舞，以取悦他们心目中敬畏的神灵。在原始歌舞中，原始人类将音乐、舞蹈、诗歌，三者融为一体，并夹杂了自身的虔诚与热情、快乐与喜悦等各种心情。《礼记·乐记》中记载：“诗，言其志也；歌，咏其声也；舞，动其容也。三者本于心，然后乐器从之。”原始初民将这三者有机结合，融为一体。他们没有现代文明人的复杂多样的表达手段，因此音乐和舞蹈成为他们表达情感的有力工具。无论在何种场合，如庆祝丰收、战争胜利、婚丧活动、新生命的诞生等，原始人类都会用他们古老的艺术形式来传达心声。《易经》载：

“得敌，或鼓或罢，或泣或歌”，这就生动地描绘了原始人类运用音乐来表达感情的情景。在“歌”的同时，也会“舞”。原始岩画上就展现了先民们载歌载舞的场景，多为庆祝丰收、婚庆、祈年等。

二

原始人类的音乐、舞蹈都具有巫术的意义，表达了原始人类对生殖的渴望、对生命的渴求。闻一多指明《九歌》具有“最古的用途及其带猥亵性的内容”①。所谓“最古的用途”就是原始人类运用巫术来祈求风调雨顺、五谷丰登、人丁兴旺；所谓“猥亵性的内容”就是《九歌》所表现的原始人类对性的放任与自然。闻一多的这一解说，从内容和形式两方面对《九歌》进行了阐释，从中我们可以看到原始人类对生命的热情与执着。

第一，从形式上看，闻一多认为“九歌”是“歌的一种标准体裁。歌以九分，犹之风以八分，音以七分……多一为有余，少一为不足。”②“所谓‘九歌’者本是九句之歌，亦即三章章三句的一种歌体。”③据他考证，“歌”本来是没有什么实在意义的。“歌”的本音应该与今天的“啊”相同，最初的意义也仅仅是唱歌时每句中或句尾一声拖长的“啊，……”“‘九歌’即九‘啊’。”④闻一多因此认为，“九”并没有什么特别之处，“古代乐名多称九”，“九是乐节之数”⑤。并得出结论：“这些以及古

---

① 闻一多：《什么是九歌》，《闻一多全集》第5卷，湖北人民出版社1993年版，第339页。

② 闻一多：《九歌释名》，《闻一多全集》第5卷，湖北人民出版社1993年版，第366页。

③ 闻一多：《九歌释名》，《闻一多全集》第5卷，湖北人民出版社1993年版，第367页。

④ 闻一多：《什么是九歌》，《闻一多全集》第5卷，湖北人民出版社1993年版，第339页。

⑤ 闻一多：《九歌释名》，《闻一多全集》第5卷，湖北人民出版社1993年版，第364页。

今任何同类格式的歌，实际上都可称为《九歌》。(就这意义说，九歌又相当于后世五律，七绝诸名词。)九歌既是表明一种标准体裁的公名，则神话中带有猥亵性的启的九歌，和经典中教诲式的《元首歌》，以及《夏书》中所称而却缺所解为‘九德之歌’的九歌，自然不妨都是九歌了。”①

闻一多在《什么是九歌》中，提出了自己的见解：“《九歌》韶舞是夏人的盛乐，或许只郊祭上帝时方能使用……正如原始生活中，宗教与性爱颇不易分，所以虽猥亵而仍不妨为享神的乐。”②以后，这种富于原始情感的《九歌》遭到人们的抨击，认为那种“太富娱乐性的《九歌》是不容搀进祭礼来以亵渎神明的。”但是，《九歌》的宗教艺术形式却保存了下来。在中国古代歌谣的著录过程中，有关音乐和巫术两方面的变化，都会在文字中体现出来。歌谣的变化，有时是为了音乐的缘故在乐工的手上发生更改；有时则是经历了文人的润色，由简单的歌词变成了繁复的乐章。闻一多认为，神话的九歌“一方面是外形几乎完全放弃了旧有的格局，内容则仍本着那原始的情欲冲动，经过文化的提炼作用，而升华为飘然欲仙的诗，——那便是《楚辞》的《九歌》”③。这一解释既阐明了九歌的艺术形式的特点及流变，又说明了《楚辞》《九歌》的特色。

第二，从内容上看，《九歌》反映的是原始的祭祀歌舞。闻一多认为，《九歌》延续了上古巫者歌舞娱神的文化习俗，其中的音乐和舞蹈都具有享神和生殖的意义。

我国夏代和商代都崇尚巫、鬼，那时的人们是超现实性的民族，相信世间的一切都有神性。考古学证实，殷人将一切的山川河流、先祖天

① 闻一多：《什么是九歌》，《闻一多全集》第5卷，湖北人民出版社1993年版，第340页。

② 闻一多：《什么是九歌》，《闻一多全集》第5卷，湖北人民出版社1993年版，第338页。

③ 闻一多：《什么是九歌》，《闻一多全集》第5卷，湖北人民出版社1993年版，第340页。

帝都视为神祇，并且在决策大小事件时都会用龟卜来请命于鬼神。因而巫风大盛，巫舞迅速发展。郭沫若认为《楚辞》之所以富于超现实性，就是“殷人的宗教性质的嫡传”①。冯沅君在《古优解》一文中指出：“在迷信的氛围极度浓厚的原始社会里，巫觋是有最大权威的，群巫之长往往就是王。这类人所以总能揽一族大权的原因是因为他们自认为(有时别人也认为)是神的化身，为神所依凭，或神人之间的媒介；他们有超人的法术、技能，以此法术、技能来满足一族人的为生存而发生的欲求。因此远古巫者，大都用卜筮的方法(甚或不用)预测未来的祸福休咎，能为人疗治疾病，能观察天象，通过音乐，能歌舞娱神。”②

原始的祭祀活动主要由舞蹈组成，音乐是为了增强舞蹈的表现力而添加的。从这个角度讲，“音乐往往只提供一种舞蹈所需要的节奏，只具有从属的意义。”③闻一多认为，“《万舞》是一种富于诱惑性的舞。歌与舞原是不能分离的……看来《九歌》是配合《万舞》的歌。《万舞》内容既如上述，所以《九歌》也是‘不类三代之乐，其声动人心’。而徒足供人‘康娱而自纵’的一种声乐”④。为说明《九歌》是配合万舞所作的歌，闻一多先考证了《大荒西经》《离骚》《周礼》和《左传》，证实“以舞言《九招》，以歌言《九歌》，其实只是一种乐名”⑤。接着，闻一多证实“乐名招(韶)的最初涵义，其实还是指招邀的动作。换言之，是先有动词的招，而后有名词的招”⑥。“韶即招，是一种表情的动作，一种舞，所

① 郭沫若：《历史人物》，中国人民大学出版社 2005 年版，第 40 页。

② 冯沅君：《冯沅君古典文学论文集》，山东人民出版社 1980 年版，第 14 页。

③ 朱狄：《艺术的起源》，武汉大学出版社 2007 年版，第 186 页。

④ 闻一多：《九歌释名》，《闻一多全集》第 5 卷，湖北人民出版社 1993 年版，第 365 页。

⑤ 闻一多：《九歌释名》，《闻一多全集》第 5 卷，湖北人民出版社 1993 年版，第 364 页。

⑥ 闻一多：《九歌释名》，《闻一多全集》第 5 卷，湖北人民出版社 1993 年版，第 365 页。

以说《舞韶》或《韶舞》。”①“韶舞也就是万舞。”②

万舞在《诗经》的《鲁颂》《商颂》中都有提及，在《邶风·简兮》中有详细的描绘。闻一多认为，《简兮》是描写祭祀中的一种舞蹈场面的诗，而这种舞蹈被称为万舞。他解释说：“万舞，似是两种不同性质的模拟舞之总称，两种，(一)曰武舞，用干(盾牌)戚(板斧)，是模拟战术的，(二)曰文舞，用羽(雉羽)籥(一种小笙)，是模拟翟雉(一种与神话有关的长尾野鸡)的春情的。”③闻一多进一步指出：“文舞所模拟的……舞者一手拿着翟雉的羽毛，以象征那种鸟形，一手拿着那名籥的三管小笙，边舞边吹着，以模拟雉的鸣声。这种舞容，对于熟悉它的意义的，是颇有刺激性的。……《左传》载楚令尹子元曾想用万舞来蛊惑新寡的夫人(庄二十八年)，足见这种舞对于女性们可能发生的力量。”④《左传》中同时也记载了文夫人的答复：“先君以是舞也，习戒备也。”可见，万舞既是一种带有巫术意味的战争之前的舞蹈，也具有很强的以男性阳刚之气来诱惑女性的效果。关于“万舞”，闻一多在《高唐神女传说之分析》注 57 中也有解释：“夫《万舞》为即高禖时所用之舞，而其舞富于诱惑性，则高禖之祀，颇涉邪淫，亦可想见矣。”⑤“爱慕之情，生于观《万舞》，此则舞之富于诱惑性”⑥，这就是诗性思维的“借物传情”的表现。原始人类借助舞蹈来传达他们的情感，表达他们对生

① 闻一多：《九歌释名》，《闻一多全集》第 5 卷，湖北人民出版社 1993 年版，第 365 页。

② 闻一多：《九歌释名》，《闻一多全集》第 5 卷，湖北人民出版社 1993 年版，第 365 页。

③ 闻一多：《风诗类钞甲》，《闻一多全集》第 4 卷，湖北人民出版社 1993 年版，第 469 页。

④ 闻一多：《风诗类钞甲》，《闻一多全集》第 4 卷，湖北人民出版社 1993 年版，第 470 页。

⑤ 闻一多：《高唐神女传说之分析》，《闻一多全集》第 3 卷，湖北人民出版社 1993 年版，第 32 页。

⑥ 闻一多：《高唐神女传说之分析》，《闻一多全集》第 3 卷，湖北人民出版社 1993 年版，第 32 页。

殖和生命力的狂热的尊崇。格罗塞在《艺术的起源》中指出："这种跳舞大部分无疑的是想增进两性的交游。一个精干而勇健的舞者定然可以给女性的观众一个深刻的印象：一个精干而勇健的舞者也必是一个精干和勇猛的猎者和战士，在这一点上跳舞实有助于性的选择和人种的改良。"①

对于原始初民来说，原始的歌舞带有很强的巫术性和仪式性，是反映原始人类生产生活的一面重要的镜子，洋溢着浓烈的宗教情感。远古的时候，人们称那种专门用舞蹈祭祀神灵的人为"巫"，《说文》载："巫，祝也。女能事无形以舞降神者也。"而"巫"和"舞"原本是同一个字。王国维也在《宋元戏曲考》中指出："巫之事神，必用歌舞。"商代的巫舞流行。《商书》载："恒舞于宫，酣歌于时，时谓巫风。"战国时代的楚地也是巫风大盛，这在《楚辞》中多有体现。汉代王逸在《楚辞章句》中说："其俗信鬼而好祠，其祠必作歌乐鼓舞，以乐诸神。"这都说明巫舞有着媚神和娱神的作用。很多和生殖、性有关的舞蹈都是祭祀活动中的重要组成部分。

原始的诗歌和舞蹈有着强烈的节奏感，这种节奏可以控制自己、甚至神灵；这种节奏还可以制造出一种氛围，从而达到神民以和、天人合一的境界。例如，《东皇太一》中"巫男巫女沐浴芳香，华服盛装，随乐曲翩跹起舞，邀众神降临殿堂"。也就是说，巫师用迷人的舞蹈和音乐招引神明降临。舞蹈者是用来沟通神与人之间的巫者。原始民族的舞蹈，离不开音乐，人类通过音乐和舞蹈，与神灵沟通，使神愉悦从而控制住神。朱狄指出："对原始人来说，音乐并不是一种艺术，而是一种力量。通过音乐，世界才被创造出来。在原始人看来，音乐是人所能获得的唯一的一点神性的本质，使他们能通过音乐去规定礼仪的方式而把自己和神联在一起，并通过音乐去控制各种神灵。这样，整个过程被颠

① ［德］格罗塞：《艺术的起源》，蔡慕晖译，商务印书馆 1984 年版，第 234 页。

倒了过来：好像是在神通过音乐对人说话之后，人才通过音乐对神说话。人通过赞美、谄媚和祈祷去代替对神灵的征服，通过音乐，他们就有支配命运、支配各种因素和各种动物的权力。”①

万舞是当时社会中的一种重要的文化现象，是“高禖祭”中的一个重要仪式。它包含有大量的性与生殖的内容，集祭祀、娱乐、求子于一体。“古者高禖之祭，天子率后妃御于神前以求子。”②万舞是一种与生殖崇拜有关的祭舞，它进行的地点就是以生殖为主的高禖神庙——閟宫。“閟宫即禖宫——祀高禖之宫。而高禖乃是一种崇拜生殖机能的原始礼俗。”③现代学者王大有进一步指明：“祀皋禖或高禖的地方叫閟宫或宓宫，閟或宓是一回事。……宓是在大房子内行云雨事，或行云雨事的大房子。游閟宫中各寻意中人，然后二人再在适当的地方交合，如此而已。……诸閟宫皆为春社，或社会，盖因于每年仲春月在桑社閟宫及其附近行男女交合事，故此等事又称春事，此地又称春宫。行此事为‘密秘’。”④在原始初民的大型祭祀活动中，如“蛙祭”“鱼祭”“高禖祭”等，都会伴随有男女性交的内容，甚至是祭祀活动中极为重要的中心内容。

闻一多以《诗经·邶风·简兮》为例，阐明了原始祭祀活动中，人们在模仿性舞蹈中的激情状态。参加祭祀活动的原始人类，或模仿动物的行为，或模仿性交动作，疯狂地投入到舞蹈之中，并在祭祀活动之后进行男女野合，以此来表达他们对神的敬重，对人丁兴旺、五谷丰登的期望。格罗塞曾指明了原始舞蹈的意义和作用：“原始的跳舞才真是原

① 朱狄：《艺术的起源》，武汉大学出版社2007年版，第199页。

② 闻一多：《天问疏证》，《闻一多全集》第5卷，湖北人民出版社1993年版，第597页。

③ 闻一多：《九歌释名》，《闻一多全集》第5卷，湖北人民出版社1993年版，第365页。

④ 王大有：《上古中华文明》，中国时代经济出版社2006年版，第276页。

始的审美感情的最直率、最完美，却又最有力的表现。”①“再没有别的艺术行为，能象跳舞一样的转移和激动一切人类的。原始人类无疑地已经在跳舞中发见了那种他们能普遍地感受的最强烈的审美的享乐。”②在文化的演变过程中，那些曾经的古代先民的祭祀仪式，在很大程度上已经变为自娱。原本用来娱神的巫乐，逐渐演变成用来娱人的女乐；从娱神到娱人，女巫变成女乐，从遵循传统礼仪到重视技艺的展示。

三

闻一多从文化阐释批评的角度解读《九歌》，对后世学者产生了重大影响。学者萧兵经过考证指出：“原始《九辩》《九歌》本来是求雨巫术性乐舞，是初民向自然作斗争的歪曲反映和愚蠢手段；其内容则又不免猥亵，放荡，粗野，因为初民常常在田野上表演性交或性舞来诱导苍天排水、刺激土地蕃庶。”③20 世纪 80 年代，现代学者何新应用“从语根出发解读文化和历史”的新训诂学方法，重新解读了中国古代经典文化。他在《〈九歌〉新论》中，指出：“古《九歌》是祭祀太阳神、太阴神和四季神之歌舞。”④而“九歌”真正的性质是“楚国之房中乐”，“房中乐别称享神歌”⑤。这些学者都在闻一多的解说基础上，对《九歌》进行了更深入的思考与探究。

在原始人类艰难的生存条件下，艺术并不是为了享乐或审美，而是出于极其现实的功利目的。原始初民生存的自然环境极其恶劣，那时人类的生产力十分低下，对于他们来说，第一要务就是自身的生存和繁

① ［德］格罗塞：《艺术的起源》，蔡慕晖译，商务印书馆 1984 年版，第 215 页。

② ［德］格罗塞：《艺术的起源》，蔡慕晖译，商务印书馆 1984 年版，第 228 页。

③ 萧兵：《楚辞与神话》，江苏古籍出版社 1987 年版，第 564 页。

④ 何新：《诸神的起源》，时事出版社 2002 年版，第 388 页。

⑤ 何新：《诸神的起源》，时事出版社 2002 年版，第 393 页。

衍。由此导致了原始艺术中大量表现性崇拜的诗歌、舞蹈和音乐。希尔恩在《艺术的起源》中提到，原始的舞蹈、诗歌以及造型艺术，除了具有审美的价值，还具有生活所必需的实用意义。原始艺术中性的成分，在我们今天看来，也许下流和淫秽，但对于那些创造它们的原始人类，其中包含的只能是纯洁与虔诚。在原始岩画中，有很多描绘原始舞蹈的图形。这些图形都毫不避忌地画出了经过夸张的男根和女阴，丝毫没有现代文明人的猥亵与污秽。我们所能感受到的是原是人类生命力的张扬，原始舞蹈的纯净与浓烈。“一直到这个时候，我们的祖先还沉浸在种的蕃衍的欢乐中。他们坦率地暴露自己的所有，他们骄傲地再现自己的生殖活动，他们直觉地创造自己崇拜的对象。毫无顾忌，也毫无羞耻。在舞蹈的狂欢中，在雕刻、绘画的回忆中，在宗教活动的虔敬中，祈求着物质生产的发达，歌赞着种的蕃衍的兴旺，与此同时，也获得了最强烈的美感享受。”①

原始初民对性的态度是率真的、合理的，反映了他们对于生命的态度。《周易·系辞》云：“生生谓之易”，由此可见《易经》的思想在于生生不息，生命的延续。在原始人类看来，万物的生长、人类的繁衍，全在于生殖、在于性，所以生殖繁衍是古代人类最神圣的工作和需求。而现代人戴着有色眼镜去看原始人类，理所当然地认为那些都是淫邪。但是，真理是全体，不能抬高谁、贬低谁，我们不能以现代人的眼光去看原始社会的生活状况。黑格尔在《法哲学原理》的序言提出一个著名论断：“凡是合理的就是现实的，凡是现实的就是合理的。”凡是合理的必定是现实的，封建男性对女性的要求，导致小脚的女人的存在，这是当时的畸形的审美观，但它却符合封建时代的道德伦理观。同样，原始初民对于性的张扬与坦率，在现代文明人的眼中看来是淫荡，却符合原始时代的道德标准和社会需求。在20世纪的中国，中西文化碰撞，胡适、郑振铎、郭沫若、俞平伯、顾颉刚、闻一多等一批学贯中西的学者，又

① 陈醉、李成贵：《维纳斯面面观》，上海文艺出版社1988年版，第11页。

重新以新的眼光读《诗经》，读出其中鲜活的生活和生命。鲁迅在《门外文谈》中说，作为《诗经》中头一篇的《关雎》，“吓得我们只好磕头佩服，假如先前未曾有过这样的一篇诗，到无论什么副刊上去投稿试试罢，我看十分之九是要被编辑者塞进字纸篓去的。‘漂亮的好小姐呀，是少爷的好一对儿！’什么话呢？”

闻一多运用文化阐释批评方法，揭示了原始人类在生活习俗和诗歌艺术中体现的强烈的生命意识：古代人以生命为美。古代人类对于人在现实世界中的生存状态极其关注，在艰苦的生存环境中格外重视人类自身的生命价值。由于时代的变换，社会生活发生了诸多变化，其中的很多材料，对于现代人来说，已是太过遥远。但那种和当时的人们社会生活及情感紧密相连的东西，仍然有它永久的价值。我们只有尽可能地进行还原，才能让古代人的生活鲜活地印在脑海中。

值得说明的是，闻一多研究中国文学是带着强烈的爱国热情和反封建的战斗精神投入的。他力求在古代文学中，发掘寻找出中华民族“集体的力、集体的诗”，借古代本民族原始而“野蛮的生命力”，“给后代的散漫和萎靡来个对症下药”①，以增强处于危难境遇的民族的凝聚力和抗辱力。所以，闻一多的研究，不仅具有学术创新的意义，而且具有反帝反封建的意义。

① 朱自清：《闻一多先生怎样走着中国文学的道路》，《闻一多全集》第1卷，生活·读书·新知三联书店1948年版，第17页。

漩涡中的学者[①]

——以闻一多的社团活动与政治关联为例

陈　卫

（福建师范大学）

相对而言，我更愿意把闻一多看成民国时期的学者，而不愿过多跟随大众，强调他的社会身份，特别强化他与政治、或政党的某种关联。我以为：1. 闻一多不是政治家。过分强调闻一多与政治或政党关系，对他的学术研究并没有多大帮助，反而可能掩盖他在文学与学术上的价值。2. 闻一多不算很长的一生中，参与的社团不少，种类并不单一，如果多了解一点，便不会过分强化他的政治立场。或许更容易看到，强调闻一多的政治立场之人，更显得出于政治上的某种需要。

在我读到有关的材料中，闻一多从清华学校到西南联大期间，他积极参与各类校园社团，后来在社会上，也与多个文学社和党派有接触，对每一党派的认识，都经历了一个过程，才有转变或选择。最后，他加入的，不是执政党，也不是与执政党发生强烈争夺的在野党。他选择的是第三党民盟——民主党派。因此，在我看来，如果探究闻一多与政治的关系，或许在他的身上，可以看见20世纪前半期的中国自由知识分子与政治的某种关联：他本是一个热爱文艺，关心祖国命运，在不断充实自己学养当中，不时调试个人与时代的关系，尽可能地适应无常的社

① 本文节选自《云南民盟——纪念云南民盟成立七十周年专刊》，原题为《在纪念云南民盟成立七十周年座谈会上的发言》。

会变化。

既然我个人并不能扭转或阻挡大众对于闻一多的一些片面谈论，而对他的政治立场言说，又成为一个不可绕开的话题，那么，在研究闻一多诗学论的多年之后，我还是决定写这篇关于闻一多与社团和政治关联的短文，将我读到的一些材料呈现给研究者，再结合我的有限认知，谈一点感想。很可能不太成熟，供方家批评或由此进一步讨论：如何看待学者与政治的关系，如何做到客观评论一位学者的政治选择。

一、清华时期：积极参与社团活动的文艺少年

1912年，闻一多从湖北浠水来到北京，进入清华学校。因为清华学校的学生是做国家的储备人才培养，毕业的学生们将通过美国返回的庚子赔款而出洋留学，学成回国后，报效祖国。由于这一目的，学校的教育不是私塾式的经典讲授，也非纯英文教育，采用的是中英兼并的双语教学，为了学生能够未来适应海外生活，同时又对中国文化传统深入了解，学校采用的是通识教育，以培养领袖型人物为目标。因而，闻一多入学之后，与他的同学一样，除了学习中国古代的经典，也学习西方文学、以及宗教等课程。他们的课外生活，以社团为主，作为练习平台，丰富多彩。

就闻一多个人而言，在清华学校，先后加入的社团和参与的工作有①：

1. 课余补习会会长。闻一多先是任副会长，而这个补习会，不同于当今学生课外补课班的那种，更类似兴趣小组。他们办合唱活动、讲故事、辩论会，也办刊物。闻一多担任过编辑、书记等。1914年岁末，闻一多升任会长。在《课余一览》这份刊物上，闻一多发表过一篇《名誉

① 该节部分材料，请参看闻黎明、侯菊坤编著的《闻一多年谱长编》，湖北人民出版社1994年版，第16、28~29、30、33、35、36、40页。

谈》，据说是他平生发表的第一篇文章。闻一多提出的主张是：为社会做贡献，反对独善其身——“故常冒万难而不辞，务达其鹄，以为归宿”。由此可见，少年闻一多的人生志向，也是中国有识之士的志向。

2.《清华周刊》编辑。因为闻一多绘画特长突出，在辛酉级绘画比赛中，“闻多以图画冠全级”，他担任了《清华周刊》的编辑。由美术到文学，闻一多参与写作、组稿、评论、这是闻一多公开发表诗歌与评论的最初平台。

3.《清华年报》的图画副编辑。清华学校出版《清华年报》，是“中国高等学校中最早的周年出版物”，全书用英文，多图画照片，曾拿去巴拿马赛会参展。闻一多任刊物的图画副编辑。

4. 此外，闻一多还积极参与学校的戏剧演出，比赛；参与创办贫民小学，做总务部与招待部的工作。辛酉级级会，任级长、英文书记、演说部部长；任辛酉级杂志的中文编辑、演剧部编辑部主任(全校性文艺团体“游艺社”副社长，1919年改名“新剧社”)、中等科会计；加入辛酉级唱歌团，男低音兼书记，参加特别图画班等。

由这些活动，我们基本可以看到：少年闻一多在校园文艺与社会活动方面表现非常活跃。

以上的社团，是学校为培养和发展学生潜能，给学生们提供的练习平台，闻一多参与后，得到了文艺、领导等多方面的锻炼。还有一个社团，不得不特别提及丄社，这是闻一多与他的同学们为理想而自发创办。参与的同仁，后来也是他一生志业的同仁。

“丄社”，成立于1920年3月中旬。闻一多与潘光亶(后改名为：旦)、吴泽霖、闻亦传等同学组成一个小社团，主要目的是进行交流读书报告和开展问题的讨论，后来增加了刘聪强、孔繁祁，一共六人，每周集会。

有政治成分吗？当事人的解释是：因为要与别人接洽，没有名称，“实在不便”，因此采丄字做了旗帜。有两层意思，一个是：借以时时上进自勉，第二是：刚好会友六人，“丄”字是中国数目中的六字。他们起初的读书报告，分类有：历史2；娼妓2；美学3；经济2；文学5；哲学1；农业1。相关的问题讨论，如称谓姓氏2；服饰1；中国目录法1。他们补充说明的是：我们会友有一种通病——只说不做——虽然别人指点我们，我们亦有时觉得，想战胜这个病，但是因为时势同环境的关系，总不能免，我们希望，以后尽力革除这个病。这是发表在《清华周刊第六次临时增刊》上的介绍文章。①

闻一多对朋友吴泽霖解释过“丄社”。闻一多对吴泽霖说：这是古文“上”字，与“尚”字通。纯朴的水木清华，不应该遭受那种颓唐、靡朽的风尚所侵蚀；由出自民脂民膏的公费培养出来准备出国深造的青年，应该保持良心的纯洁性。② 潘光亶在一篇回忆《谈留美生活》中说到“丄社”的情况：什么都管，电影不好，我们提出批评；有人上厕所不守秩序，屎尿撒在外边，我们也管。③ 丄社成员们做报告的题目有：《美底教育》《经济思想底历史》《姆士底学说》；讨论的题目有：《称呼问题》《长姓问题》《服制问题》等。从这些题目判断，他们是一群对社会关注，对文化好奇的学生。再如，放暑假了，该做什么？他们也会作为小组议题。④

由此，可说：这个看上去带点玄学色彩的“丄社”，以现在观点看，属于同学之间的读书互助小组或研讨小组，培养学生对周边事物的好奇心，从而进行探究。

正因为“丄社”是一个无所不包的社团，强调参与意识，丄社的成员，在校方主办的其他社团中，也能发挥各自的职责。比如，闻一多参

---

① 闻黎明、侯菊坤编著：《闻一多年谱长编》，湖北人民出版社1994年版，第94页。

② 闻黎明、侯菊坤编著：《闻一多年谱长编》，湖北人民出版社1994年版，第94页。

③ 闻黎明、侯菊坤编著：《闻一多年谱长编》，湖北人民出版社1994年版，第94页。

④ 闻黎明、侯菊坤编著：《闻一多年谱长编》，湖北人民出版社1994年版，第100~102页。

加美术社，做美术社书记①，他们拟定的原则是：对内注重互助的精神，对外注重服务的精神，灌输美术知识，引起同学们的美术兴趣。上社另一个成员——吴泽霖，也是闻一多的搭档。他们在美术社以写生，出刊物为工作，并非单纯的为艺术而艺术，更像是为国家的前途和未来而艺术。闻一多还写过《征求艺术专门的同业者底呼声》《清华底出版物与言论家》，提倡大家要重视艺术，“艺术、科学本当并重，当今中国，科学已有萌蘖了，艺术却无消息”。这时的他，是一个热血青年，呼吁“有艺术天能的朋友们，快起来呀”。同时，他和吴景超等朋友，都表示要多写稿子，出版刊物，而不是“巧避著作，争趋口论”。清华十周年校庆，排演国剧和英剧，也是闻一多、吴泽霖等人参与。②

1920年12月1日，闻一多与浦薛凤、梁思成发起过研究文学、音乐及各种具形艺术底团体，取名叫“美司斯”（The Muse），成员20人左右，闻一多是书记③，他们的指导老师有梁启超、陈师曾等，分音乐、绘画、文学、美学四门，开研究会，提供参考书。相当我们现在的专业兴趣小组。

如果说上社，像跨界的学习小组。他们的讨论，不仅有植物分类、宗教派别，国际条约考略等，那么，美术社和美司斯，就是艺术社。这些社团，毫无疑问，对闻一多未来的学业和研究都有着重要的作用。它们像一颗颗种子，让主体生发出不同的才能。

二、留学前后：加入大江学会与新月社后的意识倾向

1924年，留学美国的闻一多，与他曾经的清华同窗，即创办上社

① 闻黎明、侯菊坤编著：《闻一多年谱长编》，湖北人民出版社1994年版，第104页。

② 闻黎明、侯菊坤编著：《闻一多年谱长编》，湖北人民出版社1994年版，第113页。

③ 闻黎明、侯菊坤编著：《闻一多年谱长编》，湖北人民出版社1994年版，第114页。

的潘光旦(原名潘光亶，后来为社会学家、优生提倡者)等人，组织了大江学会。这一个社团，不是清华校园中那种纯文学或文艺社团，而是有一定的政治诉求，试图借助文艺，表达政治立场。

大江学会的成立，据说是为了与他们的清华学长，即1920级的邱椿、刘师舜的大神州社唱对台戏而设立。虽说是对立，但他们提倡的主题都是一个——国家主义。我认为，它们提出国家主义的原因，与当时的政治形势有关。这时期的中国，处在被争夺、被侵略、被瓜分的状态中：外国殖民主义者觊觎，国内军阀混战，国民党势力在扩张，共产党也在秘密的迅猛发展中。作为尚未走进社会，又研究社会的学生潘光旦，提及当年的情况："大江学会这些人对国民党无好感，对共产党则怕。"他们创办《大江季刊》。闻一多赞同大江的国家主义，他认为这是感情上的事。我认为，那时的闻一多，并不太懂政治，甚至对"三民主义"，也不一定十分的明白，因为他认为孙中山翻译 Nationalism 为民族主义，也是反动的。虽然闻一多明确表明自己立场——不赞同国民党，但是，在孙中山去世时，闻一多把孙中山当成中国人民的领袖，他写过《孙中山颂》。

我们与其执拗于闻一多与党派的关系，还不如从闻一多的言行中，剖析他对于国家的态度。比如，闻一多对提倡优生学的潘光旦说过：你研究优生学的结果，假使证明中华民族应当淘汰灭亡，我便只有用手枪打死你。①

闻一多在留美期间和回国之后，写下不少以中国为主题的诗篇，被文学史或大众读者，作为爱国诗传颂至今。这些诗歌的写作与他那一时期的主张相呼应，著名的有《洗衣歌》《忆菊》《一句话》《我是中国人》《死水》《七子之歌》等，这些诗歌，多感于中国人被外国人歧视，国家被殖民者分割，批评中国遭到外国侵略者和军阀统治而形成的死水状

① 闻黎明、侯菊坤编著：《闻一多年谱长编》，湖北人民出版社1994年版，第246页。

态，渴望回到浪漫的中国传统社会中，为之，诗人歌颂、批判、期待着中华的崛起。《七子之歌》，在1999年澳门回归时，曾唱响中华大地。而闻一多曾自认为，这是“国家主义的呼声”①。读者至今也可以在闻一多的这些诗歌中读出爱国，他爱的是文化的中国，批判的是混乱而衰败的现实中国。这种爱，对闻一多来说，具有两个层面。跟当代中国人理解的爱国诗，还是有一定的差别，需要有所辨析。

如今闻一多的这些诗，都称作爱国诗，出现在有关建党、建国的一些书籍和电视台的朗诵会上。或者说，在大众接受中，闻一多的爱国诗，几乎等同于爱党爱民诗。假如缺少对历史的客观了解，很容易模糊写作的原本状态。人们容易把闻一多赞美祖国的诗篇简单而片面地说成是某一执政党的功劳。而那些他批判的社会现象，便直接理解为是侵略者、军阀或另一党派造成。在闻一多诗歌的鉴赏文字中，这种情况并不少见，统统归结为：批判性的诗歌，是对黑暗势力或反动统治的揭露(这种现象，不仅在闻一多的诗歌中，民国时期的文学作品，简单理解，多因政治立场而发生误读)。所以，在此，我想说：由于读者对历史认知的片面，闻一多的国家主义诗歌，不免发生这类误读，已成普遍现象。

闻一多曾翻过的拜伦诗歌《希腊之群岛》②，“自己的士卒，自己的刀矛，才是自强的唯一希望”，诗人对奴役的祖国发出呼喊，也是闻一多《一句话》这类诗中传达的共同心声。爱国，不是空喊，而是表示：即便是弱者，也不放弃对强者的抗争。可以这么说，闻一多提倡的爱国，不仅有对中国传统文化的追忆，也是对独立、自由的精神的崇仰和号召。

如果能看到这些方面，就不难理解，闻一多在大江学会期间，还参与了“中华戏剧改进社”，改造中国传统京剧，成为现代人喜欢和欣赏的国剧运动，闻一多与熊佛西、洪深等，在美国留学的最后时期以及回

① 闻黎明、侯菊坤编著：《闻一多年谱长编》，湖北人民出版社1994年版，第269页。

② 闻黎明、侯菊坤编著：《闻一多年谱长编》，湖北人民出版社1994年版，第253页。

到中国的最初时期，他们都努力想通过戏剧改革来改造中国。为此，他们成立过“北京艺术剧院”，明确的目的就是“振兴中国的戏剧文化事业，推动中华文化的发展”①。与此同时，他还加入了新月社(1923年胡适、徐志摩等人创办)，1925年9月，闻一多与新月社同仁一起，把北京美专、北京艺专，改成艺术学院，试图利用戏剧来改革国人精神。闻一多个人在这方面没有持续很长时间。学校缺少经费，最后没有办起来，闻一多离开，转到其他的大学。而闻一多的朋友，参与者之一的熊佛西，把这一项实验落实在河北定县，持续了一段时间，通过戏剧改造农民的保守观念及乡村生活，取得了不可忽略的成果②。

不得不提的是，1925年12月13日，闻一多正式加入了一个带有政治色彩的团体——北京国家主义团体联合会。因为闻一多是大江学会成员，这时，大奖学会打算与大神州会、醒狮会联合，另邀了齐国魂社、少年自强社两个团体。李璜在《学钝室回忆录》中描述过闻一多参加北京国家主义团体联合会的情形：“我于民十四之秋到北京后，一多时在国立艺专任教职，他是看见《醒狮周报》登出国家主义各团体联合会的发起广告，而同着余上沅找上我的门来的。”其中有这样的谈话：“现在北京的共产党就闹得不成话，非与他们先干一下，唱唱花脸不可！”这就是当时的闻一多。③ 我们应该怎样认识闻一多呢？为了反共，还是闻一多不太了解政治？

1925年的中国，是怎样的情况？中国共产党有什么发展？1925年1月11日至22日，中共四大在上海召开。出席大会的代表20人，代表全国994名党员。以工农为主体的革命群众运动进一步发展。据不完

① 闻黎明、侯菊坤编著：《闻一多年谱长编》，湖北人民出版社1994年版，第277页。

② 参看熊佛西：《戏剧大众化之实验》，《熊佛西文集》下，上海文艺出版社2000年版。

③ 闻黎明、侯菊坤编著：《闻一多年谱长编》，湖北人民出版社1994年版，第295页。

全统计，到1925年5月，在中国共产党领导和影响下的工会已有160多个，拥有有组织的工人约54万人。在广东，已有20余县成立农民协会，会员达20多万人，并建立了全省农民协会。在中国共产主义青年团的推动和影响下，各地学生联合会也十分活跃，会员有数百万人。这些有组织的群众已经不同程度地产生了反帝反封建的觉悟，为即将来临的大革命高潮奠定了广泛的群众基础。①

国民党方面，1925年初，孙中山北上，陈炯明乘机举兵进犯广州。在国共合作下刚刚组成的黄埔军校校军两个教导团和许崇智部粤军，在南部击溃陈炯明部主力，控制东江地区，于4月间取得第一次东征的胜利。6月初，平息了杨希闵、刘震寰在广州发动的叛乱。7月1日，国民政府在广州成立。随后，将黄埔军校校军和驻广东的粤、湘、滇军先后改编为国民革命军6个军，共8.5万人，共产党人周恩来等分别担任副党代表兼政治部主任。由于共产党人进行了大量的政治工作，使这支军队在不同程度上接受了民主革命思想的影响。②

1926年1月，闻一多给梁实秋的信中谈到自己的情况：“回国后仅仅做了两首诗。到艺专来后，文艺整个放在脑袋后边去了”。他也谈到自己与大江学会的同仁一起，对抗共产主义，“国内赤祸猖獗，我辈国家主义者际此责任尤其重大，进行益加困难。国家主义与共产主义势将在最近时间内有剧烈的战斗。我不但希望你赶快回来，并且希望多数同志赶快回来”③。这一年，可以说，闻一多是投入政治的一年。他不仅参与知识界精英组织的政治团体，也参与了起草联合会的宣言《反对日俄出兵宣言》，绘制讽刺画，发起“反抗苏俄帝国主义，援助旅俄被难

① 中共中央党史研究室：《中国共产党历史》第1卷上册，中国党史出版社2002年版，第126~128页。

② 中共中央党史研究室：《中国共产党历史》第1卷上册，中国党史出版社2002年版，第137~139页。

③ 闻黎明、侯菊坤编著：《闻一多年谱长编》，湖北人民出版社1994年版，第302页。

同胞大会”，号召国民全体起来。“三一八”惨案发生后，闻一多写诗《唁词——纪念三月十八日的惨剧》发表，参与到救国救民的现场。①

如果谈及这时期的闻一多对于共产党的认识，他并不比一般的知识分子更具超前意识。他不了解共产党的主张，在他的言论中，共产党，大概是一个破坏中国社会稳定的组织。

三、学者时期：身为西南联大教授与民盟成员的闻一多立场

闻一多对于共产党的认识，到1943年，应该没有特别的转变——1943年5月9日，闻一多来到朱自清家，请朱自清做一件事，朱自清的日记中有记载。

闻一多与朱自清的关系如何？他们二人，原为清华大学，后来又成西南联大的同事。1932年8月，离开青岛大学后的闻一多，加入母校清华大学中国文学系，任教授。9月，朱自清从欧洲度假归来，二人认识。因是同事、同行，经常会有交流。在朱自清的日记中，有过多处记载，比如，他读闻一多的文章；访问闻一多；与闻一多谈工作。他们的观念倒并不完全一致，有时朱自清也会记下一些不同的看法，如闻一多认为中国书信的敬语“虚伪”，朱自清说“如往常一样，我受不了他的一概抹杀”②。1943年8月15日，朱自清“自闻之孩子处得知闻对我选的初中教科书里的新诗很轻视(原话是‘瞧不起’)”，他的心情是“莫此为甚!”③。王力在《我所知道闻一多先生的几件事》中，回忆过二人，性

① 闻黎明、侯菊坤编著：《闻一多年谱长编》，湖北人民出版社1994年版，第312~316页。

② 朱自清：《朱自清全集》第10卷，日记篇(下)，1942年10月20日，江苏教育出版社1997年版，第205页。

③ 朱自清：《朱自清全集》第10卷，日记篇(下)，1942年10月20日，江苏教育出版社1997年版,，第256页。

格不同：“朱先生温和，闻先生刚直”。1940年，清华大学决定恢复文科研究所中国文学部，由闻一多担任文学部主任。这年，朱自清准备休假，接替他文学院中国文学系主任职务的，是闻一多。虽然闻一多屡次推辞，后来还是接下代理之职。闻一多被暗杀后，朱自清的日记亦有详细记载：“报载，一多于十五日下午五时许遇刺，身中七弹。他的三子与他在一起，亦中五弹。一多当即身亡，其子尚未脱离险期。闻此，异常震惊。自李公朴街头被刺后，余即时时为一多的安全担心。但未料到对他下手如此之突然，真是什么世道！”①十九日，有人约朱自清写纪念闻一多的文章；二十日，写就《闻一多与中国文学》。二十一日，参加追悼会。此外，朱自清还写过《中国学术界的大损失——悼闻一多先生》(《文艺复兴》1946年第2卷第1期)，新诗《悼闻一多》(《萌芽》1946年第1卷第3期)等。1947年，朱自清着手编辑《闻一多全集》，1948年8月上海开明书店出版，四卷本。据吴晗回忆“佩弦先生是一多十几年来的老友和同事，为了这部书，他花费一年的时间，搜集遗文，编缀校正，遗稿由昆北运时，有一部分遭了水渍，请人逐页揭开，请人钞写。他拟定了目录，选编了尺牍，发表了许多篇问看的遗著。并且，在他领导之下，动员了中国文学系全体同仁，分钞分校，分别整理这集子以外的许多著作”②。《闻一多全集》编辑出版，是朱自清生前最后最重要的大事。这时的他，身体每况愈下，即将燃尽。

1943年5月9日，闻一多来到朱自清家里。朱自清当天的日记，有这样几句：“闻一多要我同去登记参加国民党，我以未受到邀请为理由而拒绝之。莘田给他一份入党申请书。”③

据见证的学生回忆，那时有三青团的干部，对闻一多说：“你这二年喜欢公开讲话，加入了国民党，讲话就更自由了。成立自己人，更可

① 朱自清：《朱自清全集》第10卷，江苏教育出版社1997年版，第413页。

② 姜建、吴为公：《朱自清年谱》，安徽教育出版社1996年版，第317页。

③ 朱自清：《朱自清全集》第10卷，江苏教育出版社1997年版，第240页。又：莘田，罗常培，语言学家。

以随便讲话了。再说入了当，生活上也会有所帮助。”还提到闻一多在联大与孙毓棠住同一个宿舍，后发现孙毓棠加入了国民党，闻一多要求换房等。①

这些回忆，没有完全返回历史场域中。比如，闻一多要求换房，到底换了没有，回忆并不一致。也就是说，闻一多，到底加入哪个党派，中间有什么波折，在没有看到闻一多日记或文字记录，我们不宜多加评论或任意揣猜。但是，我们知道闻一多的最后选择——他没有加入国民党，也没有加入共产党，而是加入了民盟，时间在1944年秋②。民盟是由国家社会党、中国青年党、第三党、救国会、中华职业教育社、乡村建设派发起组成。潘光旦——闻一多上社的老友、大江学会的同仁，便是民盟中央的执行委员吗，是友谊之举，还是另有安排？《闻一多年谱长编》的增订版中，对闻一多这段经历有较多的说明。③ 据说1943年，闻一多并不打算加入民盟，他有加入共产党的意思(由于前面谈及朱自清日记，笔者对此说存疑)。西南联大的吴晗，本是民盟成员，他受到中国共产党的组织委托，邀请闻一多加入民盟，为了今后便于工作的展开。④

这时的闻一多，在国统区——昆明的西南联大工作，那时的中国共产党，除去游击战争，主要的活动区域在延安解放区。相隔十万八千里的闻一多，怎么会与中国共产党发生联系呢？如果追溯，就要提及1944年6月29日，西南联大放假时，闻一多参加了西南文化研究会。⑤

① 闻黎明、侯菊坤编著：《闻一多年谱长编》下卷，上海交通大学出版社2014年版，第582页。

② 闻黎明、侯菊坤编著：《闻一多年谱长编》下卷，上海交通大学出版社2014年版，第668页。

③ 闻黎明、侯菊坤编著：《闻一多年谱长编》下卷，上海交通大学出版社2014年版，第669页。

④ 闻黎明先生有专门的短文，考证其中的过程，详见本文附录。

⑤ 闻黎明、侯菊坤编著：《闻一多年谱长编》下卷，上海交通大学出版社2014年版，第632~634页。

这个研究会是中国共产党华岗等人与西南联大学生联合的一个特别组织。其中有楚图南——闻一多的学生。他们觉得，要团结闻一多这样的知识分子参与到对抗独裁的活动中。而且周恩来有亲笔信，提出要争取闻一多。参加西南文化研究会，对闻一多的政治生活，发生了重大的影响。成员们把解放区的一些材料《论联合政府》《新民主主义论》《论解放区战场》和《新华日报》《群众》等刊物，通过组织的形式，给闻一多看到。闻一多在这些文章的影响下，逐渐参与其中。他做过报告《说儒》，反思知识分子与社会的关系；为这一组织刻过图章。此外，他参加了“民社”，也是楚图南、吴晗他们组织、创办的。闻一多甚至动员同事、学生，也加入民盟，与吴晗等人，商谈筹组“民主青年同盟”①。

闻一多最后写的一首诗，是没有完成的《八教授颂》，虽然仅写出“序”与第一部分“政治学家”，不一首不完整的诗，但是，能看到闻一多对于知识分子存在的深刻反思。“二千五百年个人英雄主义的幽灵啊！/你带满了一身发散霉味儿的荣誉，/甩着文明杖，/来到这廿世纪四十年代的公园里散步。”知识分子如何对社会发生作用？闻一多正在思考。

那时还是西南联大年轻教师的夏济安，1947 年的日记里，也记录过西南联大的知识分子对于政治与党派的态度。二月二十五日的日记中，他记下：联大一百十教授为东北问题发表宣言，未签名者尚有多人。因此事为国民党所发起，不少教授不愿同流合污，故心里虽或主张东北应归中国，却不愿公开发一声明，以示不受利用。夏济安还有一次提道：联大草坪上有公开演讲会(这次闻一多等不露脸，由“右派”教授如查良钊、雷海宗、燕树棠等出马)，会后游行……这次游行虽不一定就是国民党发动，受到国民党赞助，是不成问题的。既然有国民党的

① 相关材料见闻黎明、侯菊坤编著：《闻一多年谱长编》下卷，上海交通大学出版社 2014 年版，第 700~701 页。

份，加入进去就好像不清不白了。爱惜羽毛的人，虽然很赞同这件事，可是没有勇气站出去①。他谈道：参加反政府的游行，虽然有手榴弹的危险，却容易博“勇士”“烈士”之名，故参加人之多。参加受政府赞助的游行，虽然(或因为)有宪警的保护，却易蒙动机不纯之嫌疑，洁身自好者不去。②

闻一多应当与大多数的学者一样，爱惜自己的羽毛，然而，结局是他付出了宝贵的生命：李公仆去世后，“谣言纷纷，风传第二号是闻一多”③。闻一多明知会遭暗杀，他更知道“要斗争就会有人倒下去。一个人倒下去，千万人就会站起来”，他还认为“政治是一种事业，是教学，是一种生活的态度或人生境界。这种是人类群体生活集中的表现，并以群体爱作为基础。只有以群体为对象之爱，才是政治，尤其是民主政治的基本精神”，所以，他仍旧决定：伸出这“满是粉笔灰、毫无血腥气的手去扭转中国的历史”，④ 到危险之境，发出振聋发聩之声：“我们不怕死，我们有牺牲的精神，我们随时像李先生一样，前脚跨出大门，后脚就不准备在跨进大门。”⑤难道，闻一多不珍惜生命吗？

这一天，演讲之后，闻一多还参加了一个记者招待会。他对记者说：“我们对国民党绝不是毫无原则的一贯反对的，当孙中山先生在世时，我们都对国民党怀抱着极大的希望，孙中山先生逝世后的意象，就是我学习试画的。”⑥闻一多为何要解释他与国民党的关系？这是他被暗

① 夏济安：《夏济安日记》，人民文学出版社 2011 年版，第 65 页。

② 夏济安：《夏济安日记》，人民文学出版社 2011 年版，第 66 页。

③ 闻立鹤：《爸爸遇刺纪详》，载闻黎明、侯菊坤编著：《闻一多年谱长编》，上海交通大学出版社 2014 年版，第 937 页。

④ 闻黎明、侯菊坤编著：《闻一多年谱长编》，上海交通大学出版社 2014 年版，第 1031、1045 页。

⑤ 闻黎明、侯菊坤编著：《闻一多年谱长编》，上海交通大学出版社 2014 年版，第 935~936 页。

⑥ 闻黎明、侯菊坤编著：《闻一多年谱长编》，上海交通大学出版社 2014 年版，第 936 页。

杀前的最后一个谈话记录，同样值得我们揣摩。①

我们现在看到的部分材料，都是在解说闻一多想加入共产党。我个人以为，闻一多以民盟的身份参与活动，应该想保持知识分子的独立性。对于死亡，他并不畏惧。取义成仁的决心，来自古老的中国传统文人。闻一多研究过屈原，也研读过圣经，接受过洗礼。从他的知识溯源，无论他加入国家主义组织，还是民盟，我以为，他的目的，并不只是为某个党派如何发展壮大。对于作为中国知识分子的他的初衷，应该是为了国家不被侵略，人民获得自由，反对一党独裁等。不然，我们很难理解他的其他行动，如抗战期间的闻一多，为何要参与话剧《原野》《黑字二十八》(又名《全民总动员》)的舞台和道具、服装设计，仅仅是满足他的美术和戏剧上的爱好？闻一多给曹禺的信说“现在应该是演《原野》的时候了”。他亲自撰写的说明书是这样的：“蕴蓄着莽苍浑厚的事情，原始人爱欲仇恨与生命中有一种单纯真挚的如泰山如洪流所撼不懂的力量，这种力量对于当今萎靡的中国人恐怕是最需要的吧!”②再如，闻一多为何写下《时代的鼓手——读田间的诗》，为何称赞田间这些被某些诗人认为“不算成功的诗”，在他眼中，却“是生活欲，积极的，绝对的生活欲”，“鼓舞你爱，鼓舞你恨，鼓励你活着，用最高限度的热与力活着，在这大地上。”闻一多又为何对着学生说，“我只觉得自己是一座没有爆发的火山”，“我是在新诗之中，又在新诗之外”，为何他愿意为学生与朋友们编选《现代诗钞》③？为何乐意指导西南联大的年轻校园诗人？为艺术，为学术，如果说这是年轻闻一多所热衷；为

① 国民党中央调查局的密报中，把闻一多列为西南联大教授中的共产分子。闻一多在大庭广众之下，指名道姓骂蒋介石。闻一多去世后，国民党、共产党、民盟等各界人士，共同出席追悼会。参见闻黎明、侯菊坤编著：《闻一多年谱长编》，湖北人民出版社 1994 年版，第 981、1006、1100 页。

② 闻黎明、侯菊坤编著：《闻一多年谱长编》，湖北人民出版社 1994 年版，第 579 页。

③ 闻黎明、侯菊坤编著：《闻一多年谱长编》，湖北人民出版社 1994 年版，第 680~683 页。

大众，为自由，为生命而燃烧——这是后期，反思知识分子何为的闻一多的行动。

当然，我的材料，多来自《闻一多年谱长编》和多年来阅读《闻一多全集》的感受，至于对闻一多政治立场的观察，多来自闻一多同事、学生的回忆或转述，予以佐证，至于是否完全正确，我并不能断然肯定。只是，我想说的：对任何一个知识分子而言，他的存在，至少体现在学术领域与公共社会两个基本层面。如果他参与的社会活动多样，他的社会身份会相应增多，而政治，仅仅是其中一面。不可否认，政治是上层建筑，即便是一个纯粹的学者，也很难与政治及其生长环境完全且彻底地剥离，更何况热情洋溢的闻一多——一个对文化、社会、国家、政治都非常关心的学者。为什么闻一多经常被人们提到政治层面？在我看来，闻一多本来与很多知识分子一样，生活重心并不在政治。当时局将这群研于书斋，教于课堂，想用知识报效祖国的知识分子，卷入战争(国外与国内)与党派争斗——卷入政治当中。他之前的学养，容易影响到他的选择：闻一多对屈原、杜甫这类传统文人心怀敬仰，于他而言，为了祖国，舍生取义，付出生命，实现中国传统知识分子崇仰的价值观——反抗强权，追求正义与和平，就是他践行儒家生命观的时刻。当人们普遍认同：用牺牲、用政治立场来肯定一位作家或学者的成就，而非学术评价。这一点，作为读者的我们，始终需要明白。

附录：

我的祖父闻一多是怎样认识民盟的

闻黎明

闻一多对民盟的认识，反映了一个爱国知识分子实现思想转变的道路。

我的祖父闻一多和李公朴先生为了争取民主，被国民党特务杀害。他们的牺牲，激励了云南和全国人民继续奋斗的勇气，为云南民盟赢得了无上光荣。这些，大家已经熟知，无须多说。这里，我想介绍的是，闻一多是怎样认识民盟的。因为闻一多对民盟的认识，反映了一个爱国知识分子实现思想转变的道路。

1923年的闻一多，还是一个国家主义的信仰者，甚至在1925年还与共产党和国民党左派发生过武斗。九一八事变时，他不赞成学生到南京请愿，为此成为学生运动的打击对象。这些挫折，曾使他心灰愿冷，一时疏远现实政治，走进了象牙塔。不过，那时的闻一多还没有打消对共产党的成见。一·二九运动中，他反对学生上街游行；西安事变时，他谴责张学良杨虎城；抗战中期，他还认为蒋介石是抗战领袖。然而，闻一多在本质上是一个爱国主义者，他的所有选择，始终没有离开他所认为的民族利益，澳门回归时全国传唱的《七子之歌·澳门》，今天被公认为闻一多爱国诗歌的代表作，却没人注意到它其实是为了宣传国家主义才创作的。正是爱国主义这一内因，使他能够最终站在国家利益立场上，逐渐认识到国民党抗战不力、积极反共的政策，严重防碍了抗战发展，逐渐认识到国民党坚持的一党专政，是逆历史进步的政治腐败。也正是在这个内因作用下，他不再拒绝与共产党人来往，并开始接受中国共产党的影响，甚至产生过加入共产党的念头。

闻一多最早接触的共产党人，是南方局派到昆明的华岗。具有知识分子气质的华岗很快赢得闻一多的尊重，以致把华岗视为共产党组织，对他几乎唯命是从。1944年5月，吴晗动员闻一多加入民盟时，闻一多还认为民盟是三教九流，自己若加入党派的话，就直接加入共产党。但是，华岗告诉他，民盟的基本政治主张与中国共产党最低纲领是一致的，他这样的知识分子加入民盟，作用比在党外更大。在闻一多心目中，华岗的话就是党的话，于是，他决定加入民盟。

其实，那时的闻一多对中国共产党的认识还非常浮浅，与他接近的共产党人除了华岗外，只有张光年等个别人。真正促使闻一多转变的是中国共产党坚持抗战、坚持社会进步的路线和政策。中国共产党在国民党正面战场大溃败时提出的联合政府，不仅为了挽救当时的军事危机，也是战后国家建设的蓝图。正是从这个路线中，闻一多认识到中国共产党代表了广大人民的利益，从而衷心拥护联合政府路线。毛泽东的《新民主主义论》，更是打开了他心灵的窗户，使他从过去模糊的大同世界理想中，认识到中国革命要分两步走，不仅最低纲领，还有最高纲领。中国共产党的理论，使闻一多豁然开朗，思想觉悟大大提高。

正由于有了这些认识，加入民盟的闻一多才像变了一个人一样。于是，才出现了拍案而起的闻一多，出现了敢说敢为的闻一多，出现了"一二·一"运动中的闻一多，出现了维护政协路线的闻一多，出现了"宁可倒下去也不屈服"的闻一多。

闻一多从加入民盟到倒在国民党特务子弹下，时间不到两年。而这两年，是他最辉煌的岁月，而这辉煌的岁月又无不与云南民盟紧紧相连。我常听到人说，"闻一多是云南民盟的光荣"。但是，我更想说的是，"没有云南民盟就没有闻一多"，因为云南民盟以极大的包容量吸收了他，为他创造了实践理想的用武之地。

闻一多西南联大时期的戏剧思想①

李光荣

（西南民族大学）

全面抗战以后，闻一多随清华大学南渡西迁，有感于国内的宣传与戏剧工作不力，毅然放下书本，走出书斋，呼吁改善宣传并提倡戏剧运动。在《致赵俪生》的一封信中，他说："到昆明后又两度参与戏剧工作，不知道者以为与曩日之教书匠判若两人，实则仍系回复故我耳。"②此信写于1942年5月26日。"两度"指参加话剧《祖国》的演出工作，和参加《原野》与《黑子二十八》的演出工作，"回复故我"指早年的戏剧生活。"两度"演出成功，遂抛不开戏剧，指导戏剧团体演出了多部剧作，并在工作中思考戏剧理论，写过有关戏剧文章，推动了戏剧运动的发展，一次次刷新昆明戏剧演出场次的记录，把云南戏剧演出推向高峰，同时创造了中国戏剧的多项第一。他的戏剧思想在戏剧实践显示着，也在文章中表达着。本文拟对此进行归纳总结，以完善这位诗人、学者和战士的精神面貌，丰富我国戏剧思想理论的内容。

但是，闻一多没有作过专门的戏剧理论撰述，更没有形成有体系的戏剧思想，只留下两篇有关戏剧的文章。笔者曾拓展了对闻一多的戏剧

---

① 本文系国家社科基金重大项目"西南联大文献资料收集整理与数据库建设"（项目编号：18ZDA202）之子项目"西南联大图书文献资料收集整理"的阶段性成果。

② 《闻一多书信选》，人民文学出版社1986年版，第314页。

工作及其贡献的研究，以此为基础，本文将从闻一多在戏剧活动中的言论与有关戏剧的文字为中心，探讨他的戏剧思想。

从指导戏剧演出看闻一多的思想

在西南联大九年中，活跃着许多剧团，从长沙临时大学开始，直到1946年西南联大结束都有剧团的活动。各个剧团创作剧本，演出话剧，对于抗日宣传和云南戏剧运动的发展作出了不可磨灭的贡献。其中活动时间较长，影响较大的剧团是联大剧团、剧艺社、青年剧社等。青年剧社是国民党三青团支持组织的，闻一多没有参加他们的活动，另外两个剧团都请闻一多做导师。此外还有一些临时组织起来演出某一部剧本的社团，如戏剧研究社等也得到过闻一多的指导。以指导社团的多少和指导的效果而论，闻一多是西南联大首屈一指的戏剧社团导师。

1. 指导《祖国》的演出

1938年，西南联大的戏剧爱好者为了推动昆明戏剧运动的发展，并向社会广泛宣传抗日思想，发起演出话剧《祖国》，聘请闻一多做指导，闻一多则自告奋勇担任舞台设计工作。但在排练过程中，闻一多从挑选演员到演出准备都全程参与，许多次和大家一起排练到深夜十二点才回家，在排练过程中他提出过许多宝贵意见，参与了排练的具体指导工作，被大家尊为“第一”导演。为了能够更好地团结爱好戏剧的同学，进行卓有成效的戏剧工作，排练组准备组成一个剧团。经过简单筹备，年底，排练组召开国立西南联合大学话剧团成立大会。这一天，闻一多早早来到会场。会议开始，发起人说明成立西南联大话剧团的宗旨并介绍筹备经过后，老师和同学踊跃发言，表达自己的愿望和感想。闻一多率先发言。在讲话中，他说：“成立剧团，开展戏剧活动是一项有意义的工作，但要想到前方在抗战，同胞们在敌人的铁蹄下受苦难，你们能来后方上大学是很不容易的。剧团成员要演戏，但不能荒疏学业，一定要认真读书。”①这是闻一多对剧团成员语重心长的教导。闻一多以夺取抗战的胜利为志向，并且蓄须明志，声称抗战不胜利不剃胡须，以致四十岁的人被别人误以为五十多岁，同学们都称他为“老教授”。《祖国》演出成功，他异常兴奋，再一次宣明自己的志向：“同学纷纷向老师祝酒，闻先生举杯邀大家共祝抗战早日胜利！并说抗战胜利的那一天，他就要剃去自己的飘然长须。”②闻一多的爱国情怀和抗战到底的决心深深地教育和影响了学生，鼓舞着大家的抗日情绪。这样的指导可以说是对于思想道路的指导，具有方向性意义。后来西南联大的剧团多演抗战戏，或者说演戏为了抗战，同时演员没荒废学业，可以说闻一多的思想指导在其中发挥了作用，换句话说则是体现了闻一多的戏剧思想。

2. 策划《原野》和《黑字二十八》的演出

也是出于宣传抗日的愿望，闻一多参与倡议演出《原野》和《黑字二十八》。《黑字二十八》是曹禺、宋之的新近创作，又名《全民总动员》，号召抗日。剧本已在重庆演出，反响颇为热烈。昆明尚未演出过，这时演出正当其时。《原野》则与抗战无关，写的是一个农民复仇的故事，故事相当悲惨，结局是双方的死亡。可是闻一多却从复仇故事里看出了抗战所需要的东西——原始的蛮力。辉煌灿烂的中华文化塑造了中国人文明的性灵，却在一定程度上丧失了雄强的力量，所以近代以来国家落后，民族屡遭外族欺负，这一次日本军队胜过以往，企图亡我中华。我们怎么办？唯一的办法是奋起反抗，把敌人赶出去。作为一个文学家，闻一多开出的救国药方是在性格上强健自己的民族，敢于与敌人对垒。

① 闻一多语，转引自张定华：《回忆联大剧团》，西南联合大学北京校友会校史编辑委员会编：《笳吹弦诵在春城——回忆西南联大》，云南人民出版社 1986 年版，第 344 页。

② 张定华：《回忆联大剧团》，西南联合大学北京校友会校史编辑委员会编：《笳吹弦诵在春城——回忆西南联大》，云南人民出版社 1986 年版，第 345~346 页。

怎样强健民族？他在这时呼唤人性中的原始蛮力，为此他倡导演《原野》。他的这种独特思想对联大剧团成员的启示是深刻的。当然，联大剧团成员特别希望能把曹禺邀请来，在他指导下排戏或者与他同台演戏，以期学到更多更好的东西，所以听说导师们有邀请曹禺的动议后大家纷纷鼓动导师。① 大家的愿望正好与闻一多等导师一致，所以容易得到满足。闻一多既联名孙毓棠、吴铁翼发电报，又单独写信给曹禺，促成了曹禺的昆明之行。曹禺来昆明做导演给联大剧团成员极大的鼓舞，尤其是确定《原野》主要由联大剧团演出，使参加演出的社员得到一次实际的学习锻炼，没上台演出的社员也得到了实地观摩的机会，大家对导师们非常感激。闻一多担任《原野》和《黑字二十八》的舞台设计，他不仅亲手绘制了布景，确定了舞台摆设和演员的服装，还带领同学到当铺去购买所需服装，他对工作的认真与投入，深深地感动着剧团成员。言传身教是西南联大教育的妙法，这在闻一多的身上体现得很具体。这次演出深受观众的欢迎，获得了极大的成功，两部戏共演出三十一场，② 刷新了云南戏剧演出场次的纪录，较广较深地宣传了抗战，鼓舞了观众的抗战热情，达到了预期的目的。

3. 指导《阿 Q 正传》《风雪夜归人》的演出

《原野》和《黑字二十八》演出之后，闻一多获得补休一年学术假的机会。由于日本飞机对昆明轰炸频繁，闻一多全家搬到晋宁县居住。休假期满，担任了清华大学中文系主任，搬家回来，仍住在远郊。这期间，对联大剧团的指导不那么直接具体了，但他的思想与精神仍然在联大剧团中发挥着指导的作用。

1940 年 9 月 25 日，昆明学生救济委员会为募集清寒学生救济金，与新成立的剧团西南联大戏剧研究会联合演出田汉改编的话剧《阿 Q 正

① 李光荣访张定华记录，2004 年 10 月 3 日，北京张寓。
② 当时的昆明，一部戏通常只能上演五场。

传》。这在西南联大话剧史上是一件大事，剧组动员了二百多个同学参加演出工作，是西南联大话剧中演出队伍最为壮大的一次演出。剧本排练中，闻一多的家从晋宁搬回，即被聘为顾问。闻一多看了演出排练，提出过意见。负责舞台设计的林元和设计制作者李典、李白引等请闻一多观看舞台设计模型，闻一多也提出了修改意见。在看了第一次彩排后，闻一多指出：“《阿 Q 正传》写的是农村生活，吴妈等都是农村妇女，你们为什么在脸上搽那么多胭脂?”①这是说舞台人物形象要符合其身份、环境。剧团听取闻一多的意见并作了改正后，《阿 Q 正传》的演出更贴近生活了。《阿 Q 正传》在昆明连演十五场，与《原野》或《黑子二十八》单部戏的演出场次比肩，在当时可谓轰动。演出取得良好的效果，也有闻一多的一份指导功劳。

1943 年 5 月 25 日，西南联大中文系为欢送毕业生，在中法大学礼堂演出吴祖光的多幕剧《风雪夜归人》。排练前，闻一多阅读了剧本，并对剧组人员说：“这个戏写得有新意，表面上看像是写一般姨太太恋戏子的风流韵事，但不能这样去演。这不但庸俗，而且曲解了作者的原意。要努力表现出善良的人性和对美好的追求，要演成一出充满诗情画意的悲剧，演员对剧中的人物要寄予极大的同情，才能演好。”②这对演员把握剧本的主旨和角色具有很好的指导意义。此时闻一多是清华大学中文系主任兼文科研究所文学部主任，住在离昆明二十里外的麦地村，学校的工作既繁忙且往来又不方便，但他仍然自告奋勇，担任此剧的舞台设计，可见闻一多对《风雪夜归人》的欣赏。西南联大中文系对这次演出十分重视，调动了全系最精锐的人员参加演出工作，演出后《云南日报》曾报道：西南联大“中国文学系主任罗常培主持，该校教授孙毓棠导演，杨振声舞台监督，闻一多舞台设计，沈从文、罗膺中顾问，全

① 闻一多语，转引自萧荻：《我们应当写闻一多颂》，《闻一多纪念文集》，生活·读书·新知三联书店 1980 年版，第 321 页。

② 闻一多语，转引自王松声、李凌：《闻一多和戏剧》，赵慧编：《回忆纪念闻一多》，武汉出版社 1999 年版，第 317 页。

系同学参加演出，成绩甚佳，观众无不赞誉云”①。其演出效果可以想见。不过，此剧没有公演，也就没能造成较大的社会影响。

4. 指导剧艺社的演出等活动

1944 年秋，西南联大的戏剧爱好者拟成立剧艺社，聘请闻一多为导师。这时，闻一多已逐渐成为民主运动的核心人物，工作相当繁忙。但他还是高兴地接受了邀请。

剧艺社成立后，闻一多对如何开展戏剧活动提出了很好的意见。剧艺社在戏剧活动中由壁报社发展成为演出团体，由小剧场演出走向了大舞台演出。1945 年秋季开学后，剧艺社准备公演《风雪夜归人》。上次中文系演出的一些同学这时已是剧艺社的骨干，筹演较为顺利。中文系的王松声任导演，施巩秋、郭良夫、聂运华、温功智、从硕文等著名演员齐上场，闻一多的指导再一次在排练中发挥着作用。11 月 1 日是西南联大的校庆日，校学生自治会便把《风雪夜归人》作为校庆的压轴戏演出。校庆活动从 10 月 29 日开始，11 月 3 日由剧艺社演出《风雪夜归人》。演出一举成功，大家赞誉有加，同学纷纷要求加演。于是学生会又要求剧艺社加演了两场。不过，此次仍然是西南联大的内部演出，没有获得广泛的社会评价。

剧艺社受到演出成功的鼓舞，正准备沿着演出《风雪夜归人》的路子继续前进，突如其来的“一二·一惨案”改变了剧艺社的方向。为抗议反动派的暴行，剧艺社迅速写出了十个剧本，从各个方面揭露了反动派的罪行。其中，反响最大，演出最多的是王松声创作的广场剧《凯旋》。剧本讲述国民党军队镇压农民的故事，表达反内战的思想。据作者说，此剧是在闻一多的启发下写成的。② 抗战胜利后，闻一多站在反

---

① 《吴祖光名剧〈风雪夜归人〉联大精彩演出》，《云南日报》1943 年 5 月 26 日。

② 王松声、李凌：《闻一多和戏剧》，赵慧编：《回忆纪念闻一多》，武汉出版社 1999 年版，第 318 页。

内战思想的前列，刊登文章、发表演说，意在阻止内战的爆发，所以王松声这么说。演出过后，王松声和许师谦去找闻一多商量工作，闻一多兴奋地谈起对《凯旋》的看法：“这个戏把民族矛盾和阶级矛盾如此集中地纠集在一个农民家庭里，很有一点希腊悲剧的味道。尤其是剧中那段朗诵词写得好，把观众的悲愤情绪集中起来，落到反对内战的主题上了。”①闻一多同时指出剧中的一些缺点，并建议剧艺社多听取群众意见作出修改。之后剧艺社对《凯旋》作了反复修改，演出的反响更为强烈。在“一二·一”运动中，宣传队曾把《凯旋》带到工厂和中小学校去演出，在反内战斗争中起到了广泛的宣传作用。

在“一二·一”运动中，西南联大剧艺社还编演了《匪警》《审判前夕》《告地状》《潘琰传》(又名《民主使徒》)等剧。其中《审判前夕》和《潘琰传》为郭良夫创作的独幕剧和三幕剧。前一部讽刺国民党审判“一二·一惨案”的假凶手，后一部描写烈士潘琰的事迹。演出收到很好的效果。闻一多看过演出，大为赞赏，遂用小篆为这两部剧写了题签，可见他对这两部剧的嘉许，也充分显示出他在“一二·一”运动中的立场。

1946年春，闻一多指导剧艺社负责人王松声策划了一台彝族民间歌舞的演出，演出轰动了昆明，开创了民族原生态歌舞在城市大舞台演出的历史。这是闻一多和西南联大对于中国戏剧史的一大贡献，其中显示出他对少数民族歌舞这种中国非物质文化遗产的高度重视。在彝族原生态歌舞的启发下，闻一多创作了剧本《〈九歌〉古歌舞剧悬解》，成为另一种绝唱。

从以上西南联大的戏剧演出与闻一多的思想言论可以看出，闻一多对西南联大戏剧工作的指导是卓有成效的。西南联大能够对云南戏剧运动起到推动作用，能够创造云南戏剧演出史上的高峰，能够在中国戏剧史上开创出几个“第一”，与闻一多的指导分不开。闻一多主要指导了

① 闻一多语，转引自王松声、李凌：《闻一多和戏剧》，赵慧编：《回忆纪念闻一多》，武汉出版社1999年版，第319页。

西南联大在昆明最初的剧团联大剧团和最后一个剧团剧艺社。这两个剧团一前一后，构成了西南联大戏剧史上的两座高峰，两个剧团的业绩代表了西南联大戏剧活动上的最高成就，是可以写入中国戏剧史的剧团。

从有关戏剧的文章看闻一多的戏剧思想

对剧团的指导体现出闻一多的戏剧思想，而更明确的思想则表现在他的文章中。

我们知道闻一多是一位思想型的艺术家。他在戏剧活动中总是渗透着自己的戏剧思想。由于时间的紧张尤其是生命的短促，闻一多未能总结自己的戏剧思想，但他仍然留下了两篇戏剧论文：《戏剧的歧途》和《“新中国”给昆明一个耳光罢》①。前一篇论文写于1926年，后一篇论文写于1945年。虽然两文前后相距近20年，但其思想是相通的，所以，此处将两文联系起来谈。此外还有写于1939年的《宣传与艺术》等文涉及戏剧。几篇文章未能表达罄尽的思想，可以从闻一多的戏剧活动，包括指导剧团、组织演出、设计舞台、搬演歌舞、创作剧本等方面概括出来。在闻一多的论文和戏剧活动中，可以视为特色又能启迪今天的戏剧艺术思想的，有以下一些方面。

1. 注重戏剧的宣传功能

广义的宣传指用某种思想去影响他人。从这个意义上说，一切艺术都是宣传。艺术家无论如何清高，都在做宣传工作。因此，艺术家必须重视作品所包含的内容，做到积极、健康、向善。戏剧艺术，由于气氛浓烈，感染力强，宣传效果也就较为突出。因此，每当一个社会运动掀起之时，人们往往借助戏剧进行宣传以扩大影响。在全民抗战的社会大

① “新中国”是新中国剧社的简称。1945年4月，田汉领导的新中国剧社从桂林辗转撤退到达昆明。

行动到来之时，戏剧的宣传作用更突出地显示了出来，其宣传功能也就得到了充分的运用。尽管利用戏剧宣传抗战是众多戏剧家的共同思想和行为，但多年来包括全民抗战开始以来一直钻在故纸堆里的闻一多，一走出书斋就能从社会的实际需要出发提出发挥戏剧的宣传功能，可谓难能可贵。针对抗战宣传中存在的种种问题，闻一多特作《宣传与抗战》加以讨论，强调抗战宣传的重要意义，要求宣传能抵达人心，能为广大群众接受，而有效的方法是调动宣传的艺术性。闻一多注重文学艺术尤其是戏剧的宣传功能的观点之正确性已被他自己后来的戏剧活动和抗战时期众多戏剧艺术家的努力，以及整个战争的历史证明了。今天，这个观点仍然没有过时。我们尽管利用戏剧去努力追求更高的艺术目标，但只要是戏剧，就必然有一定的内容，而思想也就融于内容之中，一旦示之于人，其宣传功能也就起了作用。因此，凡是戏剧家都得注意戏剧的宣传功能。

2. 注意戏剧的艺术特性

然而，戏剧的宣传又是通过艺术表现来实现的。离开了艺术的宣传不能叫艺术。艺术家必须处理好宣传和艺术的关系，不能忘了艺术是戏剧的特性。同时还要注意戏剧艺术的综合特性，切不可“因为注重思想，便只看得见能够包藏思想的戏剧文学，而看不见戏剧的其余的部分”①。这是闻一多的又一戏剧观。这一观点在1926年提出，有其现实针对性，它对于匡正当时戏剧因重视思想而忽视艺术的现状有警示作用。就在这篇题为《戏剧的歧途》的文章中，闻一多说“艺术最高的目的，是要达到‘纯形’pureform的境地”，这和中国“纯诗”理论形成的时间相近，却比梁宗岱等北平“前线诗人”的正式主张早数年，只是由于这篇文章主要讲当时过于推崇“问题剧”而把戏剧引向了忽视艺术的歧

① 闻一多：《戏剧的歧途》，《闻一多全集》第2卷，湖北人民出版社1993年版，第150页。

途，而没有专论艺术的“纯形”主张，因此，这篇文章在当时没有引起学术界的重视。现在看来，闻一多的这个主张是对的。包括戏剧艺术在内的所有艺术的最终目的，是要走向“纯形”。但通向“纯形”的道路还很长，至少在今天还不能看见目的地，我们今天只能强调艺术性，在不断提高艺术性的征程上，实现艺术的“纯形”。艺术作品必须首先是艺术，然后才能谈得上其他，诗歌是这样，文学是这样，艺术也是这样，戏剧当然是这样。对此，闻一多有过直接的表述：“我所谓宣传，在文字方面，是态度光明而诚恳的文艺作品，在形式上它甚至可以与抗战无大关系，但实际能激发我们敌忾同仇的情绪，它的手段不是说服而是感动，是燃烧！它必须是一件艺术品。”①这是对包括戏剧在内的所有艺术的要求。

3. 重视剧本创作

而戏剧艺术的好坏，又首先决定于剧本。闻一多前期，把戏剧不能飞升到“纯形”的原因归罪于戏剧文学沾染了太多的思想。这种单一的原因归结当然值得商榷。但戏剧文学首先没有达到“纯形”因而不能带动戏剧向“纯形”飞升却是事实。因此，重视剧本创作是戏剧的首要任务和关键环节。根据学术界的观点，中国戏剧文学(多幕剧)的成熟，是以1933年曹禺的《雷雨》诞生为标志的。处于1926年的闻一多，抱怨剧本的艺术性太低，是他艺术眼光卓越的表现。到了后期，他更加重视剧本的创作了。他期望于抗战戏剧的，首先是戏剧文学。他对抗战题材的剧本进行了检视，结果，令他大为失望——称得上“艺术”的抗战剧本实在太少。他对这种情形十分不满，把它称为“剧本荒”：“平情而论，抗战以来，戏剧真够努力的了。可惜的是愈努力愈感觉‘剧本

① 闻一多：《宣传与艺术》，《闻一多全集》第2卷，湖北人民出版社1993年版，第190页。

荒’。”①于是，他呼吁剧作家创作出好剧本，解决抗战戏剧的“饥荒”问题。这里包含着他对戏剧宣传功能的特殊认识，包含着他对戏剧艺术的本质把握，同时包含着他对戏剧文学的高度重视。在这里，戏剧的宣传、艺术、文学三位一体地统一在剧本上了。在闻一多看来，如果没有好剧本，宁可演出改编剧本或艺术水准较高的其他作品，决不降低艺术标准，俯就低劣的所谓“抗战作品”，以保持戏剧的高格调，不让观众失去对艺术的兴趣。这就是他参与策划演出《祖国》《原野》和《黑字二十八》的思想根源。

4. 注意向古代和民间学习

好剧本等不来，在大后方的环境里，闻一多认为促成好剧本产生的办法是向古代和民间学习。于是，他利用自己所学专长，计划把屈原的《九歌》改编成现代剧本，并把它写入《九歌》的研究计划。而后，他对《九歌》剧本进行了种种构想，如在《〈九歌〉的结构》一文中有这样一段描写：“我们可以想像出当时祭场上有如这样的一幅画面：代表东皇太一的灵保（神尸）庄严而玄默的坐在广三十步高三十丈‘有文章采镂黼黻之饰’的八觚形的紫坛上，在五音繁会之中，享用着那蕙肴兰藉，桂酒椒浆的盛馔，坛下簇拥着扮演各种神灵及其从属的童男童女，多则三百人，少亦七十人，分为九班，他们依次的走到坛前，或在各自被指定的班位上，舞着唱着，表演着种种程度不同的哀情的以及悲壮的小故事，以‘合好效欢虞太一’。”②但怎样“表演着”，闻一多还想象不出。后来有了一个向民间学习的机会：在闻一多、西南联大剧艺社和昆明文化界人士的共同努力下，一场原汁原味的彝族原生态歌舞在昆明演出。闻一多似乎从这些民间歌舞中看出了二千多年以前《九歌》的表演情形，找

① 闻一多：《宣传与艺术》，《闻一多全集》第2卷，湖北人民出版社1993年版，第191页。

② 闻一多：《〈九歌〉的结构》，《闻一多全集》第5卷，湖北人民出版社1993年版，第358页。

到了恰当的艺术表现形式，创作的熔浆喷发而出，在短短的十几天内，一气呵成了剧本《〈九歌〉古歌舞剧悬解》。这是闻一多向民间学习的巨大收获。也许可以说，闻一多用自己的亲身实践为我们开拓了向古代和民间学习的艺术道路。这条道路，后来众多的艺术工作者在上面行走着，今天的原生态歌舞就发源于这台彝族民间歌舞演出。

5. 重视舞台设计

作为综合艺术的戏剧，舞台美术是其重要部分，任何戏剧家都不会忽视它。但现代戏剧制度是导演制，导演最易出名，有名的戏剧家多为导演、演员和剧作家等，舞台美术工作者往往默默无闻，名不见经传，因此，爱好戏剧者众，选择舞台设计为志向者少。闻一多则是这少数选择舞美工作的戏剧爱好者之一。闻一多能编，能导，能演，能化妆，能组织，可以说是一个全才式的戏剧工作者，但他更有美术之长，最喜欢且干得最多的是舞美。早在清华读书时，他就担任过舞台设计。留学美国之时，他一人独担了英文古装剧《杨贵妃》和话剧《琵琶记》的布景设计、制作等工作。1939 年，闻一多再次出山，选择的就是舞美，首先是为话剧《祖国》设计舞台，接着为《黑字二十八》和《原野》设计舞台。闻一多设计的舞台，每一次都为该剧的演出效果增添了分量，成为导演、演员和群众最为满意的设计。可惜这些设计都未能保留下来，后人也就无从感受这些典范设计的奥妙。我们知道，闻一多选择并从事舞台设计，绝不是考虑自己如何出名，而是真正从提高戏剧艺术水平的角度出发，促进戏剧整体艺术的提高，为戏剧向“纯形”的目的迈进贡献自己的才华。闻一多对戏剧舞台美术的这种认识、实践及其贡献，留给每一位戏剧工作者深长的思考。

闻一多的戏剧思想对西南联大戏剧的影响是巨大的。由于闻一多指导过多个剧团，尤其他是联大剧团和剧艺社两大著名剧团的导师，他的思想直接影响了剧团的创作、演出及其成就。虽然他的戏剧思想未能形成体系，但通过他对剧团的具体指导表现了出来，而在《戏剧的歧途》

和《“新中国”给昆明一个耳光罢》两篇文章，和其他文章有关戏剧的论述中则明确地表达了他的思想。闻一多思想的特色是其实践性。他的思想不是从理论到理论的推论，而是从实践中总结出来，经过了实践检验的行之有效的思想，所以，注重戏剧的宣传功能，注意戏剧的艺术特性，重视剧本创作，注意向古代和民间学习，重视舞台设计等思想，不仅在抗战时期具有现实的针对性并指导了西南联大的戏剧活动，即使对今天的戏剧工作也是有借鉴意义的。

闻一多与中国现代朗诵

苏文清

（江汉大学）

中国现代朗诵，是指发端于1919年五四运动前后的朗诵活动与朗诵艺术。它不是中国古代吟诵的延续，而是古代吟诵的断裂式发展。是文艺现代化、文学现代化、语言现代化的产物。

中国现代朗诵经历了抗战爆发之前的发生期、抗战爆发之后的发展期、十七年时期的高峰期和新时期之后的重生期四个阶段。而闻一多短短47年的生命，经历了现代沙龙式朗诵与朗诵诗运动两个时期，为现代朗诵的发生、发展作出了重要贡献。

一、朗诵实践：从精英化到大众化

中国是后发现代性国家。中国现代朗诵伴随着国家现代化进程而发生，跟中国传统吟诵有本质区别。它是西学东渐的结果，与西方朗诵、话剧、演讲等有声语言表达艺术有明显的借鉴关系。

闻一多清华学校的求学经历和美国留学经历，使他较早地接触了包括有声语言表达在内的西方艺术。在有声语言表达领域，相较于话剧活动和演讲活动，他的朗诵较少受到研究者的关注。其实，从现代朗诵史的角度看，闻一多的朗诵实践活动跨越了抗战前与抗战后两个时期，他对朗诵形态的选择契合了历史和时代的选择，是非常典型的研究样本。

1.“黑屋”子聚会

1926年初，闻一多迁居西京畿道34号，把书斋和客厅四壁都贴上无光的黑纸，还在壁楣上画了一道金圈，这就是当时非常有名的“黑屋”子。朱湘、饶孟侃、杨世恩、刘梦苇、孙大雨、朱大枏、蹇先艾、于庚虞等“这些人同气相求，因为有了‘黑屋’而聚集在一起，经常朗诵自己和别的诗作，渐渐从朗诵中体会好一些妙处，并悟出些门道，形成一种格律风格”①。

除了“黑屋”子，闻一多也参加“新月社”聚餐会，去刘梦苇的书斋，与朱湘、饶孟侃等几位诗人“相互传阅和朗诵他们的新作，间或也讨论一些新诗上的问题，在探寻新诗的形式与格律的道路”②。

闻一多主持或参加的朗诵活动，孕育了新文学诗刊《晨报·诗镌》，倡导和实践着格律派诗歌的主张。它们和20年代林徽因的“太太客厅”和30年代朱光潜家里的读诗会，性质是相同的，是抗日战争爆发前发生在中国知识分子家里的沙龙式朗诵。主要“试验新诗或白话诗的音节，看看新诗是否有它自己的音节，不因袭旧诗而确又和白话散文不同的音节，并且看看新诗的音节怎样才算是好”③。

2. 西南联大的朗诵活动

1943年秋天在西南联大，闻一多在第一堂“唐诗”课上朗诵了田间的诗歌，引起强烈反响，因此被聘为学生社团组织“新诗社”的导师。“新诗社”经常开朗诵会。在辅导并参加“新诗社”的活动中，闻一多将朗诵活动与新诗探索、民主政治活动联系起来，形成了朗诵诗运动的一

① 闻黎明：《闻一多传》，人民出版社1992年版，第109页。

② 蹇先艾：《〈晨报诗刊〉的始终》，《新文学史料》第3期，人民文学出版社1979年版，第157页。

③ 朱自清：《论朗诵诗》，《朱自清全集》第3卷，江苏教育出版社1988年版，第253页。

个高峰。

闻一多辅导并参加的“新诗社”朗诵活动，开端处还是以朗诵为手段，在文学领域内讨论新诗创作。“新诗社”成立时，只有一二十个新诗爱好者参加。性质上其实还是抗战前沙龙式朗诵的延续。但是，和“黑屋”子时期的沙龙式朗诵相比，也有些不同。“黑屋”子时期侧重探索的是新诗的格律，“新诗社”探索的则是新诗从内容到形式的“新”，“不仅要作新诗，更要做新的诗人”①探讨内容的不同，使“新诗社”的朗诵能够在后期溢出文学的范畴，而成为云南民主政治运动的一部分。当“新诗社”的朗诵从社团走向学校、从本校走向外校、从学校走向社会，面向群众为胜利、民主、和平、团结而歌的时候，朗诵的性质便发生了变化，它已转变成为抗战时期由武汉开启的朗诵诗运动的一部分。

西南民族大学的李光荣教授认为，闻一多领导的西南联大的朗诵诗运动，并不直接承接武汉开启的朗诵诗运动，而是“朗诵诗的另一路”，“它兴起于武汉、延安、广东、重庆、成都、桂林等城市的朗诵诗运动逐渐退潮的时候”②。这个观点是有一定道理的。因为闻一多辅导的“新诗社”刚开始活动的时候，并不是朗诵诗运动倡导的面向群众的大众化朗诵。“新诗社”追求的还是新诗的“效率”，而非“价值”。“新诗社”经历了一个从“效率”到“价值”的过程。换句话说，“新诗社”不是接着中国现代朗诵史主流形态选择的路走，而是把中国现代朗诵史走过的路又重新走了一遍。“新诗社”的选择，正是现代朗诵史的选择。

二、朗诵文本：从效率论到价值论

闻一多对现代朗诵的贡献，不仅体现在现代朗诵实践方面，更体现

① 赵宝煦、闻山：《闻一多导师和新诗社、阳光美术社》，《闻一多纪念文集》，生活·读书·新知三联书店 1980 年版，第 331~332 页。

② 李光荣：《西南联大与我国朗诵诗的中兴》，《广州师范学院学报》2017 年第 6 期。

在现代朗诵文本的建设上。闻一多对朗诵文本的选择，也与中国现当代朗诵文本选择相同。

从文学史的角度看，“黑屋”子时期的朗诵是试验新诗格律的手段；而从朗诵史的角度看，“黑屋”子时期的新诗格律试验则是关于朗诵文本的探讨。按照闻一多《诗与批评》的观点，闻一多的新诗理论经历了效率论到价值论的发展过程。

1. 效率论：新格律的倡导

闻一多致力于新诗建设，在他“黑屋”里酝酿的《晨报·诗镌》，当时凝聚了一群被称为“格律派”的诗人。他们力图开辟新的诗风，而新的诗风主要是讲究修辞，而不是追求新诗的社会价值，这即是他所说的效率论。

闻一多被视为《晨报·诗镌》的中坚，在这群人中影响最大。徐志摩发表于1928年12月的《再别康桥》是迄今为止最受欢迎的经典朗诵文本之一。徐志摩坦言他的创作受到闻一多的影响：“一多不仅是诗人，他也是最有兴味探讨诗的理论和艺术的一个人。我想这五六年来我们几个写诗的朋友多少都受到《死水》的作者的影响。我的笔本来是最不受羁勒的一匹野马，看到了一多的作品我方才憬悟到我自己的野性。”①

闻一多对格律的理论研究主要体现在《律诗底研究》和《诗的格律》等论文上。《律诗底研究》是对古代诗歌格律的研究，在此基础上也对当时的新诗作出批评，而《诗的格律》则主要是对新诗格律的倡导与发现。

《律诗底研究》从组织与声调两方面来对律诗进行分析，所讨论的律诗组织既包括章的组织，也包括句的组织；声调包括平仄与韵法，平

① 徐志摩：《猛虎集·自序》，《徐志摩选集》，人民文学出版社1983年版，第301页。

仄包括句的平仄、节的平仄和章的平仄。从这里可以看出闻一多新诗三美(音乐美、绘画美、建筑美)的来路，所谓组织涉及建筑美，声调涉及音乐美。关于音节的论述是很有些创见的。音节(Syllable)是语言中单个元音音素和辅音音素组合发音的最小语音单位。闻一多在《第四章音节》里，认为音节包括三部分：平仄、逗和韵。逗的分析很有特色。通常的汉语音节分析，包括声母、韵母和声调分析，韵和平仄涉及韵母和声调分析，大概声母的双声、韵母的叠韵都已归入韵的范畴。那么闻一多所说的“逗”，“是以前人从未道及”①。闻一多把它等同于英诗中的“音尺”(即浮切)，认为中诗有“音尺”，也有“拍”(逗中有一字当重读，是谓“拍”②)。在中西对比的视野中，闻一多提出的“逗”“拍”概念，实际是朗诵理论里面的停顿和重音，也即人们常说的停连重音。符·阿克肖诺夫在《朗诵艺术》里，将把词连成词组或把各个词组分隔开来的声音停顿，叫逻辑顿歇。“朗诵者运用逻辑顿歇的时候，要把被它分为同一词组的那些词连贯地读出，差不多就像读一个词一样不要间断。”将句子里主要的词称为逻辑重音。“逻辑重音就是在句子还没有完结时，用适当提高的声调，读出主要词的重读音节，而在句子完结时，用显然下降的音调，读出主要词的重读音节。”③汉语里没有“主要词的重读音节”，因为绝大多数时候，一个音节就是一个汉字，不像英语，一个词里面有好几个音节，有重读音节与非重读音节之分。所以汉语的逻辑重音，不是读出“主要词的重读音节”，而是读出句子里的主要字词。闻一多对“音尺”和“拍”的分析，是以西学的方法对中国新诗展开的研究。既是对朗诵文本——新诗格律的创新性研究，也是对朗诵理论

① 闻一多：《律诗底研究》，《闻一多全集》第10卷，湖北人民出版社1993年版，第131页。

② 闻一多：《律诗底研究》，《闻一多全集》第10卷，湖北人民出版社1993年版，第149页。

③ [苏]符·阿克肖诺夫：《朗诵艺术》，齐越、崔玉陵译，广播出版社1984年版，第57、51页。

的开创性建构。

《律诗底研究》的最后，在对古代律诗充分研究的基础上，对新诗的发展提出了自己的主张：“故今之参借西法以改革诗体者”“不是摈弃中诗而代以西诗”“律诗亦未尝不可偶尔为之”①。

《诗的格律》是闻一多另一篇重要论文。在《诗的格律》里，闻一多首先认为，格律是诗的形式和节奏，是不应当废除的。其次，闻一多认为，提倡新诗讲究格律并不是倡导写古代律诗。律诗和新诗里的格律有三点不同：“律诗永远只有一个格式，但是新诗的格式是层出不穷的。”“律诗的内容不发生关系，新诗的格式是根据内容的精神制造的。”“律诗的格式是别人替我们定的，新诗的格式可以由我们自己的意匠来随时构造。”再次，闻一多认为，格律应该从视觉和听觉两方面来讲，“属于视觉方面的格律有节的匀称，有句的均齐。属于听觉方面的有格式，有音尺，有平仄，有韵脚”②。当时，闻一多的新诗格律理论已经非常明确，并且具有可操作性，因而能够影响同时代的诗人。徐志摩的《再别康桥》被公认为是实践闻一多三美理论的典范。

除了理论倡导，闻一多还将自己的格律理论运用于实践，并用实践成果反哺理论。闻一多认为新诗不仅每行字数要相同，而且音节要调和。怎样的音节才是调和的呢？一行句子里组成音尺的字的数量和音尺的数量相同，音节就是调和的。《死水》是他“第一次在音节上最满意的试验”③。每一行由三个二字词和一个三字词构成（他把三个字构成的音尺简称为三字尺，两个字构成的音尺简称为二字尺），但上下句的二字词和三字词不用一一对应，只要二字词和三字词的数量相同就可以。

---

① 闻一多：《律诗底研究》，《闻一多全集》第 10 卷，湖北人民出版社 1993 年版，第 166 页。

② 闻一多：《诗的格律》，《闻一多全集》第 2 卷，湖北人民出版社 1993 年版，第 137~144 页。

③ 闻一多：《诗的格律》，《闻一多全集》第 2 卷，湖北人民出版社 1993 年版，第 144 页。

整齐的句式、调和的音节使文本自带节奏，富于音乐美。对朗诵而言，能够起到事半功倍的效果。因而对新诗格律的倡导，是闻一多对朗诵文本建设的一大贡献。

2. 价值论：对“新”诗的倡导

到西南联大之后，闻一多的思想发生了巨大的转变。他对新诗的理解，从原来对新形式新格律的关注转变到对新诗内容的偏重；从原来重视诗歌的效率转变到重视诗歌的价值。

比较能集中体现闻一多价值论的，是闻一多对新诗社提出的要求，这些要求被新诗社的成员归纳总结为新诗社的四条纲领。这四条纲领集中显示了闻一多抗战后的新诗观点：一，新诗写作不是个人轻松的娱乐活动，也不是逐利的商业活动，而是严肃的工作，工作是有目标和责任的。这目标和责任在新诗社的初始阶段表现为生活和创作的一体化，在闻一多参加政治民主运动后则表现为政治和文学的一体化；二，新诗的基调是健康向上，能够鼓舞人影响人的。这体现了闻一多对文学价值的重视、对文学政治功用的主动追求。而且，为了达到教育影响群众的目的，他要求新诗表现的生活和情感应该是集体的生活、大我的情感，而不是个人小我的生活与情感。闻一多说：“只有多数的、集体的生活才是健全的、真正的生活。我们少数的读书人生活是有毛病的，是不够的。生活应该要有思想作根据。”①这些观点和发生在延安等地的朗诵诗运动、大众诗学具有一致性。其实身处国统区的闻一多已经对毛泽东《在延安文艺座谈会上的讲话》提出的“文艺为政治服务、为工农兵服务”的文艺方向有所了解，而且深表赞同。何善周记录了当时他和闻一多学习《在延安文艺座谈会上的讲话》时的情形：“我们师生都以兴奋、喜悦的心情读完了这本宝贵的小册子。只觉得我们看到了文艺的新天

① 闻黎明：《闻一多传》，人民出版社1992年版，第219页。

地，新境界，新任务。记得闻先生曾对我说：‘文艺要为工农兵，对！’”①

因而，闻一多所提倡的从内容到形式都“新”的诗，经过新诗社的探索实践，发展到最后，应该“是群众的诗，是集体的诗”，“在朗诵里才能见出完整来”“看起来不是诗，至少不像诗，可是在集会的群众里朗诵出来，就确乎是诗。这是一种听的诗，是新诗中的新诗”——朗诵诗。② 1945年5月，闻一多第一次明确表态：“我们为什么要朗诵诗？文学必然有功利性，诗必然诗政治的工具，人类无法脱离团体的社会生活，也就离不开政治，而政治乃是诗的灵魂”“目前我们需要崭新的文艺形式和内容，我们要让文艺回到群众那里去，去为他们服务……在我看来，目前最恰当的文艺形式是朗诵诗和歌剧”③。

从价值论的角度出发，闻一多的“新”诗理论，从纯粹的诗歌领域的探讨发展到对在行动中才能完整的朗诵诗的提倡，使朗诵从为少数人检验新诗音节的工具转变成为能够直接对群众施加影响的政治宣传工具。扩大了朗诵的影响，也推动着朗诵艺术发展与成熟。虽然闻一多认为单纯的效率论和单纯的价值论都是不可取的，但在不同的阶段，他也是有所偏重的。从注重效率论到注重价值论，闻一多的选择正是中国新诗的选择、中国主流文学的选择。闻一多的道路正是中国先进知识分子的道路。

三、朗诵艺术：从内部体悟到外部技巧

虽然没有朗诵音频直接记录闻一多高超的朗诵艺术，但亲历者的日

① 何善周：《千古英烈万世师表——纪念闻一多师八十诞辰》，《闻一多纪念文集》，生活·读书·新知三联书店1980年版，第263页。

② 朱自清：《论朗诵诗》，《朱自清全集》第3卷，江苏教育出版社1988年版，第253~262页。

③ 《记诗歌朗诵晚会》，《联大通讯》1945年第2期。

记与回忆的文字已足够告诉我们：闻一多是一个优秀的朗诵者。

朱自清在《论朗诵诗》里说，艾青的《大堰河》他曾经看过，却并没有注意它，“可是在三十四年昆明西南联大的五四周朗诵晚会上听到闻一多先生朗诵这首诗，从他的抑扬顿挫里体会了那深刻的情调……会场里上千的听众也都体会到这种情调，从当场热烈的掌声以及笔者后来跟在场的人的讨论可以证实。这似乎是那晚上最精彩的节目之一”①。朱自清的这段话从两个方面说明了闻一多朗诵艺术的高超：一是改变了朱自清对朗诵诗的看法，原来不觉得好的，在朗诵里见出好来；二是与其他朗诵节目相比，闻一多的朗诵是最好的之一。

闻一多对朗诵艺术既有理论研究，也有实践运用。

1. 朗诵艺术理论：《诗歌节奏的研究》

闻一多对节奏的研究包含了他的诗歌朗诵理论。1921 年 12 月 2 日，闻一多在清华文学社作了一次报告《诗歌节奏的研究》。报告提纲由英文写成。目前看不到他的报告全文，只能看到聂文杞翻译的报告提纲。下面的论述是根据提纲的结构分析的，或许与作者本意有出入。

在谈及节奏的作用时，闻一多认为节奏可以作为人表达情感的手段。他认为，身体的摇摆动作和有节奏的发声，是人们表达情感的方式。而舞蹈作为身体的摇摆成为一种纯粹的娱乐，有节奏的发声主要包括唱歌和诗歌朗诵。唱歌强调旋律与和声，而诗歌朗诵是“用修辞方式，而不是韵律方式来朗诵诗行”②。

“用修辞方式，而不是韵律方式来朗诵诗行”，是我们能看到的闻一多明确谈到朗诵技巧的不多的文字之一。根据上下文来看，闻一多想说的估计是，唱歌是靠曲子的旋律与和声的；诗歌朗诵不谱曲，所以不

① 朱自清：《论朗诵诗》，《朱自清全集》第 3 卷，江苏教育出版社 1988 年版，第 255 页。

② 闻一多：《诗歌节奏的研究》，《闻一多全集》第 2 卷，湖北人民出版社 1993 年版，第 57 页。

靠旋律，而是用修辞方式。

闻一多所说的修辞方式应该是指英语的语音修辞。因为：第一，报告提纲是全英文的；第二，参考文献绝大多数都是外国文献，中国只有胡适的《谈新诗》《尝试集》等极少数的文献。可见，闻一多对于诗歌节奏的研究是以西方诗学为基础的。英语语音修辞是指"修辞性地运用语言的声音来达到说话者的目的意图，产生悦耳动听的韵味，给人以回味无穷的美感。它包括两种类型：一是音形结合的语音修辞，如拟声、头韵、尾韵、连续重复、平行结构等从语言形式和声音上都能体现的修辞……二是音形分离的语音修辞，如加强重音、逻辑重音、恰当停顿、语速的变化等不在语言形式上体现的修辞，而只是说话者凭借声音体现出来"①。

也就是说，闻一多认为，中国新诗的朗诵不仅需要朗诵者关注韵脚和声调，更需要朗诵者对语言的音高、音强、音长、音色进行处理。这不是最早，也是非常早的中国现代朗诵理论了。

2. 朗诵艺术实践之内在体悟

朗诵艺术包括内在体悟与外在表达技巧两部分。闻一多进行朗诵创作的条件可谓得天独厚。

首先，他是诗人，有着对朗诵文本思想感情敏锐而深刻的理解能力。他第一次读田间的诗歌，就从他的诗歌里读出了鼓点的节奏，读出了文本对群众的鼓舞、鼓动与鼓励，读出了诗歌样式的"新"来。"它只是一片沈着的鼓声，鼓舞你爱，鼓动你恨，鼓励你活着，用最高限度的热与力活着，在这大地上。"而且，时代也需要这份鼓舞："当这民族历史行程的大拐弯中，我们得一鼓作气度过危机，完成大业。这是一个需

① 刘腊梅：《"飞扬的音符"——给英语演讲锦上添花的语音修辞》，《怀化学院学报》2006年第7期。

要鼓手的时代。”①

其次，他是画家，充满了想象力和画面感。诗歌是诗人将现实生活变成文字形象的创作；而诗歌朗诵，是将语言表达的意象还原成生活画面的过程。只有理解文本并沉浸到文本的画面中去，才能感受作者的情绪、气息，才能依托气息形成能够正确表达文本情绪的声音。闻一多是画家，他的想象力和画面感使他很容易沉浸进并带领学生进入作品的意象中去。让学生轻松理解诗歌文本，也向学生展示了朗诵创作的正确途径，为学生朗诵做出示范。

3. 朗诵艺术实践之外部表达技巧

闻一多对朗诵外部表达技巧的运用与讲授，主要体现在朗诵节奏的重视上。所谓节奏是由一定的思想感情的波澜起伏所造成的，在朗读全篇作品过程中所显示的，抑扬顿挫、轻重缓急的声音形式的回环往复。朗诵界在很长一段时间流行“节奏中心”论，可见节奏对于朗诵的重要性。闻一多非常关注诗歌及诗歌朗诵的节奏。他的朗诵在节奏上的特征表现为：

(1)声音高低、快慢、轻重的回环往复

虽然记录闻一多声音的文字文献并不多，但幸运的是还比较全面。不多的文献对他在音高、音强、音色、音长上的控制都有记录。比如那节唐诗课上朗诵田间的作品，“清脆爽朗的国语，激动了听课的学生。过路的人也被这洪亮的声音吸引住”②上课时声音是洪亮、清晰的。“新诗社”成立半周年纪念晚会，五六个人做自我介绍，“声音都小，未发生效果”。闻一多要求重来，并主动示范，于是大家都放声像他那样说。最后，在大家都朗诵完后，闻一多也朗诵了欧外鸥的两篇作品。

① 闻一多：《时代的鼓声——读田间的诗》，《闻一多全集》第2卷，湖北人民出版社1993年版，第201页。

② 陈凝：《闻一多传》，民享出版社1947年版，第7页。

“他的声音那么深厚、刚劲，把会场里热烈的战斗气氛推向高潮。”①人多时面对面的交流要求有足够大的音量和音强，不够就重来。说明闻一多在辅导学生时也重视音量与音强。“深厚、刚劲”偏重于声音的音强与内蕴，“洪亮”偏重于音高的音高和音色的明亮。在“英诗入门”课上讲到雪莱的《云雀》时，他随云雀越飞越高，朗读的声音也越来越强，音节也越拉越长。② 说明他的音强和音长可以逐渐变化。在青岛时，一次在学校大礼堂，他讲《死水》里面诗歌《罪过》和《天安门》的写作经过，“随后用那不十分纯熟的国语和沉着的低音诵读起来。他诵诗流畅自然，不像旁人那样声嘶力竭，因此能够使人领略得出音节的规律。这两首诗，吸收了北京土话，读来抑扬顿挫，且出于贫苦人口吻，非常亲切。一些平素不大能欣赏白话诗的人，这天听了也一致表示极感兴趣”③。这时的声音是“沉着的低音”“不声嘶力竭”。从不同场景的声音运用，可以看出闻一多的声音变化、控制能力是非常强的，不论是音高、音强、音色、音长都可以变化自如。

将声音的控制能力根据情感主旨的需要有意识地运用在朗诵中，很容易形成鲜明的节奏。所以，朱自清能够感觉到闻一多朗诵时的抑扬顿挫，并“从他的抑扬顿挫里体会了那深刻的情调”。

(2)声音停连的回环往复

停连是指朗诵语流中声音的中断和延续。它以标点符号和句、节的划分为基础，但又不僵化地受制于此。停连可以打破标点符号和分行分节的限制，以准确地表达文本的思想感情，造成声音的节奏美感。

《律诗底研究》里面，闻一多把逗与韵、平仄相并列来研究音节，说明闻一多对逗的重视。而所谓逗，就是停顿。闻一多的三字尺、二字

① 闻黎明：《闻一多传》，人民出版社 1992 年版，第 218~219 页。

② 臧克家：《我的先生闻一多》，闻黎明：《闻一多传》，人民出版社 1992 年版，第 130 页。

③ 梁实秋：《谈闻一多》，闻黎明：《闻一多传》，人民出版社 1992 年版，第 131 页。

尺就是三个字连在一起读，然后停顿；两个字连在一起读，然后停顿。这样有规律地停连，造成声音的节奏。

朱光潜认为"诵诗的难处和作诗的难处一样，一方面要保留音乐的形式化的节奏，一方面又要顾到语言的节奏"。他认为，新诗既有语言节奏，又有音乐节奏，但"新诗的节奏是偏于语言的"。所谓语言节奏，是意义和情感的节奏，而音乐节奏是没有意义的，"是形式化的，有规律的，回旋的，常倾向整齐"①。

然而，这个难题被闻一多破解了。

闻一多在唐诗课上朗诵田间诗歌的时候，一边将学生带入诗歌意境，一边朗诵内容，这些都属于朗诵的语言节奏，因为它们着重让学生了解田间诗歌的意义和情感。与此同时，他又加进一些"咚，咚咚；咚，咚咚咚"的鼓点，而这鼓点是朗诵的音乐节奏，没有文字意义。闻一多一边打着音乐节奏一边对应着这节奏读："咚，咚咚！呵，棒子！呵，人民！"这样，诗歌的内容自然融进句子的停连带来的鼓点的节奏中，兼顾了诗歌的语言节奏与音乐节奏。当然，他接下来也揭示了鼓点作为形式的意义："鼓的敲击使我们想到战斗"，鼓的"情调比起纤细的管弦之乐，后者在声韵上当然是进一步的，但前者是原始的、根本的。我们在我们的生活中，总有原始的、根本的部分"②。这即是说，在抗日的大背景下，鼓的声韵虽然没有管弦之乐精细，但它以大众能接受的最原始最根本的节奏鼓舞大众参与保家卫国的战斗。具有时代意义。

(3)主观情绪的回环往复

好的朗诵文本自有自己的情绪节奏，而朗诵者需要根据文本，体会作者的情绪，使自己的情绪与文本作者的情绪融为一体。从而展现文本情绪的回环往复。

这首先要求朗诵者能随时调动自己的情绪。闻一多是个感情充沛的

---

① 朱光潜：《诗论》，华东师范大学出版社2018年版，第130~133页。

② 因蒸：《鼓的感动》，《新华日报·新华副刊》1943年11月16日。

人。正如李广田所描绘的：“闻一多出现在每一个集会中，每一次游行中。他用激昂的情调，倾泻出生动有力的讲辞。”①

其次要求朗诵者能体会文本作者的情绪。闻一多诗人与画家的修养，使他能够非常轻松地将朗诵文本的文字转变为画面，并且能够轻松地沉浸进去。当他沉浸进作品的画面，就很容易体会作品的情感，从而进入作品的意境。当他与作者情感一致时，他的呼吸节奏也容易与作品一致，而气息支撑的声音自然能够准确传达作品情感，造成情感的跌宕起伏。闻一多深谙此道，在课堂上他也总是描绘画面、带领学生进入作品意境。让学生在作品意境中形成与作者一致的情绪节奏、气息节奏、声音节奏。他在唐诗课堂上朗诵田间的诗歌时，又是描绘画面，又是模拟鼓声，又是朗诵诗歌文本，我们仿佛看见一个有经验的导演沉浸在剧本里，满腔热情地为演员、观众说戏、导戏。

这一节课并不是孤例，而是闻一多的常态。在讲授《诗经》中的《芣苡》时，他在介绍完与芣苡相关的风俗后，对学生说：“请你再把诗读一遍，抓紧那节奏，然后合上眼睛。”“那是一个夏天，芣苡都结子了，满山谷响着歌声……”闻一多开始描述《芣苡》的画面，带领学生进入诗歌的意境。②

好的朗诵不是读出来的，而是身临其境后情感的自然流露。身临其境时，朗诵者的情绪就是文本作者的情绪，他仿佛扮演了文本作者，像演剧。所以，朱自清在听了闻一多朗诵的《大堰河》之后记录道：“笔者那时特别注意《大堰河》那一首，想来想去，觉得是闻先生有效地戏剧化了这首诗，他的演剧才能给这首诗增加了些新东西，它是在他的朗诵

① 李广田：《闻一多选集·序》，《闻一多纪念文集》，生活·读书·新知三联书店1980年版，第128页。

② 闻一多：《匡斋谈诗·芣苡》，《闻一多选集》第1卷，四川文艺出版社1987年版，第404~405页。

里才完整起来的。”①虽然，朗诵并不一定是扮演角色，但情绪的体验与表达，与演剧是类似的。

中国现代朗诵不是中国古代吟诵的延续，而是西学东渐的结果。在清华学校学习和留美的经历，使闻一多较多地接触了包括朗诵在内的西方有声语言表达艺术。他不仅参与诗歌朗诵活动，推动新诗格律化和大众化的发展，而且积极创作朗诵文本，探讨朗诵理论，成为中国现代优秀的朗诵者。他的“用修辞方式，而不是韵律方式来朗诵诗行”的朗诵理论、注重“逗”的作用的音节分析，对中国现代朗诵理论具有积极的建构意义；他在朗诵实践中准确丰富的内在体悟、生动感人的外在表达，对中国现代朗诵具有示范与实践指导意义，堪称中国现代朗诵的先驱。闻一多从注重效率论到注重价值论的诗学思想、从精英化朗诵到大众化朗诵的方式选择，切合了时代和历史的选择，是中国先进知识分子的必然选择。

① 朱自清：《论朗诵诗》，《朱自清全集》第3卷，江苏教育出版社1988年版，第255页。

闻一多留美书信中若干人事考述

沈瑞欣　陈建军

（武汉大学）

湖北人民出版社2020年12月版《闻一多全集》(17卷本)所收闻一多书信计215封，其中67封为赴美留学期间所写，所占比重不可谓不大。这67封书信，第一封写于1922年7月29日出洋途中，最后一封写于1925年4月24日归国前夕，基本反映了青年闻一多的性情与思想，求学经历与社会交往，以及身处中西文明冲突中的苦闷与希望。由于书信特有的真实性、原创性与针对性，对闻一多留美书信的解读有助于建构血肉丰满的作家形象，厘清其生活行迹与思想轨迹，以文学的外部研究带动文学的内部研究。然而，在描绘自己和别人时大都缺乏完整性，乃是书信的“天然缺陷”。留美期间，闻一多的通信对象多为父母兄弟、同窗旧友，彼此都有深入了解，写起信来兴之所至，时地人事往往语焉不详。另一方面，这些书信时隔久远，况有中美文化壁垒，若非掌握通信双方情况及所叙事件的来龙去脉，极易望文生义，理解得不够全面深刻。因此，对闻一多留美书信中的人事进行考述实属必要。将国内外报刊与闻一多书信对照梳理，挖掘书信中未提及的细节，可以在一定程度上还原历史现场，为作家、作品研究提供背景资料，同时或可对已版闻一多年谱、传记中不详不确之处加以补充和订正。

一、乘“麦金雷总统”号赴美

1922年7月29日，赴美途中的闻一多致信吴景超、顾毓琇、翟毅夫、梁实秋：“我在这海上飘浮的六国饭店里笼着，物质的供奉奢华极了（这个公司底船比‘中国’‘南京’等号底船价贵多了，因为他的设备更讲究）。”①闻一多所乘航船，据《闻一多年谱长编》1922年7月3日的记录是“麦金雷总统”号，但在1922年7月16日的记录中，闻一多“乘Key Stone State号海轮离沪赴美”②。对于航船名称的前后不一，《闻一多年谱长编》未作解释，该航船如何奢华，以至于令渴求清静旅程的闻一多大失所望，后人也不得而知。

经考证，闻一多所乘航船应为“麦金雷总统”号（President McKinley）。《大陆报》1922年7月16日消息提到“麦金雷总统号”当日启程，预计8月1日抵达西雅图。③ 同年8月25日，《大陆报》的另一则简讯披露：“29名庚子赔款学生于8月1日乘“麦金雷总统”号抵达西雅图。”（Twenty-nine Boxer indemnity students arrived in Seattle on the President McKinley on August 1. ④）“麦金雷总统”号的目的地、乘客信息、出发和抵达日期，都可与《闻一多年谱长编》中的相关记载一一对应。

至于Key Stone State号之说，也并非空穴来风。1921到1922年间，《大陆报》和《字林西报》时常通报一艘名为“Keystone State”（“Key Stone State”疑为“Keystone State”之误）的远洋渡轮的行踪。但到了1922年5月8日之后，有关Keystone State的消息却绝迹了。事实上，Keystone

① 《闻一多全集》，湖北人民出版社2020年版，第6308页。

② 《闻一多全集》，湖北人民出版社2020年版，第6908页。

③ “Two Mail Boats Arrive Today, One Departing President McKinley's Sailing Time Advanced—Mails Close at 10 This Morning.” *The China Press*, 16 Jul. 1922, p. 1.

④ “News Brevities.” *The China Press*, 25 Aug. 1922, p. 4.

State于1922年6月9日更名为“麦金雷总统”号①。闻一多登船日期为1922年7月16日，恰在Keystone State更名之后，若说其所乘航船为Key Stone State号，与当时的情况并不相符。

而“麦金雷总统”号的奢华确如闻一多所言。美国轮船公司The Admiral Line在1922年前后发行过一本宣传册，重点展示了“麦金雷总统”号等五艘渡轮的优越条件：美国殖民地风格的装潢，通明的灯光，阅读灯、电热器、保温瓶、电风扇、淋浴器、剃须灯、开放式壁炉等现代化设施应有尽有，客厅、餐厅、写字间、阅览室、社交厅、浴室、衣帽间、茶室、吸烟室等生活空间一应俱全。宣传册称，渡轮的雅致环境“几乎让旅行者相信自己不是在乘船，而是在一座移动的宫殿里尽享奢华”(practically convince the traveler that he is not on a steamship but rather enjoying the luxuries of a moving palace②)，无怪乎闻一多要慨叹船上的设备讲究，因为扰攘的社交生活而烦闷不已了。

翻检1922年8月的英文报道，不仅可以得出闻一多乘“麦金雷总统”号赴美的结论，还可以约略窥见其抵美当日行程、同船旅伴的身份信息。闻一多所在清华留学生团抵达西雅图的消息，多家媒体都作了简要报道，如《犹他新闻》③、《奥克兰论坛报》④、《盐湖电讯报》⑤等。《维多利亚每日时报》在报道中专门介绍了黄卓繁、霍启芳、廖芸皋、何浩若、赵连芳、陈之长、陈念宗、陈崇武、钱宗堡、费培杰、时昭泽、时昭涵、孙超恒、许复七、孟宪民、罗隆基、沈有乾、孙增庆、董大酉、

---

① “USS J. Franklin Bell (AP-34/APA-16).” World War Ⅱ Troop Ships, http://ww2troopships.com/ships/j/jfranklinbell_USN/default.htm.

② “To American Mail Line.” Maritime Timetable Images, http://www.timetableimages.com/maritime/images/aolb.htm.

③ “Chinese Students Arrive for Study.” *Deseret News*, 2 Aug. 1922, p. 1.

④ “Chinese Students Arrive.” *Oakland Tribune*, 2 Aug. 1922, p. 4.

⑤ “29 Chinese Students Arrive Here to Attend American Universities.” *Salt Lake Telegram*, 2 Aug. 1922, p. 2.

邹维渭、吴泽霖等21名留学生即将就读的美国学校和专业。① 对于清华留学生团在西雅图登岸后的安排，《大陆报》亦有交代："华盛顿大学中国学生会在码头迎接他们，并在上海咖啡馆设宴为他们接风。"(They were met at the dock by the Chinese Students Club of the University of Washington, and entertained during their stay at a banquet at the Shanghai Cafe. ②)这些报道多少反映了当时的美国社会对中国留学生，特别是依靠庚子赔款留美的学生颇为关注。而华盛顿大学中国学生会为清华留学生团接风一节，《闻一多年谱长编》中未提及，似可为当日记录提供补充。

二、往芝加哥西北车站迎接闻亦传

闻一多是1921级清华毕业生，却因声援北京八校的索薪斗争、参与"同情罢考"而遭到留级一年、推迟出洋的处分，与1922级的堂兄闻亦传同年赴美。本来，1921级留级同学可以与1922级毕业生同行，但他们坚持单独启程，表示自己仍是1921级学生③。于是，闻一多先一步到美国，并在不久后写信告诉父母自己打算去车站迎接闻亦传："八哥已自旧金山来电，称已抵岸，计明早可到支城。我明日赴站迎接，他约可留此一夜即首途往麻省。"④此信根据家属存原始抄件的复印件刊印，信后落款未见日期，《闻一多全集》书信卷以注释形式标明"此信写于8月"⑤。而在《闻一多年谱长编》中，闻一多迎接闻亦传的日期是1922年9月17日："是日，清华一九二二级毕业生到美后，由旧金山抵芝加哥。闻亦传即同批到达，他在旧金山便给先生拍一电报，是日先

① "Peking Students Arrive to Study in U. S. Colleges Tsing Hua Graduates Arrived To-day From Orient Will Study Modern Ideas in Professions and Sciences." *The Victoria Daily Times*, 1 Aug. 1922, p. 1.

② "News Brevities." *The China Press*, 25 Aug. 1922, p. 4.

③ 《闻一多全集》，湖北人民出版社2020年版，第6908页。

④ 《闻一多全集》，湖北人民出版社2020年版，第6313页。

⑤ 《闻一多全集》，湖北人民出版社2020年版，第6313页。

生到车站迎接，次日送闻亦传赴波士顿麻省理工学院。”①闻一多写信的日期是在迎接闻亦传前一日，但8月与9月17日之间的间隔远不止一日，何者为真，何者为假，尚需进一步考证。

闻亦传的赴美行程，中美报刊均有记载。《清华周刊》1922年4月21日第244期消息称“本年毕业同学赴美之期，已定为八月十三号，乘中国邮船公司之‘南京号’自上海起程云”②。根据“南京”号按图索骥，可以找到美国媒体对1922级清华毕业生抵美的报道。1922年9月13日，《旧金山观察报》披露包括清华留学生团在内的160名中国青年乘“南京”号客轮赴美留学，于9月12日抵达，他们“将在旧金山逗留到周四晚上”(will be in San Francisco until Thursday evening③)。《汉福德前哨报》则在9月14日对这些中国留学生进行了跟踪报道，称他们“今日离开旧金山，乘坐欧弗兰高级快车前往芝加哥”(left San Francisco today on the Overland Limited for Chicago④)。9月17日，《芝加哥论坛报》报告了中国留学生“将于今天上午10时乘欧弗兰高级快车抵达芝加哥西北车站，接受芝加哥中华基督教青年会的款待”(arrive in Chicago this morning at 10 o'clock at the Northwestern station on the Overland limited to be the guests of the Chicago Y. M. C. A.⑤)。

由上述报道可以推知闻亦传放洋以后的大致轨迹：他于1922年8月13日登上“南京”号客轮，9月12日抵达旧金山，9月14日晚乘欧弗兰高级快车前往芝加哥，9月17日上午10时抵达芝加哥西北车站。因此，闻亦传发电报给闻一多的时间在9月12日至14日之间，闻一多给

---

① 《闻一多全集》，湖北人民出版社2020年版，第6023页。

② 《放洋日期》，《清华周刊》1922年4月21日第244期。

③ “160 Chinese Here to Enter College; Six Girls in Party.” *The San Francisco Examiner*, 13 Sept. 1922, p. 8.

④ “Young China Seeks More Knowledge.” *he Hanford Sentinel*, 14 Sept. 1922, p. 1.

⑤ “Chinese Students Will Be Guests Today of Y. M. C. A.” *Chicago Tribune*, 17 Sept. 1922, p. 3.

父母写信的时间则为9月16日。捋清这一时间线，便能坐实《闻一多年谱长编》中的相关记载，并进一步明确闻一多迎接闻亦传的具体时间、地点及当天的活动安排。芝加哥中华基督教青年会设宴款待1922级清华毕业生，是以往闻一多研究资料中未曾提及的。闻一多既然在第二天送闻亦传赴波士顿，那么9月17日全天当与闻亦传共度，两人很可能一同参加了芝加哥中华基督教青年会的宴会。

三、“两件死底消息”

来到美国不过月余，闻一多就因为两个噩耗精神上起了大震荡。1922年9月24日，闻一多在致吴景超的书信中写道：“昨接沈有乾从Stanford寄来中国报纸——旧金山出版的——一片，中载Colorado School of Mines有中国学生王某因汽车失事毙命，其友孟某受重伤。我们即疑为王朝梅与孟宪民，当即电询监督处。今早得回电称毙命者果为王朝梅，但未提及孟宪民，只言常叙受轻伤。景超！方来底噩耗你是早知道了的。”①

方来和王朝梅皆为1921级清华毕业生，曾与闻一多同窗数载。关于“方来底噩耗”的前因后果，《清华周刊》1922年9月23日第251期是这样交代的：“辛酉级同学方来君，为人诚笃好学。不幸于八月二十三日，以肺痨症，竟在美与世长逝。”②而“汽车失事”的详情则载于《奥克兰论坛报》③、《林肯之星》④、《长滩电讯及长滩每日新闻》⑤等美国报

① 《闻一多全集》，湖北人民出版社2020年版，第6336页。

② 《留美同学消息 死别何堪》，《清华周刊》1922年9月23日第251期。

③ “Chinese Youth Dies in Crash of Cycle.” *Oakland Tribune*, 17 Sept. 1922, p. 31.

④ “Chinese Student Killed in Crash with Automobile.” *The Lincoln Star*, 17 Sept. 1922, p. 1.

⑤ “Chinamen in Auto Smash One is Killed, Two Companions Injured.” *The Long Beach Telegram and The Long Beach Daily*, 17 Sept. 1922, p. 3.

纸。这些报纸所发布的报道为同一篇，现将其翻译如下：

> 9月16日，丹佛——王朝梅(C. N. Wang)，24岁，科罗拉多矿业学院的中国学生，今天晚些时候在这一带当场死亡，其乘坐的摩托车挎斗在高速行驶时撞上了一辆汽车。
>
> 与王同行的另外两名中国学生分别为22岁的孟宪民(Clarence Meng)和22岁的常叙(Marshall Shang)，都受了重伤。
>
> 肇事司机W. B. 麦库斯克(W. B. McCissick)已被逮捕。

报道证实了闻一多提到的车祸确有其事，车祸的细节也由此得以丰富。早在留学之前，闻一多就担忧过美国的滚滚车流，赴美之后，他很快发现自己的担忧不无道理。1922年8月14日，他致信吴景超、翟毅夫、顾毓琇、梁实秋：“在清华时，实秋同我谈话，常愁到了美国，有一天定碾死在汽车轮下。我现在很欢喜地告诉他，我还能写信证明现在我还没有碾死。但是将来死不死我可不敢保险。”①尽管闻一多的抱怨颇有几分调侃的意味，但初抵美国的他确实对当地街头的熙来攘往、声光色电极不适应，不难想象，此次车祸的消息加重了他去国怀乡的忧思。

方来和王朝梅的噩耗带给闻一多的不仅是乡愁，还有形而上的思考。这种思考清晰地反映在他的诗作中，正如他在信中亲口承认的那样，“想家比较地还是小事，这两件死底消息令我想到更大的问题——生与死底意义——宇宙底大谜题”，“我的诗里的 themes have involved a bigger and higher problem than merely personal love affairs”②。1922年9月29日，离闻一多感叹“两件死底消息”不到一周，他在写给梁实秋、吴景超的信后附上了8首经过反复修改的诗，诗中不乏死亡意象与生命意识，如《红烛》中自焚的痛楚、对精神不死的礼赞，《深夜底泪》中“腐烂

① 《闻一多全集》，湖北人民出版社2020年版，第6314页。
② 《闻一多全集》，湖北人民出版社2020年版，第6336页。

的骷髅”“宇宙底生命之酒”。有论者认为，从闻一多的书信可以看出，在创作《红烛》前后，他就将现实生活中的疾病和死亡升华为对生与死的意义的普遍性思考，以死亡意象来构建作品的神秘美①。虽然，《深夜底泪》《美与爱》《幻中之邂逅》《春之首章》《春之末章》5 首此前已在《清华周刊》发表过，余下的《红烛》《游戏之祸》《春寒》也不全是新作，但闻一多特意选取这类诗修改、投寄，多少证明了他在听说方来和王朝梅的死讯后对超越于小情小爱的“生与死底意义”更为关注。

四、与罗艾尔共进晚餐

尽管闻一多以“东方老憨”②自居，表示“讲来讲去我不喜欢美国”③，但对于美国文学他并没有一味排斥、闭目塞听，而是尽量吸收其长处，创作新诗时也以“做中西艺术结婚后产生的宁馨儿”④为宗旨。芝加哥是美国新诗运动的大本营，他借着在芝加哥艺术学院(School of the Art Institute of Chicago)读书的地利，积极结交当地文人，了解美国文学发展的新动向。闻一多曾与名噪一时的美国诗人罗艾尔(Amy Lowell，闻一多又译为卢威尔，今通译罗厄尔、洛威尔)共进晚餐，并对此津津乐道。在 1923 年 2 月 15 日写给梁实秋的书信中，他不无兴奋地说：“今早一位 Mrs. Bush 写信来请我到 The Arts Club 同 Amy Lowell 等晚餐，并听伊读伊的诗。Amy Lowell 在此邦是首屈一指的女诗人。”⑤1923 年 3 月 8 日，他又在给家人的书信中提及此事：“前两星期我曾参与此城之文艺学会，又会见此邦的一位大诗人卢威尔。这位诗人曾翻译

① 孙玉石：《论闻一多对新诗神秘美的构建》，《荆州师范学院学报》1999 年第 6 期。

② 《闻一多全集》，湖北人民出版社 2020 年版，第 6316 页。

③ 《闻一多全集》，湖北人民出版社 2020 年版，第 6365 页。

④ 闻一多：《女神之地方色彩》，《创造周报》1923 年第 5 号。

⑤ 《闻一多全集》，湖北人民出版社 2020 年版，第 6386 页。

过一本中国诗，他不懂中文他译中诗，同林琴南译西洋小说一样，与别人共作。”①

此次会晤的时间，按《闻一多年谱长编》的说法是1923年2月15日晚②，但从美国当地报道来看，应为1923年2月17日晚。《芝加哥论坛报》1923年2月17日消息称：“今晚文艺学会将为爱米·罗艾尔小姐举办晚宴，之后罗艾尔小姐将朗诵她的诗歌。由哈丽特·孟禄小姐担任主席的文学委员会负责活动安排。”（Tonight the Arts club is having a dinner for Miss Amy Lowell，after which Miss Lowell will give a reading of her poems. The literature committee of which Miss Harriet Monroe is chairman，is in charge of arrangements. ③）同样内容的预告也见于该报纸2月13日④、2月17日⑤的另外两条消息。这些预告中的人物、地点和活动安排均与闻一多信中的论述吻合。

反观1923年2月15日，罗艾尔所出席的则是位于印第安纳波利斯的一场活动，活动内容也与闻一多信中所述不符。《印第安纳波利斯时报》当日新闻提道：“今晚罗艾尔小姐将在‘神殿之门’里的当代俱乐部发表演说。”（Miss Lowell will address the Contemporary Club at the Propylaeum tonight. ⑥）这座名为“神殿之门”的建筑位于印第安纳波利斯北特拉华街1410号⑦，与闻一多所在的芝加哥相去甚远，当代俱乐部和

① 《闻一多全集》，湖北人民出版社2020年版，第6389~6390页。

② 《闻一多全集》，湖北人民出版社2020年版，第6949页。

③ “Arts Club to Give Dramatic Program Friday Evening.” *Chicago Tribune*，17 Feb. 1923，p. 13.

④ “Society Dons Garb of Louis XVI. Period for Bal Poudre Tonight.” *Chicago Tribune*，13 Feb. 1923，p. 21.

⑤ “Lectures This Week.” *Chicago Tribune*，17 Feb. 1923，p. 7.

⑥ “Genius' Reward Is Sleep Woman Poet Slumbers Throughout Cold Morning.” *The Indianapolis Times*，15 Feb. 1923，Home Edition.

⑦ “1410 N. Delaware St.，Schmidt-Schaf House（now Propylaeum），1893.” Indiana Memory，https://indianamemory.contentdm.oclc.org/digital/collection/HT/id/348/.

文艺学会亦非同一组织。创立于1890年的当代俱乐部为男女知识分子搭建了平等讨论时事的平台，并邀请各行各业的杰出人士分享自己的独特经历和观点。① 而文艺学会成立于1915年，旨在为芝加哥带来“正在生成的20世纪艺术”，策划了大量有关当代文学、戏剧、舞蹈和建筑的项目和讲座，当时许多重要艺术家的首次个人展览皆由文艺学会承办，1923年3月，该组织举办了美国首次大型毕加索作品展。② 闻一多在芝加哥受到的艺术熏陶，可能也与文艺学会相关。

罗艾尔出席文艺学会的晚宴并非偶然，作为继埃兹拉·庞德之后的意象派领袖，她致力于唤醒大众对诗歌的热情，经常在全美举行巡回演讲。哥伦比亚《州报》1923年2月18日报道称罗艾尔近期要举行六次演讲和读诗会，足迹遍布纽约一带、斯普林菲尔德、俄亥俄、印第安纳波利斯、芝加哥、密尔沃基、圣保罗和奥马哈③，其社会影响力可见一斑。罗艾尔本人的诗歌创作也颇受时人关注，她的诗集《剑刃与罂粟籽》(*Sword Blades and Poppy Seed*)曾在1914年引发轰动，诗作《几点钟》(*What's O'Clock*)被授予1926年普利策诗歌奖。

闻一多刚到美国不久，即注意到了罗艾尔。在1922年8月27日写给朋友的英文书信中，他对罗艾尔推崇备至，称胡适的“八不主义”脱胎于她所领导的意象派的主张。④ 胡适对意象派主张的借鉴，学界多有论证。事实上，这些主张正出自罗艾尔为1915年版《一些意象派诗人》(*Some Imagist Poets: An Anthology*)所作的序言。闻一多对罗艾尔的推重，一方面是因为她呈现意象、追求凝练的诗歌主张及创作实践可以为“过分模糊、稀薄、贫瘠”(too shadowy, too thin, too bony)的白话诗提

① “Club History.” Contemporary Club of Indianapolis, https://contemporaryclubindy.org/club-history/.

② Liesl Olson: *Chicago Renaissance: Literature and Art in the Midwest Metropolis*, Yale University Press, p. 112-123.

③ “A Cautionary Word.” *The State*, 18 Feb. 1923, p. 29.

④ 《闻一多全集》，湖北人民出版社2020年版，第6914~6915页。

供范本,① 另一方面则是因为她酷爱中国古典文学。罗艾尔不仅热衷于在诗中营造中国传统意象，运用中式比喻和习语，还与人合译了汉诗集《松花笺》(*Fir-Flower Tablets*: *Poems From the Chinese*)，本就对中国古诗兴趣浓厚的闻一多见此不免生出他乡遇故知的亲切感。1925 年，闻一多听说罗艾尔逝世后，在《京报副刊》第 5 期发表悼文《美国著名女诗人罗艾尔逝世》，对其作出了高度评价：“她的死是美国文学界的大损失。她死了，中国文学与文化失了一个最有力的同情者。”②

值得注意的是，在罗艾尔的晚宴上，闻一多可能同时见到了此次活动的负责人孟禄(今通译门罗或蒙若)。此前闻一多一直对结识孟禄心向往之，曾在书信中两次提到自己已从浦西夫人(即 Mrs. Bush)处拿到介绍信，打算过几日去拜访孟禄,③ 但闻一多与孟禄的会面，书信和《闻一多年谱长编》中并无记载，铃木义昭《闻一多之书信——英文篇》也表示“闻一多是否与 Miss Harriet Monroe 相见不是很确定”④。《芝加哥论坛报》称“由哈丽特 · 孟禄小姐担任主席的文学委员会负责活动安排”，或可为闻一多与孟禄的会面提供佐证。

闻一多对孟禄的兴趣，很大程度上与她的编辑身份有关。1912 年 9 月，孟禄创办了开拓性刊物《诗》(*Poetry*: *A Magazine of Verse*，今通译《诗刊》)，美国新诗运动由此拉开了帷幕。作为这一时期美国诗坛的风向标，《诗》引领潮流、提携新秀，桑德堡、庞德、T. S. 艾略特、弗罗斯特、D. H. 劳伦斯、海明威等知名文人都曾在《诗》上发表诗作或批评文章。闻一多认为《诗》的作用不亚于中国的《新青年》，甚至贡献更

① 《闻一多全集》，湖北人民出版社 2020 年版，第 6317~6318 页。

② 闻一多：《美国著名女诗人罗艾尔逝世》，《京报副刊》1925 年 7 月 1 日第 195 号。

③ 《闻一多全集》，湖北人民出版社 2020 年版，第 6348~6349、6351~6352 页。

④ 铃木义昭：《闻一多之书信——英文篇》，《2004 年闻一多国际学术研讨会论文选》，武汉大学出版社 2004 年版，第 390 页。

大,《诗》的诞生“相当于美国诗坛里的文艺复兴”①。他时常给国内诗友邮寄《诗》,并于1923年9月29日写信告知吴景超、梁实秋,希望清华文学社所办杂志的体裁、功用都与《诗》相同。② 因此,当长期担任《诗》副主编的女诗人海德夫人(即 Eunice Tietjens,今通译尤妮斯·娣简丝)对闻一多的《玄思》表示赏识,提出要将他的诗作送给孟禄请她选登《诗》,闻一多十分振奋,在1922年12月2日、12月4日分别致信父母和吴景超报告此事③。虽然,翻阅1922年到1925年间的《诗》,并未发现闻一多的诗作,但他到美国不久后就能结交核心文化圈的文人,并且得到著名刊物副主编认可,足以说明他对美国文学的最新动态和流行趋势颇有研究。

五、“孙君”投湖自尽

1923年5月7日,闻一多在写给家人的书信中又提到了一桩“死底消息”:“前不久此地有个山东的学生,姓孙的,因功课作不好,丧气投湖自尽。遗书即谓明知自杀之非,但自观脑经薄弱,学无所成,将来定无益于社会,不若死之为愈也。此事闻之者孰不酸心!然我诚希望在此中国学生多有如孙君若是之血性者,中国庶有望也。”④同年5月15日,闻一多写信向梁实秋表达了对这名学生的敬佩:“前不久此地有位孙君因学不得志,投湖自尽。这位烈士知生之无益,有死之决心,而果然死了。要死就死,我佩服。我佩服。我佩服,我要讲无数千万个‘佩服’。”⑤

① 铃木义昭:《闻一多青年时的一封英文信》,《闻一多诞辰110周年纪念暨国际学术研讨会论文集》,武汉大学出版社2011年版,第370页。

② 《闻一多全集》,湖北人民出版社2020年版,第6338页。

③ 《闻一多全集》,湖北人民出版社2020年版,第6367、6369页。

④ 《闻一多全集》,湖北人民出版社2020年版,第6401页。

⑤ 《闻一多全集》,湖北人民出版社2020年版,第6403页。

“孙君”的死讯刊载于《比尤特采矿者》①、《时事新报(上海)》②等报纸，其中以《大瀑布论坛报》1923 年 5 月 2 日报道信息最全，现将全文翻译如下：

中国学生自杀

5月1日，芝加哥——芝加哥大学政治经济系学生 Yu Sun Tsung 的尸体周二晚被警方从杰克逊公园的泻湖带走，警方认为尸体已在水中泡了大约三周。

在这个年轻死者的衣袋里发现了 T. S. Shoa 的名字和地址。Shoa 是芝加哥大学医学院的学生，他表示：“我认为他自杀的原因是无法掌握美国人的行事方式。”

死者两个月前从加利福尼亚大学来到此地。他的家乡是中国山东济南。校方对他的失踪毫不知情。③

由报道可知自杀的学生是山东济南人，1923 年 3 月从加利福尼亚大学转学至芝加哥大学政治经济系，约于 4 月上旬投湖自尽。该生的籍贯、留学城市、自杀经过都与闻一多的叙述相应，证实了确有其人，唯有新闻中披露的死者姓名 Yu Sun Tsung 与闻一多笔下的“孙君”不符。考虑到中国人姓在前名在后，美国人则相反，孙君的全名可能音同 Sun Tsung yu，被美国媒体误以为最后一个 yu 字是姓，Sun Tsung 为其名。

从王朝梅、方来逝世到孙君自杀，闻一多的反应虽不尽相同，但都折射出其一以贯之的死亡观。1922 年 4 月 4 日，闻一多尚未出洋，就在《清华周刊》发表了新诗《死》，诗中“死是我对你唯一的要求，死是我

---

① “Chinese Student Supposed Suicide.” *The Butte Miner*, 2 May 1923, p. 1.

② 《中国留美学界近事》,《时事新报》1923 年 5 月 13 日第 5 版。

③ “Chinese Student Commits Suicide.” *Great Falls Tribune*, 2 May 1923, p. 1.

对你无上的贡献”①等句表达了诗人愿为爱与美献出全部生命的冲动与快乐。在得知王朝梅、方来死讯后不久，他修改完成《红烛》，《死》中昂扬赴死的激情至此转化为更加深沉的哲思，从原本令人绝望的死亡中提炼出生命不朽的价值。1922年12月4日，他写信告诉吴景超自己近来身体衰弱，“时时觉死神伸出削瘦的手爪在我的喉咙上比画，不知那一天就要卡死我了”，在尝过这般“畏死的滋味”后，他不甘心还未创造、享乐便一命归西，承认自己是“生命之肯定者”②。而到了“孙君”自杀后，他则对其“知生之无益，有死之决心”感佩不已。闻一多早年的死亡观在不同阶段虽有细微的差别，但都以向死而不厌生的浪漫精神为核心：生命要建立在自我实现、救赎世人的基础上，死亡是生命的完成和延伸。因此，他为“孙君”慷慨赴死叫好，也就不足为怪了。

六、参加麦城夏令会

1923年9月1日，闻一多致信闻家驷，称自己9月3日将随浦薛凤赴麦城夏令会：“当俟赴麦城夏令会晤景超，再作道理，此间暑期学校已毕，诸友皆先后离芝赴麦。八哥明日偕努生前往。我后日搭逖生汽车同行。夏令会期约长一周，会后又有新清华学会成立会，故在麦须勾留旬余也。”③此信当天没有寄出，9月12日闻一多在信后补记：“此信乃往麦城前所写，置桌上，忘却付邮，归时始发见，则已过两星期矣。”④麦城夏令会即美国中部中国留美同学年会，亦称留美中国学生夏令营、留美中国学生联合会年会，1923年该夏令会已办到了第14届，于9月4日至11日在麦迪逊市召开。闻一多9月3日赴麦迪逊，9月12日回住处，全程参加夏令会的概率极大。

---

① 闻一多：《死》，《清华周刊》1922年4月4日双四节特刊。
② 《闻一多全集》，湖北人民出版社2020年版，第6369页。
③ 《闻一多全集》，湖北人民出版社2020年版，第6410页。
④ 《闻一多全集》，湖北人民出版社2020年版，第6411页。

《闻一多年谱长编》并未直言闻一多参加了此次夏令会，只在 1923 年 9 月 4 日的记录中简单交代了年会主席、参加人数、讨论话题和会上的活动。关于夏令会期间的日程，有明确记载的仅 1923 年 9 月 9 日的美国中部清华同学重聚会，会议自下午一时开始，由闻一多担任书记，当晚七时半清华毕业生在麦迪逊爬克旅馆(Park Hotel)举行俱乐会。所有活动信息均引自吴景超发表于《清华周刊》1923 年 10 月 19 日第 290 期的《西雅图—麦城—明城》、李迪俊发表于《清华周刊》1923 年 11 月 30 日第 296 期的《威斯康辛大学消息》两篇文章。①

尽管《闻一多年谱长编》对麦城夏令会的记载稍显笼统，但幸而此次活动在当地关注度颇高，《新闻记录》《领导者电讯》《威斯康星周报》《首府时报》等美国媒体对其进行了全程报道，活动的全貌得以大致复原。以下是麦城夏令会期间的相关英文报道，通过梳理这些英文报道，并结合《闻一多年谱长编》中的信息，可进一步得出麦城夏令会日程表。

表 1　　**有关麦城夏令会的英文报道清单**

序号	报道日期	报刊出处	报道题目
1	8 月 22 日	*News-Record*, Page 4	Capitol Notes
2	8 月 22 日	*Wisconsin State Journal*, Page 2	Chinese Students to Convene Here
3	8 月 23 日	*Leader-Telegram*, Page 18	Chinese Students from All Over U. S. to Meet
4	9 月 4 日	*The Oshkosh Northwestern*, Page 4	Conference of Chinese Students
5	9 月 4 日	*Wisconsin State Journal*, Page 5	Chinese Meet Here Reconstruction Problems of China to Be Taken Up
6	9 月 4 日	*News-Record*, Page 5	Chinese Students Hold Conference

① 《闻一多全集》，湖北人民出版社 2020 年版，第 6964~6965 页。

续表

序号	报道日期	报刊出处	报道题目
7	9月5日	*Leader-Telegram*, Page 12	400 Chinese Students Attend Madison Meeting
8	9月5日	*The Capital Times*, Page 2	Chinese Take "Movies" Of Meeting Here Every Phase of Convention to Be Recorded by Camera
9	9月6日	*The Capital Times*, Page 1	Chinese Oration Will Be Given Here Tonight
10	9月6日	*The Capital Times*, Page 5	Delegates To Chinese Meet Entertained President and Miss Anna Birge Hosts at Reception
11	9月8日	*Leader-Telegram*, Page 12	Chinese Students to Hold Bazaar at U. W.
12	9月11日	*The Capital Times*, Page 5	Madison Girl Leads Chinese Students' Prom

表2 **麦城夏令会日程表**

时间	活　动
9月4日	下午：夏令会在拉丁区开幕，会议登记工作在校基督教青年会展开 晚上：校长和安娜小姐举办招待会
9月5日	上午：群众大会 下午：各项运动和游戏预赛 晚上：中国留学生在莱思罗普音乐厅举办“中国之夜”庆典
9月6日	上午：8:30召开群众大会，随后举行论坛会议 下午：举行野餐会 晚上：7:30举行会议（含中文演讲），会后有中国女留学生主持的招待会 （中国集市从上午9:00开放至下午5:00）

续表

时间	活　　动
9月7日	上午：举行专业会议,10:45拍摄会议照片 下午：举行田径运动会预赛 晚上：校方举办招待会 （中国集市从上午9:00开放至下午5:00）
9月8日	中国集市全天开放
9月9日	下午：1:00召开美国中部清华同学重聚会 晚上：7:30清华毕业生在爬克旅馆举行俱乐会
9月10日	晚上：在比弗大楼的卡梅奥室举行年度宴会,随后在莱思罗普会客厅举行舞会
9月11日	上午：告别早餐

需要指出的是，闻一多不一定参加了麦城夏令会的所有活动，仅有9月9日参加美国中部清华同学重聚会一事是确凿无疑的。但置身于如此丰富多彩的社交生活中，他或许受到了感染。夏令会期间的活动安排亦可为闻一多年谱和传记的编写增添背景资料。

七、转学至科罗拉多学院

麦城夏令会结束后不久，闻一多转学至科罗拉多学院（Colorado College）。此次转学看似事发突然，但对闻一多而言也许是蓄谋已久。早在1923年5月29日，闻一多即写信告诉梁实秋：“想陪你上Colorado住个一年半载，也不错。”①从1923年9月12日写给闻家驷的

① 《闻一多全集》，湖北人民出版社2020年版，第6405页。

书信可以看出，闻一多的“蓄谋”此时落地为切实的计划：“现拟往科泉与实秋同居。科泉离此需一日之旅行。我行期约在一星期后。科泉有美术学校或不及芝校，然与实秋同居讨论文学，酬唱之乐，当远胜于拘守芝城也。”①及至1923年9月24日再次致信闻家驷时，闻一多已宣布自己在珂泉(即科泉)安顿下来。②

科罗拉多学院1923年的中国留学生注册情况得到了多家美国报纸的关注，包括《前哨日报》③、《卡斯珀每日论坛报》④等，其中报道最详细的当属《科罗拉多学院之虎》(*The Colorado College Tiger*)。《科罗拉多学院之虎》是科罗拉多学院的学生报纸，创刊于1899年4月11日。对于国内研究者而言，该报纸最出名的事迹是在1924年3月21日刊登了梁实秋《一个支那人的回答》(*Reply from a "Chinee"*)、闻一多《另一个支那人的回答》(*Another "Chinee" Answering*)，两首诗皆用英文写成，回击了美国学生在上一期报纸中对中国人的挑衅。而在同一卷报纸上，即《科罗拉多学院之虎》第26卷(1923年9月至1924年6月卷)，还刊登了一篇关于该校中国留学生的介绍性文章，以往的闻一多研究资料少有提及。这篇文章发表于1923年10月2日，现将其翻译如下：

科罗拉多学院的七名中国学生组成本市迄今最大的东方俱乐部

今年有七名中国学生就读于科罗拉多学院。四人读大四，两人读大三，还有一人修读专项课程。其中六人来自北京大学，他们在那里完成了低年级课程。第七人来自芝加哥大学。他们都是科罗拉多学院今年的新生，对学院和珂泉颇为满意。

---

① 《闻一多全集》，湖北人民出版社2020年版，第6411页。

② 《闻一多全集》，湖北人民出版社2020年版，第6412页。

③ "Six New Students from the City are at C. C." *The Daily Sentinel*, 21 Sept. 1923, p. 5.

④ "Chinese Student Colony at C. C." *Casper Daily Tribune*, 9 Oct. 1923, p. 11

陈肇彰(Donan Chen)、王国华(K. H. Weng)、曹明辉(M. H. Chao)、梁实秋(C. H. Liang)读大四，熊苏敏(Sumian Shung)和何浩若(R. H. Huo)读大三。从芝加哥大学转学来的学生是闻一多(T. Wen)。

他正在修读专项课程

他们七人在东戴尔街同住，校园里经常能看到他们形影不离。再也找不到七个比他们更勤奋的学生了。当他们自己的国家被革命和土匪搞得四分五裂，没有人知道未来会是怎么一副模样，这七个学生正在接受西方教育，将所学知识带回给他们的人民。①

文中用加粗字体标明闻一多正在科罗拉多学院修读专项课程，并介绍了其他中国留学生情况。闻一多之前就读于芝加哥艺术学院，但这篇文章称他由芝加哥大学转学至此，疑为误写。文章配有七名中国留学生的合影，图注写道：“科罗拉多学院的中国学生七人组，照片拍摄于校园，从左到右依次为：闻一多、陈肇彰、熊苏敏、曹明辉、梁实秋、何浩若和王国华。”②

闻一多在科罗拉多学院度过了一个学年，1924 年 6 月 14 日，他写信向家人报告“我亦得毕业证书”，但具体何时毕业，《闻一多年谱长编》没有给出确切日期，仅称其毕业于 1924 年 6 月上旬。③ 从其他校友毕业的新闻中，可知闻一多于 1924 年 6 月 11 日参加毕业典礼。《科林斯堡科罗拉多人报》在 1924 年 6 月 13 日发布了一则简讯：“科林斯堡的玛丽·艾琳·麦克莱兰德小姐在周三科罗拉多学院的毕业典礼上获得了

① “Seven Chinese Students at Colorado College Make Largest Oriental Club City Ever Had.” *The Colorado College Tiger*, 2 Oct. 1923.

② “Seven Chinese Students at Colorado College Make Largest Oriental Club City Ever Had.” *The Colorado College Tiger*, 2 Oct. 1923.

③ 《闻一多全集》，湖北人民出版社 2020 年版，第 6982 页

文学学士学位。”(Miss Mary Irene McClelland of Fort Collins was granted the degree of A. B. at Colorado college at commencement Wednesday.①)1924年6月13日是周五，毕业典礼既然在周三，则应为6月11日。

八、筹备英文古装剧《杨贵妃》与《琵琶记》

1924年秋，闻一多转学至纽约艺术学生联盟(Art Students League of New York)，并入住万国公寓(International House)，结识了就读于哥伦比亚大学戏剧专业的余上沅、赵太侔、熊佛西等人。闻一多对戏剧的兴趣由来已久，早在1913年11月15日，他就参加了清华全校戏剧比赛，担任独幕剧《革命军》编剧，并饰演革命党人。这是闻一多首次试水戏剧活动，此后他便格外青睐这门艺术。也正因为如此，与新友切磋戏剧艺术后，闻一多被勾起了戏兴，于中秋节后参与排演了洪深所编的《牛郎织女》。后来，闻一多又与友人筹备了两个剧目：一为余上沅所编的《杨贵妃》(又名《长恨歌》《此恨绵绵》)，一为高明著、顾毓琇编选的《琵琶记》。这两个剧目都被译成英文搬上美国舞台，引起了当地观众的热烈反响。

在一封约写于1924年10月的书信中，闻一多向梁实秋描述了《杨贵妃》筹备工作之烦难：“眼看排演的日期马上就要到了，五幕戏只练了一幕。化装布景的图案虽是画得了，但还没有动手制造”，“Costume plates本拟请一个姓杨的(在中国英美烟公司画广告的)画，后来他神气起来了，说一笔也不能改。我就比他更神气，要求当局人把他开除了。如今art department的只我一人包揽”②。信中明确指出了《杨贵妃》的化装布景全出自闻一多之手。

闻一多设计的服装和舞台背景，从相关报道中可略窥一二。1925

① “Personals.” *Fort Collins Coloradoan*, 13 Jun. 1924, p. 3.
② 《闻一多全集》，湖北人民出版社2020年版，第6424页。

年1月11日，《时报图画周刊》（后改称《图画时报》）刊出了杨贵妃与宫娥的剧照，配文称“右图为中国留美女学生于去年十二月六日在纽约表演白话剧‘长恨歌’一出，哄动一時。此为杨贵妃与宫娥之摄影。自左至右：雷霞蓓女士、梅瑞霞女士、黄倩仪女士、潘景芝女士、吴鲁西女士（左萄 寄）”①。1925年4月28日，《申报》刊出了剧中御园一幕的照片，并附有说明文字：“美国纽约城之大同同乐会、为各国留学生所组织、每年终、举行同乐会表演戏剧、客岁举行在腊月十六日晚、中国学生表演‘长恨歌’故事、上图系一御园布景、殊精雅、右立饰宦官者为李希白君、饰唐明皇者为黄仁霖君、饰杨贵妃者为黄倩仪女士、左立饰高力士者为熊祖同君、所着服装、因彼处无从购办、故均自制、惟恒苦不能尽如人意、故式样间未有尽符合者、此无可如何事也、外人对中国剧、素多蔑视、而此次竟得观众热烈之欢迎、竞赞为东方艺术之佳构、图中演员、不穿靴面着皮鞋、想亦艰难于购办之故、然宽袍博带间、乃闻橐橐革履之声、当时厥状想可噱也、（窥豹）。”1925年5月3日，《图画时报》亦报道了此剧演出情况，配图为御园一幕的剧照，文字内容与《申报》所刊内容大致相同。② 无论是剧照中的衣冠华盖，还是“御园布景、殊精雅”“所着服装、因彼处无从购买、故均自制”等文字介绍，都展现出了闻一多的功夫与创意。

负责《杨贵妃》舞美设计的原本不只闻一多一人，还有杨左匋，即闻一多信中的“姓杨的（在中国英美烟公司画广告的）”。杨左匋曾绘制中国动画史上有据可考的首部动画短片《暂停》，被其外甥费孝通称作“中国第一位动画专家”③。同时，他也是首位进入迪士尼工作的华人动画艺术家，参与了《白雪公主和七个小矮人》《木偶奇遇记》《小飞象》

① 左萄：《东西崇尚之我国古剧“长恨歌”》，《时报图画周刊》1925年1月11日第233期。

② 《留美学生表演之中国古剧》，《申报》1925年4月28日第7版。

③ 费孝通、方李莉：《早年生活与文化熏陶——费孝通访谈录》，《民族艺术》2002年第3期。

等动画片的制作。①《申报》1924年7月30日消息称主管英美烟公司影片部的杨左匋将于当年8月10日赴美学习音乐和美术。②有学者考证，杨左匋抵美后很快进入布雷工作室当动画师，晚间在纽约艺术学生联盟学习绘画和油画，其通讯地址为纽约万国公寓。③杨左匋的姓氏、专业、原工作单位皆符合闻一多的描述，当时他所就读的学校、所栖身的公寓也与闻一多相同，可见闻一多笔下的"姓杨的"确为杨左匋。此外，自1920年6月《时报图画周刊》创刊以来，杨左匋常为其提供画作，而该报纸1925年1月11日所刊《杨贵妃》剧照的供稿人恰为"左萄"，考虑到杨左匋与《杨贵妃》的渊源，"左萄"极有可能是他在"左匋""左陶""佐陶"之外的又一笔名。

《杨贵妃》的相关报道披露了其服装布景、演员姓名、观众反响，对于考证此次公演的确切日期亦有所助益。《闻一多年谱长编》含糊地交代，《杨贵妃》大约于1924年12月上演，而《时报图画周刊》给出的公演日期是1924年12月6日，《申报》给出的"腊月十六日"按公历来看是1925年1月10日。若报道无误，《杨贵妃》可能进行了两场公演。《红烛：我的父亲闻一多》《闻一多画传》两部传记分别称《杨贵妃》的公演时间为1924年秋、1924年12月，所配插图却是《申报》刊登的1925年1月演出中的御园一幕，似乎与事实有些出入。

随着《杨贵妃》大获成功的消息传到波士顿，当地中国学生将《琵琶记》的编演提上了议程，并恳请闻一多负责服装布景。彼时，闻一多因筹备孙中山追悼会抽不开身，遂在写给梁实秋的信中远程安排《琵琶记》的布景事宜④，并将为《杨贵妃》准备的部分戏服借给《琵琶记》剧

① 曾润、殷福军：《中国首位动画专家杨左匋生卒年考》，《电影艺术》2014年第6期。

② 《美术家杨左匋定期赴美》，《申报》1924年7月30日第14版。

③ 曾润、殷福军：《中国首位动画专家杨左匋生卒年考》，《电影艺术》2014年第6期。

④ 《闻一多全集》，湖北人民出版社2020年版，第6434~6435页。

组。演出前，闻一多还亲赴波士顿为演员化妆。《琵琶记》公演引起了美国媒体的关注，1925 年 3 月 28 日，颇有影响的《基督教箴言报》报道了此次演出，文中特别提到闻一多独具匠心的布景，并将男主角扮演者梁实秋的小像作为新闻配图。现将该报道翻译如下：

中国学生在波士顿美术剧院(Boston Fine Arts Theater)上演戏剧

韦尔斯利学院、波士顿大学、哈佛大学和麻省理工学院四校学生将 14 世纪戏剧改编成英文搬上舞台

四名就读于韦尔斯利学院和波士顿大学的年轻中国女性，以及六名来自哈佛大学和麻省理工学院的中国青年，今晚将在美术剧院上演 14 世纪高明所创作的一部中国戏剧的英文改编版。此次演出是大波士顿地区各高校的中国学生为美国朋友安排的娱乐节目。

这部剧写于 1340 年，由哈佛大学的梁实秋(C. H. Liang)翻译，并做了一些改动，以便在西方舞台上表演。翻译尽可能地保持了故事的古风。这部名为《琵琶记》(*Pi-Pa Chi*)的戏剧讲述了一个旅行的故事——一个年轻妻子为寻找赶考的丈夫在山野跋涉。

中国生活一瞥

女主人公的丈夫离家后杳无音讯，她独力侍奉的公婆也猝然离世，向丈夫的朋友和邻居请求接济，却遭到对方羞辱，于是她开启了孤独旅程，穿越乡村、城镇，走入深山，一路上靠弹琵琶(一种古老的中国乐器)糊口。故事的主线中穿插着种种次要事件，让观众得以一瞥中国人的家庭生活与社会习俗。

尽管此次演出由新英格兰音乐学院戏剧系的克莱顿·吉尔伯特(Clayton Gilbert)指导，但主要的工作还是由中国学生完成的。为了准备演出服装，他们收罗了中国的华丽刺绣和金蓝色、紫红色、

翠绿色、黄绿色、象牙色的长袍。闻一多(Ito Wen)仔细地按照中国古代戏院古香古色的风格设计了舞台布景。

学生们享受排演过程

参加排演的学生们发现自己面临的问题与任何一群年轻的美国业余爱好者所面临的问题大致相同，他们试图演出本·琼森的《燃杵骑士》那样的效果。很明显，他们以丰富的幽默感来解决问题，再添上一些戏剧技巧。《琵琶记》讲述的故事中有些元素很容易在如今的中国山区生活中找到，但这些表演者似乎已经找到了一种有趣的平衡：既提供了轻松的、充满中国风味的晚间娱乐活动，同时，每一幕戏都不失知识性和准确性。

这部剧的绘画价值非比寻常。用金线绣着五爪龙的华丽曳地长袍，中国传说中神秘而令人崇敬的雅致卷轴和牌匾，装点着柔软丝绸、羊绒的漂亮鸟儿和松树——对于不常见到此等服装布景的西方人来说，一定是件赏心乐事。

新英格兰音乐学院的黄倩鸿(Grace Wong)小姐是当晚主持人。哈佛大学的沈宗濂(F. Lien Shen)负责统筹工作，并致欢迎辞，他还在《琵琶记》里出演了一个角色。

郭博士发言

中国南京东南大学前校长郭秉文(P. W. Kuo)博士目前正好在波士顿，他将作简短发言。活动主办方还演奏了各式各样的中国乐器。

《琵琶记》演员阵容如下：蔡，一个不得不离开父母妻子赶考的书生，由哈佛大学的梁实秋扮演；蔡夫人由韦尔斯利学院的谢文秋(Grace A. Zia)扮演；蔡的父亲由麻省理工学院的彭开煦(K. H. Peng)扮演；蔡的母亲由韦尔斯利学院的王国秀(K. S. Wong)扮演；邻居张某，由麻省理工学院的徐宗涑(T. S. Hsu)扮演；牛丞

> 相由麻省理工学院的顾毓琇(Y. S. Koo)扮演；丞相之女由韦尔斯利学院的冰心(W. Y. Hsieh)扮演；使女由波士顿大学的Doris Chén小姐扮演；和尚由麻省理工学院的高长庚(C. K. Kao)扮演；第一个疯子由麻省理工学院的S. M. Li扮演；第二个疯子由哈佛大学的沈宗濂扮演；知府由麻省理工学院的曾昭抡(C. L. Tseng)扮演。①

报道全方位展示了《琵琶记》公演的时间、地点、经过、筹备情况、演员阵容，与《闻一多年谱长编》的部分论述形成互证，并对其中不够详尽的地方加以补足。《闻一多年谱长编》1925年3月29日记录引用顾毓琇《百龄自述》，介绍了剧中蔡中郎、赵五娘、宰相之女、宰相、邻人张老先生、疯子的扮演者，这些扮演者连同《闻一多年谱长编》中未曾提及的彭开煦、高长庚、曾昭抡等人，皆出现于《基督教箴言报》的报道中。《闻一多年谱长编》提到闻一多所绘龙袍、屏风为演出增色不少，亦可与报道中对《琵琶记》服装布景、绘画价值的称许遥相呼应。

与此同时，通过对报道的细读，可以发现《闻一多年谱长编》中相关记录所存在的问题。《闻一多年谱长编》称演出时间为1925年3月29日晚，《琵琶记》英文名为Fine Arts Thealer，但《基督教箴言报》明确指出演出时间为1925年3月28日晚，《琵琶记》被译作“*Pi-Pa Chi*”，Fine Arts Theater则是其上演地点波士顿美术剧院的英文原名。而《闻一多年谱长编》提到致开会辞的“王倩鸿”(Grace Wong)，实为“黄倩鸿”之误。黄倩鸿系外交官黄佐廷之女，彼时就读于波士顿新英格兰音乐学院，其三姐黄倩仪(Dorothy Wong)曾在闻一多筹备的《杨贵妃》中扮演女主角。

综观闻一多三载留美生涯，所历人事数不胜数。文中选取的人事或关乎中国学生在异乡的境遇，或关乎美国的文化环境，或关乎花样繁多

① “Chinese Students to Present Boston Fine Arts Theater Play.” *The Christian Science Monitor*, 28 Mar. 1925, p. 3.

的社交活动，力求从个体情感、外来经验、文化接触等多个角度切入，以点带面，重塑闻一多留美期间经历的文学事件与文学场域，还原其生命经验与留美诗作的发生过程。通过对这些人事的考察，或可将闻一多书信中的历史现场清理出一片天地，同时也指出流行说法中一些有待商榷之处。

闻一多《人·兽·鬼》与《时代评论》第六期

王　立

（江汉大学）

昆明"一二·一"惨案发生后，闻一多先生发表了著名的短文《人·兽·鬼》。该文后收入开明书店1948年8月初版的《闻一多全集》，篇名改作《兽·人·鬼》，文末注"原载三十四年十二月九日三版《时代评论》第六期"①。

1946年7月15日闻一多先生殉义后，朱自清先生即着手收集整理闻一多文稿，准备日后编辑付印。11月，清华大学梅贻琦校长聘请朱自清等7人组成"闻一多先生遗著整理委员会"。1947年2月15日，闻一多先生遗著整理委员会为请文化界人士协助搜集稿本，在《民主》、《读书与出版》等刊物上登载《闻一多全集拟目》，本次《拟目》中，未收《人·兽·鬼》一文。

经过几个月的稿本征集，1947年7月闻一多周年祭前夕，《闻一多全集拟目》增加了不少篇目，其中便有发表在"1945年12月9日三版《时代评论》第六期"上的《人·兽·鬼》一文。

《时代评论》是1945年11月至1946年5月在昆明发行的一份周刊，半年时间共发行周刊20期，特刊3期。目前能够查阅到的《时代评论》周刊中，尚未见到闻一多先生《人·兽·鬼》一文。

湖北人民出版社2020年12月出版的17卷本《闻一多全集》，是目

① 朱自清等编：《闻一多全集》，开明书店1948年版，第16页。

前为止收录闻一多论著最全的一个版本，其编写原则是，凡收入的著作“一般采用最初发表的版本。未见最初版本的，均注明据何书、何刊排印”。其中收录的《兽·人·鬼》一文后注明“本篇据开明书店 1948 年版《闻一多全集》排印”①，足见编者也未见到最初版本。

据王康《闻一多传》记叙，《人·兽·鬼》应是闻一多这篇短文最初的篇名。《闻一多年谱长编》记载：“十二月九日《人·兽·鬼》发表于昆明《时代评论》第六期，收《闻一多全集》时改作《兽·人·鬼》”②。因而，要弄清闻一多先生《人·兽·鬼》一文的最初篇名与发表版本，绕不开《时代评论》，更绕不开《时代评论》第六期。

一、闻一多与《时代评论》

1945 年抗日战争胜利后，昆明民主浪潮高涨，为调动更多高级知识分子的积极性，团结一些中间的或不愿投向国民党的教授参加民主运动，9 月中旬，昆明的自由论坛社、大路周报社、人民周报社商议联合复刊，侯达虔、李成勋、闻一多、吴晗、费孝通、王康等参与讨论。但此时，自由论坛社社长郭相卿登报称，民盟“有人在外假借本社名义参加发表宣言通电等等”，“本社自三十二年成立以来，立场绝对中立，与各政治团体绝无任何关系”。自由论坛社随即召开紧急会议，与会者有闻一多、吴晗、曾昭抡、王赣愚、费孝通、杜才奇、王康、袁方等，会议议决开除郭相卿社籍，并登报宣布解散自由论坛社。紧接着，他们筹划创办一个新刊物。

10 月 2 日晚，云南大学社会学系办公室，闻一多、张奚若、楚图南、尚钺、费青、向达、吴富恒、闻家驷、吴晗、费孝通等教授，以及

① 孙党伯、袁謇正主编：《闻一多全集》，湖北人民出版社 2020 年版，第 744 页。

② 闻黎明、侯菊坤编著：《闻一多年谱长编增订本》下卷，上海交通大学出版社 2014 年版，第 821 页。

张子毅、袁方、胡庆钧、王康等青年教师开会商议创办刊物之事。

关于刊物的名称，王康提议以《时代评论》为刊名，大家觉得不错，于是组成“时代评论社”，推选费孝通任主编，具体的编辑、付印、发行等工作由王康主持，经费由闻一多、吴晗负责筹措，交由王康负责运作。王康遂以“史靖”的笔名登记为《时代评论》发行人，联系地址为云南大学传达室。

会议结束后，闻一多回到家中，用吴晗不久前买的一枚寿山石章，连夜刻制了以隶书入印的“时代评论社章”。这枚精美的社章，留给吴晗无尽的思念：

> 时代评论社章具有历史的意义。在刻这图章前两星期，我在逼死坡文具店用一千元买到一块旧石头，长方形。一边刻有双鱼，他也很喜欢，夸我眼力不错。问愿意刻什么字，是一句诗，还是连名带字刻在一起？我说，随便，你喜欢怎么刻就怎么刻罢！不久，时代评论社成立了。要一个公章，他就自告奋勇，连带也替我捐献出这块石头。十月三日的早晨，在枪声炮声中完成这件艺术品。刻完，兴匆匆的走来说：“今天我做成一件事，很得意，你来瞧瞧。”我看见也很高兴，连说好极了。又问：“你没有听见枪声吗？这样密，这样响，亏你静得下心！”他说：“昨夜晚就有一些声音了，管他呢！我今天高兴做我自己的事情！”
>
> 炮火声愈来愈密了，大街小巷满是国军。断绝交通，连大门也出不去，到中午我们才弄明白是内战，国军炮轰五华山，解决主滇十八年的龙云。这样，我们这些流亡者，过了八九年战争生活，第一次看见了战争，被置身于炮火中，闻得火药味。①

① 吴晗：《闻一多的手工业》，《闻一多先生死难周年纪念特刊》，清华周刊社 1947 年版，第 19~20 页。

《时代评论》便在这炮火声中诞生了。

10月3日上午，闻一多把“时代评论社章”交给王康时，特别叮嘱王康，要抓紧筹备，尽早出刊。11月1日，《时代评论》第一期出版了。拿到报纸，闻一多先生高兴地称赞“不错！不错！”仔细端详之后，又幽默地说：“这门面一看就像有一把年纪。”王康明白，闻先生指的是《时代评论》的刊头版式与《自由评论》周刊的刊头版式如出一辙，简直就是孪生弟兄，也算是对王康他们曾经花过不少心血的《自由论坛》周刊的纪念。闻一多自然兴奋，这是一份民盟云南省支部掌握主动权的刊物，刊发文章再也不用看人脸色了。

《时代评论》刊发的文章新颖、锐敏、生动，成为当年昆明读者最欢迎的刊物之一，刊发的文章时常有上海等地报刊转载，影响遍及各地。不少文章陆续出版成书，成为那个时代的生动记录。

二、先后三个版次的《时代评论》第六期

1945年12月1日，昆明发生了爱国学生惨遭党政军当局屠杀的“一二·一”惨案，这场昆明大中学校学生反内战、争民主的爱国运动，从11月26日罢课开始，至12月27日停灵复课，历经月余。惨案发生后，为掩人耳目，云南军政当局不准许各个报刊刊登报道惨案的消息。此时，为声援支持“一二·一”运动，《时代评论》第6至10期发表了多篇与“一二·一”运动有关的报道与评论，尤其是将第6期辟为“一二·一”专刊，以四个版面的篇幅，向社会各界公开“一二·一”惨案真相，悼念殉难烈士，传递联大、云大、中法等大学教授对当局的谴责，登载教育文化界的抗议、声明、呼吁等。由于信息量大，内容真实可信，成为昆明市民了解运动发展的可靠来源。12月6日《时代评论》第六期一出版，立即受到昆明市民的热切关注，2000份报纸即刻售罄。

为配合学生反内战、争民主的罢课运动，第二天，西南联大罢课委员会的汪子嵩特地找到王康，请求加印这一期的《时代评论》。于是，

《时代评论》连夜改版加印，8 日晨，再版的《时代评论》第六期与昆明市民见面了。

12 月 7 日晚，闻一多看到刚刚披露的蒋介石的《告昆明教育界书》，想到西南联大几次教授会上激烈争论的情形，当天深夜便赶写出《人·兽·鬼》一文。8 日上午，《时代评论》编辑部一拿到闻一多先生的文稿，立刻决定再次改版加印，9 日上午，三版的《时代评论》第六期面世，第三版左下部刊载了闻一多的短文《人·兽·鬼》。

三、三个版次的《时代评论》第六期第三版

《时代评论》逢周四出版，每期发行 2000 份。第六期的《时代评论》为配合“一二·一”运动，两次加印，先后印行了三个版次，发行了 10000 多份。这三个版次的《时代评论》第六期，第一、二、四版的三个版面完全相同，只是第三版有所改动，这便是三个版次《时代评论》第六期的区别所在。

1. 1945 年 12 月 6 日出版的《时代评论》第六期第三版

12 月 6 日出版的《时代评论》第六期，第三版登载了民主周刊、时代评论等 7 家报刊社同启的《我们对“一二·一”惨案的严重抗议》，国立西南联合大学教授会《国立西南联合大学全体教授为 11 月 25 日地方军政当局侵害集会自由事件抗议书》，国立云南大学 71 人签名的《国立云南大学教职员为昆明市学生罢课并受枪击致伤亡事敬告各界书》以及《联大教授会十二月四日之决议》。

第三版中间部分刊登查良钊敬挽一二·一惨案殉难青年诸友灵鉴的挽联：

爱护国家，爱护学校，首应爱护青年，愧个人责任未尽。
争取民主，争取自由，尤在争取人格，愿君等精神永生。

第三版左下部分刊登《公祭殉义烈士》《联大校友公鉴》两则通告，以及西南联大胡毅教授的短文《今后的努力》。

历史是在重演吗？似乎我们想多见几回的事竟一去不复返，而不愿意再见的事反而屡次重逢。这次昆明学生教职员被打以致有死伤的事，确是我们绝不希望发生而不幸又重演的惨剧。

从教育的眼光看，我们总是希望人心向上，有错改错，无错加勉。这种不幸决不是不能避免的事，只看我们大家有办法，有无决心去努力。努力的目标可以说有两个。

一、维护秩序：昆明因为近年各方面的重要，成为中外目标所系。发生了这种行为实在是一个绝大污点。怎样查究既往和防范将来，都是中外人民所注意期待的。这件事情的处理，可能就影响大家对于我们国家我们人民的态度。

二、言论自由：这次惨剧，追诉原因还是到了言论自由的问题。我们大家都希望以后在这方面也有妥善办法。从教育立场看，言论自由，有利无弊。公开的辩论反驳是明白真理看清是非的好方法。希望大家都学了去利用，都学了去尊重这个权利。

言论有了自由，治安有了保障，社会国家才谈得上进步。

2. 1945年12月8日再版的《时代评论》第六期第三版

12月8日再版的《时代评论》第六期，只对第三版的版面稍作改动，撤下6日第三版左下部分《公祭殉义烈士》《联大校友公鉴》两则通告，以及胡毅的短文《今后的努力》，换上云南大学青年教师张子毅的短文《黑和白》。

八年的抗战，把人心弄得快要死灭，道德几近沦亡，胜利没有带来光明，反而连一点光明的希望也给葬送了。——人们在八年痛苦黑暗的日子里所忍受祈望于将来的一点希望。

在黑的恶势力高涨下，白和光明的种子也就遍地埋伏长成起来了。在勤勉而诚朴的老百姓身上，在忠贞不贰的公教人员和寝砧枕块的青年学生心里，在这里那里，在这人那人，随地随时总不难发现良善，光明和正直的种子，凡是细心而又纯正的观察者，一定可以发现到的。

但由于有些人们的短视，由于良善在容忍和期待的土层下一直蛰伏着，于是只看见恶势力的过度嚣张横行无忌，公理成了恶徒们的耻笑品，正义在法币和枪杆下被玩弄。整个国度笼罩在黑夜里，一切像死了，像不动了，黑夜漫长得像终古如斯！

什么时候才会终结黑夜？什么时候才会临到黎明？什么时候白的势力才会结集起来和黑的对垒？——正在人们彷徨苦闷惊疑的心情下，昆明大中学生打出了第一个讯号，是八年来以光明的阵容第一次的向黑势力宣战。他们有的是良心，是人性，凭这点他们手执了公理正义的旗帜，向枪杆，法币，人兽所凑合成的暴虐集团挑战。他们的阵容如此整齐，态度如此光明坚毅，他们是发挥了大无畏的精神。

当初，恶徒们在狂笑，他们以为自己有的是枪杆，怕什么那批手无寸铁的学生；管他妈，来多少杀多少，黑夜里偷偷摸摸还不算好汉，爽然跳出台来在白昼里杀一通。难道天下有不怕死的人，难道除了枪杆外，另外还有别的东西支持勇气不成。管什么公理正义，人道，白纸上的黑字是随“人”写的，身边有的是钱，钱可变成各色各样的“会”，钱可驱使一些黑腿子飞跑，钱可把白纸上的黑字变成黑话黑文章。他们确实这样做了，号称公正的昆明新闻界拼命用“暴徒”“赤匪”“奸党”一类帽子加在无辜的青年学生身上。

然而时间会证明暴徒们的一切努力是徒劳的，结果除了充分暴露自己的丑恶外，再得不到什么。在黑白斗争展开的过程中，恶徒们会发现法币和枪杆是没有力量了，学生在枪杆下倒下去了，但倒下的只是身体，他们的心却活着，活在千万人心里；四个学生是倒下去了，但无数学生却站起来了；正义公理却在有人性的人的心上，燃烧起来了，光明从各人心里汇合成了巨流，它将烛照全中国，它将惊醒全体的人民，使这国家由黑暗渡到光明。

8日清晨，再版的《时代评论》第六期与昆明市民见面了。为尽快将报纸送到读者手中，西南联大卖报组的同学上街售卖，市民争相购买，再版的几千份《时代评论》周刊很快卖光，打破了昆明报刊的发行纪录。

3. 1945年12月9日三版的《时代评论》第六期第三版

自11月26日西南联大学生罢课始，到“一二·一”惨案发生，西南联大连续召开教授会，讨论学生的罢课问题和惨案的解决方案。时西南联大三常委（清华大学校长梅贻琦、北京大学代理校长傅斯年、南开大学校长张伯苓均）均不在昆明，11月29日、12月2日、12月4日的三次教授会均由西南联大代理常委叶企荪教授主持。

惨案发生后，面对党政军当局对手无寸铁的学生大开杀戒的罪行，闻一多怒不可遏，在12月2日的教授会上，就主张以罢教来声援学生罢课，无奈教授会作出“罢教问题延缓讨论”的决议，未能通过闻一多的罢教建议。

在12月4日的教授会上，闻一多怀着对学生极大的同情，再次提出以罢教来声援学生，以使当局接受学生的要求，惩办凶手，停止内战。为此，闻一多做了许多说服工作，希望得到教授们的支持。但教授会上，教授们所持意见不一，争论相当激烈。

教授会从上午9点到下午3点，整整开了6个小时，最后进行表决，赞成停课者61票，赞成罢教者19票。闻一多的罢教提议再次未获通过。

12月4日下午，傅斯年以西南联大常委的名义，从重庆飞到昆明，处理学生罢课事件。傅斯年一下飞机，就表示同情学生的遭遇，一定要彻底查办凶手。接着便忙于接触各方人士，劝导学生先复课，并保证只有要学生一复课，其他的各项要求都能得到解决。但是，傅斯年来昆明三四天了，学生提出的惩凶等要求毫无进展。

12月7日晚，闻一多看到刚刚披露的蒋介石的《告昆明教育界书》，想到西南联大几次教授会上激烈争论的情形，当天深夜便赶写了题为《人·兽·鬼》的短文。他以寓言作比，毫不留情地控诉了“兽”——云南党政军当局的罪行，宣告人兽不两立，并对教授会上的情形作了形象的描述：

> 刽子手们这次杰作，我们不忍再描述了，其残酷的程度，我们无以名之，只好名之曰兽行，或超兽行。但既已认清了是兽行，似乎也就不必再用人类的道理和它费口舌了。甚至用人类的义愤和它生气，也是多余的。反正我们要记得，人兽是不两立的，而我们也深信，最后胜利必属于人！
>
> 胜利的道路自然是曲折的，不过有时也实在曲折得可笑。下面的寓言正代表着目前一部分人所走的道路。
>
> 村子附近发现了虎，孩子们凭着一股锐气，和虎搏斗了一场，结果遭牺牲了，于是成人们之间便发生了这样一串纷歧的议论：
>
> ——立即发动全村的人手去打虎。
>
> ——在打虎的方法没有布置周密时，劝孩子们暂勿离村，以免受害。
>
> ——已经劝阻过了，他们不听，死了活该。
>
> ——咱们自己赶紧别提打虎了，免得鼓励了孩子们去冒险。
>
> ——虎在深山中，你不惹它，它怎么会惹你？
>
> ——是呀！虎本无罪，祸是喊打虎的人闯的。
>
> ——虎是越打越凶的，谁愿意打谁打好了，反正我是不去的。
>
> 议论发展下去是没完的，而且有的离奇到不可想象。当然这里

只限于人——善良的人的议论。至于那“为虎作伥”的鬼的想法，就不必去揣测了。但愿世上真没有鬼，然而我真担心，人既是这样的善良，万一有鬼，是多么容易受愚弄啊！

8日，时代评论社一拿到这篇短文的手稿，编辑王康立即决定再次调整第三版版面，将再版的《时代评论》第六期第三版左下部分张子毅的那篇《黑与白》撤下，换上闻一多先生《人·兽·鬼》一文。

开明书店1948年8月初版的《闻一多全集》收录的便是“1945年12月9日三版《时代评论》第六期第三版”上刊载的《人·兽·鬼》全文。至于标题为何改为《兽·人·鬼》，原因尚不得而知。抑或因为1946年6月开明书店出版了钱钟书的《人·兽·鬼》一书，为避免同名而作修改，抑或只是笔误，这些不过是推测罢了。

永远的“红烛”

——西南联大学生回忆录中的师者闻一多

徐 迅

(江汉大学)

闻一多在世人心中的形象多为集合了“诗人、学者、民主斗士”三重人格于一身的爱国主义者，然而闻一多还有一重重要身份，即教师身份。“这种盛名之下，掩盖了他还有一项最伟大、时间也最长的贡献，即教书育人。他堪称为人师表的典型、模范教授之最。因之，应当说‘闻一多集爱国诗人、学者、革命斗士和模范教授这四重人格于一身’。”①在闻一多先生耀眼而短暂的四十七年生命里，教师生涯就占了二十多年，他先后任教于多所著名大学，其中有南京第四中山大学、武汉大学、青岛大学、清华大学、西南联大等。尤其在抗战烽火中的西南联大，即使大师云集、英才荟萃，闻一多也无疑是璀璨群星中极为耀眼的“明星教师”，是西南联大“同学中最受欢迎的教授”②，也是“认识学生最多的教授”③。

闻一多先生在西南联大教育出了如作家汪曾祺、马识途，诗人杜运燮，学者王瑶、季镇淮、何兆武、任继愈、范宁、郑临川、刘兆吉、孙

---

① 刘兆吉：《闻一多先生的师德》，《西南师范大学学报》1996 年第 2 期。

② 王瑶：《念闻一多先生》，《闻一多研究四十年》，清华大学出版社 1988 年版，第 119 页。

③ 肖刚：《悼闻一多先生》，《闻一多纪念文集》，生活·读书·新知三联书店 1980 年版，第 85 页。

作云、赵俪生，翻译家许渊冲、赵瑞蕻等一代大家，使爱国的弦歌不辍，学术的薪火相传。从闻一多先生遭刺杀的1946年直至21世纪，这些学生们从青年学子到耄耋老人，虽然距闻一多先生去世的时间已经过去大半个世纪，仍念念不忘恩师的音容笑貌、耳提面命，先后在回忆录中书写下记忆深处恩师闻一多先生的点滴事迹，提供、还原了生动鲜活的历史场景与细节，如同涓滴细流汇入江海，丰富了闻一多先生作为师者的形象。

诗人风度与"现身说法"的课堂教学艺术

学生对老师的第一印象一般多来自课堂，对于学生来说，日后不断追怀的不是"课程表"，而是活跃在讲台上的教授们。中国大学总趋势是重"学问"轻"教学"，西南联大诸多先生学问一流，但像闻一多先生那样有学问且讲课精彩的，也为数不多，不仅被诸多学生津津乐道，也成为他们日后西南联大美好的回忆之一。

在西南联大的教授中"开课最多的要数闻先生了"①，闻一多先生开授的课程有诗经、楚辞、乐府诗、唐诗、中国古代神话研究、周易、中国文学史专题研究等等，同时，也是最受学生欢迎和喜爱的课堂，很多学生为听他的课不惜步行穿过全城。"他的课最叫座，没有一门课不挤拥。"②"不单是中文系的、文学院的学生来听讲，连理学院、工学院的同学也来听。工学院在拓东路，文学院在大西门，听一堂课得穿过整整一座昆明城。"③在西南联大任教时，闻一多先生虽然已潜心治学，甚少写作诗歌，但他诗人的气质、名士的风范、洒脱的风度却浸润在了他

① 赵仲邑：《闻一多先生回忆片断》，《社会科学战线》1980年第1期。

② 西南联大《除夕副刊》主编：《联大八年》，新星出版社2019年版，第231页。

③ 汪曾祺：《闻一多先生上课》，《汪曾祺回忆录》，人民文学出版社2020年版，第187页。

的课堂间，他的课有灵动的思想，四射的激情，飞扬的神采，都深深吸引着青年学生。很多回忆文章都写到闻先生讲楚辞时的情景，最为生动的是：“记得是初夏的黄昏……七点钟，电灯已经亮了，闻先生高梳着他那浓厚的黑发，架着银边的眼镜，穿着黑色的长衫，抱着他那数年来钻研所得的大叠大叠的手抄稿本，像一位道士样的昂然走进教室里来。当学生们乱七八糟地起立致敬又复坐下之后，他也坐下了，但并不即刻开讲，却慢条斯理地掏出他自己的纸烟盒，打开来，对着学生们露出他那洁白的牙齿作蔼然的一笑，问道：‘哪位吸?’学生们笑了，自然没有谁接受这 gentleman 风味的礼让。于是闻先生自擦火柴吸了一枝，使一阵烟雾在电灯下更浓重了他道士般神秘的面容。于是，像念‘坐场诗’一样，他搭着极其迂缓的腔调，念道：‘痛——饮——酒——熟读——离——骚——方得为真——名——士’这样地，他便开起讲来。”①无论是上课吸烟，还是课前吟诵带入情景的“开场白”，闻一多先生这种自由且浪漫的授课方式，在今天的大学课堂来看是“非主流”的，然而中文系的课程，无论讲授文学史还是作家作品，除了知识的传授，还应当有审美经验的传达。闻一多先生独特的授课方式，让课堂气氛活跃，精彩纷呈，也让学生们有了美的互动与诗意的体验，并成为他们记忆中最美好的一幅剪影：“那美髯飘拂的丰姿，恰似一座神采奕奕的绝妙的诗人艺术塑像，特别是讲到得意处而掀髯大笑的时候，那光景更动人了。”②

闻一多先生的课程受到学生的追捧，不仅仅只是因为闻先生诗人的浪漫情怀和狂狷气质，而是他具有很高超的教学艺术和高明的教学方法，“很会讲课(有的教授很有学问，但不会讲课)，能把本来是很枯燥的考证，讲得层次分明，引人入胜，逻辑性强，而又文词生动”③。

① 冯夷：《混着血丝的回忆》，《文艺复兴》1946 年第 2 卷第 4 期。

② 郑临川：《春江明月在懿范讵能忘——回忆闻一多先生的唐诗教学》，《南充师院学报》1979 年第 1 期。

③ 汪曾祺：《汪曾祺回忆录》，人民文学出版社 2020 年版，第 182 页。

闻一多先生讲课，不是干巴巴地念讲稿、照本宣科，“而是像进入了角色的演员，通过熟练生动的台词，把剧中人物活生生地展现在观众面前，语言是那么精炼、形象而又富于诗意。”他的这种课堂教学艺术被学生称为“现身说法的教学法”，“因为他讲时代背景象讲自己切身的生活经历；讲诗人活动象讲熟识朋友的趣闻轶事；分析作品又像变成了诗人的化身在叙述这篇作品的创作过程。于是就使人听了产生如临其境，如见其人的亲切感受。”①这种娓娓道来，如同精通各处风景的“导游”式教学方法，引导“游客”学生们兴致勃勃探究知识风景，无疑更能唤起学生们的求知欲。

汪曾祺以一个作家的妙笔，生动传神地还原了闻一多先生的课堂：“他用整张的毛边纸墨画出伏羲、女娲的各种画像，用摁钉钉在黑板上，口讲指画，有声有色，条理严密，文采斐然，高低抑扬，引人入胜。闻先生是一个好演员。伏羲女娲，本来是相当枯燥的课题，但听闻先生讲课让人感到一种美，思想的美，逻辑的美，才华的美。听这样的课，穿一座城，也值得。”“能够像闻先生那样讲唐诗的，并世无第二人……他把晚唐诗和后期印象派的画联系起来。讲李贺，同时讲到印象派里的 pointillism(点画派)，说点画看起来只是不同颜色的点，这些点似乎不相连属，但凝视之，则可感觉到点与点之间的内在联系。”②闻一多先生上课，“图文并茂”，有声有色，还运用了中西比较的方法，这当然和他既是诗人，又是画家的身份相关，他将文学与美术相连接，比附别致巧妙。这样趣味盎然又富有创造性的课堂教学，令学生耳目一新，给人以艺术般的感染力。应该达到这种艺术境界的教学，更能激发起想象力与创造力。不是纯粹传授知识，而是启迪思维开阔视野，也因此，闻一多先生的课堂不仅仅只培养出了学者，还有作家、诗人。作家汪曾祺虽然师承沈从文，但闻一多先生的课堂和他也是气味相投的。汪

① 郑临川：《春江明月在懿范讵能忘——回忆闻一多先生的唐诗教学》，《南充师院学报》1979 年第 1 期。

② 汪曾祺：《汪曾祺回忆录》，人民文学出版社 2020 年版，第 187 页。

曾祺对严厉的朱自清先生较为疏远，“经常缺课”，但很喜欢闻一多先生，并对他的课受教很深。汪曾祺替同学“代写”了一篇关于李贺的读书报告：“别人的诗都是画在白底子上的画，李贺的诗是画在黑底子上的画，故颜色特别浓烈。”“这显然是受了闻先生讲课内容的影响。”①这篇读书报告也受到了闻先生的“激赏”，并评论“比汪曾祺写得还好”，让汪曾祺大为得意。

文学作为专业、学科、课程之外，还应该有作为人文修养、审美趣味的一面，文学教育本应该是一种审美教育、情感教育，不能只是知识的传授、枯燥的说教和剥离了生命体验的理论学习。作为一名文学教育者，闻一多先生这种传达个体生命情感体验的方式，将老师、学生与文学文本三者之间进行了很好的联结。这些众多追忆闻一多先生文学课堂的文章，也能给予我们今天的“文学教育”以很好的启示。

平易近人的学者与认真严谨的治学精神

西南联大教授中尽是名家大师，但闻一多先生“能够获得学生的敬爱……绝不是偶然的。”他虽然名满天下，但丝毫没有名教授、大学者的架子，在日常学习、生活中关心学生，对待学生平易近人，但是进行学术研究时，却一丝不苟，并将这种认真严谨的治学精神也传给了自己的学生。

“闻先生是一位和蔼可亲的教授……在联大，见了认识的学生，往往是他先点头。”②在生活中，他也对有困难的学生多有关爱，虽然自己一家八口负担极重，生活拮据，但“有些穷学生交不成饭费或生病医药

① 汪朗：《老头儿汪曾祺》，中国青年出版社 2012 年版，第 35 页。

② 肖刚：《悼闻一多先生》，《闻一多纪念文集》，生活·读书·新知三联书店 1980 年版，第 85 页。

费无着时，先生总是东借西凑千方百计的替青年解除困难"①。

对于青年学子学习上的疑问，闻一多先生更是不论何时都耐心解答。闻一多先生在蒙自时埋首书房，闭门治学，因为太忙，少有宾客来往。"但他对登门请教的学生，从不拒之门外，无论是在备课甚至吃饭的时候，都立即停下来，详细解答学生的问题。"②闻一多先生在西南联大时住在昆明城郊，每天步行至学校，路途遥远奔波。下课了，闻先生收拾提包要离开，却总被学生"围堵"提问，"同学们拥到讲台边，问了许多问题，闻先生一一解答……提问者满意而去"③。他自己除在联大教课外，还在附近中学兼课，研究、写文章、参加座谈会、演讲会、办民主周刊，甚至课余还要刻图章度日，其忙碌程度可知，"但对学生来信求教，有问必答，不厌其烦"④。

在学术研究上，闻一多也从未将学问当做自己的私产，而毫无保留地把自己的心得告诉学生，把凝结自己心血的笔记和讲义借给学生们抄。他在清华的学生孙作云在遗稿中深情回忆，当年只有他和另一个同学选闻一多的《楚辞》课，"师生相对仅三人……因为教室人少，讲书如同座谈，所以我们几乎每一句解释必问出处，闻先生总是聚精会神地给我们讲，有时干脆就把他的笔记交给我们抄……我曾托闻立恕兄带给闻先生一封信，信上曾经有过这样的话，就是：'育我者父母，教我者恩师'，这是一点也不过言的"⑤。连朱自清也说："我敬佩闻一多先生的学问，也爱好他的手稿……别人总把自己的稿子当作宝贝，轻易不肯给别人看，更不用说借给人。闻先生却满不在乎……有一回，西南联大他

---

① 《闻一多先生事略》，西南联大《除夕副刊》主编：《联大八年》，新星出版社2019年版，第219页。

② 刘兆吉：《闻一多先生的师德》，《西南师范大学学报》1996年第2期。

③ 任继愈：《闻一多、顾随先生》，《自由与包容：西南联大人和事》，江西教育出版社2017年版，第212~213页。

④ 刘兆吉：《闻一多先生的师德》，《西南师范大学学报》1996年第2期。

⑤ 孙作云：《忆一多师》，《闻一多纪念文集》，生活·读书·新知三联书店1980年版，第115页。

的班上有一个学生借他的《诗经长编》手稿四大本。他并不知道这学生的姓名，但是借给了他。接着放了寒假，稿子一直没有消息。后来开学了，那学生才还给他，说是带回外县去抄了。他后来谈起这件事，只说稿子没有消息的时候，他很担心，却没有一句话怪那学生。”①这是教师最高尚的品德，为了学生学好课程，深入研究，闻一多先生不计个人得失，面是甘为人梯、提携后学，这种无私的育人精神，即使今天来看，也是不容易做到的。

虽然热爱学生，但在治学上，闻一多因期望成材，他对学生们毫不放松、严格要求，并时时以身作则，将这种刻苦认真的治学态度传承下去。闻一多留美时研究外国文学和美术，回国后又由诗人身份转而研究中国古代文学，对易经、诗经，楚辞，庄子，乐府，唐诗，古代神话，古文字学，音韵学都有着深切的见解和研究，造诣颇深。冯友兰先生回忆：“在战前，有一次叶公超先生与我谈起当代文人，我们都同意，由学西洋文学而转入中国文学，一多是当时的唯一的成功者。”②闻一多先生转为成功的学者，自然与其勤奋严谨的治学态度不无关系。西南联大文法学院最初设在蒙自，闻一多先生刚到蒙自时，专心治学，除了上课就把自己关在简陋的书房兼卧室里，除了外出讲课，几乎楼梯都不下。因此邻舍的教授们把闻先生的那间楼房叫“何妨一下楼”，称闻先生为“何妨一下楼主人。”后来清华大学文科研究所在昆明东北郊成立，闻一多移家到所内居住并进行研究工作，“在研究所楼上放着一张长方形案板，各种大小手稿分门别类地排满一案板。他精力充沛，研究兴趣最大，范围最广，努力著作，常至深夜不睡。”③这种如同寺院里苦行僧般的研究生活，很多学生都过不惯，闻先生却甘之若饴，并将这种勤奋严

① 朱自清：《开明版〈闻一多全集〉编后记》，《闻一多全集》，湖北人民出版社 1993 年版，第 456 页。

② 冯友兰：《我与西南联大》，石油工业出版社 2018 年版，第 79 页。

③ 季镇淮：《闻一多先生事略》，《闻一多纪念文集》，生活·读书·新知三联书店 1980 年版，第 465 页。

谨的治学态度教育、传达给学生。

郑临川其时由闻先生指导毕业论文，自己查找了半个月的资料却无甚收获，闻一多先生拿出自己多年搜集的材料给他，并进行教导：“‘为什么我不早拿给你呢？我是有意叫你经过一番困难，知道做学问的不容易，无论什么学问，都是像女孩子刺绣那样一针一线绣成功的。有了这种经验，以后你才不会随意批评，随意抹煞别人的成绩’。我感动得几乎下泪，他那严肃的表情，温和的口气，我想终此一生也不会在印象中褪色的。”①一次，闻先生交给学生几页关于《管子校正》的手稿，要求抄写誊清，“用实例说明校勘应当怎样做，校语应该怎样写。当我交回抄好的稿子时，先生看完后对我说：‘你抄错了两个字，不应该，要小心啊！校勘本来是改正别人的错误，现在你也写错字，怎么行？’先生就是这样认真严格，培养下一代”②。闻一多先生不仅自己刻苦严谨，对学生治学态度的培养方式也具有启发性，有意让学生在搜集资料、校勘工作的过程中切身感受学术研究的艰辛不易，培养了学生学术研究的毅力、耐力和细致，这样才会脚踏实地的下功夫进行学术研究。

润物无声的“无言之教”

除了“言传”外，闻一多先生还注重“身教”，通过与学生在生活和学习中的日常接触和交往，让学生亲身领教和见证其为人为师的认真刻苦和学术研究的严格、勤奋，这是一种润物无声般的“无言之教”。

闻一多先生在西南联大时，住在小西门一条巷子里，离上课的教室（大西门外昆华农校），要步行一小时左右。但他并没有以此为由不按时上课，而是严格要求自己，准时到校。“当学生进入教室时，他已经坐在讲台上，用炯炯而和蔼的目光注视着学生，对迟到的学生，他没有

① 郑临川：《忆一多师》，《国文月刊》1947年第62期。

② 范宁：《忆一多事二三事》，《文史资料选编》，北京出版社1979年版，第174页。

批评，只是用目光迎接他进来，又目送他坐好。这种目光就是无声的批评，使迟到的学生感到内疚。”①

郑临川在回忆自己当年毕业论文准备不足，向闻先生告急。闻一多先生主动邀请他寒假到自己家中住一段。几个外在写论文的同学，在闻一多先生居住的一楼搭临时铺位居住。“白天，大家都在书库看书，翻检或抄写资料，有时困倦就下楼去外面四围田坝散散步等精神恢复了再干。可是先生却在他的书桌旁端坐。很难见他上下走动。每天夜晚，我们几个把楼下白天的饭桌当成书桌，在暗淡的油灯下抄抄写写。深夜我们已灭灯就寝，只见先生的窗户还亮着灯光，大清早我们还未起身，先生窗里的灯光早已亮了。这样，先生晚睡早起的勤奋用功生活，又纠正了我们平时对他的误解，以为先生讲课精彩动人，只是由于头脑特别聪明，现在才知道他在教学和学术上的成功，完全是踏实用功，孜孜不倦得来的。”②这样的“无言之教”对学生日后为人处事做学问，都起着潜移默化的作用，是日常课堂教学无法比拟的。因此，郑临川也发出这样的感叹：“在这半个月里，先生那种迟睡早起的研究生活给我的启发，比四年中任何讲义都有价值，都有力量。”③

1938年，由于抗战局势恶化，当时还叫长沙临时大学的西南联大被迫西迁。其中，由近300名师生组成“湘黔滇旅行团”，历时68天，行程3500里，横穿湘黔滇三省，完成世界教育史上的一次伟大“长征”的艰难壮举。湘黔滇旅行团中，同行教师共十一人，但“走完全程的，实际只有闻一多等三位。”④作为知名教授，闻一多完全可照学校规定，坐火车经广州、香港、越南，舒舒服服地到昆明。很多人不解地问他：

① 刘兆吉：《闻一多先生的师德》，《西南师范大学学报》1996年第2期。

② 郑临川：《永恒的怀念——纪念一多师诞生八十周年》，《长春》1979年第12期。

③ 郑临川：《忆一多师》，《国文月刊》1947年第62期。

④ 陈平原：《抗战烽火中的中国大学》，北京大学出版社2015年版，第253页。

“何必受这个罪呢？再者，你这大年纪，步行数千里，风里雨里，爬山涉水吃得消吗？”而闻一多先生认为，自己是一个中国人，之前对于中国社会及人民生活知道的很少，“国难当头，应该认识认识祖国了！”①他沿途用铅笔写生多幅，由书斋走向民间，走向人民的亲身举动，也直接影响到了“湘黔滇旅行团”的学生们。其中一部分爱好文艺的同学，组织了歌谣采访组，请闻先生担任指导。闻先生高兴地答应了，并且很热情地和学生们讨论、计划，如何在漫漫长途中进行采访工作，还指导有兴趣的同学沿途采集民间歌谣。他的学生刘兆吉在闻先生的鼓励、指导和帮助之下，为时两个多月，在三千五百里的旅程中，采集了二千多首歌谣，后来选集一部分出版，名为《西南采风录》。任继愈也是当年“湘黔滇旅行团”的一员，正是在闻一多先生的率领和感召下下，他在步行至昆明的途中看到底层的老百姓在贫困艰苦的条件下还默默无闻地支持抗战，从人民身上感到了“中华民族的力量所在、精神所在、希望所在。我就决定要研究中国传统文化，要以此为终生的事业”②。

爱祖国、爱人民的精神核心

一九四二年以后闻一多先生参加了中国民主同盟，并成为民盟领导人之一，积极参加了学生的争取民主的运动。他从学者转向斗士的这次转化，也主要是在西南联大时期完成的。这期间，他的爱国主义热忱、对传统文化、对人民的热爱也无不流露在他的教学与研究中，通过对文学史和诗歌的评析对学生进行爱国思想和道德教育。正如他的学生评价的：“与其说，闻先生以其渊博的学识，翔实的考证吸引着我们，勿宁

① 刘兆吉：《闻一多先生二三事》，《新文学史料》1979年第4期。

② 任继愈：《“小长征”决定哲学救国》，《自由与包容：西南联大人和事》，江西教育出版社2017年版，第127页。

说，他以强烈的爱国精神，深沉的悲悯感情熏陶我们。”①

虽然曾在美国留学并在国外研读西洋文学，但闻一多先生却对大学中崇洋媚外，抛弃传统的现象深恶痛绝。他曾在《旅客式的学生》一文中批判过将学校当成旅馆的三种学生：混日子的“少爷学生”、没有思想的“孩子学生”和只关心“出洋问题”而不问身边事的“书虫学生”。闻一多是从灵魂上对学生进行教育和影响，将热爱祖国和热爱传统文化、歌颂劳动人民的思想主要体现在教学中。他和学生社团“冬青社”的同学们说，自己“过去为英国作家所囿，致创作及欣赏方法都盲从做了与中国读者凿枘不相入的英国作家的奴隶。如果我们真的要创作中国作风中国气派的人民文学，这一步的解放是少不了的。”他这时盛赞艾青、田间的诗，说“他们的诗较少娇柔做作，较近于人民可接受的新诗。”②即使是讲唐诗，闻一多先生也融入了自己强烈的正义感和热爱祖国、人民的热情，对于反动黑暗统治的愤怒，他“并不是想把我们拉回古代，把我们带进故纸堆里去，像当时中文系里许多教授干的那样，引诱你钻进去，用一字的考证获得学术上的稀有荣誉，叫你在蜗壳里自我满足。他却用历代人民的悲惨命运来引出对于今天现实的留心，他愤愤地说：‘杜甫描写的是一千多年前的事，你们仔细张开眼看看，这却是写的眼前抗战时期的事。’”③他这种革命斗士的热情与气质也吸引了身边越来越多的青年，投身抗日战争与革命运动等，与闻一多等教授的爱国主义思想是不无关系的。

赵瑞蕻认为，爱祖国和爱人民正是闻一多精神的核心：“闻先生说：‘诗人主要的天赋是爱，爱他的祖国，爱他的人民。’把爱，把爱祖

---

① 黄秋耘：《闻师与屈原》，《闻一多纪念文集》，生活·读书·新知三联书店1980年版，第281页。

② 杜运燮：《时代的创伤》，《萌芽》1946年第1卷第2期。

③ 马识途：《闻一多——时代的鼓手》，《那样的时代，那样的人》，人民出版社2022年版，第26页。

国爱人民提到是诗人的天赋这么一个高度来考察，这是以前从未有过的。”①

闻一多先生是众多西南联大学子的回忆录中的主角，在阅读这些回忆录文章中，我们发现“模范教授”“伟大的师者”是这些回忆录书写的共同主题，同时，也融入了闻一多先生诗人、学者、民主斗士这光彩夺目的三重人格。“通过作者这种带有历史感的叙事，我们对作者所属的历史才能够以一种审视的态度进行关注、凝视和思考，也是在这一过程中，历史才不仅具有了认识价值，同时也具有了审美色彩。”②这些饱含深情的回忆文字，内容详实，细节生动，有着细微而感人的力量，不但丰满了闻一多先生红烛般“莫问收获，但问耕耘”的师者形象，记录的其教育理念、教学艺术等也为当下高等教育提供了一个有益的参照。

---

① 赵瑞蕻：《红烛颂——纪念闻一多先生》，《离乱弦歌忆旧游——西南联大求学记》，生活·读书·新知三联书店 2021 年版，第 79 页。

② 徐洪军：《回忆录的概念及其范畴》，《东吴学术》2020 年第 1 期。

我与《闻一多年谱长编》

闻黎明

(中国社会科学院)

2004 年 5 月，何炳棣的《读史阅世六十年》在台湾出版，其中写到闻一多时说了一段话。这段话为："从纯学术的观点看，大多数的文史学人都公认闻一多是用西方方法和多学科工具，配合传统训诂音韵考据研究中国古代文学最富创意最有成果的典范。即使如此辉煌的学术成就还是不免被他多才多艺、多姿多彩、轰轰烈烈、光芒四射、悲壮结束的一生所部分地遮掩了。唯其如此，闻先生自己留下的学术、艺术、社会、政治活动的记录，清华学堂和大学以及联大档册中相关的记载，老友同寅和无数青年学生对他的回忆，再加上子女们在父亲身后数十年如一日始终不懈地搜集闻师的大小事迹，都说明现存有关闻一多资料之丰富，在近代学人之中，或仅逊于胡适。"这番话，是何炳棣看了《闻一多年谱长编》后有感而发的议论，他紧接着说："目前这部 1100 页 85 万字的《闻一多年谱长编》，规模之大、内容之富恐怕是自有年谱专类以来所未有。"何炳棣是海内外知名史学家，1934 年入清华大学，后随校到昆明，担任历史系助教、教员，与闻一多多有来往，对其比较了解，所以能说出这样的话。

《闻一多年谱长编》(以下简称《长编》)是我和内子侯菊坤、父亲闻立雕共同完成的，虽然这部书的所有资料由我一个人收集整理，但他们的贡献同样很大。1980 年代数字化还不普遍，收集的资料要手工誊录，书稿每修改一次就要从头到尾抄写一遍，工程量可想而知。1989 年送到武汉的最终书稿有半人之高，是叔叔用小车拉着去的。抄写誊录的工作，是我和侯菊坤做的，所以她与我署名编者理所应当。《长编》记录的是历史，父亲是许多事的亲历者，为了对这部书负责，他审阅了大部分书稿，故他署名审定，显示了这部书的严肃性。其实，叔祖闻家驷也审阅了书稿的前一部分，张光年审阅 1944 年以后的部分，只是没有署他们的名字。

《长编》初版完成于 1988 年，但 1994 年才由湖北人民出版社出版。2012 年，上海交通大学出版社出版的增订本上下册是第二版。今年，湖北人民出版社编纂的荆楚文库收入《闻一多全集》时，将长编作为附录，于是我再次做了修订增补，即《长编》的第三版，册数也扩展为三册，实际字数由最初 80 万字增加到 100 余万字。

《长编》从初版算起，已越 28 个年头，自以为经住了历史检验。多年前，中国人民大学程光炜教授笑着对我说，有次他参加博士论文答辩，答辩者入考场时就带着初版《长编》，当评议人提出问题时，他就当即翻开《长编》找答案。可见，这部书已成为闻一多研究或相关研究的参考图书。可以毫不夸张地说，现在凡是介绍闻一多的历史，不论是注释，资料来源大多转引自《长编》。所以，好几次会议互动时，有人就希望我介绍一下《长编》的成书经过，而我也觉得有必要就这个问题作些说明。

长编缘起

编辑《长编》的念头产生于 1985 年。1984 年，黄石师范学院发起召开了全国首次闻一多学术研讨会，这是闻一多牺牲以后举办的第一次学术研讨会，也是“十年动乱”结束后闻一多研究界的首次盛会。这对我们家来说是件大事，但那年祖母患病住在我家，父亲和我都脱不开身，没有与会，只是看了会后寄来的一些论文。第二年，曾经聘请闻一多出任首任文学院院长的武汉大学，乘着学术界掀起的闻一多研究东风，召开了规模更大的第二次闻一多学术研讨会，我和父亲都应邀参加了这次会议。

武汉会议上，我聆听了学术报告，阅读了会议论文，感觉涉及的问题与黄石会议相仿，广度和深度上变化不大。这种状况让我意识到存在这个问题的一个原因，是可供利用的资料不足，来源大多是 1948 年开明书店出版的《闻一多全集》和仅有的几本传记与回忆。于是，很自然地想到自己应该为改变这种现状做点工作。武汉会议后，我带着寻根的愿望，在父亲的带领下第一次踏上老家的土地。路经黄冈与浠水两县交界的公路入口时，耸立的“欢迎来到闻一多的故乡”横幅牌坊让我激动得差点喊出声来。望天湖畔的故居遗址，巴河码头的如梭舟船，都让我涌动起游子归根的激情，也促使我下定决心为闻一多研究服务。

最初设计

回到北京后，我向所在的近代史资料编辑室报告了自己的计划。那时，我们研究所的科研工作大致分三个部分，部分是国家或社科院交办的任务，部分是根据需要由研究所设计的课题，部分是个人提出的计划。闻一多是位近代历史人物，属于我们研究所的科研范畴，而且所里有不少名人后代（如陈毅、贺龙、张学良、章乃器、贾亦斌、林彪等人子女），后辈研究前辈几乎是我们研究所的一个特点，所以我的计划很快得到研究所认可。

1974 年我进入北京大学历史系中国史专业后，在课堂里学习过一些版本学、目录学、校勘学知识。课外，常常到老师家聆听私授，如《四库全书总目提要》《读史方舆纪要》等，都是那时接触到的。1977 年毕业后，我被分配到中国社会科学院近代史研究所，最初在中国通史研究室，接受的第一个任务是参加国务院交办的全国地震历史资料汇编工作，具体承担上古至元代末年的资料收集整理与编辑。这一实践使我得到较为严格的史料学训练，同时也启发我编辑一本闻一多的年谱。最初想象的模式，是模仿宋代史学家李心传的《建炎以来系年要录》，即收集所有的已知资料，在相对系统整理的基础上按编年史体例，编辑一部可供研究者检索利用的工具书。恰在此际，看到台湾刚刚出版的胡颂平编的《胡适之先生年谱长编初稿》，胡书的体例令我茅塞顿开。当时，除了《胡适之先生年谱长编初稿》外，以“长编”为书名的仅有丁文江编的《梁启超年谱长编》，但丁书利用的主要是梁启超的两千多封书信，而胡书的资料来源既广且泛，所以我决定以胡书为体例范本，编辑一部《闻一多年谱长编》。

普查资料

方向明确了，我便开始投入资料收集。可能有人以为，作为闻家的后人收集闻一多的资料有得天独厚的优越条件，不是什么难事。其实，我对闻一多的了解一点也不比别人多，除了祖母和父辈在日常生活中触景生情说的一些故事外，对他的历史可以说完全来自文本记载，因此收集资料也和任何人一样，必须也只能一点一滴地做。我承认感情因素是选择这个工作的动因，但做起来我就始终想着自己是个史学工作者，而不只是闻一多的后人。因此，工作启动之初，我就确定了两个目标，一是收集资料应当尽量全面，一是选材编辑应当尽量客观。这里，先说我是怎样向第一个目标努力的。

所谓“全面”，就是收集资料时不论大事小事，凡是与闻一多相关的材料，统统在收集之列。我的想法是，只要是闻一多生活过的地方，都要力争去一次。只要是闻一多生活地区的主要报刊，都要查阅一次。有资料当然好，无资料也没关系，事无巨细，沙里淘金，不查一遍不放心。1986 年至 1988 年，我的大部分时间都用在查找资料上。

我利用最多的自然是我所在的近代史研究所图书馆。近代史研究所是中国科学院成立后建立的第一个研究所，其前身为建于 1938 年的延安马列学院历史研究室和1948年在华北解放区成立的华北大学历史研究室，所以建所时就接收了北平研究院、中研院历史语言研究所图书史料整理处的藏书。建所后，黄炎培主动表示把上海实业家多年经营的鸿英图书馆全部藏书捐给我们研究所，但上海不同意，最后协商图书部分捐给上海市图书馆，而全部报纸、期刊都捐给近代史研究所。所以，我们研究所图书馆的收藏非常丰富，被国内外史学界公认为资料宝库之一。近代史研究所保存的档案也很特殊。我们所原址在王府井大街东厂胡同一号，早年是民国副总统黎元洪的府邸，抗战胜利后划给北京大学，成为校长办公处。北京和平解放前夕，校长胡适匆匆南下，大批档案未能带走，使我们所有许多胡适档案。这种得天独厚的优势，为我查找资料提供了十分便利的条件。如1921年闻一多在清华学校参加罢考运动，1925年至1926年在北京的活动，1927年发表的《诗经的性欲观》，1932年青岛大学学生的《驱闻宣言》油印件等大批闻一多的未知史料，都是从我们研究所的老报纸、老期刊和档案中找到的。

清华大学的校史资料，是我获知闻一多早期历史的最主要来源。闻一多一生大部分时间生活在清华，从13岁起，闻一多在清华学校读了10年书，1922年赴美留学也是受清华庚款资助，1925年回国后辗转了6年，于1932年回到清华园，直至牺牲都没离开过这所学校。这些历史资料与档案，多数保存在清华大学校史组和档案馆。我在收集资料的三年里，每年冬天都住在北京大学，有时住在西南联大校友会办公室，有时住到留校同学的宿舍，天天则泡在清华大学校史组的屋子里。感谢清华大学校史组几位老师对我敞开大门，有段时间他们把办公室的钥匙都给了我，任我在图书资料架上自由查找资料。在那里，我不仅查阅了闻一多在清华学校时期的全部《清华周刊》，而且还发现了此前从无人见过的1922年8月1日闻一多与清华学校辛酉级被迫留级一年同学在西雅图静会公寓前的合影。这张照片刊登在辛酉级被迫留级同学单独编辑的毕业纪念册里，而这个小册子就连清华校史组的老师也没注意，是我逐本查阅图书时才看到的。这本小册子后来随着机构变动挪来移去不知下落，幸亏当时我带着照相机把它拍了下来，方使这张极其珍贵的历史照片得以流传。清华大学档案馆同样满足了我的所有要求，那时档案馆成立不久，西南联大档案还未系统整理，他们让我查看业已编好的目录，凡是我想调阅的，都复印了两份，一份给我，一份作为闻一多专档。《长编》中闻一多与学校的来往信函、工作报告，以及居住的西院、新南院建筑图纸、房屋分配等第一手资料，就来自这些档案。

抗战爆发后，清华大学与北京大学、南开大学于 1937 年 11 月合组为长沙临时大学，1938 年 4 月迁至昆明后改名西南联合大学，九年多的时间里，除半年在长沙外，其余都在昆明。因此，昆明是我收集资料最重要的地区。对于昆明，我有一种特殊感情，1966 年冬天，我乘着“文化大革命”时全国大串连，特意奔向昆明。那时贵阳到昆明的铁路刚刚建好，还不通客车，我爬上一辆运送东北某工厂家属去“三线”的闷罐车，走走停停了两天才到昆明。说来也是机缘，《长编》工作开始后，我每年都有机会去昆明，一次是参加中国地震学会历史地震专业委员会会议，一次是参加李公朴闻一多纪念会，一次是参加西南联大纪念活动。每次会后，我都在昆明逗留两个月收集资料，或访问当年的学生和知情人，或到云南省图书馆查阅老报刊，还与善本库的管理员李硕成了朋友。投入与收获是成正比例的，1948 年上海开明书局出版的《闻一多全集》扉页插图中，有一帧名章印模，刻着“熊锡元”三字。熊锡元是何人，没有介绍，也无人问及，是云南大学一位研究闻一多的老师告诉我熊锡元就在他们学校，并陪我到熊先生家。聊起来后，方知曾免费刊登闻一多治印广告的《生活导报》，正是他和几位朋友共同办的，那枚名章是闻一多为了表示感谢赠给他的。1944 年 5 月闻一多从昆明北郊司家营搬到城里的昆华中学，担任这所学校的三年级国文教员。这件事缓解了闻一多的家庭生活困难，当时担任昆华中学教务长的李埏，从中起了很大作用。而这段事的过程，也是访问李埏时才弄清楚的。1988 年 11 月 30 日，李埏在《云南日报》发表《记闻一多先生在昆华中学》，大概就是因我的访问勾起他的回忆而写成的。后来，何柄棣看到《长编》中这段记录，还在《读史阅世六十年》中做了进一步补充，使这件事的经过更加完整。

除了上述几个地方外，我还在重庆市图书馆、贵州省图书馆、湖北省图书馆、武汉大学档案馆查阅了一些资料。在湖北省图书馆，不仅查到了1928年秋闻一多与湖北省首届美术展览的关系，还在1934年度《私立武昌艺术专科学校一览》中发现了担任这所学校董事的闻一多照片。在武汉大学档案馆，看到了有关闻一多离开武大原因与经过的笔述材料。至于北京图书馆，因有地利之便，我去得更多。那时，北京图书馆的民国图书并不在北海西侧文津街的总馆，而在比邻雍王府的柏林寺分馆。柏林寺是座破败古庙，只有一间阅览室，极其简陋，屋子中间还立着供大家取暖的火炉。柏林寺离我当时住的北新桥后永康胡同很近，穿几条小巷走十多分钟就到了，我经常利用间隙时间去那里。

以往的闻一多资料，大多为文本载录，长编的特点之一是加入了口述历史。收集资料过程中，我走访、信访了多位前辈，有些是根据文字资料线索进行的专访。访问的对象，包括闻一多在清华学校的同学吴泽霖、顾毓琇、汤佩松、孙大雨、贺麟、潘大逵、胡毅等。在青岛大学、清华大学、西南联大、昆华中学的同事冯友兰、陈岱孙、王力、沈从文、冯至、卞之琳、吴征镒、吴富恒等。在执教各校教过的学生臧克家、王瑶、吴祖缃、张清常、何善周、季镇淮、范宁、彭兰、张世英、王康、萧荻、李埏、王明等。还有在民主运动中交结的战友张光年、尚钺、李何林、王振华、常任侠、冯素陶、金若年、袁永熙、洪德铭、杨明、唐登岷、陈盛年等。这些前辈都不厌其烦地解答了我的问题，让我知道了许多细节和过程。印象最深的有吴泽霖讲述了第一次世界大战时他们和闻一多准备到法国为参战的华工做翻译，冰心说中国留学生在波士顿演出时闻一多亲自为她化妆，顾毓琇说他们成立的大江会就是少年中国等。这些亲历者的叙述，对还原闻一多的未知历史和思想变化，有着不可替代的作用。

我做这些工作，与许多人的帮助是分不开的，这里我想说一件事。

闻一多在科罗拉多学院留学时，写过一首《另一个支那人的回答》，因为是英文诗，我请与我住在中国社会科学院永安里宿舍同楼的袁可嘉先生翻译成中文。袁先生是著名的“九叶派”诗人之一，一次热爱新月派诗歌的美籍中国台湾女士廖玉华去拜访他，他就说我就住在他家楼上，并介绍我们相见。会面时，我提起自己很难得到台湾的有关资料，如果可能的话，想与梁实秋夫人韩菁清女士取得联系，因为梁实秋《谈闻一多》的插页有封闻一多信的书影，推想也许还有其他信函，要是能得到那些信函的复印件，那是再好不过了。我只是这么说说，不曾想廖玉华女士利用返台探亲机会，真的找到韩菁清。韩菁清那时刚从大陆返回台湾，因私赴大陆受到台湾当局处置，关在屋里不许外出。韩菁清见到我托廖女士带去赠送她的《闻一多书信选集》，相信我的身份，便把梁实秋保存了60余年的闻一多10余封信函原件，托廖女士回北京时转给了我。这批书信的内容，大多收入开明版《闻一多全集》，但这可是原件，是历史文物啊。

功夫不负有心人，当初所做的访问记录和查阅记录有整整10个笔记本，都成为《长编》的支撑。而前辈们的百余封复信，对我更是无价之宝，如有机会，我愿意把它们影印公布。

以上是最初的收集资料的简单介绍。《长编》是本纯资料性的工具书，初衷只是为闻一多研究者提供方便，没想到出版后在学界引起的反响出乎我意料。北京大学百年校庆时，这部书被评为向研究生推荐的六十本必读选读著作之一。武汉大学中文系陆耀东教授称《长编》是《闻一多全集》第13卷(全集共12卷)，让他指导的研究生人手一册，弄得湖北人民出版社都没有库存了。但是，《长编》毕竟是一次尝试，而且当年条件有限，许多资料未能看到，所以出版后我仍随时随地留心资料收集。

2010年，我接到上海交通大学出版社一封来信，说他们正在编辑一套近代人物年谱长编，计划把《闻一多年谱长编》收进去。这个消息让我很是兴奋，因为16年来不仅陆续发现了一些新资料，同时我还下了很大功夫查阅了台湾保存的档案资料。

1987年台湾宣布解除“戒严”后，随着两岸关系逐渐解冻，我们所与台湾学者之间的走动也开始宽松。2004年8月，我受邀参加台湾政治大学历史系举办的一个近代思想与制度研讨会，会后在“中央研究院”近代史研究所(以下简称近史所)做了两个星期访问。那是我第一次到台湾，时间很短，但大致了解了台湾资料的分布情况。2005年12月我第二次到台湾，参加“中央研究院”近史所召开的抗战时期有关高校研究的学术会，会后在近史所又做了两个星期访问。其后，我们所与台湾近史所、政治大学、“中央大学”等单位建立了学者交换关系，全所科研人员每年轮流到台湾访问研究，为此我们所还在台北租了套房子。正是因为这些便利条件，我才能以“中央研究院”近史所、文哲所、台湾政治大学访问研究员或访问教授身份，于2009年10月、2010年11月、2011年10月连续到台湾，每次至少两个月，以至政治大学公寓对面一家餐馆老板见了我都说“你又来了”。

在台湾，我除了做与现代政治史研究相关的工作外，就是查找闻一多资料。台湾的闻一多档案分散在几个单位，大多在“中央研究院”近代史研究所档案馆和台北“国史馆”。“中央研究院”近史所的档案主要在朱家骅档案、王世杰档案中。朱家骅、王世杰都担任过国民政府教育部长，前者还担任过国民党中央组织部部长，他们都是学者型的官僚，与学术界关系很深，是西南联大教育与国民党区党部的直接领导。这两个档案之所以保存在“中央研究院”近史所，是由于朱家骅、王世杰都担任过“中央研究院”院长，他们与西南联大往来的大量信函、报告、指示、手令、口谕等都属于近代史资料，故都捐赠给“中央研究院”近史所。这些档案五花八门，我重点查阅的是涉及闻一多与民主运动的关系档案。

台北“国史馆”历史悠久，民国政府时期就是最高史政机关，国民党迁台时，把大量国民政府的核心档案带到台北。我去台湾时，“国史馆”还在台北郊区的新店，要坐一个小时公交车，后来搬到“总统府”背后的长沙街，交通就方便多了。台北“国史馆”的档案是开放的，闻一多的档案集中在蒋介石档案里，但规定总统、副总统档案不许复印，只能对着电脑扫描件抄录，所以我在台北的日子里几乎每天背着笔记本电脑泡在“国史馆”阅览厅。“国史馆”档案已全部数字化，目录编得很细致，很容易把带有“闻一多”“清华大学”“西南联大”等字样的目录显示出来，我就是根据目录逐一调阅抄录了一批文书档案。“国史馆”馆长都有学者背景，我几次到台湾，正是“中央研究院”近史所林满红、吕芳上两位研究员相继担任馆长，他们与社科院近代史所多有往来，对我们自然关照有加。

由大陆带到台湾的国民党档案保存在台北国民党党史会的“中央党史馆”，这个馆就在国民党中央党部大楼内。党史会的几位负责人参加过我们所举办的学术会议，早有来往，故他们不仅提供方便，还热情为我提供线索。可惜的是，这个馆保存有价值的档案不多。台湾档案局也有少量档案，主要是闻一多被刺期间的材料，其中有顾祝同给蒋介石的报告、审讯凶犯记录，还有和闻一多同时被刺受伤的大伯闻立鹤的讯问记录，上有大伯的亲笔签字。我很晚才知道这个线索，是“中央社”青年记者李明宗在报纸上看到我的文章，知道我在台北，特打电话告诉我的。这位记者知道我来不及去档案局，就自己跑去把剪报专卷复印装订了送给我，而大伯签字的讯问记录由于只提供给家属，他无法复印。不过，这些档案的内容当年报纸基本都有报道，其价值在于它们是原件。

总之，台湾的闻一多档案我差不多搜罗彻底了。蒋介石的日记手稿不在台湾，他的后人捐给了美国斯坦福大学胡佛研究所档案馆。这批档案整理一部分开放一部分，开放之初胡佛研究所档案馆就邀请我们所派人轮流前去查阅，我便请我们研究室的同事黄道炫把有关闻一多的部分抄录下来。二版《长编》增订时，我把这些档案全部编了进去，作为全书的附录，这一点是对初版《长编》最重要的补充。

二版《长编》出版后，我没有松气。多年来，我一直有个愿望，就是到美国沿着闻一多的足迹走一遍，这个心愿终于在2019年实现了。

那时，被北京语言大学派到哥伦比亚大学任教的女儿，认识了一位在联合国工作的中国学者，那位学者主持一个文化机构，想乘着纪念闻一多诞辰120周年请我去做演讲。于是，2019年5月，我结束了5年的日本研究工作后，就马不停蹄飞往纽约。在美国的两个月里，女儿陪我数次考察了闻一多学习的纽约艺术学生联盟和住宿的国际学生公寓。暑假里又飞到芝加哥、科罗拉多温泉，走遍了闻一多学习和生活的角角落落。出发前，女儿已经做足了功课，早早就与各地进行了联系，所以我们每到一个地方都受到热情接待，有的还把我需要的档案调了出来。以前，闻一多在美国的资料主要依靠的是书函家信、《清华周刊》报道和梁实秋在《谈闻一多》中的回忆。这次我们按照所知线索逐个寻找，实地考察，不仅得到了档案资料，还近距离地感受到闻一多当年生活的环境与气氛。这次行程的收获，我曾写有专文，刊登在中国现代文化学会闻一多研究会发行的《闻一多研究动态》，有兴趣者可以翻看，这里就不说了。

这时期，我还得到梁实秋的幼女梁文蔷的帮助。梁实秋晚年到了美国，住在西雅图的梁文蔷家。几年前，梁文蔷给我写信，说她手上有闻一多的一幅绘画，愿意送给我。这幅画是闻一多在纽约留学时为张嘉铸画的速写。闻一多在美国的绘画作品留下来的很少，我当即就代表全家表示感谢。后来，堂妹闻丹忆特到西雅图把这幅画取了回来。梁文蔷还给我寄过一张照片和几枚闻一多的印章印模。照片是梁实秋、闻一多与在科罗拉多学院留学的中国同学合影，印模是闻一多为刘英士夫妇刻的图章。这些文物非常珍贵，可惜在《长编》中只能寥寥介绍几句，但它们蕴含的情感怎能用文字表达得了呢？

2020年从美国回到北京不久，我接到湖北人民出版社的一个电话，说他们想把12卷本的《闻一多全集》收入湖北省重大文化工程“荆楚文库”，希望我提供一些补充材料。联系中，我试着建议把《长编》作为《闻一多全集》附录，对方很快回信表示同意。这样，二版《长编》出版6年后，就有了第三版。收入“荆楚文库”的《闻一多全集》共17卷，第

15 卷至 17 卷为《长编》，一部全集的附录竟印了厚厚三大册，这在全集编纂史上可能还未曾有过。

三版《长编》增加的内容，除了二版出版后发现的新资料和在美国获得的资料外，还加强了家庭生活部分，为的是突出闻一多的“家国情怀”。二版《长编》里，已根据 2009 年新华出版社出版的父亲的《红烛：我的父亲闻一多》，增加了他的一些亲历亲闻。三版《长编》，又增加了姑姑在 2020 年由清华大学出版社出版的《闻一多和自己的歌》中的回忆。姑姑看我的书非常仔细，把她发现的与史实不尽相符的问题逐条记录下来，叮嘱我修改时要注意。姑姑是个才女，不仅观察细腻入微，而且记忆力极好，她的书记载了大量生活细节，充实了家庭生活中的情感世界，呈现了更加丰满的闻一多。

三版《长编》应出版社要求，删去了二版中作为附录的台湾档案。这一点让我不免遗憾，希望利用者使用这本书时，别落了看第二版的附录。

编选标准

前面说了《长编》确定的第一个目标是收集资料尽量全面，这里说第二个目标，也是编选标准，即选材尽量客观。

记不清是哪年，国家社科基金建立不久，我申报了一个与闻一多相关的课题。当时，由于中国史学会挂靠在我们所，所以国家社科基金的历史学部分由我们研究所主持审查。本以为问题不大，但没想竟没通过。事后，听说是会上一位史学界前辈认为后辈做前人研究很难做到客观，所以未能通过。这件事给我留下的印象很深，也是我不做闻一多研究只从事资料编辑的主要原因。但是，在资料取舍上选择哪些舍弃哪些，依然存在着应不应为贤者避讳的问题。在这个问题上，我始终是冷静的。长期的史学训练，使我认识到历史虽然是后人写的，但必须坚持唯物主义态度，因为历史毕竟是真实的存在，只要是真实的，无论如何遮掩早晚都会现出真相。如果有意掩盖已经知道的真实，那就不是把历史作为科学，其著作迟早会被淘汰。

正是本着这种认识，我在《长编》选材中始终坚持尊重客观的态度，做到不受外界因素影响。因此，我在《长编》中披露了闻一多早年在政治上反对共产党的一系列原始资料，承认了西安事变时他反对张学良、杨虎城的立场，摘引了抗战中期他称蒋介石是“民族英雄”的言论，公布了蒋介石与“李闻惨案”关系的档案。同时，也对这种认识产生的原因与思想转变的各种因素进行了说明。这种选材，曾经引起不同意见，一些前辈出于爱护提醒我注意，建议我根据史料写成的论文不要发表。某次，我到浠水县参观闻一多纪念馆，县民盟请我给盟员做个报告，互动时，多数人提出尖锐批评，到会的县委副书记也善意地表示不赞成我的观点。不过，赞成的意见更多。一次日本一所大学请我报告，海报上写了我是闻一多的孙子，有人看了海报反倒不参加了，而我在会上讲到闻一多的早期思想时尊重历史，尊重客观，大家反响很强烈，没到会的人听到后连说后悔。

编外余言

1988 年秋，我把书稿送到中国社会科学出版社。这个出版社是我所在的中国社会科学院的直属出版社，之所以给他们，是心里总忘不了胡乔木院长在社科院成立大会上说的一段话。那是 1977 年秋，从中国科学院独立出来的中国社会科学院召开成立大会，我参加了这个在公安部礼堂召开的大会。会上，胡乔木讲话中说要把中国社会科学出版社办成学者的阵地，凡是出版有困难的图书，只要有学术价值，都可以交给中国社会科学出版社。我想，《闻一多年谱长编》不是大众读物，不可能普及，交给中国社会科学出版社是最合适的。还有一个原因，就是 1988 年中国社会科学出版社的社长刚从中央宣传部调过去，他和父亲在中宣部就相识，我想这或许能起点作用。可是，书稿送去半年才有音信，社长给我打电话，虽然说了些书稿很有价值的话，但中心是出版社正在改制，要自负盈亏，所有图书都要成本核算，问我能否给予一定资助。我问需要多少，他当即让电话边的人算了一下，说了个让我心跳的数字——4 万元。那时，我只是个助理研究员，每月工资五六十元，4 万元对我来说如同天文数字。

我之所以在这里提到这件事，是因为它让我有两个没想到。第一个没想到，是没想到胡乔木院长在全院成立大会上的承诺，竟然在我们自己的出版社碰了个钉子，这怎能不让人失望。胡乔木不仅做过毛泽东的秘书，还是位学者，是位历史学家，而碰钉子的书正是本记录历史的著作。看来在“向钱看”的时期，学术著作也摆不脱经济利益的羁绊。另一个没想到，是没想到长编在中国社会科学出版社碰了钉子，而利用这本书最多的人正是这家出版社的副总编辑李凌。李凌是西南联大学生，1942 年考入历史系，是当年民主运动的亲历者，曾经写过多篇回忆与研究文章，其中直接或间接利用了《长编》中的相当资料。李凌去世后，他的女儿李晓红整理父亲遗物时看到这部《长编》，特写信给我，说这部书都被李凌翻烂了，还拍了几张照片，上面都是李凌作的各种笔记和符号。可惜的是，我把书稿送到中国社会科学出版社时，还不知道李凌是出版社的副总编辑，否则我把书直接交给他或许会少绕些弯路。

在这部书被搁置起来的时候，武汉大学闻一多研究室编辑的《闻一多全集》即将完成，决定由湖北人民出版社出版，这使我生出一个念头，是否把这部书交给湖北人民出版社。这个想法很快得到出版社的同意，总编辑卢福咸还给我写信表示支持。我在初版后记末尾所说的“还是故乡的人亲，故乡的水甜，故乡的月儿明啊”，就是我发自内心的感受。当然，二版、三版就不存在这个问题了，故这里再次向上海交通大学出版社、湖北人民出版社表示衷心感谢！

学术研讨会综述

赵亚琪　庄桂成

（江汉大学）

闻一多从诗人、学者到民主斗士，其身份建构勾勒出这位爱国主义者所走过的道路。学界对闻一多道路的研究亦取得了卓越成果，2022年7月3日，中国闻一多研究会在江汉大学召开“中国共产党建党一百周年暨闻一多的道路学术研讨会”，研讨会由中国闻一多研究会、中国现代史学会、闻一多基金与江汉大学主办，江汉大学人文学院和江汉大学语言文化研究中心承办。70多位专家学者参加此次会议，深度探讨对“时代鼓手”闻一多先生的“爱国主义思想”“诗人”与“学者”的双重身份建构、“君子”人格的史料考证等问题的观点和思考，并采用多学科交叉的研究方法进一步阐扬光大闻一多的道路研究。

一、“爱国主义”是终身哲学

作为清华大学著名的两位爱国斗士，朱自清曾评价闻一多为“‘五四时期’唯一的爱国诗人”。“爱国”，是贯穿闻一多道路的生命哲学。闻一多爱国主义观念的生成、转变与诗作表现研究历来是学界关注的重点和热点，相比较以往对于爱国主义传统进行单一或二元对立的研究模式，从多维视野中发掘闻一多爱国主义道路具体实践及其当代意义更具学术价值，同时也是闻一多道路研究的学术生长点。

首先，闻一多的“爱国主义”体现在其发展道路的思想路线。陈国恩(武汉大学)用把握“历史逻辑”的方法来分析闻一多的爱国主义思想主线。他认为，应将闻一多的思想变化纳入爱国主义的历史逻辑，从爱国主义思想本身的发展来研究闻一多。闻一多思想突变开始于对原来国家观念的扬弃，而思想发展的统一性则在他的爱国主义，这也引导闻一多从“人民本位”立场到认同新民主主义方向。他认为闻一多对新民主主义方向的认同，是闻一多始终不渝的爱国主义思想发展的必然结果。依照爱国主义思想发展的逻辑，闻一多从爱国的进步知识分子到坚定的民主主义者，才更能体现这位进步知识分子代表性，更能彰显闻一多精神丰富的历史意义。商金林(北京大学)评价闻一多为“要为人类作出‘最大的贡献’”，并从闻一多对新月派同仁有着“和而不同”的一面切入，分析闻一多对徐志摩与周作人的臧否。他选取闻一多不避风险参加鲁迅追悼会与逝世八周年纪念晚会、面对李公朴被杀后反动派的威胁毫不退缩等事例作为研究对象，以此来引证闻一多自己所说的“诗人的天赋是爱，爱他的祖国，爱他的人民”。

其次，闻一多的“爱国主义”体现在社会实践的创造性探索。闻一多47年生命旅程虽然短暂，却是丰富的一生，他在社会实践传播活动中留下了卓有成绩的探索。王丹鹰(中国新闻社)将闻一多一生从事的社会实践传播活动，按照闻一多参与实践活动的传播方式、内容侧重、活动特点等诸多线索划分为三个时期：一是以清华园为中心的早期传播活动；二是以留美回国——抗战前的传播活动；三是以宣传抗战与追求民主——闻一多后期的传播活动。进一步分析认为自清华园到西南联大，不同时期的闻一多经历的社会传播活动的特点不同，但始终体现出深厚的爱国主义思想情感。庄桂成、赵亚琪(江汉大学)关注到闻一多与抗战文艺之间的关系，认为闻一多在抗日战争期间参加了众多与抗战相关的文艺活动，比如排演话剧，鼓舞士气；宣传民歌，激发“原始”和“野蛮”；关心时事，让文艺回到群众中去；提倡民族主义，坚信民族复兴等，这些活动鼓舞了人民的抗日斗志，为抗战文艺的发展作出了一名爱国主义文学家应有的贡献。李怡(四川大学)认为闻一多的思想是从“国家观念”到“人民意识”，这也是闻一多一生最重要的选择。他认为闻一多是“大江会”理想的重要表述者，前期闻一多的基本思想内涵是“国家观念”，“大江会”对国家主义的信仰被闻一多提炼为“中华文化的国家主义”。“中华文化的国家主义”主要表现为两个方面：一是对民族文化沉沦的忧患，二是对人的精神价值的特别关注。抗战后，闻一多针对早年“国家至上”的口号进行自我反驳，提出“人民至上”才是正确口号。这种对“人民本位”的回归，是闻一多强调国家只有为人民做实事，它的存在才有意义的生动表述，同时也是闻一多爱国主义思想的突出贡献，是现代中国国家—民族意识走向思想深度的雄壮传响。陈卫(福建师范大学)以闻一多的社团活动与政治关联为例，介绍闻一多对中国共产党的认识的转变。他将闻一多思想的转变划分为三个时期：一是清华时期，积极参与社团活动的文艺少年；二是留学前后，加入大江学会与新月社后的意识倾向；三是学者时期，身为西南联大教授与民盟成员的闻一多立场。以此归纳出闻一多生活的重心并不在政治，而是想用知识报效祖国，为了祖国舍生取义，付出生命，实现中国传统知识分子崇仰的爱国主义价值观。

再次，闻一多的“爱国主义”还从“文化心态”的角度得以体现。许祖华(华中师范大学)以闻一多的文化心态作为切入来阐释闻一多的爱国主义情怀，认为闻一多主要是对中华民族的精神文化、部分意识文化具有“恋旧情结”，而这也是闻一多在“五四”语境下对新文学在发展过程中汲取民族文化与文学营养的必然性与必要性作出的贡献。蔡志荣(湖北第二师范学院)从强烈爱国之情溢于诗歌创作、教书育人之中传播传统文化、文化经典之中潜心涵泳、力行践履于爱国民主运动等方面来探讨闻一多将爱国主义和民族主义思想融合的文化心态，认为闻一多的爱国精神体现在文学艺术创作、学术研究等诸多领域，闻一多是将爱国、救国和建立新文学民族风格融为一体，审视作为整体的民族历史与文化。

有学者另辟蹊径，比如丰景、刘春勇(中国传媒大学)从1940年代的经济危机来看闻一多的思想转向，认为国民政府发行的救国公债引起了闻一多对民族主义的警惕，恶性通货膨胀为理解“好一点奴隶论”提供了认知底色，经济危机导致了闻一多的激进转向。闻一多从切身的经济生活，到对独占垄断、经济特权的反思，乃至于对民主、自由、国家的思想转向，都体现着作为知识分子的闻一多关心时政、心系人民、热爱祖国、反对独裁、追求群体利益与国际合作的历史性切面。叶林(湖北今日艺术研究院)认为，闻一多思想是“变”与“不变”的对立统一。“变”体现在闻一多文艺思想的演变的阶段性上出现过两次重要的转向：前期从旧体诗到自由体诗，再从自由体到新格律体诗，经过否定之否定的发展路径。“不变”则体现在爱国主义精神以及五四运动科学与民主的精神始终贯穿于其思想转变的全过程。

二、“反映现实”筑诗人本色

谈到“新月派”，自然就离不开闻一多。闻一多作为“新月派”元帅型人物，在《诗的格律》中提出著名的“三美”主张，音乐美(音节)、绘画美(词藻)、建筑美(节的匀称和句的均齐)成为新月派诗人共同的诗歌追求。闻一多不缺乏浪漫主义的诗学天赋，但是在诗歌创作上却竭力用“理智节制情感”，力求实现诗歌“本质的醇正”，借助生活之力来赓续诗歌的抒情传统。与会学者就闻一多的诗歌译介、风格、内在精神等方面，梳理了近年来学界对闻一多创作的多角深度透视。

其一，闻一多早期的诗歌创作受到“五四”语境与西方美学观念的影响。熊辉(上海交通大学)关注到闻一多早期新诗创作的特殊方式“以译代作”。他认为在五四新文学语境下闻一多“以译代作”的诗歌创作有很多美国诗歌影响的痕迹，有的甚至是在翻译美国诗歌的启示下创作出来的，这种创作方式在中国新诗贫弱的语境之中帮助闻一多成就了很多不朽的作品。周建华(赣南师范大学)就中国现代新格律诗的提出旧题重谈，他认为要了解新格律诗的提出，要先了解闻一多当时所处的语境与心境。闻一多在处理《诗镌》与各社团关系上，既要利用好各种文学社团平台，也要保持个人的独立不受干扰，《诗镌》也成为闻一多重要的学术研究成果，为新格律诗理论的发展提供了有力载体。卢桢（南开大学）以闻一多留美期间的风景抒写为研究对象，探讨了海外文化要素的参与对闻一多诗歌写作的影响。他认为，闻一多留美期间的诗歌风景抒写主要包括三个方面：一是行旅意识与风景观；二是风景符号与“旅行者”的情感空间；三是风景结构与诗义结构。“风景的发现”对诗人主体意识和文化心理的塑造，以及西方美学观念与情调的催化，使诗人拓展了诗歌抒情的空间，增强了新诗表达域外经验的能力。周俊锋（西南大学）则关注到语言的指称与结构的自足的问题。他从用典言述的指称性和确证性、用典结构的自足性和生成性、新诗用典的诗学技艺与语言潜能三个方面分析闻一多与俞平伯等诗人的新诗用典问题，并得出结论：现代新诗典故的书写传统有待于成为一种具备自足性、不断生长的“抒情传统”。

其二，闻一多的诗作观念呈现出鲜明的人民情怀。朱自清曾指出闻一多是“一篇未完成的‘诗的史’或‘史的诗’”①。任毅、唐雪霈（闽南师范大学）认为闻一多诗歌的“人民性”其实是“诗的史”或“史的诗”的体现。文章从闻一多诗歌中的“人民性”特征与“人民性”内在精神体现两个方面着手，探析闻诗中的情感抒发：对祖国的热忱与忧虑，对人民的关怀与同情，对现实的讽刺与批判。任毅认为闻一多一生关注人民的生活、重视人民的力量，“人民性”是其人民观点的厚积薄发。程国君（陕西师范大学）、徐宁从“以诗存史”的角度来分析闻一多《现代诗钞》的选本学意义及其批评价值，认为选编者的“识”、科学的选学原则和选本批评的价值决定了闻一多选编《现代诗钞》保留文学史的编写策略，

① 朱自清：《〈闻一多全集〉序》，《闻一多全集》第12卷，湖北人民出版社1993年版，第443页。

“选有事之诗”，注重诗艺术与审美的叙史意识以及诗评家的经典意识，保证了选本的“精品”意识。

闻一多作为中国现代知识分子的一个精神符号和人格标杆，其诗学精神传统体现在哪些方面呢？王泽龙(华中师范大学)认为闻一多的诗学精神就是弘扬时代精神，关注社会改造的现代精神品格，诗歌现代品质就是率真的抒情人格。这种自由精神与率真品质组成的现代诗学精神，对改变目前新诗境界日渐狭隘的现象有着警醒意义。张洁宇(中国人民大学)重点关注到闻一多诗学观念从一位崇尚古典美学的诗人转变为高度肯定“生活之力”并拒认“技巧专家”的诗评家背后的诗学深意。她认为诗人闻一多对自己即将到来的时代的新的“价值”已经有了足够的认识和准备，“在新诗之外，也在新诗之中”虽很难界定，但多元互补的批评方式才更有利于新诗批评的发展。梁笑梅(西南大学)认为《红豆》组诗首先是在向心性(同一性)段落系列叙述中获得意义，最具意义的叙述是在离心性(多重性)的段落中获得系列叙述的意义，从而通过分析闻一多《红豆》组诗的系列叙述意义，得出“时代精神”原则和“技艺”原则是贯穿新诗历史的两个核心原则，也是新诗保持活力的根本。实干型民族斗士闻一多早期虽然深受美国意象派的影响，但仍旧在诗歌创作上呈现出鲜明的“时代精神”与“人民意识”。

三、“知行合一”展学者担当

中国古代哲学家认为，人的外在行为是受内在意识支配的，“知为行之始，行为知之成”①。道德是人行为的指导思想，按照道德的要求去行动是达到“良知”的工夫，因此“知行合一”是对中国学者的至高评价，闻一多先生的治学道路则是“知行合一”的典范。“五四”时期，蔡元培在北大力推改革，主张“学术平等”“思想自由”“兼容并包”，启用

① 王阳明：《传习录》，张怀承译，岳麓书社2014年版，第10页。

胡适、刘半农、周作人等一批学者、作家参与《新青年》的编务工作，这直接推动了“文学革命”的爆发。尔后，朱自清、闻一多、沈从文、徐志摩等著名现代作家、诗人也先后在清华大学、燕京大学、武汉大学等全国知名学府供职。作为“还原文学现场”的诗人闻一多，与作为“品咂文学肌理”的学者闻一多在著名学府武汉大学相遇，开启了闻一多创作和研究的双重理路。

首先，闻一多的治学之路坚守本土意识。其学术思想的早期风格形成、对美国意象派思想的吸收、政治选择对学术研究的影响，以及而后形成的系统性闻一多新诗学批评都坚守“中学为体，西学为用”，其学术思想对新时代的文艺评论工作的启迪意义等议题是本次研讨会的一大热点。王桂妹(吉林大学)从林纾的《〈辛西镜〉序言》谈起，梳理了闻一多文艺研究的早期“好为古文辞的趣味”，认为“古色古香”是闻一多早期思想及文学风格的典型特征，由此可以管窥闻一多的国学研读趣味和振兴国学的责任心。林青美、李永中(华南师范大学)尝试以闻一多的身份认同焦虑为切入点，分析意象派对闻一多的唤醒东方记忆之场的影响，认为“记忆中的东方”书写理念贯穿闻一多的留学生涯，对其构建传统文化以面对现实的理念具有重要作用。刘殿祥(大同大学)钩沉闻一多的政治选择对他学术研究的意义与影响，从而建构起闻一多“诗学的、史学的、文化思想”的国学综合研究，认为闻一多的国学研究既构成了现代国学研究、现代学术格局的有机组成，丰富了现代学术格局以及国学研究的内容，也成为现代学术史与国学研究的巨大遗存。向天渊(西南大学)将闻一多学术文章的话语方式描述为“左右互搏”，即自我辩难。他认为闻一多学术论文的自我辩难主要体现在两个方面：一是自问自答，转换话轮，增强气势，主要体现在闻一多喜欢且善于在学术论文中设置问题；二是虚拟对话，辩论商榷，引起共鸣，主要体现在闻一多喜欢且善于同虚设之“你”进行对话。他分析了这种“自我辩难”式的文章话语方式形成原因与启示作用，认为闻一多出生的家庭背景，就读的学校，对从事古典学术研究的目的有清醒的认知，画家身份增添了学术研究的艺术气质等原因，都是促成闻一多学术文章话语方式的原因。王立(江汉大学)关注到闻一多作品《人·兽·鬼》篇名与最初版本考相关问题，考证了开明书店 1948 年 8 月初版的《闻一多全集》所收录的《兽·人·鬼》一文。刘继林(湖北大学)立足于闻一多数量不多的新诗批评文章，认为闻一多的新诗批评之于新时代文艺评论工作的启示在于四个方面：一是批评的立场和态度鲜明，敢于亮观点、讲真话；二是批评的思想和理念创新，问题意识、本土意识强；三是批判的标准原则客观中正，趋新却不赶潮，尚美却不媚俗，理性而又辩证，经得起时间和历史的检验；四是批评的理论建构，从实践中来，到实践中去。闻的新诗批评立场鲜明、理念创新、标准客观，对我们今天文艺评论工作的全面开展和深入推进具有较大启示意义。

其次，闻一多的学术兴趣博识多通。其对先秦诸子百家文选、中国传统戏剧、中国现代朗诵、新格律诗、“士”文化传统等领域都颇有建树。李光荣(西南民族大学)指出，闻一多没有作过专门的戏剧理论撰述，但珍留的两篇戏剧文章可以生动地呈现出闻一多的戏剧研究思想，认为闻一多的戏剧思想是从实践中总结出来的，是行之有效的思想，在抗战时期具有针对性的指导了西南联大的戏剧活动，并且对今天的戏剧工作也有借鉴意义。葛刚岩(武汉大学)关注到闻一多细致考订《天问》，但对之“问”题源出并未给出申论，通过细致梳理上古时期的图像文化史来认定王逸“呵壁”说值得信赖。苏文清(江汉大学)从中国现代朗诵史视野探讨了闻一多与中国现代朗诵的关系，并得出闻一多在清华学习和留美的时段较多地接触了包括朗诵在内的西方有声语言表达艺术的结论，认为闻一多从注重效率论到注重价值论的诗学思想、从精英化朗诵到大众化朗诵的方式选择对现代朗诵具有示范与指导意义，是中国先进知识分子的必然选择。陈欣(湖北第二师范学院)介绍了闻一多对《九歌》中的生命观的研究。闻一多是用文化阐释批评方法来研究《楚辞》

的，并指明《九歌》具有“最古的用途及其猥亵性的内容”①，揭示了原始人类社会在生活习俗和诗歌艺术中体现的强烈的生命意识，这是闻一多力求在古代文学中发掘出中华民族“集体的力、集体的诗”作出的巨大努力。

最后，闻一多的治学路径敢于破旧立新，始终践行着知识分子勇于承担改革教育体制的担当。刘保昌（湖北省社会科学院）关注到目前学界对闻一多“诗人、学者、斗士”三重人格的主色调在其人生三阶段发展演变中的内在理据是缺失的，力图从闻一多的庄屈阐释及其人生实践来探索闻一多人生道路的选择与学术创造的文化脉络。他认为，闻一多建议将大学课程体系中外文系改为文学系与语言学系的举措是破除“中西对立、文语不分”的融通举径，是文化接受姿态上敢于“受”的表现。

四、“史料钩沉”现君子人格

马克思在《关于费尔巴哈的提纲》中提出：“人的本质并不是单个人所固有的抽象物，在其现实性上，它是一切社会关系的总和。”②人在社会中进行各种生产、交往，显示出了人的社会属性，而社会关系中的“人”无一不处在历史事件之中，从而建构人的自我人格镜像。

首先，史料钩沉丰满了闻一多的人生轨迹。闻黎明（中国社会科学院）在生前提交给会议组委会的文章《我与〈闻一多年谱长编〉》中，谈到《闻一多年谱长编》的源起、最初设计、普查资料、编选标准、编外余言等相关问题，系统全面地整合了闻一多生前的相关资料，形成了一部史料充盈、观点鲜明、内容夯实的闻一多文献集。孟庆奇、陈建军（武汉大学）关注到中国民主革命的先驱孙中山先生的影响贯穿了闻一多的整个生命历程，他对孙中山所倡导的“三民主义”，尤其是“民族主义”

---

① 《闻一多全集》第5卷，湖北人民出版社1993年版，第339页。

② 《马克思恩格斯选集》第1卷，人民出版社2012年版，第135~136页。

经历了一个由“误解”到重新认识的过程。沈瑞欣、陈建军(武汉大学)则借用人事考述的方法对闻一多留美书信进行探究，通过详实的史料分析得出以下闻一多人事考：1922年7月16日闻一多乘“麦金雷总统”号赴美；1922年9月17日闻一多往芝加哥西北车站迎接闻亦传；1922年9月24日“两件死底消息”人物为王朝梅与方来；1923年5月7日闻一多致闻家驷信中谈到“孙君”投湖自尽；1923年9月3日闻一多动身参加麦城夏令会；1923年9月闻一多即转学至科罗拉多学院；1924年6月11日闻一多参加毕业典礼；1924年秋闻一多筹备英文古装剧《杨贵妃》。这既丰富了闻一多研究的史料，也使闻一多的形象更加丰满。周文(四川大学)以重庆《国民公报》为例细致梳理了作为“文学事件”的“李闻惨案”的发生经过。颜同林(贵州师范大学)通过介绍蹇先艾与闻一多的人生轨迹和交集，在诗歌创作上的交往来探讨两人在诗学上的多维比较，认为虽然闻一多的诗歌具有高远的爱国主义情怀，而蹇先艾的诗歌更多注重描写“小我的哀怨”，但两人在人生经历和诗歌创作上的交集、交往和情怀还是值得关注的。

其次，多角透视形成了闻一多的全面精神镜像。多角度的史料钩沉，将其放置在20世纪新诗话语谱系中加以考察，可以建构起更为立体的闻一多人格精神镜像。黄晓华(湖北大学)关注到传统文化与闻一多的人格建构问题。他认为闻一多“诗人、学者、斗士”的三重人格，都与传统文化密切相关。传统文化的“美”孕育着作为诗人的闻一多的审美执着，传统文化的“伪”激发闻一多在唯美中考察人性的真相，对传统文化的真相的考掘，使闻一多主动承担起伦理改造的重任。闻一多这三重人格的建构，可以清晰地展现传统文化的现代转化路径。黄健(浙江大学)从闻一多与中国“士”文化传统的角度切入讨论集“诗人、学者、斗士”三重人格为一身的闻一多对“士”文化传统的继承和弘扬。他认为闻一多在人生的社会实践中，始终都能坚持“士”的人格操守，尤其是闻一多的“道义之举”，既展示了“士”杀身成仁的精神禀赋，也展示出闻一多对理想人格的执着追求和精神坚守。徐迅(江汉大学)从闻一多的“教师身份”切入，从诗人风度与“现身说法”的课堂教学艺术，平易近人的学者与认真严谨的治学精神，润物无声的“无言之教”，爱祖国、爱人民的精神核心几个方面建构了西南联大学生回忆录中的“师者闻一多”形象。谢君兰(四川大学)通过对闻一多“理智节制情感”的诗学实践的探究归纳出其“君子人格”的内化过程。她从闻一多的爱情诗、爱国诗、悼亡诗入手，分析得出节制的情感是家庭责任与“至情至爱”的错位，是节制之上的人格使命，也是节制之下的恰如其分。这种感情的根基，其实就来源于儒家君子人格的“修齐治平”。

闻一多与国家的关系、闻一多与中国共产党的关系，这是每一位研究闻一多的专家、学者都应该思考的问题。“时代鼓手”闻一多的道路研究具有历时共时性，参与“中国共产党建党一百周年与闻一多的道路学术研讨会”的专家结合闻一多爱国主义实践、“学者”与“诗人”的身份建构与历史事件反映出的人格镜像等研讨成果，指出“爱国主义”是闻一多的终身哲学，其人生道路主要由“诗人”与“学者”双重研究路径构成，史料钩沉呈现出其“修齐治平”的“君子”人格镜像。

附录一

中国闻一多研究会举行换届大会

杨　霞　朴　婕

（武汉大学）

2021年12月25日下午，中国闻一多研究会会员代表大会暨第七届理事会议成功召开。会议采取线上线下相结合方式，线下主会场设在武汉大学。来自北京大学、清华大学、复旦大学、中国人民大学、厦门大学、四川大学、中国社会科学院、中国新闻社、闻一多基金会等高校和机构的80余名会员代表参加了会议。会议由武汉大学文学院副院长、第六届理事会副秘书长裴亮主持。

武汉大学人文社会科学研究院研究平台建设处副处长陈世银、武汉大学文学院副院长程芸先后代表学校、学院致辞，高度赞扬中国闻一多研究会所取得的成就，表示将继续做好管理和服务工作。

第六届理事会会长陈国恩作任期工作报告并介绍换届筹备情况。自2009年以来，中国闻一多研究会举办了三次重要的国际学术研讨会；一次参加日本闻一多国际学术研讨会，两次参加日本闻一多学会年度大会；与闻一多基金会共同发起并主办了第二届闻一多研究优秀成果评奖活动；产生了一批有影响的学术成果，特别是2021年12月由湖北人民出版社推出了内容最完整和最具权威性的17卷本《闻一多全集》。陈国恩还详细介绍了理事会换届筹备情况。经与有关方面商议并征得教育部、民政部和武汉大学同意，确立了新一届理事会产生方案：中国闻一多研究会挂靠武汉大学，法人代表一直在武大，新任会长应从武大推选；新任副会长，根据专业性、历史承传、地域平衡及对研究会工作有利的原则来酝酿；适当增加常务理事人数，理事实现年轻化；设立学术委员会，由第六届理事会会长、副会长和在闻一多研究上有突出贡献的专家、学者组成。

第六届理事会常务副会长方长安宣读第七届理事会候选人名单，并由全体代表表决通过。经现场和网上投票，选举产生了第七届理事会，武汉大学陈建军当选新一届理事会会长兼法人代表，将报国家民政部备案。

新一届会长陈建军汇报第七届理事会工作计划。陈建军首先代表新一届理事会对陈国恩教授等表示特别的感谢。陈国恩教授 1999 年起任第三届理事会秘书长，2004 年起任第四届理事会常务副会长兼秘书长，2009—2021 年连任第五届、第六届理事会会长兼法人代表。在过去的二十几年里，尤其是在担任会长期间，陈国恩教授付出了大量时间和精力，多次组织并成功举办了大型国际性的闻一多学术研讨会，为闻一多研究和中国闻一多研究会的发展作出了重大贡献。

陈建军谈到，新一届理事会会长、副会长几乎都是“新人”，设立学术委员会可为新一届理事会保驾护航，起到“传帮带”和学术引领与质量监控的作用。陈建军汇报了第七届理事会工作计划：一是严格遵守研究会章程。今后，将一如既往地严格遵守章程所规定的业务范围，依法依规开展各项活动。严格把好入会关，保证研究会的纯洁性和学术性。二是积极开展学术活动。精心筹备拟于 2022 年 4 月召开的“中国共产党建党一百周年与闻一多的道路”学术研讨会；创造条件推动闻一多文献整理和数据库建设；做好第三届闻一多研究优秀成果评选工作等。三是继续保持与各级民盟组织、闻一多基金会、闻一多纪念馆等组织机构以及澳门闻一多文化促进会、日本闻一多学会的合作和交流。最后，陈建军表示，将认真履行职责，全心全意做好服务工作，和新一届理事会同仁一道，努力把闻一多研究推向一个新台阶。

附录二

中国闻一多研究会第七届理事会名单

顾　　问　(以姓氏笔画为序)

王保生　吕　进　刘　烜　孙玉石　孙党伯

赵　慧　袁謇正　董乃斌　蓝棣之

会　　长　陈建军

副 会 长　(以姓氏笔画为序)

王丹鹰(中国新闻社)

王本朝(西南大学)

王桂妹(吉林大学)

王雪松(华中师范大学)

王　毅(华中科技大学)

卢　桢(南开大学)

向天渊(西南大学)

庄桂成(江汉大学)

刘保昌(《江汉论坛》杂志社)

纪海龙(中南大学)

吴晓东(北京大学)

张洁宇(中国人民大学)

范宝龙(清华大学)

黄晓华(湖北大学)

颜同林(贵州师范大学)

秘书长 裴　亮（武汉大学）

副秘书长 朴　婕（武汉大学）

李　杨（四川大学）

学术委员会

召集人 陈国恩　方长安

委　员 （以姓氏笔画为序）

王光明　王泽龙　方长安　刘川鄂　刘福春

李乐平　李光荣　李　怡　何锡章　陈国恩

罗振亚　闻黎明　商金林　程光炜　熊　辉

常务理事 （以姓氏笔画为序）

王宏图（复旦大学）

王　烨（厦门大学）

邓　捷（日本关东学院大学）

刘殿祥（大同大学）

李红英（云南师范大学）

吴卫华（三峡大学）

吴龙辉（浠水县闻一多纪念馆）

邹佳素（闻一多基金会）

张　园（武汉大学）

陈　卫（福建师范大学）

周仁政（湖南师范大学）

周　文（四川大学）

闻　亭（北京语言大学）

程国君（陕西师范大学）

裴　亮（武汉大学）

理　事 （以姓氏笔画为序）

马　兵（山东大学）

王书婷（华中科技大学）

方　正(黄冈师范学院)

方　舟(武汉大学)

叶　林(《戏剧之家》杂志社)

史　言(厦门大学)

朴　婕(武汉大学)

朱华阳(三峡大学)

任秀霞(湖北知行学院)

任　毅(闽南师范大学)

孙　霞(武汉理工大学)

严　靖(武汉大学)

李永中(华南师范大学)

李　扬(四川大学)

李海燕(广东海洋大学)

杨永明(楚雄师范学院)

杨　彬(中南民族大学)

杨　霞(重庆工商大学)

吴翔宇(浙江师范大学)

余蔷薇(武汉大学)

邹小娟(武汉大学)

汪德富(浠水县闻一多红烛书画院)

沈　闪(湖南大学)

张文民(河南师范大学)

张延国(长安大学)

陈国和(中南财经政法大学)

陈　欣(湖北第二师范学院)

陈　昶(同济大学)

陈　澜(江汉大学)

罗义华(中南民族大学)

罗晓静(中南财经政法大学)
金富军(清华大学)
周建华(赣南师范学院)
郑振伟(澳门大学)
荣光启(武汉大学)
胡辉杰(湖南大学)
柏定国(福建信息职业技术学院)
禹权恒(信阳师范学院)
秦方奇(平顶山学院)
戚　慧(武汉大学)
梁笑梅(西南大学)
谢君兰(四川大学)
翟业军(浙江大学)
魏家文(贵州大学)

编　后　记

2022 年 7 月 3 日，“中国共产党建党一百周年与闻一多的道路”学术研讨会在江汉大学举行。会议设 1 个主会场，4 个分会场，采取线上线下相结合方式进行。

本次研讨会由中国闻一多研究会、中国现代史学会、闻一多基金会和江汉大学主办，由江汉大学人文学院与江汉大学武汉语言文化研究中心承办。来自北京大学、武汉大学、中国人民大学、吉林大学、四川大学、浙江大学、南开大学、中国传媒大学、华中师范大学、西南大学、上海交通大学、中南财经政法大学等 30 多所高校和中国社会科学院、中国新闻社、湖北省社会科学院等单位的 70 多位专家学者参加了会议。

《湖北日报》和湖北电视台分别以“‘建党百年与闻一多的道路’学术研讨会在汉举行”“纪念民主革命战士　弘扬爱国主义精神”为题，对研讨会的情况作了报道。

会议收到学术论文 40 余篇，在编入本书前，所有论文均由作者做了不同程度的修改。其中，部分论文先期在《江汉论坛》《写作》《社会科学动态》《现代中国文化与文学》《江汉学术》《求是学刊》等刊物上单独发表过。

本论文集为国家社会科学基金项目“‘中国共产党建党一百周年与闻一多的道路’学术研讨会”（项目编号：21STB074）最终成果。

论文集的出版得到了武汉大学出版社的支持，责任编辑蒋培卓女士付出了辛勤劳动，武汉大学博士生沈瑞欣、硕士生董笑和江汉大学硕士生赵亚琪在整理、校对等方面做了许多工作，在此一并致谢。

编　者

2022年11月19日